21세기 한국의 미래 발전과 성장 동력 연구 총서 5

한국의 지속가능한 발전전략과 정책 대안

21세기 한국의 미래 발전과 성장 동력 연구 총서 5

한국의 지속가능한 발전전략과 정책 대안

초판 1쇄 인쇄 2014년 9월 25일
초판 1쇄 발행 2014년 9월 30일

지은이 조흥식 유홍림 이지순 송호근 김명언
펴낸곳 서울대학교출판문화원
펴낸이 성낙인

책임 편집 정미경
디자인 최선아

출판등록 제15-3호

주소 151-742 서울 관악구 관악로 1
대표전화 02-880-5252 | **팩스** 02-888-4148
마케팅팀(주문상담) 02-889-4424, 02-880-7995
이메일 snubook@snu.ac.kr
홈페이지 www.snupress.com

ISBN 978-89-521-1627-7 94300
978-89-521-1040-4(세트)

이 연구는 (주)포스코경영연구소의 지원으로 이루어졌습니다.

21세기 한국의 미래 발전과 성장 동력 연구 총서 5

한국의 지속가능한 발전전략과 정책 대안

조흥식 · 유홍림 · 이지순 · 송호근 · 김명언

서울대학교출판문화원

The Strategy and Policy Alternatives for Sustainable Development in Korea

Heung Seek Cho, Honglim Ryu, Jisoon Lee,

Ho Keun Song, Myung Un Kim

Seoul National University Press

발간사

서울대학교 사회과학대학은 2007년 9월에 '21세기 한국의 미래 발전과 성장 동력'이란 주제로 다양한 전공의 교수들이 참여하는 연구프로젝트를 출범시킨 바 있습니다. 한국이 20세기의 모범국가로 산업화와 민주화를 동시에 이룩하면서 세계에서도 유례가 드문 큰 성과를 거두었지만 여전히 선진국과는 거리가 먼 것이 사실입니다. 따라서 21세기의 급변하는 세계질서 속에 한국이 선진국으로 확고히 자리잡기 위해서는 그동안의 성공과 실패를 되돌아보고 새로운 미래 발전 전략과 성장 동력을 모색해야 한다는 생각이 절실했습니다. 바로 이러한 공감대를 바탕으로 학제적 관점에서 사회과학대학의 모든 학과(부)가 참여하는 이 프로젝트가 시작된 것입니다.

처음 5년 계획으로 시작된 이 프로젝트를 위해 사회과학대학은 다섯 명의 교수들로 운영위원회를 구성하고 다섯 개의 연구주제를 선정하였습니다. 해마다 한 주제를 집중적으로 다루고 그 결과를 '연구총서' 형식으로 묶어내기로 하였는데, 각 주제마다 5명의 연구자를 선정하였으므로 모두 25명의 사회과학대학 교수가 이 프로젝트에 집필자로 참여하게 되었습니다. 운영위원회의 독려와 참여 연구자들의 노력 덕분에 1차 연도 연구가 2009년 5월에 "지속가능한 한국 발전 모델과 성장 동력"이란 제목으로 '연구총서 1권'으로 출간된 이래 2권(자유기업 경제하에서의 한국사회의 통합), 3권(한국 기업과 사회의 경쟁력), 4권(국제환경의 변화와 한국의 미래)이 잇달아 발간되었습니다. 이번에 발간되는 5권(한국의 지속가능한 발전전략과 정책 대안)은 5차 연도의 연구 성과를 엮어낸 것으로 이 프로젝트의 완결판이라 할 것입니다.

연구총서 5권의 발간과 함께 지난 5년 동안 의욕적으로 추진했던 '21세기 한국의 미래 발전과 성장 동력' 연구는 대단원의 막을 내리게 되었습니다. 이 학제적 연구를 수행하면서 사회과학대학은 많은 것을 얻었습니다. 연구결과가 외부에 알려지면서 한국학술원의 우수학술도서에 선정되는 등 사회과학대학 교수들의 연구역량이 외부적으로 인정받은 것도 기쁜 일이지만, 무엇보다도 학문적 배경이 다른 교수들이 국가적 어젠다를 위해 학과의 벽을 넘어 공동연구를 수행했던 경험은 앞으로 사회과학대학 발전을 위한 소중한 자산으로 남을 것입니다.

마지막으로 '21세기 한국의 미래 발전과 성장 동력' 연구를 위해 물심양면 도와주신 포스코(POSCO)의 임직원 여러분께 감사의 말씀을 드립니다. 특히 이 프로젝트의 성격을 깊이 이해하시고 지원해주신 이구택 전(前) 회장님과 정준양 전(前) 회장님께 진심으로 감사드립니다. 한편 사회과학대학 내부에서 이 프로젝트를 지난 5년간 성공적으로 이끌어오신 전(前) 학장님들께도 감사의 뜻을 전하지 않을 수 없습니다. 특히 임현진 학장님은 처음부터 이 프로젝트를 기획하고 성사시켰을 뿐만 아니라 직접 연구에도 참여해주셨습니다. 끝으로 그러나 반드시 기억해야 할 분들은 연구에 직접 참여하신 연구자들일 것입니다. 일일이 거명하지 못하는 아쉬움을 뒤로 하고 25명의 집필자 선생님들께 진심으로 감사하다는 말씀을 올립니다.

2014년 3월
서울대학교 사회과학대학
학장 양승목

책을 내면서

이 책은 대한민국의 지속가능한 발전전략과 정책 대안을 제시하는 데 목표를 두고 있다. 현 한국사회를 지속가능성이라는 시각에서 체계적으로 현상을 진단하고 적절한 대안을 마련하기 위해서는 사회과학적 학제 간 통합 연구가 반드시 필요하다. 이 책은 경제, 정치, 사회, 심리, 복지 등 다섯 가지 사회과학 주제로 나누어 한국이 선택할 수 있는 지속가능한 발전전략과 정책 대안 등을 제시한 것이다. 즉, 한국의 지속가능한 발전전략과 정책 대안을 제시하는 데 목표를 두고서 성장–복지–환경 사이의 선순환 구조를 공고히 하는 경제발전 전략과 정책 대안, 토의정치의 제도화를 통한 정치발전 전략과 정책 대안, 경제민주화와 복지의 상생구조 모색을 통한 성장 동력의 사회적 생산 전략과 정책 대안, 긍정성 중심의 국가발전 전략과 정책 대안, 지속가능한 복지발전을 위한 전략과 정책 대안 등을 고찰하여 구체적으로 제시한 것이다.

사실 이 책은 5년 이상 장기과제인 '21세기 한국의 미래 발전과 성장 동력' 연구의 완결판이라 할 수 있다. 그동안 연속연구로서 1차 연도의 과제는 '지속가능한 한국 발전 모델과 성장 동력' 연구로서 5년 전체 장기연구의 총론적 성격을 가진 것이었다고 할 수 있다. 그 이후 2차 연도부터는 각론 성격의 세부과제를 연구해왔다. 2차 연도의 주제는 시장경제와 사회통합에, 그리고 3차 연도의 연구주제는 시장경제체제 하에서 사회 전반에 걸쳐 기업의 경쟁력을 높일 수 있는 요인들을 판별, 분석하는 것이었고, 4차 연도의 연구는 국제환경의 변화라는 큰 틀에서 한국의 미래를 고찰하는 것이었다. 그리고 5차 연도의 연구는 한국의 지속가능한 발전전략과 정책 대안을 제시하는 데 목표를 두고서, 지속가능한 발전전략과 정책 대안을 다시 정치, 경제, 사회, 심리, 복지 등의 주제로 나누어 한국이 선택할 수 있는 지속가능한 발전전략과 정책 대안 등을 구체적으로 제시하는 것이었다. 이 5차 연도의 연구결과를 묶은 것이 바로 이 책이기 때문에 이러한 장기연구의 종합적인 완결적 성격을 가진다고 할 수 있다.

최근 지속가능한 발전(sustainable development)에 관한 관심이 전 세계적으로 더 높아지고 있다. 2008년 미국 월가로부터 야기된 세계금융위기에 의한 세계경제위기와 2011년 일본 대지진에 의한 방사능 위험, 그리고 지구 온난화와 미세먼지, 전쟁, 세계빈곤 문제 등은 지속가능한 발전에 대한 범지구적인 관심을 더욱 촉구하고 있다. 우리나라도 예외는 아니다. 40여 년 동안 한국 사회는 압축경제성장을 통해 풍요로운 삶의 터전을 확보하는 데는 상당히 성공했으나, 사람과 사람, 그리고 사람과 자연 사이의 조화로운 공존을 이루는 데는 성공하지 못한 점이 많았고 아직도 그러한 처지에 놓여 있는 데 대해 부정하기는 어렵다. 다시 말하여 우리나라는 고도 압축성장으로 경제개발에는 성공했으나, 사회통합과 환경보전 측면에서는 심각한 불균형을 가져왔다고 할 수 있다.

따라서 이러한 문제는 비록 경제성장은 어느 정도 달성했지만, 사회적 형평성 결여 및 연대의식의 약화로 지역간·계층간·이념간·세대간 갈등이 확산되고 사회통합이 미흡하며, 개발 위주의 정책으로 드러난 경제성장의 압력이 환경의 자정능력을 넘어서서 환경적 지속가능성이 열악하다는 평가를 의미한다. 이는 경제의 총량적 규모가 성장하지만 공평한 분배와 기회의 평등에 대한 불만이 확산되어 사회연대와 신뢰 회복을 통한 통합적인 지속가능한 발전의 사회적 기반이 취약하다는 것을 보여주는 것이다. 또한 우리나라는 높은 인구밀도, 집약적인 토지이용, 과도한 도시 및 수도권 집중, 도로 교통 중심의 교통체계, 과도한 에너지 사용 등으로 환경부하가 높은 수준이다. 물론 환경 지속 가능성을 개선할 수 있는 기본적인 제도는 있으나 통합적이고 체계적인 실행 미흡으로 대기질, 자연환경보전 등 환경의 질이 열악하며 친환경 기술개발과 환경친화적 산업구조 전환 지체로 경제성장과 환경오염의 악순환의 고리를 끊지 못하고 있는 상황으로 평가할 수 있다. 이러한 문제는 생태계의 지속성을 약화시키며 이런 사태를 그대로 두면 경제·사회의 지속성도 약화될 것은 분명하다.

이러한 지속가능한 발전의 기초적인 개념을 살펴보면, 부른트란트 보고서(Brundtland Report)로 더 잘 알려진 『우리 공동의 미래(*Our Common Future*)』에서는 "미래세대가 그들의 필요를 충족시킬 수 있는 가능성을 손상하지 않는 범위에서 현재세대의 필요를 충족시키는 발전"으로 정의하고 있다.[1] 이러한 지속가능한 발전에 관한 전 세계의 관심은 1992년 브라질 리우데자네이루에서 열린 지구정상회의에서 합의로 이끌어졌다. 여기에서 세계 각국의 정부 대표들은 지구 환

1) G. H. Brundtland(1987), *Our Common Future*, Report of the World Commission on Environment and Development, World Commission on Environment and Development.

경문제에 관한 관심과 지속가능한 발전을 위한 행동계획을 담은 '의제21(Agenda 21)'을 채택하였던 것이다. 물론 의제21이 법적인 구속력을 가진 것은 아니지만, 세계 각국이 지구 환경문제를 해결해나가기 위한 범지구적인 세부정책의 주요한 지침이 된 것만은 사실이다. 이후 의제21 채택 10주년을 맞이한 2002년에는 남아프리카공화국 요하네스버그에서 세계정상회의가 열렸는데 정부, 국제기구, 비정부기구(NGO) 등 약 4만 명이 모인 지구촌 최대의 국제회의가 되었다. 여기서는 1992년 리우회의 이후 전 세계가 실천해온 환경과 지속가능한 발전의 성과를 평가하고 향후의 이행과제를 구체화하는 커다란 계기를 마련하였다.

이러한 범국제적인 관심은 결국 2007년 국내에서도 '지속가능발전기본법'을 제정하게 하였다. 그러나 2년 만에 이명박 정부로 정권이 바뀌면서 2009년에 '녹색성장기본법'을 제정하였다. 그리하여 지속가능발전기본법을 '지속가능발전법'으로 격하하고, 상위법으로 녹색성장기본법에 지속가능발전에 대한 개념을 담고서 그 역할을 대신하게 하였다. 그러나 기존의 지속가능발전기본법에서는 지속가능발전을 단순히 경제와 환경의 균형에서 더 나아가 사회의 안정과 통합이라는 개념을 포괄하는 의미를 담고 있었다. 반면에 녹색성장기본법에서는 단순히 경제와 환경의 조화만으로 개념을 정의하여 사회통합 부문을 제외함으로써 지속가능발전의 가치를 일보 후퇴한 기본법을 상위법으로 하는 등 문제가 많다는 의견이 자주 개진되고 있다. 앞으로 개정이 필요할 것이다.

지속가능한 경제성장과 사람들의 적절한 삶의 질을 보장하는 사회복지와 안전한 생태계를 유지해가는 성장–복지–생태 사이의 선순환 구조를 공고히 함으로써 경제·사회 지속가능성 및 환경과 자원의 지속성을 높여나가는 방안을 찾는 것이야말로 지속가능한 발전을 이루는 데 급선무일 것이다. 그러나 성장–복지–생태 사이의 지속가능한 선순환 구조를 구축하는 일이 쉽게 이루어질 것이라는 보장은 없다. 그럼에도 경제적으로나, 정치적으로, 사회적으로, 그리고 환경적으로 볼 때 이를 달성하고 있는 선진국들이 상당수 존재한다는 사실은 한국에서도 이에 대한 목표 달성이 전혀 불가능한 것이 아님을 알 수 있다.

최근 유럽에서는 유럽연합(European Union, EU)이 2010년 3월에 세계 금융경제 위기를 벗어나기 위해서 EU 경제가 앞으로 10년을 준비한다면서 '유럽 2020 전략'을 발표했다.[2)] 서문에서 바로소(Josė Manuel Barroso) 위원장은 다음과 같이 주장하였다.

> 유럽 2020은 EU 경제를 다시 궤도에 올리기 위해 우리가 현재 및 가까운 미래에 무엇을 할 필요가 있는가?라는 것을 볼 것이다. 세계 금융경제 위기는 더는 간과할 수 없는 근본적인 문제이며 지속 불가능한 풍조를 만천하에 드러냈다. 유럽은 성장 결핍에 빠져 있으며 이것이 우리의 미래를 위태롭게 하고 있다. 우리는 단호하게 약점에 대응하고 많은 장점을 활용해야 한다. 우리는 지식, 저탄소 경제, 고고용 수준에 기반을 둔 신경제 모델을 확립할 필요가 있다. 이 싸움에는 유럽 전역의 모든 주체가 동원되어야 한다.

그러면서 '유럽 2020 전략'에는 3대 핵심 정책 방향으로서 첫째, 지식과 기술혁신, 교육, 디지털 사회에 기반을 둔 스마트 성장(smart growth) 둘째, 생산성을 높이면서도 탄소 배출은 줄이고 자원 효율성을

---

2) Europe 2020 : A strategy for smart, sustainable and inclusive growth. http://ec.europa.eu/eu2020/index_en.htm.

높이는 지속가능한 성장(sustainable growth) 셋째, 고용증대와 기술습득, 빈곤 퇴치를 통해 사회 결속을 높이는 포용적 성장(inclusive growth)을 들고, EU 차원(EU기구, 회원국) 및 각국 차원(중앙정부와 지방정부)에서 구체적인 행동을 취함으로써 이 전략을 확실히 추진해갈 것을 발표했다. 그리고 이에 따른 구체적인 목표로서 다음과 같은 5가지를 천명했다. ① 20~64세 인구의 고용비율을 현재의 69%에서 75%까지 끌어올림, ② EU GDP의 3%를 연구개발(R&D)에 투자토록 하며, 기술혁신을 추적할 수 있는 새로운 지표를 개발함, ③ '20/20/20'이라는 기후/에너지 목표[3)]를 달성해야 함, ④ 조기 학업중단자 비율을 현재의 15%에서 10% 이하로 낮춤, 청년층의 대학 졸업 비율을 현재의 31%에서 40% 이상으로 높임, ⑤ 현재 빈곤 위험인구의 25%를 줄여 2000만 명을 빈곤에서 벗어나게 함.

이러한 '유럽 2020 전략'은 지속가능발전과 관련하여 한국에 주는 함의가 크다. 지속가능한 발전은 환경보전과 경제성장을 조화시키기 위하여 생물학적·물리학적·생태학적 차원에서 출발하여 사회경제체제로서의 성장과 발전, 사회복지, 국가간, 세대간의 공평성 문제까지 확대되고 있음을 구체적으로 보여주기 때문이다.

한편, 국가의 발전전략이란 한 국가가 안전과 복지의 증진을 위해 추구하는 정책적 선택의 틀을 말한다.[4)] 이 틀은 다양한 패러다임과

---

3) 2007년 3월에 EU가 설정한 목표이며, 2020년까지 다음의 3가지 점수 달성을 목표로 함. (1) 온실가스 배출량을 1990년 수준으로부터 20% 감축. (2) EU의 에너지 소비 중 20%를 재생가능 에너지로 함. (3) 에너지 효율을 향상해 일차에너지 소비량을 증가 대책 미강구시 대비 수준에서 20% 감축 (The EU climate and energy package 참조). http://ec.europa.eu/environment/climat/climate_action.htm

4) David R. Mares(1985), "Explaining choice of development strategies: suggestions from Mexico, 1970-1982," *International Organization*, Vol. 39, No. 4 (Autumn), p. 667.

기준에 의해서 분류되며, 이 분류의 기준에 따라 정책적 선택의 내용도 달라진다. 그리고 이러한 선택은 대개 해당 국가 공동체의 지배연합에 의해 이루어진다.[5] 정부만으로 국가의 발전전략이 짜져서는 안 된다는 것이다. 그런 점에서 오늘날 지속가능한 발전을 위해서 협치(governance)의 개념은 대단히 중요하다.

협치는 단순한 시민참여 개념보다는 공공행정기관, 시민들 간에 공사 구분 없이 협력과 참여를 통해 적극적으로 공공문제를 해결하는 방식이라 할 수 있다. 즉, 과거 일방적이고 수직적인 의사결정이 아닌 관련 주체들을 정책과정에 참여시켜 문제를 해결하는 공공의사결정의 형태라 할 수 있다. 그리고 상호의존적인 주체들 간의 자율적·수평적 네트워크로 협치 체제 내 주체들은 독립적인 존재이면서도 상호의존적 존재들로 협치 체제 아래 서로 동등한 의사결정권을 공유하는 것이라 할 수 있다. 협치는 다양한 주체가 정부정책에 관여하게 되면서, 기존 민관협력과는 다르게 의사결정을 할 때 문제해결 자체와 더불어 그보다는 문제해결 과정에 초점을 맞춘다. 그리고 정부는 더이상 주요 사회문제를 다루는 유일한 행위자가 아님을 인식하고 정부와 시민사회와의 수평적 상호협력을 기초로 파트너십과 네트워크를 통해 문제를 해결하고자 한다. 이러한 과정에서 기존 정부보다 시민사회 조직의 역할이 상대적으로 커지게 되면서 복잡한 사회문제 해결에 더욱 세부적이고 전문적으로 변화하면서 좀 더 역동적인 과정을 바탕으로 민관이 협력하여 문제를 해결하는 특징을 가진다. 결국 과거의 통치(government)와는 다른 협치의 필요성이 등장하게 되는 것이다.

이 책은 전체적으로 5개 장으로 구성되어 있다. 제1장에서는 정치

5) 백종국(2009), 『한국 자본주의의 선택』, p.110, 한길사.

부문을 다루고 있다. 필자는 21세기 한국의 지속가능한 미래발전과 성장 동력으로서 지속가능한 민주주의가 절대적으로 필요함을 역설하면서 지속가능한 민주주의가 이루어지려면 무엇보다 '토의정치'의 제도화가 전제되어야 함을 강조하고 있다.

그리고 필자는 지속가능성이 주로 경제 성장과 환경 보전의 맥락에서 공적 논의의 관심주제로 부상되었다는 점에서 지속가능성은 무한경쟁 속에서의 생존(survival)과는 다른 차원의 관념으로서 지속되어야 할 가치 및 삶의 방식의 문제를 포함하는 규범적 개념으로 보고 있다. 그리고 필자는 지속가능성의 문제는 경제와 환경의 영역을 넘어 생활세계의 다양성 보전, 사회정의와 통합, 정치제도화의 요구도 포괄하는 것으로 이해되어야 한다고 주장한다. 이러한 맥락에서 '지속가능한 민주주의'는 과연 어떠한 형태인가? 민주정치에서 지속가능성의 조건은 무엇인가? 등에 관해 문제 제기를 하면서 필자는 우선, '지속가능한 민주주의'의 조건을 파악하기 위해 자유주의와 민주주의에 대한 피상적 이해를 넘어 자유민주주의 내부에 존재하는 긴장을 살펴보았다. 이어서 지속가능한 민주주의의 절차와 내용을 토의의 매개적 기능과 정의에 대한 사회적 합의에 초점을 두고 검토한 뒤, 지속가능한 민주정치로서의 '토의정치(deliberative politics)'의 이론적 기초와 제도화 가능성을 분석하였다. 그리고 결론에서는 지속가능한 민주주의의 현실적 과제들을 점검하였다.

필자는 민주주의의 세계적 확산과 공고화에 대한 기대와 달리 현대 민주정치는 여러 차원의 문제와 과제를 안고 있음을 지적하였다. 정치의 전문화 또는 관료화 경향에 따라 국민주권의 실질적 의미가 상실되고, 정책수립과 입법과정에의 참여가 제한됨에 따라 정치적 소외감이 고조되고 있다는 것이다. 이러한 정당성의 위기 징후와 함께 사회경제적 불평등이 심화함에 따라 사회통합의 위기 또한 심화하고 있다는 것이다. 효율성 중심의 행정과 이익집단 정치에 의해 공동선에 대한 사회적 합의가 점점 불가능해지는 상황에서 정책 수립과 심의의 실패는 사회적 갈등을 증폭시키기 때문이라는 것이다. 아울러 이해 조정의 문제로 환원될 수 없는 도덕적 가치관의 갈등은 정책수립과 입법과정을 더욱 어렵게 만들고, 또한 현대사회에 팽배한 사익중심주의(civic privatism)는 이른바 합리적 무관심, 즉 공적인 일에 관한 관심과 참여의 저하현상을 부추기고 정치의 공공성을 훼손한다는 것이다. 그리고 의견 및 이익 갈등의 상황에서 문제해결의 메커니즘으로 선호집약(aggregation)을 통한 의사결정에 무분별하게 의존하게 됨에 따라 정치의 도구화와 파당화가 더욱 심화하는 경향도 나타나고 있다는 것이다.

따라서 정치는 무엇보다 합의 도출의 영역으로서 '제조된 불확실성'이 증대된 현대 사회에서 그 역할이 더욱 중요하다는 점을 필자는 강조한다. 현대 사회에서 복합적이고 다양한 갈등을 완화 또는 해결하고, 어느 정도 합리적인 질서를 유지하기 위한 집단적인 기제가 민주정치이기 때문이라는 것이다. 민주정치는 의견의 불일치 상황에서 정치적 결사체를 구성하고 공존과 안정을 유지할 수 있는 원칙과 제도를 요구한다. 합리적 대화와 상호 존중은 민주주의를 지탱하는 최소한의 원리로서 사회구성원 모두가 수용해야 할 규범이며, 그 규범에 따라 이루어지는 공적 토론은 현대 민주정치의 제도적 기초가 되어야 한다는 것이다.

그리고 필자는 현대 정치의 문제에 적극 대응하는 바람직한 민주정치는 다양한 가치 및 정책목표들 간의 '균형'을 추구해야 함을 주장한다. 현대 국가가 실현하려는 공공재들은 서로 긴장관계를 형성하며, 이들 중 하나의 목표가 과도하게 추구되는 경우에 다른 공공재의 실현이 희생되기도 한다는 것이다. 따라서 성숙한 정치사회는 공공적 가치들 사이의 일종의 균형을 추구하며, 그 균형은 '토의정치(deliberative politics)'를 통해 이루어질 수 있다는 것이다. 물론 '균형'을 위한 원칙과 기준은 어느 정도 상황 가변적이며, 이러한 불확정성에 적극 대처해나가는 집단적 역량이 토의정치의 기반임을 강조한다.

따라서 필자는 지속가능한 민주주의는 공식적 및 비공식적 포럼의 활성화를 통해 참여의 폭을 넓혀야 하며, '참여로서의 토의(deliberation as participation)'를 제도화해야 한다고 주장한다. 민주정치의 지속가능성을 보장하는 토의정치는 갈등과 토의과정, 그리고 결정을 위한 집약으로 구성되는 민주정치과정의 순환적 메커니즘에서 '토의의 매개적 기능(deliberative mediation)'을 극대화하려는 정치적 구상이자 제안이라는 것이다. 그러므로 지속가능한 민주주의의 관건은 '토의의 매개적 기능'을 극대화함으로써 적대적 갈등(antagonism)을 경쟁적 갈등(agonism)으로 전환하는 데 있으며, 그리고 경쟁적 갈등과 토의가 상호배제적인 관계로 전락하지 않도록 노력해야 한다는 것이다. 토의가 일방적 헤게모니의 설득과정이 되거나 형식적인 절차에 그치는 경우 경쟁적 갈등은 언제든지 적대적 갈등으로 환원될 수 있기 때문이다. 토의과정이 합의 지향적 절차나 수단으로만 이해되어서는 안 되고, 토의과정에도 여전히 갈등은 내재하며, 다만 그 과정을 통해 적대적 갈등이 경쟁적 갈등으로 전환될 가능성이 열릴 뿐임을 강조한다.

결론적으로, 필자는 정치현상의 기저에는 불가피하게 갈등이 존재한다는 사실을 인정해야 함을 주장한다. 정치에서 '이성적 합의'는 공식적 정치과정의 한 단계로서 민주적 의사결정의 가장 중요한 절차이며, 민주주의 제도화의 요체라 할 수 있다는 것이다. 그러나 '열정과 대립의 정치(the politics of passions and antagonism)'는 합리성이 강조되는 현대 사회에서도 사라지지 않고 반복되는 현상이며, 한국 정치의 기저에는 여전히 적대적 반감과 대립의 문제가 존속하고 있음을 제대로 직시해야 함을 강조한다. 따라서 필자는 현대 정치의 과제는 '열정과 대립'을 '합리적 의사결정'과 연결하는 매개의 절차와 과정을 고안하고 제도화하여 '공감의 정치(the politics of compassion)'를 실현하는 것이라고 결론 맺고 있다.

제2장은 경제 부문을 다루고 있다. 필자는 이 장에서 성장 · 환경 · 복지의 선순환을 통한 지속가능한 한국의 미래발전과 성장 동력이 가능함을 보여주고 있다.

더 나은 미래를 만들려면 무엇을 어떻게 해야 하는가? 이 물음에 답을 제시하는 것이 이 글의 목적임을 필자는 먼저 밝히고 있다. 필자의 생각에는 적어도 다음의 네 가지 지속성을 확보하는 것이 하나의 대안이 될 수 있다고 판단하고 있다. 경제발전의 원동력을 강화시켜서 현재와 미래의 모든 세대가 풍요롭게 살 수 있는 삶의 토대를 굳건하게 구축하며(경제지속성 확보), 공정한 과정과 건전한 경쟁을 통해 이룩한 발전의 혜택이 구성원들에게 합당하게 귀속되도록 함으로써 공동체의 결속력을 높이고(사회지속성 확보), 환경을 파괴하고 오염시키는 행위를 자제함으로써 현재는 물론 미래세대원들도 쾌적한 환경에서 살아갈 수 있도록 하며(환경지속성 확보), 적게 쓰고 더 잘 쓰고 다시 쓰는 한편 새로운 원천을 발굴하는 것을 통해 미래세대가 자원고갈과 식량부족을 걱정하지 않아도 되게(자원 및 식량지속성 확보)하는 방향으로 나라를 운영하는 것이 그것이다. 그리고 여기에서 나라를 운영한다 함은 체제와 규범과 제도와 기구 등 나라의 기초(fundamentals)를 바로 세우고 그것이 효과적으로 작동하는 데 도움이 되는 정책을 입안해서 시행해나감을 의미한다고 한다.

이 장은 총 5개의 절로 구성되어 있다. 제1절에서는 우리 경제사회의 현실을 미흡한 사항을 중심으로 점검하고 그렇게 된 연유가 무엇인지 고찰하고 있다. 제2절에서는 그러한 점들을 개선하기 위해 우리가 채택해야 할 새로운 발전경로가 어떠한 것인지 고찰해본 후, 그러한 발전경로를 따르도록 하려면 무엇을 어떻게 개선해야 할지에 대해 서술하고 있다. 제3절부터 제5절까지는 제2절에서 제시한 개선방안을 좀 더 구체적으로 검토하고 있다. 즉, 경제지속성 강화(3절), 사회, 환경 및 자원지속성 강화(4절), 세대 간 균형발전, 남북한의 경제융합 대비책 강구 및 국제사회에 대한 공헌(5절)이 그것이다. 끝으로 맺는말에서는 이 글의 논점을 요약, 정리하고 미진한 점들을 지적하고 있다.

이러한 내용을 간략히 정리해보면, 필자는 지난 50여 년에 걸친 한국경제의 발전과정을 비판적으로 점검하고 그것을 바탕으로 해서 현재 한국경제가 지니고 있는 근원적인 문제점을 적시한 후, 이를 바로잡기 위해서는 우리가 무엇을 어떻게 고쳐나가야 할 것인지에 관한 견해를 제시하고 있다.

나아가 필자는 한국경제가 전대미문의 발전을 이룩한 것은 사실이지만, 그것은 자원 다소모적이며 환경 파괴적인데다 동반성이 약한 양적 팽창 중심의 발전 메커니즘을 따른 것이어서 우리가 앞으로도 물적 팽창을 중시하는 과거의 발전경로를 그대로 따른다면 우리 경제사회가 지닌 자원 및 환경 지속성과 사회 지속성 및 경제 지속성을 크게 약화시킬 우려가 있음을 주장한다. 후손들에게 우리가 누렸던 것보다 나은 삶의 터전을 물려주려면 지속가능성을 크게 강화시킬 필요가 있는데 이를 위해서는 경제발전의 원동력 강화, 성장과 환경 및 자원의 상생발전, 성장과 복지의 상생발전을 도모해나갈 필요가 있다는 점을 강조한다. 즉, 불균형적인 양적 팽창을 중시하던 물질문명의 패러다임을 인간과 인간, 그리고 인간과 자연 사이의 조화로운 공존공영을 중시하는 녹색문명의 패러다임으로 전환할 필요가 있다는 것이다.

그리고 이러한 패러다임 전환은 결코 저절로 이루어지지 않는다는 점도 강조하고 있다. 정부가 지닌 정책수단을 적절히 활용해서 '지속가능한 녹색 동반 성장'에 도움이 되는 행동은 장려하고 그것에 반하는 행동은 억제해나가는 것이 패러다임 전환을 유도하는 효과적인 방안이라는 것이다. 여기에서 방점은 녹색성장, 동반성장 그리고 지속가능한 성장에 있다. 그런데 이 세 가지를 모두 이루려면 우리 경제의 발전능력을 강화하는 것이 선결과제가 된다는 것이다. 경제발전 없이는 복지증진, 환경보호와 자원절감, 미래세대와 북한주민에 대한 배려, 국제사회에 대한 공헌 등 더 높은 가치를 원활하게 추구하기 어렵기 때문에 그렇다는 것이다.

따라서 필자는 발전능력 강화의 일차적 과제는, 기회를 공평하게 보장하고 과정과 절차를 공정하게 유지한다는 전제로, 재산권을 보호하고 경제적 자유를 허용하면 건전한 경쟁 풍토를 조성함으로써, 모든 사람이 최선을 다해 경제활동에 임하도록 유도하는 일이라는 것을 강조한다. 그 이차적 과제는 그렇게 해서 창출한 가치의 더 큰 몫을 미래를 위해 사용하도록 유도하고, 그것을 통해 물적 자본, 인적 자본, 사회 자본을 지속해서 축적해나가며, 기술을 발전시키고 나아가서 경제사회의 효율성을 높여나가야 한다는 것이다.

그러면서도 필자는 그것만으로는 모든 사람을 행복하게 만드는 지속가능한 녹색문명국가를 만들기에는 부족하다는 점을 강조한다. 즉, 이 일과 더불어 다음과 같은 몇 가지 일을 반드시 해야 한다는 것이다. 첫째, 발전의 결과가 합당하게 배분되도록 해야 한다. 둘째, 환경가치를 경시하는 발전과 자원소모적인 양적 발전을 지양하고 참된 삶의 질을 향상하는 질적 발전이 되도록 해야 한다. 셋째, 복지와 성장의 상생 그리고 복지와 환경의 상생이 이루어지는 발전이 되도록 해야 한다. 넷째, 현재세대만을 위한 발전이 아니라 미래세대의 복지도 배려하는 발전, 남한만이 아니라 북한 주민도 배려하는 발전, 더 나아가서 우리나라뿐만 아니라 이웃 나라도 배려하는 발전이 되도록 해야 한다고 주장한다.

제3장은 사회 부문을 다루고 있다. 필자는 21세기 한국의 지속가능한 미래발전과 성장이 이루어지려면 경제민주화와 복지의 상생구조를 잘 모색하여 경제성장과 사회발전을 함께 달성해나가야 함을 강조하고 있다.

필자는 한국경제는 세계경제에의 노출 정도가 매우 높음에도 한국의 경제성장은 지속가능한가?라는 질문을 던지면서 글을 전개하고 있다. 여기서 노출 정도가 높은 것은 두 가지 쟁점을 제기하는데, 하나는, '한국경제는 세계경제의 부침에도 지속가능한 성장을 구가할 수 있을 것인가?'라는 점과, 다른 하나는, '경제적 부침으로 발생하는 각종 불안정 — 예를 들면, 소득불안정과 취업불안정, 실업 — 과 양극화 현상(polarization)을 어떻게 통제 또는 극복할 수 있을 것인가?'라는 점을 중심에 두고서 한국 경제성장의 가능성을 묻고 있다. 물론 필자는 복합성이 증대하는 현대사회에서 이 두 가지 쟁점은 분리 불가분의 관계에 놓여 있음을 인정한다. 왜냐하면, 한국 경제의 특성을 고려하지 않고는 지속가능한 성장 동력을 발굴할 수 없으며, 성장 동력은 다시 경제활동을 조직하는 각종 사회제도와 긴밀히 연결되어 있기 때문이라는 것이다.

그러면서 필자는 세계경제의 부침이 국내로 전환되는 바로 그 과정에 지속가능한 성장의 실마리를 발견할 수 있다는 점에 주목하고 있다. 다시 말해, 세계경제의 부침을 걸러주는 여과기제로서의 '사회제도'에 국제경쟁력의 본질이 내재하여 있다는 점을 강조하고 있다. 사회제도는 경제적 활동을 조직하는 시스템이자 세계경제에의 대응력과 적응력을 창출하는 기제이기 때문이다. 그렇기 때문에 필자는 위에서 말한 두 번째 쟁점, 양극화 현상과 소득. 취업불안정을 완화하는 사회적 기제의 창출이 지속가능한 성장을 위해 절박하다는 사실을 강조하고 있다. 그러면서 이를 '경제동력의 사회적 생산'이라 명명하고 있다. 즉, 사회제도의 혁신 없이 경제성장은 이뤄지지 않거나 정체된다는 것을 강조한다.

그리고 이러한 사회제도 가운데 가장 중요한 것이 분배제도, 넓은 의미에서 복지제도임을 주장한다. 선진국들이 일인당 국민소득 2만 달러에서 4만 달러 수준으로 빠른 속도로 올라선 것은 이미 분배, 복지 제도를 제대로 정비하고 성장전선에 나선 덕분이라는 것이다. 따라서 '경제성장의 사회패러다임'이 한국의 현시점에서 중요해지는 이유가 이것이라는 것이다.

필자는 복지와 경제민주화는 2012년 대선에서 가장 중대한 화두로 떠오를 만큼 한국사회 최대의 쟁점이 되었음을 강조하고 있다. 이는 민주화 기간 정치민주화에 치중한 결과 사회민주화와 경제민주화의 주요 과제를 유보해온 탓에 더욱 쟁점으로 드러났다는 것이다. 다시 말해, 이 쟁점은 사실상 민주주의의 질적 발전을 이루기 위해 반드시 이뤄야 할 필수 과제인데, 사회적 갈등의 관리능력이 낮은 우리에게는 벅찬 과제임이 틀림없지만, 그럼에도 복지와 경제민주화, 이 두 개념은 '지속가능한 성장을 위한 사회제도의 두 축'에 해당한다고 강조한다.

그런데 필자는 분배와 불평등 완화에 역점을 둔 나머지 복지와 경제민주화라는 시대적 쟁점이 성장 침해적 방식으로 이뤄질 수 있다는 가능성이 있다는 문제를 동시에 검토할 필요가 있음을 주장한다. '격차사회' 극복을 위해 복지와 경제민주화에 정책적 비중을 옮기는 것은 필수적인 과제지만, 어떤 방식인가, 혹은 어느 정도로 할 것인가의 문제는 그리 간단하지 않다는 것이다.

이러한 문제의식을 바탕으로 필자는 우선, 분배와 복지 제도를 성장기여적 방식으로 제도화한 국가를 '경쟁력 있는 복지국가(competitive welfare state)'로 개념화하고, 특히 재벌 중심적 성장패턴에 의존할 수밖에 없는 한국의 현실에서 성장과 분배 간 상호친화성을 증진할 수 있는 정책설계가 가능할 것인지를 모색하고 있다. 우선 신자유주의가 세계화의 가장 중요한 원리로 심화한 만큼, 한국이 세계화의 전체 구도 속에 놓여 있는 상황을 '시대방정식'으로 진단하고, 일자리 정치의 기본 원리를 분석하고 있다. 다시 말해, 사회민주화와 경제민주화는 연속적이고 중첩적인데, 기회균등과 불평등축소는 복지제도를 통해 이뤄지고, 복지제도는 경제민주화의 여러 개혁조치로 작동한다는 것이다. 따라서 복지와 경제민주화가 연결되려면, 무엇보다 자본과 노동의 타협, 국가와 시민사회의 합의가 필요하며, '복지=기업경쟁력 강화=일자리 지키기'라는 등식을 믿고 노력해야 한다는 것이다. 즉, '일자리 정치'가 복지와 경제민주화를 연결하는 고리라는 것이 이 글의 핵심 주장이다.

그리고 필자는 한국사회에서 진행되어온 복지담론의 장단점과 취약점을 진단하고, 경제민주화가 복지 및 일자리 창출에 이바지하는 방식에 대해 조명하고 있다. 복지와 경제민주화는 일자리 창출에 초점을 맞춰 설계되고 추진되어야 한다는 것이 이 글의 핵심요지다. 이 과정에서 유럽의 사례들을 꼼꼼히 검토하면서 한국과 비교하고 있다. 유럽의 복지담론이 생산적 관점이라면, 한국의 복지담론은 소비적 관점에 서 있다는 것이다. 복지는 물질적 혜택과 현금혜택으로 구현되는데 생산성 향상이 그 전제조건이며, 생산성 향상은 기업경쟁력의 증대로 나타나고 기업의 지불능력을 높여 취업안정을 가져오기 때문에 복지와 경제민주화를 작동시키는 생산현장의 조직, 생활현장의 구체적 기제가 반드시 필요하다는 것이다. 그런데 한국은 복지의 가장 중요한 설계인 일자리 정치가 빠져 있다고 필자는 진단한다. 물론 여당과 야당이 모두 일자리 창출을 외치면서 '프로그램 다발'을 내놓지만, 복지와 경제민주화를 작동시키는 생산현장의 조직, 생활현장의 구체적 기제, 즉 실행기제가 부족하다는 것이다. 따라서 정당은 프로그램 개발자가 아니라 시스템 개발자여야 함을 강조한다. '일자리 정치'는 '복지투여=기업경쟁력 향상=고용안정'이란 등식을 실현하는 시스템 개발이어야 한다는 것이다.

그러면서 선진국에서 '경제동력의 사회적 생산'이 정착된 것은 자본, 노동, 국가의 협업이 가능해서였고 시민의식이 성숙된 데 기인했듯이, 우리에게도 필요한 것이 상생을 향한 협업정신임을 강조한다. 그리고 현재 한국은 '경제동력의 사회적 생산'이 요청되는 단계로 접어들었기 때문에 시대방정식을 풀기 위한 공동의 노력과 양보가 필요한 시점이며, 양보와 헌신이라는 두 바퀴로 '경쟁력 있는 복지국가'로 전진시켜나가야 함을 주장하고 있다.

제4장은 인간의 심리 부문을 다루고 있다. 필자는 21세기 한국의 지속가능한 미래발전과 성장 동력으로서 인간의 긍정성을 중시하고 있으며 이를 중심으로 국가발전 전략을 모색하고 있다. 즉, 기존의 국가발전 전략수립에서 취해왔던 접근의 틀이 문제점이나 취약점에 초점을 둔 부정성 중심이었고, 이 때문에 국가발전이 정체되는 결과를 가져왔다는 전제 하에, 한국의 지속가능한 발전전략의 바람직한 틀로 긍정성 중심의 접근을 제안하고 있다.

필자는 '지속가능한 발전'은 경제적·환경적·사회적 측면이라는 3개의 축을 함께 고려하는 발전을 의미함을 강조하면서 그간의 지속가능한 발전에 대한 논의는 환경적 측면과 경제적 측면에 치우쳐왔다고 비판한다. 최근 들어 논의의 주 무대에 올려진 사회적 측면에서의 지속가능한 발전 또한 그 내용을 들여다보면, 경제적 측면에서의 사회적 의제들이 대부분이라는 것이다. 즉, 가장 많이 거론되어온 동반성장, 경제민주화, 빈곤 또는 가난의 대물림, 사회복지 예산의 적절성 등의 논제들이 그러하다는 것이다.

이와 반면에, 필자는 사회구성원 개개인의 지속성장은 대토론의 중앙무대에서는 서지 못하고 주변에서 머물거나 해외토픽이나 연구소 조사자료의 인용으로 만족해왔다고 볼 수 있다면서, 이같은 개인 차원에 대한 논의 변두리화나 홀대라는 불편한 진실은 개인의 지속적 번영은 마치 공동체적 지속성장에 비해서 열등한 측면이거나 반공동체적 개념으로 암암리에 간주하고 있다고 비판한다. 이유야 어떻든 간에 분명한 사실은 개인 수준에서의 지속가능한 성장은 국가발전 전략의 어젠다로 설정되어오지 못했다는 것이다.

필자는 지속가능한 발전을 성공적으로 이루어가기 위해서는 동참자들의 상상력, 비전, 열정, 정서 등에 대한 눈 돌림을 해야 함[6]을 강조한다. 그래야만 지속가능한 발전의 주역들인 국민들로부터 머리만이 아닌 가슴의 참여를 이끌어낼 수 있다는 것이다. 필자는 이 장에서 환경, 경제, 사회의 세 축의 능동적 실행자인 '사람'에 중심을 두어 지속가능한 발전전략을 제시하였다. 사람중심이란 사람의 속성과 특성을 출발점이자 주 초점으로 설정하는 것을 의미하며, 환경과 경제적 차원의 전략모색에 있어서도 사람 중심으로 논의될 필요가 있음을 의미하기도 한다는 것이다. 그리고 사람중심의 지속가능한 발전전략의 요체로 '긍정성 중심'의 전략을 제시하였다.

그러나 필자는 그간의 우리나라 국가발전정책의 주요 특성을 문제점 중심의 틀짓기, 경제적 측면에 편중, 형식적인 공론 수렴, 처벌

---

6) W. M. Adams, "The Future of Sustainability: Re-thinking Environment and Development in the Twenty-first Century." Report of the IUCN Renowned Thinkers Meeting, 29-31 January 2006.

중심의 전략으로 분석하고 있다.

그러면서 필자는 '왜 긍정성 중심의 접근인가?'에 대해 천착하고 있다. 첫째 이유는, 지속가능한 국가발전을 최상의 수준으로 성취하기 위해서라는 것이다. 우리가 궁극적으로 이루어내기를 바라는 것은 불행, 불만, 불상사, 갈등, 불평등, 환경훼손을 줄이는 것이 아니고, 더 높은 곳에 존재하는 행복, 감동, 사랑, 동반성장, 공존, 번영이기 때문이라는 것이다. 부정성의 감소와 긍정성의 증대는 그 생성요인이 다르며, 한쪽의 감소가 다른 한쪽의 증가로 나타나지 않는다는 것이다. 둘째, 우리가 바라는 부정성의 최소화도 긍정성의 증진으로 더욱 효과적으로 달성되기 때문이라는 것이다. 국민들의 지속가능한 발전에 반하는 행동들에 대한 부정적 피드백 시 보이는 합리화 현상과 방어적 자세는, 바람직한 행동과 습관에 대한 긍정적 피드백으로 감소하고, 책임전가적 문제인식은 부정 질문을 긍정 질문으로 변환함으로 소멸할 수 있으며, 정책변화에 대한 방관적 태도는 긍정중심의 변화전략을 통해 변화정책에 대한 주인의식 고취로 전환될 수 있다는 것이다. 셋째, 긍정성은 부정적 상태의 완화나 제거 정도가 아닌, 증폭적 선순환의 긍정효과를 만들어내기 때문이라는 것이다. 긍정성은 지각, 사고, 행동의 폭과 넓이를 확장시키고, 더 나아가 신체적·관계적·지적·심리적 자원들의 구축을 통해 그 효과가 지속되고 증폭된다는 것이다. 문제의 심각성 제시를 통한 불안감 조성이나 문제 중심적 해결 노력이라는 소극적 대처가 아닌, 긍정성이 만들어내는 확장과 구축이라는 두 기제의 강화를 통해 개인과 조직이 궁극적으로 소원하는 지속적 번영과 행복을 극대화할 수 있다는 것이다.

이를 기반으로 필자는 사람중심의 실천적 발전전략에 대한 탐구를 개인, 개인간, 개인과 집단(리더십), 조직 수준의 순으로 논의하였다. 각 수준별로 긍정심리학, 긍정조직학, 긍정변화론의 과학적 연구

결과와 개념적 모델에 토대하여 만들어지고 검증되어온 프로그램들을 제시하며 지속가능한 발전전략을 모색하였다. 개인 수준에서는 긍정 특질 강화 프로그램을, 개인간 관계의 질 향상 프로그램으로는 가트만(Gottman)의 SRH와 감정코칭을, 개인과 집단 수준에서는 최근 제안된 4개의 긍정 리더십 모델을, 조직 수준에서는 AI라는 긍정성 중심의 조직변화 모델을 한국사회의 지속가능한 실천전략을 개발함에 있어 유용한 참조 프로그램으로 살펴보았다.

마지막으로, 필자는 앞의 논의를 바탕으로 효과적 지속성장의 전략적 접근을 위해 다음과 같은 세 가지 제언을 하였다. 첫째, 지속가능한 발전을 위한 전략과 방안 수립을 함에 있어서 현안을 보는 관점인 틀 짜기의 중요성을 인식해야 한다. 현안에 대한 대책을 수립할 때 가장 먼저 해야 할 것은 주제를 문제점 해소가 아닌 가장 이루어내기를 바라는 긍정적 주제로 뒤집어 설정하는 작업이다. 문제점을 뒤집어서 진정으로 국민이 원하는 것이 무엇인지를 반영한 주제설정은 그 이후의 모든 작업의 방향과 추진 열의를 가늠하기 때문이다. 둘째, '프로그램 기반의 지속가능한 성장 전략과 방안'을 추진할 필요가 있다. 지속가능한 발전전략은 지속적 변화를 이루어내는 전략이어야 한다. 지금까지의 단기 발전전략과는 다른 목적과 시간대를 가진다는 점에서 그러하다. 따라서 지속가능한 발전전략은 더욱 근본적인 것에 대한 변화모델을 토대로 프로그램을 만들어 추진해야 한다. 셋째, 관계에 초점을 맞춘 전략과 방안 수립이 강화되어야 한다. 최근 한국의 지속발전을 지속적으로 저해하는 (그리고 저해할) 요인은 최고의 자살률, 최고의 이혼율, 최저의 출산율, 초고속의 고령화이다. 이들 현안의 한복판에 자리 잡고 있는 것은 인간관계에 대한 두려움이다. 이 장에서 소개한 변화 프로그램들을 관통하고 있는 핵심기제는 관계의 질 향상과 회복이다.

제5장은 사회복지 부문을 다루고 있다. 필자는 21세기 한국의 지속가능한 미래발전과 성장 동력으로서 사회복지가 대단히 중요한데, 그동안 한국의 사회복지는 '지속가능성'보다는 발생한 복지문제에 대한 임시방편적인 해결이나 미봉책의 성격이 강했다고 진단하면서, 향후 어떻게 지속가능한 복지발전을 만들 수 있을 것인가에 대한 전략과 대안을 제시하고 있다.

필자는 우선, 한국 복지체제가 갖는 성격으로 첫째, 성장담론의 우세에 비해 복지담론의 열세를 지적하고 있다. 둘째, 보편적 복지제도의 열세에 비해 선별적 복지제도의 우세를 들고 있다. 한국은 국민기초생활보장제도와 기초노령연금이 도입되고 산재보험, 국민건강보험, 고용보험, 연금, 노인장기요양보험 등 5대 사회보험이 법제화되었지만, 실제 내용을 보면 선별적 복지제도가 중심으로 되어 있어, 질적으로 보면 취약하다는 것이다. 셋째, 국가복지의 왜소화에 따른 자가(自家)복지의 편중성을 지적한다. 넷째, 한국은 선발복지국가들에 비해 1/3수준밖에 복지지출을 하지 않는 국가 복지재정의 왜소함을 지적한다. 다섯째, 사회보장제도의 재분배 기능의 빈약함을 지적한다. 마지막으로, 계층화된 남성생계부양자형 가족중심 복지구조를 특징으로 들고 있다. 이와 함께, 한국에서의 지속가능한 복지발전의 저해요건으로서 세계화의 영향, 탈산업화와 저출산, 고령화의 추세, 지나친 제도 의존성, 젠더 불평등 등을 지적하였다. 그리고 이러한 저해요건의 해결방안으로서 탈지배와 다양성 인정, 상호부조와 연대, 풀뿌리 시민사회 구축과 참여 등을 제시하고 있다.

마지막으로, 이러한 한국에서의 지속가능한 복지발전의 요건을 기반으로 필자는 지속가능한 복지발전을 위한 10대 전략과 대안을 다음과 같이 제시하였다. 첫째, 생태복지의 실천이다. 생태복지를 위한 전략과 대안은 생태공동체 수준에서 활용 가능한 것으로서 대안경제적 접근으로서 사회적 경제시스템 구축을 들고 있다. 둘째, 시민성을 기반으로 하는 새로운 복지시스템의 설계이다. 지속적인 복지발전을 위해서는 공공서비스의 확대를 요구하는 수요적 측면, 재분배를 지향하는 정치적 측면, 예산의 확대를 추구하는 정부조직의 제도적 측면 등에서 국가 역할의 확대가 필요하지만, 여기에는 제도에만 의존하기보다는 시민성을 토대로 한 새로운 복지 시스템을 구축할 필요가 있다는 것이다. 즉, 복지 공급주체로서 국가와 시장, 시민사회 모두 역할 수행에서 상호 의존성을 가져야 하고, 이를 위하여 사회복지 예산의 증대와 효과적인 사회복지 전달체계 구축이 전제되어야 함을 지적하고 있다. 셋째, 성장과 복지의 선순환을 강조한다. 노동시장정책, 교육정책, 양성평등적 가족정책이라는 세 기둥을 중심으로 소득보전 정책과 사회서비스 정책이 촘촘히 잘 엮여 있는 사회안전망 모델하에서만 복지친화적 성장이 가능하여 경제사회적 격차를 축소할 수 있으며, 지속가능한 복지발전이 계속 가능하다는 것이다. 아울러 정치, 경제, 사회, 문화, 환경, 복지 등 사회 전체가 시장논리에 복속되는 '시장사회'가 아니라 시장이 모든 인간의 삶의 질 증진에 이바지하는 '사회적 시장'을 구축하는 게 필요함을 강조한다. 넷째, 여성친화적 복지 시스템 구축이다. 서구의 미래지향적 복지국가는 복지국가 위기 재편의 계기를 여성을 노동자로 인식하는 데서 찾았듯이, 한국도 이제 단순히 '여성인력활용'의 담론이나 '저출산 해소를 위한 보육지원' 담론을 넘어서서 '남성생계부양자모델'의 적극적 해체를 추구할 필요가 있다는 것이다. 다섯째, 사회서비스 보장의 강화이다. 지속가능한 복지발전을 이루기 위해서는 사회복지정책에서 소득보장 체계와 사회서비스 부분이 밀접한 연계 속에서 조화롭게 운영되어야 하는데, 현재 소득보장에 비해 상당히 뒤처진 사회서비스 보장 부문을 강화하는 일이 시급하다는 것이다. 여섯째, 공공성을 바탕으로 하는 사회권의 신장이다. 실질적인 공공성 차원을 확보한다는 것은 복지국가의 역할 즉, 복지정책과 프로그램을 통해 전 사회구성원의 자유와 평등을 실질적으로 확대하는 것, 즉 사회권의 확대를 의미한다고 강조한다. 일곱째, 지속가능한 복지재정의 확대이다. 적어도 5년 또는 10년 이내에 '저부담-저복지' 복지에서 '중부담-중복지' 정도까지는 복지재정 수준을 높여야 함을 강조한다. 그러기 위해서는 인구구조 변화, 성장률 등을 고려한 장기적 관점의 재정운용이 필요한데, 특히 고령사회 진입(2017년) 이전에 복지재정의 지속가능성을 고려한 재정·조세정책을 시행해야 함을 주장한다. 여덟째, 정치적 복지동맹의 확대이다. 지배세력들이 유포한 신자유주의(시장만능주의) 이념과 담론을 사회에서 후퇴시킬 수 있는 정치적 복지동맹을 확산시켜나가는 일이 필요하다는 것이다. 아홉째, 부정, 부패의 단절이다. 1차 분배 기능을 하는 시장구조나 정치경제적 구조가 잘못되어 발생하는 문제를 2차 분배, 즉 복지를 통해 감당할 수는 없으므로 1차 분배 기능을 하는 정치경제적 구조나 시장에서의 배분구조에서 부패나 부정의가 없어야만 순차적으로 복지 문제도 해결할 수 있음을 강조한다. 마지막으로, 평화로운 남북한 사회통합이다. 남북한 분단으로 나타난 한국 사회에서의 취약한 노동계급의 권력자원과 안보 이데올로기의 작동은 지속가능한 복지발전의 커다란 걸림돌이 되고 있으므로 순차적으로 평화로운 남북한 사회통합 방안을 모색하는 길이야말로 전쟁이 아닌 평화를 기본으로 하는 지속가능한 복지발전을 이룰 수 있다고 주장한다.

이 책에서 필자들은 학제간, 사회과학적 통합 연구를 통해 현 한국사회를 지속가능성이라는 시각에서 체계적으로 진단하고, 한국의 미래 동력 발전을 위한 사회과학 모델과 구체적인 정책 대안을 제시하고자 노력하였다. 다시 말해 지속가능한 한국 사회의 발전방안을 고찰하고, 이를 위한 구체적인 발전전략과 정책 대안 등 중요한 정책적 시사점과 함의를 도출하여 제시하였다. 물론 이 책이 학제적 연구의 결과물이라 어떤 점에서는 중첩되기도 하고, 또 다루지 않는 부분도 있을 것으로 생각한다. 독자들의 따뜻한 조언과 애정 어린 비판을 기대한다.

끝으로, 이 책이 나오기까지는 많은 분의 도움이 있었음을 고백한다. 먼저, 5년 동안 꾸준히 지원해준 포스코 전, 현 회장님을 비롯한 포스코 관계자 여러 분께 감사드린다. 그리고 행정적 지원을 아끼지 않으셨던 사회과학대학 양승목 학장님을 비롯한 학장단 여러 선생님께도 감사드린다. 아울러 총서 운영위원회 박삼옥, 홍기현, 곽금주 교수님들의 배려에도 감사드리며, 서신 연락, 교정 등 성가신 일을 도맡아 해준 사회과학대학 행정실 이수현 선생에게도 고마움을 전한다. 또한 이 책을 선뜻 출판에 응해준 서울대학교출판문화원 관계자 여러 분께도 심심한 사의를 표한다.

아무쪼록 이 책이 한국의 미래 발전과 성장 동력을 모색하는 데 조그만 보탬이 된다면 더할 나위 없이 다행이겠다.

2014년 8월
저자를 대표하여
조흥식

한국의 지속가능한 발전전략과 정책 대안 | 차례

제2장

성장·환경·복지의 선순환을 통한 지속가능한 국가 건설

이지순

제3장

경제성장과 사회발전: 경제민주화와 복지의 상생구조 모색

송호근

제4장

긍정성 중심의 국가발전전략 모색

김명언

제5장
지속가능한 복지발전을 위한 전략과 대안

조흥식

제1장

지속가능한 민주주의의 조건: '토의정치'의 제도화

유홍림

1. 서론: 현대 민주정치의 문제

민주주의의 세계적 확산과 공고화에 대한 기대와 달리 현대 민주정치는 여러 차원의 문제와 과제를 안고 있다. 현대에 이르러 민주주의는 어느 정도 보편적인 이상으로서의 위상을 확보하게 되었지만 실제 운영과 제도화 과정에서는 여전히 많은 사회적 논란에 휩싸여 있다. 역사적 경험을 반추해볼 때, 민주주의는 하나의 모범으로 수렴되기보다는 시대와 사회에 따라 다양한 형태로 등장하고 변화되어왔으며, 그 이상을 실현하기 위한 제도와 관행, 인적 역량 등의 조건을 마련하고 유지하는 것 자체가 매우 어려운 과제임을 알 수 있다. 요컨대 민주주의는 다른 정치질서에 비해 훨씬 더 많은 관심과 노력이 필요하다.

현대 민주정치가 안고 있는 문제는 다음과 같이 요약할 수 있다. 우선 정치의 전문화 또는 관료화라는 일반적인 추세에 따라 국민주권의 실질적 의미가 상실되고, 정책수립과 입법과정에의 참여가 제한됨에 따라 정치적 소외감이 고조되고 있다. 이러한 정당성의 위기 징후와 함께 사회경제적 불평등이 심화됨에 따라 사회통합의 위기 또한 나타나고 있다. 효율성 중심의 행정과 이익집단 정치에 의해 공동선에 대한 사회적 합의가 점점 불가능해지는 상황에서 정책 심의와 수립, 집행에 있어 혼란과 무능에 따른 '정부의 실패'는 사회적 갈등을 증폭시키기 때문이다. 아울러 이해조정의 문제로 환원될 수 없는 도덕적 가치관의 갈등은 정책수립과 입법과정을 더욱 어렵게 만든다. 또한 시민들 사이에 팽배한 "사익중심주의(civic privatism)"는 이른바 합리적 무관심, 즉 공적인 일에 대한 관심과 참여의 저하현상을 부추기고 정치의 공공성을 훼손한다(Ackerman & Fishkin, 2003). 그리고 의견 및 이익 갈등의 상황에서 문제해결의 메커니즘으로 선호집약(aggregation)

을 통한 의사결정에 무분별하게 의존하게 됨에 따라 정치의 도구화와 파당화가 더욱 심화되는 경향도 나타나고 있다. 다수결의 원칙만으로는 공동선을 지향하는 건전한 민주정치가 보장되지 않는다. 선거와 의견수렴 과정에서 다수를 확보하려는 전략과 전술이 공론의 장을 무력하게 만들면 공동선에 대한 인식은 사라지고 파당적 이익을 앞세우는 구호와 투쟁이 정치의 전부가 되어버리기 때문이다.

현대 사회에서는 복잡하게 얽힌 이익 갈등과 통제하기 어려운 복합적 현상의 증대에 따라 과거와는 비교할 수 없을 정도로 불확실성이 증폭되고 있다. 그러나 다양한 공적 담론체계의 발전을 통해 그동안의 경험에 대한 자기성찰의 메커니즘과 제도가 분화되고 증대되어 온 것도 사실이다. 인위적으로 만들어진 불확실성과 다변화되는 이익 갈등의 시대에 적극 대처하기 위해서는 합의 도출의 메커니즘을 구축하고 활성화하는 집단적 대응이 필요하기 때문이다. 불확실성이 가져올 수 있는 위험을 자각하고, 그에 대한 신중한 대응을 모색하는 행위가 사회적 성찰성의 구체적 표현이다. 물론 이해관계가 복잡하게 얽힌 현실 속에서 공공성과 공익의 관점을 대변하는 '공적 이성(public reason)'을 적극 발휘하려는 노력은 많은 시련과 도전에 직면한다. 그럼에도 기득권과 기존의 관행에 예속되기 쉬운 '행정 권력(administrative power)'을 견제하고 권력 행사의 목적과 방향을 재정립하는 시민 참여적 공론장을 매개로 형성되는 '의사소통적 권력(communicative power)'을 확보하려는 노력은 지속하여야 한다. 현대의 위기에 대응하여 많은 이론가가 표층의 제도권 '정치(politics)'와 구분되는 '정치적인 것(the political)'의 영역 확보와 그 역할에 관해 관심을 표명하는 것은 우연이 아니다. 사회 전체의 방향을 결정하는 장이 정치적 공론장이며, 사회적 성찰성의 실천은 정치 행위를 통해 이루어지기 때문이다.

위기관리의 차원을 넘어서는 불확실성이 증대할수록 공론 정치의 역할은 더욱 중요해진다. 복잡하게 얽혀 있고 상충하는 이해관계 속에서의 입법과 정책 결정은 더욱 정교한 절차와 세밀한 전문성을 요구한다. 그러나 그러한 절차와 전문성이 민주주의의 유지에 필요한 정당성과 사회통합의 요구를 충족시키지는 못한다. 현실적으로 어떠한 법이나 정책이 집행되었을 때 그것이 가져올 결과를 합의된 자명한 기준에 따라 예측하거나 판단하기는 어렵다. "확실한 판단기준이 없는 상황에서 절박한 필요에 따라 어느 정도 합리적이라고 판단되는 공적 선택행위를 해야 하는 상황"이 '정치의 조건'이라면, 현대는 바로 '정치의 조건'이 극대화된 상황이다. 이러한 상황에 대응하는 지속가능한 정치는 "지속적인 자기입법에의 참여과정과 의존적이고 사적인 개인들을 자유로운 시민으로, 또 부분적이고 사적인 이해관계들을 공동선으로 변형시킬 수 있는 정치공동체의 창출을 통해 갈등이 해결되는 참여적 형태의 정치"일 수밖에 없다(Barber, 1984: 132).

현대 민주주의의 근간을 이루는 정치적 가치들은 자유, 평등, 개인의 권리와 존엄성, 유대, 정의, 상호존중, 법치주의, 공정한 절차, 다원주의, 토론을 통한 정치 등을 내용으로 한다. 물론 이 가치들은 유기적으로 연관되어 있기 때문에 각각의 경계를 엄밀하게 구분짓는 것은 쉽지 않다. 나아가 이들 간의 관계는 민주정치의 운영과 관련하여 상보적이고 상호친화적이지만은 않고 때로는 긴장과 갈등의 관계에 놓이기도 한다. 따라서 바람직한 민주정치는 다양한 가치 간의 '균형'을 지향한다. 가치 간의 균형의 필요성은 현대 국가가 추구하는 대표적인 공공재들 — 정당성, 경제적 복지, 그리고 집단적 정체성 — 사이의 관계를 통해서도 알 수 있다. 이들 공공재는 서로 긴장관계를 형성한다. 즉, 이들 중 하나의 목표가 과도하게 추구되는 경우 다른 공공재의 실현이 희생되기도 한다. 따라서 성숙한 정치사회는 공적 가치들 사이의 일종의 균형을 추구하며, 그 균형은 결국 '토의정치

(deliberative politics)'를 통해 이루어질 수밖에 없다.

토의정치는 민주주의의 지속가능성(sustainability)을 확보하기 위한 이론적·실천적 노력의 집합이다. 지속가능성은 주로 경제 성장과 환경 보전의 맥락에서 공적 논의의 주제로 관심을 모아왔다. 여기에서 지속가능성은 무한경쟁 속에서의 생존(survival)과는 다른 차원의 관념으로서 지속되어야 할 가치 및 삶의 방식 문제를 포함하는 규범적 개념이다. 나아가 지속가능성의 문제는 경제와 환경의 영역을 넘어 생활세계의 다양성 보전, 사회정의와 통합, 정치제도화의 요구도 포괄하는 것으로 이해되어야 한다. 정치의 영역에서 지속가능하지 않은 정치질서의 양 극단은 폭정(tyranny)과 무정부 상태(anarchy)이다. 따라서 현대 정치에 내재하는 양 극단으로의 경향성을 제어하는 것이 지속가능한 민주주의를 실현하기 위한 핵심 과제라 할 수 있다.

이러한 관점에서 이 장에서는 정치에 있어서의 지속가능성의 문제를 다루고자 한다. '지속가능한 민주주의'는 과연 어떠한 형태인가? 민주정치에 있어서 지속가능성의 조건은 무엇인가? 정치는 무엇보다 합의 도출의 영역으로서 '제조된 불확실성'이 증대된 현대 사회에서 그 역할이 더욱 중요하다. 현대 사회의 복합적이고 다양한 갈등을 완화 또는 해결하고, 어느 정도 합리적인 질서를 유지하기 위한 집단적인 노력이 민주정치이기 때문이다. 이러한 민주정치가 제 기능을 수행하기 위해서는 무엇보다 의견과 이익의 불일치 상황에서 시민들 간의 공존과 상호협력을 가능케 하고 정치사회의 안정성을 보장하는 규범적 기초가 필요하다. 이성적 대화와 상호 존중은 민주주의를 지탱하는 최소한의 원리로서 사회구성원 모두가 수용해야 할 규범이다. 그리고 이성적 대화와 상호 존중의 규범에 따라 이루어지는 토의 과정은 지속가능한 민주주의의 이론과 실천의 기초가 되어야 한다.

'지속가능한 민주주의(sustainable democracy)'의 조건을 파악하기 위해 우선 2절에서는 민주주의에 대한 피상적 이해를 넘어 자유민주주의 내부에 존재하는 정치적 긴장을 살펴본다. 지속가능한 민주주의에 대한 구상은 민주주의에 대한 근본적인 성찰을 토대로 해야 하기 때문이다. 이어서 3절에서는 지속가능한 민주주의의 이론적 기초와 관련해 토의의 매개적 기능과 토의정치의 층위, 그리고 토의정치의 원칙들을 검토한다. 4절에서는 지속가능한 민주정치로서의 토의정치의 제도화 가능성을 그동안 시도되어온 몇몇 사례와 정책적 제안을 통해 살펴본다. 그리고 마지막으로 지속가능한 민주주의의 과제를 종합적으로 점검해보고자 한다.

2. 민주주의에 대한 이해

현대 자유민주주의 이론들은 자유주의와 민주주의의 요구를 어떻게 조화 또는 결합시킬 것인가라는 문제를 해결하고자 한다(유홍림, 2003: 114-117). 따라서 입헌주의와 법치의 중요성에 대한 인식을 이론적으로 정당화함과 동시에, 시민교육을 통한 시민역량의 강화를 주장한다. 또한 공론장의 활성화를 통한 정치 참여를 강조함으로써 현대 사회에서의 정치의 의미와 역할의 중요성을 새롭게 인식시키려 하며, 사회 각 영역의 자율성을 확보하기 위해 다원주의적 패러다임을 모색하기도 한다. 그리고 이러한 이론적·실천적 노력은 다양한 주장들 간의 논쟁을 통해 이루어지고 있다.

민주적 자치의 이념인 '공적 자율성(public autonomy)'의 실천이 현대 민주정치의 중요한 과제임을 인정한다면, 지속가능한 민주주의에 대한 구상은 민주주의 이념의 기초에 대한 근본적 성찰을 토대로 해야 한다. 즉, 기존의 다양한 민주주의 이론들, 특히 합의를 위한 절차와 조건을 강조하는 합리주의적 민주주의론, 그리고 제도 디자인에 치중하는 선호집약적 민주주의론 등의 한계에 대한 인식이 필요하다. 아울러 정치발전 또는 민주주의의 공고화에 대한 신념과 희망에 근거하여 중도적 합의를 제안하거나 합의적 모델의 가능성을 주장하는 낙관주의적 태도도 경계해야 한다. 왜냐하면 민주주의의 자기파괴적 속성, 내적 긴장, 그리고 민주적 정치질서의 취약성과 불확정성에 대한 진지한 이해와 고민이 전제되지 않으면 지속가능한 민주주의의 조건을 적실하게 파악하기 어렵기 때문이다.

민주주의의 역사는 이른바 "민주주의의 역설(The Democratic Paradox)"을 기반으로 전개되어왔다(무페, 2006). 자유민주주의는 자유주의 전통 — 법의 지배, 보편적 인권 보장, 개인적 자유 존중 등 — 과 민주주의 전통 — 평등, 지배와 피지배의 동일화, 인민주권 등 — 간의 긴장을 내포한다. 양자의 조합은 치열한 투쟁의 산물이며, "자유민주주의는 서로 완벽하게 조화될 수 없는 두 개의 논리가 표출된 결과물임을 이해해야 한다. … 자유민주주의체제는 항상 투쟁의 장이었으며, 그러한 투쟁이 역사적으로 정치발전을 가능케 한 원동력이 되어왔다. 자유민주주의를 구성하는 양자 사이의 긴장은 정치세력들 사이의 실용적인 타협으로 한때 안정화될 뿐이며, 그러한 타협을 통해 상대방에 대한 일방의 패권이 확보된다."(무페, 2006: 18-19) 이러한 자유민주주의의 속성을 감안할 때 도전받지 않는 일방의 패권은 자유민주주의 자체를 위협한다. 자유민주주의를 구성하는 자유주의와 민주주의에 대한 논의는 양자 간의 긴장관계에 대한 인식을 기반으로 해야 한다.

그동안 많은 이론가에 의해 민주주의에 대한 다양한 이해와 분류 방식이 시도되어왔으며, 대표적으로 자유민주주의/공화민주주의, 간접(대의제)민주주의/직접(참여)민주주의, 다수제민주주의/입헌민주주의/합의민주주의 등을 꼽을 수 있다. 여기에서 주목할 만한 이론적 추이는 선호집약적 민주주의(aggregative democracy)로부터 토의 민주주의(deliberative democracy)로, 그리고 경합 민주주의(agonistic democracy)로 이어지는 담론의 변천과정이다. 슘페터 이후 합리적 선택이론가들에 이르기까지 지배적인 민주주의 담론은 '선호집약'을 중심으로 전개되어왔다. 이 담론에 따르면 민주주의의 과제는 고정된 개별선호들을 어떻게 집단적 의사결정과 연결시키느냐의 문제로 귀결된다. 그러나 이러한 선호집약적 민주주의는 의사결정의 절차적 정당성과 내용의 타당성을 보장하지 못하는 한계를 가진다. 그 한계를 극복하기 위해 '이성적 토론'의 힘을 의사결정의 전제조건으로 확립하고자 하는 이론적 시도가 토의 민주주의 담론으로 나타났다. 그리고 토의 민주주의의 합의 지향성에 대한 비판이 경합 민주주의에 관한 관심으로 이어졌다. 이러한 민주주의 담론들을 종합적으로 검토해보면 민주주의에 대한 보다 총체적인 이해가 가능해진다. 즉, 민주주의는 집단적인 자기조직화의 한 방식(a way of collective self-organization)이자 집단적인 의사결정의 한 방식(a form of collective decision-making)이며, 또한 하나의 권력 체계(a system of power)이기도 하다. 민주주의에 대한 다면적이고 복합적인 이해를 통해서만 지속가능한 민주주의의 조건에 대한 적실한 논의가 가능하다.

표층적인 '정치(politics)'와 구분되는 심층적인 '정치적인 것(the political)'의 본질에 대한 논의가 중요한 이유는 그것을 어떻게 이해하는가에 따라 민주주의의 미래가 달라질 수 있기 때문이다(Mouffe, 2005). 역사적 경험과 현실을 냉철하게 바라본다면 '정치적인 것'의 영역은 필연적으로 갈등을 내포할 수밖에 없다는 사실을 인정해야 한다. 여기에서 민주주의의 과제는 '적대적 갈등(antagonism)'을 '경쟁적 갈등(agonism)'으로 전환할 수 있는 방안을 모색하는 것이라 할 수 있다. '적대적 갈등' 속에서 대립하는 주체들은 상대를 '적(enemies)'으로 규정하고, 상대방의 존재를 부정함으로써만 궁극적인 정치적 목적이 달성될 수 있다고 생각한다. 이러한 상황에서 정치는 파벌과 세력들 간의 끊임없는 대결 양상을 띠게 된다. 그동안 민주주의가 추구해온 갈등의 순화 방식은 이러한 '적대적 갈등'을 '경쟁적 갈등'으로 바꾸는 것이다. '경쟁적 갈등'은 대립하는 주체들이 상대방을 '경쟁자(adversaries)'로 인식하고, 상대방의 존재 이유와 정당성을 인정하는 갈등의 형태이다. 물론 그들 간의 갈등을 해결할 수 있는 합리적 방안이 자명하게 주어지는 것은 아니다. 그럼에도 '경쟁적 갈등' 속에서 형성되어온 민주주의의 여러 제도, 대표적으로 정당과 의회 등의 민주주의 제도들은 사회 내의 '적대적 갈등'의 양상을 '경쟁적 갈등'으로 어느 정도 전환하는 기능을 담당해왔다.

자유민주주의의 역사적 전개과정에 내재하는 이념적 갈등과 긴장을 충분히 인정하지 않은 채 표면적인 절충을 시도하는 "중도적 합의," "제3의 길," "합의적 모델" 담론들은 자유민주주의를 구성하는 가치들 사이의 갈등 관계와 그에서 비롯되는 민주정치의 역동성을 충분히 반영하지 못하는 한계를 가진다. 아울러 근대화론의 낙관주의에 근거하는 정치 발전(political development)의 신화와 '민주주의의 공고화' 담론 또한 마찬가지의 한계를 드러낸다. 정치 발전의 기계적 단계 설정은 정치에 대한 공학적 이해에 기초한다. '정치적인 것'에 대한 보다 실천적 이해 방식은 정치에 대한 순환적 이해 방식이다. 국가의 건설, 이념 정립과 정치·경제 · 사회적 기본구조의 제도화를 통한 국가의 유지와 발전, 다양한 부패의 출현과 이에 따른 위기의 심화, 그리고 부패와 위기를 극복하기 위한 개혁의 시도로 이어지는 순환적 역사과정의 모든 국면에는 여러 형태의 긴장과 갈등이 내재하며, 따라서 긴장과 갈등은 정치적 삶의 보편적 조건이라 할 수 있다. 이러한 조건을 당면한 현실 속에서 구체적으로 파악하고, 그에 적절히 대응하는 방식을 시민의 참여와 토의를 통해 모색하는 것이 지속가능한 민주주의의 모습이다.

3. 토의정치의 이론적 기초

지속가능한 민주주의는 다양하고 때로는 상충하는 가치 및 정책목표들 간의 '균형'을 통해 실현될 수 있다. 성숙한 정치사회는 공공적 가치들 사이의 일종의 균형을 추구하며, 그 균형은 '토의정치(deliberative politics)'를 통해 이루어질 수 있다. '균형'을 위한 원칙과 기준은 어느 정도 상황 가변적이며, 이러한 불확정성에 적극 대처해나가는 집단적 역량이 토의정치의 기반이다.

1) 토의의 매개적 기능

지속가능한 민주주의는 공식적, 비공식적 포럼의 활성화를 통해 참여의 폭을 넓혀야 하며, '참여로서의 토의(deliberation as participation)'를 제도화해야 한다. 민주정치의 지속가능성을 보장하는 토의정치는 갈등(antagonism/agonism)과 토의(deliberation), 그리고 집약(aggregation)의 계기들이 서로 얽혀 구성되는 민주정치 과정의 순환적 메커니즘을 기반으로 하며, 이 과정에서 '토의의 매개적 기능(deliberative mediation)'을 극대화하려는 정치적 실천이자 제안이다. 여기에서 '토의정치'는 '토의 민주주의' 이론의 문제의식과 논지를 기축으로 하지만, 동시에 '경합 민주주의' 이론이 강조하는 '정치적인 것'의 본질로서의 갈등, 그리고 '선호집약적 민주주의' 이론이 주목하는 집약적 의사결정의 필요성에 대한 인식 또한 포괄한다.

토의정치의 구상은 우선 정치사회의 기저에는 불가피하게 긴장과 갈등이 존재할 수밖에 없다는 인식을 기반으로 한다. 정치에 있어서 '이성적 합의'는 공식적 정치과정의 한 계기로서 민주적 의사결정의 가장 중요한 절차이며, 민주주의 제도화의 요체라 할 수 있다. 그러나 이성적 합의의 전망을 어둡게 만드는 '열정과 대립의 정치(the politics of passions and antagonism)' 현상은 합리성이 강조되는 현대 사회에서도 여전히 반복되고 있다. 그리고 한국 정치의 기저에는 역사적 경험에 뿌리를 둔 적대적 반감(antagonism)의 잔재가 남아 있다. 이러한 상황에 대응하는 현대 정치의 과제는 '열정과 대립'을 '합리적 의사결정'과 연결시키는 매개의 절차와 과정을 실천하고 제도화하여 '공감의 정치(the politics of compassion)'를 실현하는 것이다.

지속가능한 민주주의의 관건은 '토의의 매개적 기능'을 극대화함으로써 적대적 갈등(antagonism)을 경쟁적 갈등(agonism)으로 전환하는 데 있다. 그리고 경쟁적 갈등과 토의가 상호배제적인 관계로 전락하지 않도록 경계해야 한다. 토의가 일방적 헤게모니의 설득과정이 되거나 형식적인 절차에 그치는 경우 경쟁적 갈등은 언제든지 적대적 갈등으로 환원될 수 있기 때문이다. 토의 과정을 합의지향적 절차나 수단으로만 이해해서는 안 된다. 토의 과정에도 여전히 갈등은 내재하며, 다만 그 과정을 통해 적대적 갈등이 경쟁적 갈등으로 전환될 가능성이 열릴 뿐이다. "제대로 작동하는 민주주의는 정당한 민주적 입장 간의 경합이 필요하다. … 물론 합의는 필요하지만 그에 대한 이견의 제기도 가능해야 한다. 민주주의를 구성하는 기본 제도들, 그리고 정치적 결사를 뒷받침하는 '윤리-정치적' 가치들 — 즉, 모두의 자유와 평등 — 에 대한 합의는 필요하지만 그 의미와 실현 방법을 둘러싼 의견의 불일치는 항상 존재할 것이다."(Mouffe, 2005: 30-31)

토의의 매개적 기능을 제도화하려는 토의정치는 '중간수준의 민주주의(middle democracy)'의 활성화에 의존한다. '중간수준의 민주주의'는 갈등에 대처하는 두 가지 민주적 방식, 즉 과정을 중시하는 '절차 민주주의(procedural democracy)'와 실질적인 권리의 우선성을 강조하는 '입헌 민주주의(constitutional democracy)'의 이분법을 넘어서려는 시도이다(Gutmann & Thompson, 1996: 26-51). 절차 민주주의는 다수의 지배와 다수결주의를 통해 절차의 공정성을 보장하려 한다. 그러나 개인의 기본적 자유나 기회가 제약된다면 다수결에 의한 결정만으로 결과가 정당화될 수는 없다. 반면 입헌 민주주의는 다수결에 우선하는 개인의 기본 권리를 헌법을 통해 보장하려 한다. 그러나 추상적인 헌법적 가치와 원리가 민주적 절차를 제한할 수 있는지는 여전히 논란의 대상이다. 이처럼 두 민주주의는 모두 각자의 입장을 스스로 정당화하는 데 한계가 있다. 따라서 절차와 결과, 과정과 내용의 이분법을 넘어서 양자가 서로 결합되어 상호작용하는 민주주의를 구상해야 한다. 절차 민주주의와 입헌 민주주의는 평등한 정치적 자유와 참여의 권리를 강조하며, 모든 시민을 평등한 도덕적 행위자로 간주한다는 점에서 도덕적 기반을 공유한다. 이러한 도덕적 기반에 근거하여 절차의 공정성과 결과의 타당성을 모두 보장하려는 민주주의가 '중간수준의 민주주의'이다. '중간수준의 민주주의'는 토의의 장을 다양하게 확대함으로써 참여와 대표를 능동적으로 매개하고 절차와 결과를 결합할 수 있다.

토의 과정을 확대하고 제도화함으로써 갈등의 양상을 적대적 갈등에서 경쟁적 갈등으로 변화시키고, 나아가 이성적 합의의 가능성을 높이더라도 여전히 의견의 불일치는 남아있을 수 있다. 그리고 정치는 불확실성 속에서 어느 정도 합당하다고 판단되는 집단적 의사결정을 일정한 시간 제약 하에서 수행해야 하는 행위의 영역이기 때문에 이른바 "결정의 계기(the moment of decision)"를 필요로 한다. 따라서 민주적 정치과정에서 "집약적 의사결정(aggregative decision-making)은 불가피하다. 그러나 언제, 어떤 방식의 집약 또는 표결을 시행하는가의 문제도 토의되어야 할 중요 의제 중 하나이다.

2) 토의정치의 이론적 기초

민주주의 이론의 전개과정에서 '토의 민주주의'로의 이론적 전환은 1990년대 이후 본격화되었다. 한 이론가에 따르면 현재 민주주의의 핵심은 투표나 이익 집약, 헌법적 권리 또는 자치가 아닌 토의로 널리 이해되고 있다(Dryzek, 2000: 1). 이른바 '토의로의 전환(the deliberative turn)'은 진정한 민주주의에 관한 관심이 새롭게 고조된 결과라 할 수 있다. 즉, 시민으로서의 자질과 능력을 갖춘 시민들이 상징성의 차원을 넘어 얼마나 실질적으로 정치과정을 통제하는가에 관한 관심이 토의 민주주의의 기반이다. 그리고 토의 민주주의의 이론적 기초는 '공적 이성(public reason)'의 활용과 제도화에 주목한 롤스(Rawls, 1993), 그리고 법과 민주주의에 대한 의사소통론적 재구성을 시도한 하버마스(Habermas, 1996a; 1996b)에 의해 제공되었다.

토의 민주주의 이론가들은 민주주의를 토의가 이루어지는 '포럼'을 제도화하는 정치질서로 이해한다. 토의 민주주의 이념은 자유롭고 평등한 시민들 간의 토론을 통한 의사 결정이라는 관념을 핵심으로 하며, 개인들이 가지고 있는 이익과 선호의 단순한 '집약(aggregation)'보다는 토의 과정을 통한 선호와 신념의 '변환(transformation)'을 추구한다. 즉, 정치적 선택이 정당성을 인정받기 위해서는 그것이 자유롭고 평등한 합리적 행위자들 사이에 이루어지는 목적에 대한 토의의 결과이어야 한다는 것이다(Elster, 1998: 1-6). 물론 자유롭고 평등한 시민들에 의한 공적 의사결정의 형태가 토의만 있는 것은 아니다. 일반적으로 근대 이후의 민주사회에서 공적인 합의와 결정에 이르는 방법으로는 논쟁(arguing)과 타협(bargaining), 그리고 투표(voting) 등이 있으며, 여기에서 논쟁과 타협은 투표와 달리 의사소통 또는 언어 행위의 형태들이다. 이들 중 논쟁의 특징은 목적 자체 및 목적과 수단의 관계에 대한 기존의 선호와 신념의 변환을 추구한다는 점이다. 그리고 토의정치는 이러한 논쟁의 특징을 공적 의사결정과정에서 최대한 확보하려는 시도라 할 수 있다(유홍림, 2003: 194).

의사소통을 통한 공동의 의사 형성과정이자 제도인 공론장은 토의정치의 기반으로서 정당성에 대한 정치적 관심을 실천하는 영역이다. 공론장이 정치의 중심으로 자리 잡으면 의사소통의 정도가 정치의 척도가 된다. 즉, 공론장의 활성화 및 제도화의 정도는 현실 정치의 건전성과 왜곡의 정도를 측정할 수 있는 기준이 된다. 공론장은 참정권과 언론 및 집회 결사의 자유에 기초하며, 또한 국가의 형태로 조직화되는 지배구조에 대한 공식적, 비공식적 비판을 통해 형성된다. 공론장은 무엇보다도 여론이 형성될 수 있는 정치사회적 삶의 영역을 의미한다. 그리고 모든 시민은 공론장에 참여할 권리를 보장받는다. 사적인 개인들이 모여 하나의 정치사회를 형성하는 모든 대화의 형태 속에 공론장의 한 부분이 발생하여 존재하게 된다.

공론장은 사회적 차별과 특권을 개입시키지 않고 합리적 대화를 추구하는 시민들로 구성되며, 참여자들이 합리적 대화를 가능케 하는 기준을 존중함으로써 참여자들의 평등과 보편적 접근가능성이 보장되는 영역이다. 공론장은 이성적 합의와 법, 그리고 계몽된 여론을 연결시키는 기반으로서 권력의 자의적 행사를 막는 기능을 담당한다. 그러나 정당성에 대한 관심이 도외시되고, 시장의 논리와 도구적 합리성의 기준이 사회 전 영역으로 침윤되면 의사소통의 구조는 왜곡되고, 사회구성원들의 토의 능력은 제약된다. 아울러 공공영역의 확장에 의해 공론장의 응집성이 약화되고, 시민사회 영역에서의 이익갈등이 공론의 영역으로 여과 없이 전파되는 상황에서의 공론장은 합리적 권위의 산실이 아니라 갈등하는 이익집단 간의 각축장으로 변모하게 된다.

민주정치는 사적 이익을 추구하는 개인과 소극적 권리에만 의존할 수 없다. 민주적 정치과정은 사회의 다양한 이익의 집약과 행정기구를 통한 중재에 국한되지 않기 때문이다. 공론장과 의회에서의 의사형성 과정이 권력의 획득과 유지를 위해 전략적으로 행동하는 집단들 간의 경쟁으로 점철된다면 민주정치 본연의 의미는 상실된다. 시민의 지위와 정치적 권리는 그들이 사적 개인으로서 주장할 수 있는 소극적 자유에 의해 규정된다기보다는 정치적 참여와 의사소통의 권리를 포함하는 적극적 자유에 의해 규정된다. 이러한 정치적 권리는 외적 강제로부터 자유를 보장하는 것이 아니라 공동의 실천에 참여할 가능성을 보장한다. 이에 따라 공론장에서의 정치적 의사 형성은 시장의 원리와 구조가 아니라 상호이해를 지향하는 공적 의사소통에 내재하는 원리와 구조를 기반으로 해야 한다.

토의정치는 정치적 의사 형성이 이루어지는 공론장을 민주주의의 중심 무대로 설정한다. 그러나 토의정치는 입헌주의 원리들을 민주적 의사 형성에 요구되는 의사소통 형식의 제도화라는 차원에서 중요시한다. 즉, 토의정치는 집단적으로 행동하는 시민에 의해서가 아니라 의사소통의 절차와 조건의 제도화에 의해 그 성공 여부가 좌우된다. 토의정치의 관점은 공식적, 비공식적 공론장의 연계망 모두를 관류하는 의사소통 과정의 '상호주관성'을 강조한다. 상호주관적 의사소통 형식들은 공식·비공식적 공론장에서 어느 정도 합리적인 의사 형성의 가능성을 열어주기 때문이다. 그 구체적 과정을 살펴보면, 우선 비공식적 여론 형성은 '영향력'을 산출하며, 이 영향력은 법적으로 제도화된 의사 형성의 채널을 통해 '의사소통적 권력'으로 변형되고, 이 권력은 다시 입법을 통해 '행정 권력'으로 변형된다. 민주적 절차를 통해 의사소통적 권력으로 변형되는 공론은 스스로 지배할 수 없고, 행정 권력의 사용에 있어 특정한 방향성을 부여하는 기능을 담당하게 된다 (Habermas, 1996b).

다른 한편 토의정치는 정치 언어의 '생명력'을 복원하고 '진정성'을 확보하는 의미를 갖는다. 정치세계의 언어는 구체적인 '열망'에서 출발하여 '가치' 또는 '이상'으로 응집되고, 그것을 현실에 구현하고 유지하기 위해 복합적인 '법과 제도'의 차원으로 발전한다. 이 과정에서 생성하고 변화되어가는 정치 언어는 지속적인 피드백을 통해 인간의 열망과 연결되어 '생명력'을 얻게 된다. 토의정치는 토의 과정을 활성화하여 정치 언어의 진정한 의미를 계속 각성시키는 효과를 극대화하려 한다. 그럼으로써 현대 정치의 문제로 지적되는 '구호 정치,' 즉 정치 언어의 의미 상실과 도구화의 한계를 극복하는 데 기여한다.

토의정치는 '민주주의의 역설', 즉 자유와 평등의 갈등, 사적 자율성(개인의 권리)과 공적 자율성(민주적 자치)의 상충된 요구들을 결합하고 동시에 실현할 수 있는 절차를 구성한다. 물론 '민주주의의 역설'은 완전히 해소될 수 없으며, 구체적 상황 속에서 어느 정도의 합리성을 인정받는 절충적 타협을 통해 완화될 수 있다. 토의정치는 바로 이성적인 합의를 위한 절차와 내용을 확보하려는 노력이며, 이러한 노력을 통해서만 '민주주의의 불확실성'은 어느 정도 완화될 수 있다. 그리고 '토의정치'에서의 '토의'는 시민사회 영역에서의 다양한 형태의 '토론'(discursive/communicative interaction)과 대표체계를 전제로 한 '심의'(좁은 의미의 deliberation)를 모두 포괄한다. 이러한 맥락에서 토의정치를 구성하는 층위들은 다음과 같이 분류될 수 있다.

① 공식적 층위(official/formal level): 대표자들(representatives)

② 중간 매개적 층위(intermediate level): 시민사회 포럼(civic forums), 언론매체 등

③ 비공식적 층위(informal/grass-root level): 생활세계에서의 소통 행위

④ 내적/성찰적 층위(internal/reflective level): 내면적 토의(deliberation within)

토의정치에 대한 다양한 이론은 기본적으로 국민국가의 틀을 전제로 한다. 그러나 토의정치가 한 국가 내의 정치과정에만 국한되는 것은 아니다. 초국가적 차원에서의 토의정치도 지구시민사회의 등장 및 초국가적 기구 또는 레짐 형성과 관련하여 논의의 주제가 될 수 있다.

토의 민주주의는 자유롭고 평등한 시민과 대표들이 토론과정을 통해 의사결정과 정책을 정당화하는 민주주의로서 공정한 협력 조건을 제시하는 원칙들을 포함한다. 토의 민주주의는 절차적 원칙들(procedural principles)과 실질적 원칙들(substantive principles)을 모두 포함하며, 이 원칙들이 도덕적으로 중립적이라고 주장하지 않는다. 토의 민주주의의 이론화에 기여가 큰 거트만과 톰슨(Gutmann & Thompson, 1996)은 정치과정을 규제하는 중요 원칙들로 상호성(reciprocity), 공개성(publicity), 책임성(accountability)을, 그리고 정책 내용을 규제하는 원칙들로 기본적 자유(basic liberty), 기본적 기회(basic opportunity), 공정한 기회(fair opportunity)의 원칙들을 제시한다. 토의 민주주의는 이들 절차적 원칙들과 실질적 원칙들을 결합시킴으로써 정치적 삶의 조건인 "도덕적 불일치(moral disagreement)"에 적극 대처하려 한다. 토의 민주주의는 자원의 희소성과 이익갈등뿐만 아니라 상충하는 가치관과 불완전한 상호이해가 의사 및 정책결정과정을 어렵게 만드는 요인으로 파악한다. 이러한 상황에서 잠정적으로나마 모든 시민이 그 정당성을 인정할 수 있는 결정이 이루어지기 위해서는 토의의 절차와 내용을 규제하는 원

칙이 요구된다. 거트만과 톰슨이 제시하는 토의정치의 원칙을 정리해 보면 다음과 같다.

(1) 상호성(reciprocity)의 원칙

시민은 모두에게 구속력을 갖는 제도, 법, 정책을 논의하고 결정하는 과정에서 자신의 주장을 뒷받침하는 근거 또는 이유를 제시해야 할 의무가 있다. 상호성은 공리나 자유의 원칙들과 같은 근본 원칙이 아니라 특정한 상황에서 정의의 조건과 내용을 결정하는 지속적 과정을 지배하는 원칙이다. 상호성의 원칙에 기초한 토의는 상호 정당화가 가능한 근거들을 제시하는 지속적 과정이고, 그 과정을 통해 상호 구속력을 갖는 집단적 의사결정에 이르게 된다. 토의 과정은 한편으로 시민이 서로 간의 도덕적 불일치를 이해·수정·해결할 수 있도록 한다는 점에서 수단적 가치를 가진다. 또한 이러한 도덕적 불일치가 완전히 해결되지 않는다고 하더라도 토의과정에서 시민은 공적 정당화의 의무를 인식하고 상호 존중의 태도를 표출하게 된다는 점에서 토의 과정 자체가 목적적인 가치를 지니기도 한다.

상호성은 실리 계산(prudence)과 불편부당성(impartiality)의 중간에 위치한다. 실리 계산의 원칙을 따르는 정치행위자들은 자기이익 추구가 모든 갈등의 근본이라고 보고, 상호 이익(mutual advantage)을 위해 협상(bargaining)을 벌이며, 궁극적으로는 잠정적인 타협(modus vivendi)을 추구한다. 실리 추구의 원칙은 시민 간의 상호 의무에 대한 인식을 희석하며, 동료 시민을 자기이익을 증대시키기 위한 수단적 존재로 간주할 위험을 내포한다. 따라서 정치과정에서 협상을 위한 공간을 배제할 수는 없지만 실리 계산의 원칙이 민주정치에서 불일치를 관리하는 궁극적인 원칙이 될 수는 없다. 다른 한편 불편부당성의 원칙은 불일치를 해소하기 위해 보편적 정당화 가능성(universal justifiability)을 기준으로 도덕적 진리에 맞는 견해를 시민이 수용할 것을 요구한다. 불편부당성의 원칙은 정책과 법을 결정하는 과정에서 시민들에게 편파적 관점과 개인적 고려를 억제하거나 포기하여 달라고 요구한다. 불편부당성이 선호하는 방법은 협상이 아니라 증명(demonstration)이다. 상호성의 원칙은 양자의 중간에서 상호 수용가능성(mutual acceptability)을 정당화의 기준으로 설정하고, 의견 불일치 상황에서의 의사결정을 위해 시민들 간의 지속적인 토의를 요구한다. 이러한 상호성의 원칙은 도덕적 불일치를 해결하기 위한 현실적 제안으로서 의미가 있다.

(2) 공개성(publicity)의 원칙

시민과 대표들 간의 토의는 공적인 포럼을 통해 이루어져야 한다. 즉, 서로의 주장을 정당화하기 위한 근거 제시가 공개적이어야 한다. 물론 공개성과 다른 민주적 가치들 — 자유, 기회, 토의 — 간의 충돌로 현실 정치에서 비밀성(secrecy)이 요구되기도 한다. 어떤 정책들은 그 실효성을 위해 불가피하게 비밀이 필요하다. 또한 개인의 기본적 자유와 기회를 보호하기 위해 공개성이 제약될 수도 있으며, 비공개로 진행되는 경우 심의 자체의 질과 효과가 증대될 수 있다는 반론도 가능하다. 그러나 시민은 어떤 정책이 비밀을 필요로 하는 경우 그 이유를 물을 수 있으며, 그 범위에 제약을 요구할 수 있다. 또한 기본적인 자유와 기회의 보호를 위해 필요한 비밀성도 공개성의 원칙 자체를 부정할 수는 없다. 단지 특정한 상황과 이유에 의해 공개성의 범위를 제한할 수 있을 뿐이다. 그리고 비공개에 의해 심의의 질이 증진된다고 해도 그것이 입법화될 가능성은 반대로 감소할 수도 있다. 결국 비밀성은 공개성의 원칙을 대체할 수 없으며, 공개성의 기본 원칙을 전제로 허용될 수 있을 뿐이다. 공개성의 원칙에는 어느 정도의 도덕적 한계가 있다. 그러나 그 한계조차 공적으로 인정되어야 한다. 무엇보다 공개성의 원칙이 우선되어야 하는 이유는 공개적 토의를 통해 자기 이익에 근거한 주장들이 공공 정신에 입각한 주장으로 변형될 수 있기 때문이다.

(3) 책임성(accountability)의 원칙

토의 민주주의에서 참여자들은 각자가 모두에게 해명의 의무가 있다. 시민과 대표자들은 자신들의 결정에 따라 구속되고 영향을 받는 사람들에게 결정의 근거를 제시해야 한다. 현실적으로 대의제를 통해 실현되는 '민주적 책임성(democratic accountability)'은 대표자들로 하여금 그들이 결정하는 법과 정책을 정당화함에 있어 그들의 선거구 주민뿐만 아니라 타국의 시민과 미래세대를 포함하는 이른바 '도덕적 구성원'의 관점에서도 수긍할 수 있는 근거를 제시해야 한다. 아울러 대표자들이 민주적 책임성을 달성하기 위해서는 지나치게 전문성에 의존하는 '엘리트주의(elitism)'의 위험성과 여론에 지나치게 비중을 두는 '대중영합주의(populism)'의 폐해를 경계해야 한다. 민주적 책임성은 '반복되는 토의(reiterated deliberation)' 과정을 통해 얻어지는 학습효과를 극대화함으로써 달성될 수 있다.

(4) 토의의 실질적 원칙: 기본적 자유(basic liberty), 기본적 기회(basic opportunity), 공정한 기회(fair opportunity)

토의 민주주의의 절차를 규제하는 상호성, 공개성, 책임성의 원칙은 기본적 자유와 기본적 기회, 그리고 공정한 기회로 구성되는 실질적 원칙과 불가분의 관계를 가진다. 절차만을 중시하는 순수절차주의 입장은 자칫 민주주의가 내포하는 도덕적 가치를 고려하지 않는 오류를 범할 수 있다. 예컨대 '다수의 횡포'가 가져올 수 있는 문제에 대해 순수절차주의 입장에서는 비판의 논거를 제시하기 어렵다. 따라서 토의 민주주의는 절차적 원칙과 실질적 원칙을 결합해야 한다. 토의의 조건과 내용을 규제하는 원칙들은 상호작용을 통해 더욱 나은 결정을 가능케 하는 토론의 장을 유지하는 데 이바지해야 한다.

기본적 자유의 원칙은 언론, 종교, 양심의 자유 보장을 통해 개인의 인격적 완전성을 보호한다. 아울러 구속력을 갖는 법, 제도, 정책들이 개인들이 좋은 삶을 선택하는 데 필요한 기본적 기회를 박탈한다면 정당화될 수 없다. 따라서 기본적 기회의 원칙은 시민이 적정수준의 삶을 영위하는 데 필요한 보건, 교육, 안전, 고용, 수입 등의 기본적 가치들의 보장을 요구한다. 공정한 기회의 원칙은 기본적 기회보다 가치가 높은 사회적 자원들의 분배에 적용되며, 시민이 공정한 경쟁조건에서 고등교육이나 전문직 고용과 같은 기회의 가치들을 추구할 수 있는 여건 조성을 요구한다.

4. 토의정치의 제도화 가능성

1) 토의정치의 다양한 실험

미국 등 외국에서 등장하고 시행되어온 대표적인 토의정치의 실험들을 조직 주체와 참여 대상을 기준으로 정리해보면 〈표 1-1〉과 같다(Gastil & Levine, 2005: 23).

이러한 실험들은 한편으로 다양한 포럼과 만남의 장을 기획하고 마련함으로써 시민의 판단과 선택의 질을 향상하고, 다른 한편으로 이렇게 형성된 공론을 정부 및 공적 기관의 심의과정과 연결하려는 시도라 할 수 있다. 아울러 이러한 프로그램들은 장기적 관점에서 건전한 시민공동체를 육성하고, 토의를 중시하는 시민문화를 함양하려

〈표 1-1〉 토의정치의 다양한 실험

	자발적 참여	무작위 선별	이해당사자 선별
자발적 시민 그룹 주도	학교 및 이웃기반 토론회, 온라인토론, 전국이슈포럼, 연구서클 등	N/A	전국이슈포럼, 연구서클, 온라인 토론 등
비정부단체 주도	전국이슈포럼, 연구서클, America*Speaks*; 온라인포럼 등	공론조사, 계획심의회, 시민배심원단 등	전국이슈포럼, 연구서클, 참여예산 및 운영위원회 등
정부조직 주도	타운미팅, 커뮤니티 포럼, 지방자치위원회, 토의보조지원 등	공론조사, 계획심의회, 시민배심원단 등	계획심의회, 토론미팅, 토의보조지원, 참여예산 및 운영위원회 등

는 목적을 가지고 있다.

대표적인 사례로 미국에서 1981년 출범한 '전국이슈포럼(National Issues Forums)'은 시민의 자발적 조직과 참여를 기반으로 다양한 공공 이슈를 토의하는 전국 규모의 포럼네트워크로 발전해왔으며, 최근 여러 국가에서 공공포럼을 구축하려는 시민의 자발적 노력에 모범이 되고 있다(Gastil & Levine, 2005: 37-58). 포럼을 조직하는 주체는 대학, 도서관, 언론사, 시민단체 등 지역별로 다양하며, 이들은 정책에 대한 시민의 견해를 청취하는 수단에 지나지 않는 형식적인 공청회(public hearings)의 한계를 극복하려 한다. 전국이슈포럼은 이익집단의 정치와 시민의 수동성을 탈피하여 정부 정책에 정당성과 방향성을 제시하는 민주주의의 보루로서의 시민집단을 형성하려는 시도이다. 포럼네트워크는 다양한 주제를 정리한 책자들을 제공하며, 토론사회자들을 교육하는 기능도 담당한다. 포럼에 참여한 시민은 당면한 공공의 문제들에 관한 관심을 높이는 기회를 갖게 되고, 그 문제들에 대한 다양한 견해를 접하면서 시야를 넓힐 수 있다. 또한 토론 참가자들은 적극적인 정치행위자로서의 시민 정체성을 강화하게 되며, 피상적인 선호를 넘어선 공적 판단의 능력을 함양할 수 있다. 물론 이러한 이슈포럼의 실제적 효용성에 대한 회의가 제기되기도 한다. 정책을 입안하고 결정하는 공직자들이 이슈포럼을 중시하지 않는다면 포럼의 효용감은 줄어들 수밖에 없기 때문이다. 그러나 광범하게 오랫동안 유지되어온 전국이슈포럼은 시민의 역량을 과소평가하거나 토론의 효용을 무시하는 입장에 대한 비판의 경험적 근거가 될 수 있다.

또 다른 예로 '계획심의회(planning cells)'는 1970년대 초 유럽에서 도시계획정책토론에 시민을 참여시키는 방식으로 시작되었다(Gastil & Levine, 2005: 80-98). 디넬(Peter Dienel)에 의해 고안된 이 토의모델은 25명 정도의 토론그룹을 복수로 구성하여 4일에 걸쳐 해당 정책에 대한 토의를 진행한다. 참여자들은 일반 시민 중에서 무작위로 선별되며, 이들은 참여의 대가로 수당을 받는다. 이들은 전문가와 이익단체 대표들로부터 해당 정책을 둘러싼 다양한 견해와 정보를 제공받으며, 소집단토론을 통해 토론그룹별 의견을 정리하고 이들을 모아 시민보고서(citizens' report)를 작성한다. 이 보고서는 정책결정자들에게 공식적으로 제출되며, 출판물의 형태로 일반 시민과 정치인, 기타 여러 단체에 배포된다. 대체로 계획심의회는 구체적인 정책에 관여하는 민간조직이나 정부공직자들이 위촉하고 후원하며, 그 결과는 정책입안과 결정에 어느 정도의 영향력을 행사한다. 무엇보다 이 모델의 특징은 특정 정책에 대한 일반 시민의 의견이 중요시된다는 점이다.

시민배심원단(Citizens Jury)은 미국에서 1971년 크로스비(Ned Crosby)에 의해 창안되고 1974년 제퍼슨센터(the Jefferson Center)가 수립되면서 본격적으로 시행된 토의정치의 모델이다(Gastil & Levine, 2005: 111-118). 기본적인 취지는 공공정책과 공직후보자에 대한 평가에 시민 간의 이성적 토론을 통한 공감의 정도와 질을 향상하기 위한 정치적 기제를 수립하는 것이다. 이를 위해 시민배심원단은 연령, 교육 정도, 성별, 거주 지역, 인종, 정치적 성향 등에 있어 모집단의 축도에 근사한 형태로 구성된다. 고급 정보의 제공을 위해 직접적인 이해당사자들과의 충분한 질의응답 시간을 할애하고, 잘 훈련된 보조 인력을 활용함으로써 심도 있는 토의를 진행한다. 그리고 최대한의 공정성을 확보하기 위해 증인 채택과 의제 설정에 있어 외부 자문위원단의 조언을 구하며, 통상 5일에 걸친 충분한 조사와 토의과정을 수행한다. 이 모델은 이후 다양한 정책심의에 적용되었으며, 다른 국가들에서도 다소 변형된 형태로 시도되어왔다.

중요 정책결정에 대한 시민의 참여와 영향력 증대를 위해 1995년 미국에서 창설된 비영리단체인 America*Speaks*와 각 지역 후원기관들은 이른바 '21세기타운미팅(21st Century Town Meeting)'을 미국 전역에서 조직해왔다(Gastil & Levine, 2005: 154-163). 대부분은 특정 정책을 입안하고 결정해야 하는 정부공직자와 공공기관들이 후원을 담당하며, America*Speaks*는 시민의 토의결과가 효과적으로 정책결정에 반영될 수 있도록 포럼의 구성과 절차상의 가이드라인을 제공하고 관리한다. 일부 지역에서는 21세기타운미팅이 공공정책 결정의 공식적인 구성요소로 제도화되기도 했다. 21세기타운미팅은 사안에 대한 다양한 의견을 모으고 토의결과의 영향력을 높이기 위해 한 번에 수백 명 또는 수천 명의 시민을 참여시키며, 타운미팅 참여자들을 모집할 때 해당 공동체의 인구통계학적 특성을 최대한 반영하도록 노력한다. 통상적인 타운미팅은 해당 지역 정치지도자 또는 공직자들의 이슈와 배경 설명으로 시작된다. 이후 참여시민들은 제공된 무선키패드를 통해 자신의 기본신상을 입력하고, 10~12명의 소그룹으로 나뉘어 훈련된 토론진행자와 함께 해당 사안에 대한 예비 및 심층토론을 진행한다. 네트워크 컴퓨터들을 통해 소그룹별 토론결과는 중앙데이터베이스로 전

송되고, 이를 토대로 전체적인 의견분포를 확인하고 공유한다. 이러한 토의 과정을 거친 후 마지막 단계에서는 각자 무선키패드를 통해 투표를 한다. 타운미팅의 결과는 보고서 형태로 공개되며, 정책결정자와 언론, 일반 시민은 그 결과의 의미와 영향력을 인정한다. 그동안 21세기타운미팅은 여러 정책주제와 지역이슈에 대한 시민의 관심과 참여를 높이는 데 이바지했다. 대표적으로 사회보장개혁, 세계무역센터지구 재개발계획, 워싱턴시정부 예산 획정 등의 사안과 관련해서는 의미 있는 성과를 거두기도 했다.

공론조사(deliberative polling)는 '정치적 평등'과 '토의'의 가치를 결합하여 선거와 정책결정을 포함한 공적 결정의 질을 향상하기 위한 방안이다(Gastil & Levine, 2005: 68-79). 즉, 구성원 모두의 선호를 평등하게 고려함과 동시에 경쟁하는 입장들의 장단점을 저울질하는 토론과정을 통해 상호 이해와 선호 변화의 가능성을 공적 결정과 결합시키려는 시도이다. 근래까지 세계 각지에서 실시되어온 공론조사는 주제와 참여범위에 있어 다양성을 보인다. 그럼에도 소그룹토론, 전문가패널과의 질의응답을 위한 전체회의, 그리고 최종의견조사 과정은 모든 공론조사의 공통된 구성요소들이다. 그동안의 공론조사들의 결과에 따르면 참여자들은 토의과정을 거치면서 종종 자신의 의견과 선호를 실질적으로 변화시키며, 이후 공공 사안들에 대해 더욱 관심을 기울이고 참여도도 높아지는 경향을 보인다. 이러한 측면에서 공론조사는 특정 사안에 대한 공적 결정의 질을 향상함과 더불어 시민에게 학습과 참여의 기회를 제공함으로써 민주정치의 활성화에도 기여한다.

2) '토의의 날(Deliberation Day)'의 유용성

애커만과 피시킨(Ackerman & Fishkin, 2003; 2004)은 공론조사(deliberative

polling)의 제도화를 위한 기획으로 '토의의 날'을 제안한다. 전국 규모의 선거 일주일 전으로 지정된 '토의의 날'은 국가공휴일로서 시민은 15명 소그룹토의와 500명 대그룹토의에 참여한다. 토의에 참여하는 시민에게는 시민적 의무 수행의 대가로 150달러의 수당이 지급된다. 이 제안은 민주주의의 토의 기능을 강화하기 위한 실천적 구상으로서 공적 토론을 민주적 의사결정과정에 제도적으로 정착시키려는 노력의 하나이다. 이러한 노력은 이른바 '유토피아적 현실주의(utopian realism)'에 근거한다. 즉, 유토피아적 관점에서 자유민주주의를 완성된 제도라기보다는 현재진행형의 기획으로 이해하고, 그 이상의 실현을 위해서 현재에 안주하기보다는 새로운 정치적 상상력을 발휘해야 함을 강조한다. 아울러 현실주의적 관점에서 문제 해결을 위해 현실적인 가능성의 범위에서 단기적인 방책에 관심을 두고, 시민의 지지를 확보하기 위해 지나치게 혁신적인 제도개혁을 주장하지 않는다는 것이다.

애커만과 피시킨은 시민의 사익중심주의(civic privatism)를 극복해야만 민주적 시민성의 회복이 가능하다고 본다. 그들은 밀(J. S. Mill)이 반대했던 비밀투표제도의 한계를 보완하고자 한다. 밀은 비밀투표가 공적 사안에 관한 결정을 개인의 이해나 선호에 종속시킴으로써 공공선에 대한 관심을 줄어들게 한다고 보았다. 그러나 밀이 지지한 공개투표는 선거권이 확대되면서 경제적 수단에 의한 매수 등의 문제를 낳게 되어 투표방식이 비밀투표로 변화되었다. 그러나 비밀투표방식에 대한 밀의 비판적 통찰은 개인 차원의 선택이 가져올 수 있는 문제를 해결하는 데 도움이 된다. '토의의 날' 구상은 비밀투표의 이점을 유지하면서 동시에 공적 토론에의 참여를 통해 형성되는 공공선에 관한 관심을 높이기 위한 시도라 할 수 있다.

근대 민주주의의 모순으로 지적되는 점은 선출된 대표자에게 모든 시민의 이익을 대표할 것을 기대하면서, 유권자에게는 시민의 의무를 진지하게 고민할 것을 기대하지 않는다는 사실이다. 시민이 이기적이고 무지한 상태에 있다면 그들 모두의 이익을 통치자가 고려해야 할 이유는 무엇인가? 이 문제의 해결을 위해 매디슨(James Madison)은 정치 엘리트가 대중의 의견 중에서 비합리적이고 이기적인 부분을 걸러낼 수 있는 여과 능력과 탁월한 판단력을 갖추어야 한다고 보았다. 그러나 현대에 이르러 여론조사 기술의 발전에 따라 정치 엘리트의 여론 여과기능은 축소되고 있다. 즉, 여론조사 전문가에 의해 여론이 수합·정리되고, 선거 캠페인은 여론조사로 확인된 대중의 선호에 부응하는 광고 전략의 형태로 변모하게 된 것이다.

이제 선거 캠페인 중심의 정치를 넘어서 실질적인 민주적 의사결정의 정치과정을 강화하기 위해서는 정치 엘리트의 여과 능력을 향상시키는 것보다 여론 자체의 성격과 질을 향상시키는 방안을 모색해야 한다. 첫째, 개인의 정치참여를 독려하기 위해서는 합리적 무관심(rational ignorance)의 문제를 극복하려는 방안이 필요하다. 복잡한 정치적 이슈 및 정책에 대해 숙지하고 의견을 형성하기 위해서는 상당한 시간과 열정이 필요함에 비해 한 개인이 정책결정과정에 영향을 미칠 여지는 매우 적다. 따라서 개인 차원에서는 공적 사안에 관심을 두지 않는 것이 합리적일 수 있다. 이러한 합리적 무관심을 극복하기 위해서는 정치참여에 인센티브가 부여되어야 한다. 둘째, 공론조사의 긍정적 효과를 확산하려는 방안을 모색해야 한다. 공론조사는 무작위로 추출된 시민에게 충분한 시간과 정보, 토론의 기회를 제공함으로써 즉흥적인 여론이 아닌 숙고된 여론을 파악하는 방법이다. 이러한 공론조사는 토론의 교육적 효과를 보여주며, 이러한 토론의 긍정적 효과를 제도적으로 확산하기 위한 실험의 하나가 '토의의 날' 제안이다. 셋째, '토의의 날'은 지렛대 전략(leveraging strategy)을 통한 정치적 환경 변화의 토대가 될 것이다. 여러 형태의 토의과정은 시민의 고립된 의견을 공적 의견으로 변화시킴으로써 여론의 질적 성숙에 이바지한다. 아울러 정치인들은 '토의의 날'을 준비하기 위해 선거 전략을 새롭게 짜야 한다. 기존의 광고가 아니라 높은 수준의 정보와 정책 대안을 준비해야 하며, 각 지역의 정당 대표나 활동가들을 교육해야 할 것이다.

(1) 제도 구상

애커만과 피시킨(Ackerman & Fishkin, 2003)은 '토의의 날' 하루 일정을 사고실험(thought-experiment)을 통해 다음과 같이 구체적으로 제시한다.

① 9:00~10:15(TV 토론 시청): 각 정당 후보자들이 TV 토론에서 주요 이슈에 관한 토론을 펼치며, 시민은 15명의 소그룹으로 편성되어 같은 장소에서 TV를 시청한다.

② 10:30~12:15(소그룹 토의): 소그룹 토의를 통해 오후의 대그룹 토의를 위한 질문 및 주제를 선정한다. 각 시민은 5분의 발언시간을 보장받으며, 중요하다고 생각하는 의제를 제안한다. 비밀투표를 통해 최다득표 의제 세 건을 오후의 대그룹 토의에 제출한다.

③ 12:15~14:00(공동식사): 점심은 학교 구내식당 등과 같이 공동식사가 가능한 곳에서 진행한다. 500명의 참여 시민이 식사시간을 통해 비공식적 교류와 대화의 기회를 가진다.

④ 14:00~15:45(대그룹 토의): 대그룹 토의는 정당 지역대표자들과의 질의문답 형식으로 진행한다. 소그룹 토의에서 제출된 질문들에 답변하는 방식이다.

⑤ 16:00~17:45(소그룹 토의): 대그룹 토의를 마친 뒤 시민은 다시 오전에 모였던 소그룹으로 돌아와 대그룹 토의에서 정당 대표자들이 했던 답변들에 대한 자신의 견해를 5분간 발표한다.

(2) 평가

애커만과 피시킨의 '토의의 날' 구상은 토의의 제도화가 구체적으로 어떻게 가능한지를 보여주는 좋은 예이다. 그들은 다음과 같은 기준에 근거해 '토의의 날'의 효과를 긍정적으로 평가한다.

① 정보(information): 유권자들은 대중매체를 통해 수동적이고 피상적인 정보를 전달받는 기존의 방식이 아닌 보다 심층적인 정보를 쌍방적인 토론의 방식을 통해 전달받을 수 있다. 나아가 토의과정은 선거운동의 중심을 상업적 대중매체로부터 지역별로 잘 훈련된 여론 지도층으로 이전시킴으로써 정치의 중심을 지역구 단위로 분권화하는 효과도 기대할 수 있다.

② 대화(dialogue): '토의의 날'은 동료 시민 간의 면대면 대화의 기회를 확대한다. 소그룹 및 대그룹 토의에서의 공식적 대화뿐만 아니라 공동식사 및 여타 시간을 활용해 일상생활에서 얻기 어려웠던 비공식적 대화와 친교의 기회를 가질 수 있다. 이러한 대화는 단순한 정보교환의 차원을 넘어 시민 상호간의 이해 증진과 신뢰 구축에 이바지한다.

③ 토의(deliberation): 공적 토의는 개인의 관심을 공동선의 문제로 확장시킨다. 공동선의 관점에서 당면한 의제에 관한 토론을 전개함으로써 '토의의 날'은 민주시민의 의무에 대한 인식을 일깨우고, 공동선의 실현을 위한 참여와 헌신적 태도를 강화한다. 따라서 공적 토의과정은 "공공정신을 함양하는 학교"로 기능할 수 있으며, 이러한 교육적 효과를 통해 시민 개개인은 더욱 공적인 가치를 추구하는 방향으로 선호를 변화시킬 수 있다.

④ 공동체(community): '토의의 날'은 선거 캠페인이 국가 차원의 대중광고가 아닌 지역 공동체 차원의 토론장을 중심으로 전개되도록 유

도한다. 그 결과 사회적 자본(social capital) 나아가 정치적 자본(political capital)이 형성·강화될 수 있는 유리한 조건이 마련된다. '토의의 날'을 통해 시민은 더욱 폭넓고 진지한 성찰을 바탕으로 투표에 참여한다는 자신감과 만족감을 얻을 수 있고, 이러한 경험은 이후 공동체 차원의 사안들에 관한 관심과 참여를 증대시킬 것이다.

(3) 정당화

'토의의 날'의 비용은 단순한 소모적 지출은 아니다. 그 비용은 민주적 정당성이 높은 형태의 재분배 정책으로 기능할 수 있으며, 나아가 민주주의의 근본적 약점을 보완하고 개선하는 데도 이바지할 것이다. '토의의 날' 구상이 제기하는 근본적인 문제는 '어떤 형태의 여론(public opinion)이 민주정치의 근간이 되어야 하는가?'라는 질문이다. 가능한 형태의 여론은 다음과 같이 네 가지로 구분해볼 수 있다.

① raw mass opinion(국민투표를 통해 수집된 여론)
② raw opinion of a select group(일반적인 무작위 추출방식의 여론조사)
③ deliberative opinion of a select group(의회 등의 대표기구, 공론조사)
④ deliberative mass opinion('토의의 날' 구상이 지향하는 여론)

이 중 네 번째 형태의 여론만이 토의(deliberation)와 참여(participation)를 동시에 보장할 수 있다. '토의의 날'은 현대 민주정치가 당면한 문제들, 즉 정치적 무관심과 소외, 정당성과 책임성의 약화 등의 문제를 어느 정도 완화하기 위한 실천적인 구상으로서의 충분한 의미가 있다.

3) 토의정치의 한계

(1) 토의 민주주의에 대한 행동주의의 도전

민주사회의 많은 권리, 예컨대 8시간 근무제, 여성참정권 등은 "행동주의(activism)"의 성취라고 볼 수 있다. 기존의 제도와 절차, 관행은 기득권 세력의 이익만을 강화할 뿐이라는 주장은 다양한 사회정의 운동(social justice movements)에 의해 지속적으로 제기되어왔다. 그러나 현대 민주주의 이론가들은 시위와 거리행진, 보이콧, 연좌농성 등과 같은 행동주의 전략을 거의 논의하지 않으며, 토의 민주주의자들도 행동주의 전략에 무관심하거나 비판적이다. 이와 관련하여 영(Young 2003)은 행동주의와 토의 민주주의의 두 입장을 대비하면서, 각각의 입장이 갖는 설득력과 한계를 검토하고 양자 사이의 긴장에 주목한다.

영에 따르면 토의 민주주의자들은 갈등 해결에 이성적 논증과 절차를 강조함에 비해 행동주의자들은 구조적 불평등 상황에서의 민주적 절차의 효용성에 의문을 제기한다. 토의 민주주의자들은 민주적 정당성과 참여 방식의 문제를 규범적으로 접근한다. 그들에게 있어 민주적 정당성은 이해당사자 모두에게 개방된 토의 절차와 원칙에 의해서만 확보될 수 있으며, 정치 행위의 가장 바람직하고 적절한 방법은 공적 토의에 참여하여 근거 제시의 논증과정을 통해 어느 정도 합리적이라고 인정되는 해결책을 모색하는 것이다. 이에 비해 행동주의자들은 진정한 사회정의의 실현을 위해서는 기존 제도의 일반화된 규칙과 관행의 틀을 탈피해야 한다고 주장한다. 그들은 기존의 법, 제도 및 관행이 정의에 들어맞지 않을 뿐만 아니라 현실 정치세계에서는 구조적 불평등이 절차와 결과 모두에 심대한 영향을 미친다고 보기 때문이다. 행동주의자들은 이성적 토의가 아닌 정의에 대한 열정과 구조적 불평등에 대한 분개가 정치 행위의 중요한 동기임을 강조한다.

행동주의자들의 전략은 종종 비이성적이고 파괴적이라고 비난받는다. 합리적 설득의 노력보다는 감정적 호소와 슬로건, 분열적 전술에 주로 의존한다는 것이다. 이에 대해 행동주의자들은 토의 민주주의자들이 이성적인 것의 범위를 너무 협소하게 규정한다고 반박한다. 무정부적이고 파괴적인 극단적 행동주의는 사실상 극히 드물며, 주류 행동주의자들은 타인에 대한 의도적인 폭력을 수용하지 않는다는 것이다. 그들은 제도적 모순에 대한 경각심을 광범한 대중과 공유하려고 노력할 뿐이라고 주장한다. 아울러 행동주의자들은 그들의 참여방식이 자신들의 목적 실현만을 추구하는 이익집단의 행태와 다르지 않다는 비판도 반박한다. 그들은 편협한 당파적 이익이 아닌 사회 정의라는 보편적 목적을 추구하기 때문에 단순한 이익집단과는 다르다고 주장한다. 즉, 그들은 구조적 불평등과 제도적 모순을 시정하기 위해 감정적 호소와 시위를 통해 항의한다는 것이다.

행동주의자들의 토의 민주주의에 대한 비판은 다음과 같이 정리할 수 있다. 첫째, 토의 민주주의는 지나치게 이상적이며, 참여 장벽도 높다. 이상 세계에서는 모든 시민이 평등한 조건에서 토의에 참여하여 이성적인 합의에 이를 수 있을 것이다. 그러나 구조적인 불평등과 배제적인 권력 환경 속에서 그러한 이상은 실현되기 어렵다는 것이다. 이에 대해 토의 민주주의자들은 공지성과 책임성, 보편적 참여가 보장되지 않은 회합과 타협은 그들도 인정하지 않음을 강조한다. 둘째, 공적 토의의 개방성과 공지성이 제고되어왔지만 여전히 실질적인 제약이 존재한다. 행동주의자들은 형식적인 공개성과 개방성에 회의적이다. 구조적 불평등이 만연한 상황에서는 여전히 토의 절차에의 접근성이 제약되는 계층이 존재할 수밖에 없고, 이들의 이익 및 필요가 반영되게 하려면 외부적 압력을 행사해야 한다는 것이다. 셋째, 기존의 사회경제적 구조가 의제 설정과 대안 모색에 제약을 가한다. 행동주의자들은 기존의 사회경제적 구조에 의해 의제의 우선순위와 대안의 범위가 제약될 수밖에 없다고 본다. 이러한 상황에서는 이성적 토의에 의해 다양한 이해관계가 조정될 수 없으며, 합의의 정당성이 확보될 수 없다는 것이다. 넷째, 지배담론체계에 의해 자유롭고 진정한 합의가 아닌 "거짓 합의(false consensus)"가 초래될 수 있다. 사회에 일반화된 '담론체계'는 패권적 성격을 띠며, 이러한 담론체계 내에서의 토의는 '체계에 의해 왜곡된 의사소통'의 형태일 수밖에 없다는 것이다.

이러한 행동주의의 도전과 비판을 고려할 때 지속가능한 민주주의는 기존의 구조적 환경 속에서 형성된 민주적 관행과 실천으로부터 일정한 비판적 거리를 유지해야 한다. 토의정치는 자기 비판적이어야 하며, 기존의 지배 담론에 내재하는 구조적 불평등, 배제, 제약의 양상에 관해서도 관심을 기울여야 한다. 토의와 적극적 행동 각각의 가치를 인정하는 동시에 양자 간의 긴장을 인식할 필요가 있다.

(2) 정치가 토의만을 의미하는가?

왈저(Walzer, 1999)가 지적하듯이 정치는 토의로만 환원될 수 없다. 이성 이외의 열정, 용기, 연대 등의 가치들은 광범위한 정치활동을 통해 실현된다. 따라서 비심의적(non-deliberative) 정치과정과의 관계에서 토의의 기능과 의미를 파악해야 한다는 주장은 설득력이 있다. 왈저가 제시하는 비심의적 정치활동은 다양하다. 정치교육(political education)은 시민이 학교, 정당, 조합, 이익단체 등의 조직 활동을 통해 정치적 정체성을 형성하고 자신의 정치적 견해를 형성하는 활동영역이다. 이외에도 시민은 단체조직(organization)에 참여하며, 선동과 선전, 행진 등의 대중동원(mobilization)의 정치행위도 전개한다. 시위(demonstration), 성명서(statement), 승패를 가르는 논쟁(debate), 전략적인 협상(bargaining), 로비활동(lobbying), 선거운동(campaigning), 투표(voting), 기금모금(fund-raising), 매수나 강탈 등의 부패(corruption), 통치자의 통치행위(ruling) 등은 현실 정치에서 지속적으로 전개되고 영향력을 행사하는 정치행위들이다.

왈저에 따르면 정치적 삶은 경쟁뿐만 아니라 끊임없는 갈등의 연속이다. 정치는 반복되는 불일치와 갈등 상황이 파국으로 치닫지 않도록 관리하면서 동시에 일시적이나마 가능한 승리를 쟁취하기 위해 노력하는 과정이다. 여기에서 민주적인 방식으로 승리하기 위해서는 반대편에 비해 더 많은 사람을 이념적으로 교육하고, 조직하며, 동원해야 한다. 왈저는 정치의 역사를 부와 권력을 둘러싼 위계질서의 형성과 재편의 역사로 이해한다. 그리고 구조적 불평등과 지배계급의 헤게모니에 대항할 수 있는 유일한 방법은 대중의 조직화와 동원이며, 이러한 투쟁 방식이 토의과정으로 대체될 수 없다고 본다. 토의 민주주의자들은 갈등과 불평등의 문제를 직시하지 않고 이성적 합의를 위해 '무지의 장막' 뒤로 물러서기 때문에 정치현실과 동떨어진 유토피아적 설계에 몰두할 뿐이라는 것이다. 구조적 불평등이 지배하는 현실세계에서 토의정치의 이상을 주장하는 것은 '반정치적 편향성(antipolitical bias)'을 보여주는 것일 뿐이다.

물론 정치적 삶에서 토의가 무용한 것은 아니다. 토의는 민주정치에서 중요한 위치를 차지하는 과정이며, 또한 민주주의는 토의문화가 필요하다. 그러나 토론과 심의는 독립적인 위상을 가질 수 없으며, 다양한 정치활동이 전개되는 보다 큰 공간 내에서 작동하는 것으로 이해해야 한다.

(3) 토의 민주주의 실현의 조건들

벨(Bell 1999)은 실효성 있는 토의가 정치과정의 중심이 되기 위해서는 세 가지 조건이 충족되어야 한다고 본다. 그 조건들을 보면 다음과 같다.

첫째, 상대적으로 공평한 자원의 배분(a relatively fair distribution of resources)

둘째, 공동체 의식과 상호 신뢰(a sense of community and trust between participants)

셋째, 지적 능력을 갖춘 엘리트들에 의한 의사결정을 존중하는 정치문화(a political culture that values decision-making by intellectual elites) 등이다.

벨은 민주사회에서 개방적이고 공평한 토의의 역할과 가능성을 높이 평가하는 거트만과 톰슨의 주장에 이의를 제기한다. 벨은 토의과정이 기대하는 만큼 긍정적 효과만을 낳는 것은 아니며, 오히려 혼란을 가중시키고 불일치를 증폭시킬 우려가 있음을 지적한다. 그리고 어떠한 맥락과 조건에서 토의가 더욱 실효성을 가질 수 있는지를 적극 검토해야 한다고 주장한다. 벨은 자신이 제시한 세 가지 조건 중 특히 세 번째 조건에 주목한다. 토의를 통한 결정 과정은 지적 부담이 큰 활동으로 일반 시민이 모두 복잡한 사안들에 관해 토론하고 심의한다는 것은 현실적으로 가능하지도 바람직하지도 않을 수 있다. 따라서 벨은 영국의 상원과 같이 평균 수준 이상의 지적 능력과 덕성을 겸비한 의사결정자를 선출하는 메커니즘이 필요하다고 주장한다. 물론 이러한 메커니즘의 제도화는 탁월한 엘리트에 의한 의사결정을 존중하는 정치문화를 전제로 한다.

벨은 미국과 같이 반(反)엘리트주의 문화가 지배적이고 인종적 갈등과 부의 불평등 등의 사회 문제가 지속되는 경우, 즉 위 세 가지 조건이 취약한 상황에서는 토의 민주주의의 제도화가 어려울 수밖에 없다고 본다. 그리고 이와는 달리 빈부 격차를 줄이는 발전모델을 채택하고 공동체적 유대를 강조해온 동아시아 국가들의 경우 토의정치의 가능성이 오히려 높을 수도 있다는 점에 주목한다. 특히 그는 유교 전통에 의해 정치적 엘리트주의의 사회적 기반이 강한 동아시아 국가들의 가능성에 관심을 기울인다. 예컨대 2000년에 걸쳐 공직채용시험제도를 유지해온 중국의 경우 유교적 엘리트주의는 현재까지도 그 영향력을 행사하고 있다는 것이다.

벨은 이러한 유교적 가치가 현대 민주주의의 개선 방안을 모색하는 데 이바지할 수 있다고 본다. 물론 역량을 갖춘 엘리트에 의한 통치를 중시하는 문화는 책임성, 공개성, 참여의 민주적 덕목들과 결합하여야 함을 강조한다. 벨은 토의정치가 동아시아적 맥락에서 제도화될 가능성을 17세기 중국의 유학자 황종희(Huang Zongxi)의 제안에서 찾는다. 황종희는 공론장으로 기능하는 유학자–관료 양성기관의 정치적 역할을 강화해야 한다고 주장했으며, 관료시험제도를 개선하여 토의 능력을 기준으로 선발할 것을 제안했다. 이러한 제안을 현대적으로 수용한 결과는 독특한 성격의 양원제이다. 벨은 민주적으로 선출된 하원과 경쟁시험을 통해 선출된 상원("House of Scholars")으로 구성되는 양원제를 제안한다. 시험제도는 대중영합주의로 흐르기 쉬운 선거방식에 비해 능력과 자질을 갖춘 정책결정자를 선출하기에 적합한 방식이라는 것이다. 이러한 주장을 뒷받침하는 근거로 벨은 전후 한국의 급속한 성장을 주도했던 관료들이 공무원시험을 통해 선발되었고, 역량을 갖춘 관료들에 의해 적실한 정책 선택이 이루어졌다는 사실을 강조한다.

결론적으로 벨은 국내외의 복잡한 문제들에 대한 건설적인 토의가 가능할 수 있는 조건은 지적 능력과 덕성을 갖춘 엘리트들이라는 점을 토의 민주주의자들이 인정해야 한다고 주장한다. 그에 따르면 선거를 통해 뽑힌 정치인들과 일반 시민의 토의에만 의존해서 정책결정이 이루어진다면 실패가 거듭될 수밖에 없고, 토의 민주주의자들이 추구하는 이상은 결국 설득력을 잃게 될 것이다. 이러한 주장의 민주적 타당성은 논외로 하더라도 토의정치 구상과 관련해 의미를 가질 수 있는 점은 '토의 능력(deliberative competence)'의 중요성에 대한 강조이다. 물론 토의정치는 참여의 확대를 통해 시민 전반의 토의 능력을 향상시키고, 그 역량을 정책결정 및 입법과정과 연결시키려는 시도이다. 그럼에도 리더십으로 표상되는 공식적 대표들의 심의와 판단 능력은 그 사회의 지속가능성과 관련하여 여전히 중요한 기능을 담당하는 민주주의의 한 요소이다.

4) '내면-성찰적' 토의 능력의 필요성

건전한 정치사회는 시민의 관심과 참여가 없이는 유지될 수 없다. "민주주의는 관심을 기울임을 의미한다(Democracy Means Paying Attention.)."(Bellah, 1991: 254) 민주적 자치는 공적 사안에 대한 토의의 장을 적극 유지하려는 노력으로 보장될 수 있으며, 시민은 토의에의 참여를 통해 상호 존중의 가치를 배우고, 자신과 타인의 권리와 함께 공동선에 대한 인식을 함양하게 된다. 현대 사회의 많은 문제는 정치사회 형성의 기반인 시민의 참여가 제한됨으로써 나타나는 정당성의 위기와 직결된다. 정치적 무력감과 시민생활의 궁핍화를 극복하기 위해서는 민주적 자치를 가능케 하는 공론장의 활성화와 그것을 통한 시민역량의 함양에 관심을 기울여야 한다.

토의 민주주의 이론가들은 주로 "외부-집단적(external-collective)" 형태의 토의에 초점을 두어왔다. 민주주의는 기본적으로 평등한 시민이 대등한 관계로 참여하는 집단적 의사결정의 과정이기 때문에 이러한 이론적 경향성은 충분히 이해할 만하다. 민주적 정당성을 확보하기 위해 토의 참여자들은 자유롭고 평등한 조건에서 의견을 교환함으로써 모두에게 영향을 미치는 의사결정을 민주적으로 수행할 것으로 기대된다. 그러나 이러한 토의 민주주의 이상은 면대면 상호작용이 가능한 소규모 집단에서 실현될 수 있을 것이다. 따라서 토의 민주주의가 직면한 도전은 대규모의 대중사회에서 토의 민주주의의 이상을 실현할 방법을 모색하는 것이다.

구딘(Goodin, 2003)은 토의 민주주의의 부담을 완화하기 위해서 "외부–집단적" 형태의 토의를 "내면–성찰적(internal-reflective)" 형태의 토의로 보완하려 한다. 대중사회에서 발생하는 토의의 한계 또는 실패를 해결하기 위한 방안은 두 가지 전략으로 요약할 수 있다. 하나는 참여자의 수를 제한하는 방식이고, 다른 하나는 투입의 수준을 제한하는 방식이다. 참여자의 수를 제한하는 방식은 시민배심원단과 같이 공동체의 부분집단을 전체 공동체의 축소판으로 기능하도록 하는 방법과 전체를 부분집단으로 나누어 개별적 토의 이후 집단들 간의 토의를 진행하는 순차적 토의 방식이 있을 수 있다. 그러나 전자는 부분집단의 대표성이 지속되기 어렵다는 문제가 있고, 후자는 모든 구성원을 간접적으로 연결시키는 순차적 토의는 현실적으로 기대하기 어렵다는 문제가 있다. 두 번째 전략은 토의 절차의 진행을 간소화하거나 정보의 양을 감소시켜 참여자들의 부담을 완화함으로써 대중의 토의를 쉽게 하는 방식이다. 그러나 투입을 제한하는 경우 토의 자체가 무시될 우려가 있고, 미디어나 홍보수단에 의존하는 단편적인 정보제공은 토의 민주주의 본연의 취지를 훼손할 수도 있다.

따라서 "외부–집단적" 토의를 완전히 대체할 수는 없지만 "외부–집단적" 토의를 상호보완하고, 대중사회에서 토의 민주주의의 가능성을 높이기 위해서는 "내면–성찰적" 토의 형태에 관한 관심이 필요하다. 이른바 "민주적 내면 토의(democratic deliberation within)"는 타인을 이해하기 위한 사유의 확장, 즉 타인이 현전하는 상황이 아니더라도 타인의 입장을 자신의 사유과정에 포함하는 정신활동을 의미한다. 이러한 "내면-성찰적" 토의 형태는 "외부-집단적" 토의를 대체할 수는 없지만 불가분의 상호지지적 관계를 가진다. 전자는 후자의 활성화에 유리한 조건을 형성하고, 후자의 활성화는 시민의 토의 능력 강화 차원에서 공공정신 또는 '공적 이성'의 발현, 그리고 "민주적 상상력(democratic imagination)"의 증진에 이바지한다.

"외부-집단적" 토의는 의사소통의 공론장에서 이루어지는 공동의 의사 형성 및 결정과정이며, 이 과정을 통해 '민주적 정당성'이 확보될 수 있다. 즉, 민주적 정당성은 '시장(Market)'이 아닌 '포럼(Forum)'을 통해 형성된다. 포럼은 공론장의 전형적인 형태로서 참여자의 정신적 훈육이 이루어지는 장이다. 그리고 이러한 포럼은 이해타산의 '실용적 관심'보다는 정당성을 추구하는 '해방적 관심'이 표출되는 장이다. 포럼에서의 '공적 정당화(justification in public)'는 '이성의 공적 사용(the public use of one's reason)'을 의미하며, 이성의 공적 사용은 개인의 내면적 '성숙'을 전제로 한다(Kant, 1970). 여기에서 한 개인의 성숙은 사고범위의 확장 정도 또는 일반적 공론장으로부터 유추될 수 있는 메타포로서의 '내적 공론장(the inner public sphere)'의 형성 여부와 직결된다. 내적 공론장은 '내면-성찰적' 토의가 이루어지는 자아의 대화 장으로서 도덕적 자아와 경험적 자아, 나아가 자아와 상상의 타자 간의 대화가 이루어지는 '포럼'의 장이라 할 수 있다. 자아를 객관화하고 타자의 입장을 내면의 대화에 포함할 수 있는 능력은 자아 내부에 '비판적 거리(critical distance)'를 확보하고 '민주적 상상력'을 발휘함으로써 개발될 수 있는 토의 능력의 기초이다.

관계적 사고와 자기성찰의 장인 '내적 공론장'은 자아의 정체성과 행위의 정당성에 대한 물음을 제기함으로써 내적 긴장을 유발하는 적극적 행위의 장이다(유홍림 2005, 363-365). 한 개인이 건전한 자아정체성과 진정한 자유와 자율을 추구해감에 있어 내적 공론장의 확보는 필수적이다. 내적 공론장은 주관적 관점과 객관적 관점의 괴리를 의식적으로 경험하고, 그 간극을 매개하려는 관계적 사고와 비판적 성찰을 수행함으로써만 형성될 수 있다. 그리고 이렇게 형성된 '내적 공론장'은 '외적 공론장'과 서로 밀접한 관계를 가진다. 물론 외적 공론장에서의 대화의 형태는 '내면-성찰적' 토의와 달리 구성원 상호 간의 '외부-집단적' 토의로 대체된다. 그리고 외적 공론장에서는 보편적 관점을 수립할 수 있게 하는 도덕적 자아의 지위가 한 개인이나 집단에 귀속되지 않고 시민 전체의 관점을 대변하는 '공적 이성'에 부여된다. 한 개인이나 집단이 도덕적 자아 또는 일반의지(general will)의 위상을 독점하는 경우 그 사회는 필연적으로 집단 간의 갈등에 직면하게 되거나 억압과 조작의 메커니즘에 의존하게 될 것이다.

한편으로 외적 공론장은 한 정치사회의 역사적 경험과 그 속에서 형성되어온 다양한 문화적 자원에 대한 비판적 성찰과 내러티브적 재구성을 통해 집단적 자기정체성을 수립하는 기능을 수행한다. 다른 한편 외적 공론장은 국가와 시민사회를 구성하는 정치주체들의 행위와 판단의 정당성에 관한 관심이 표출되는 장이기도 하다. 내적 공론장과 마찬가지로 외적 공론장의 형성도 상황적 가변성을 갖는 발전적 과정이다. 예컨대 집단적 자기정체성의 수립에 있어 다문화주의적 관점의 수용은 단일문화적 획일화에 비해 보다 성숙한 자기이해 및 사회통합의 방식이다. 또한 행위와 판단의 정당성에 관한 관심이 다양하게 분화된 공론장의 제도화를 통해 유지되는 사회는 더욱 성숙한 사회라고 할 수 있다. '내적 공론장'과 '외적 공론장'의 관계는 상호작용적이며, 상호지지적이다. 많은 구성원이 '내면-성찰적' 토의를 실천하고 있는 정치사회에서는 외적 공론장의 형성과 기능 수행이 더욱 수월해지고, 왜곡과 부패의 가능성도 적을 것이다. 또한 외적 공론장이 시민의 자발적 노력으로 확고하게 제도화되어 있다면, 그 사회를 구성하는 개인들은 정치사회화 과정에서 '내면-성찰적' 토의 습관을 터득하게 되고, 공동선과 공공정신의 중요성을 인식하게 된다. 요컨대 성숙한 개인과 성숙한 사회는 상호의존적이다.

5. 결론: 지속가능한 민주주의의 과제

토의정치는 정치과정 전반에 다양한 토론과 심의의 공간을 마련하는 형태로 구체화된다. 그리고 다양한 형태의 토의는 조직주체와 참여자, 주제, 목적에 따라 다른 결과를 낳는다. 토의정치를 옹호하는 많은 이론가와 실천가는 정당화에 있어 토의의 수단적 가치에 주목한다. 즉, 복잡한 이해관계가 얽힌 현대사회에서 토의는 더욱 나은 결정을 산출하는 방법이기 때문에 의미가 있다는 것이다. 그러나 이러한 수단의 정당화는 한계를 가진다. 과연 토의모델이 전통적인 투표방식에 비해 우월한지, 그리고 그것이 전문가와 대표들에 의한 정책결정보다 나은 결과를 산출할 수 있는지에 대한 경험적 근거를 제시하기는 어렵기 때문이다.

이론적 차원에서 토의 민주주의는 기존의 자유주의적, 다원주의적, 선호집약적, 이익집단 민주주의 모델 등의 대안으로 제시되었다. 이들 이론은 민주주의의 '진정성'을 인정하고 회복하는 데 한계가 있다는 비판적 인식이 확산되었기 때문이다. 현실의 차원에서는 정치·경제적 불평등의 심화, 정치참여 기회의 감소에 따른 정치적 소외, 정부 및 정치권에 대한 불신 등의 문제에 대응하여 진정한 민주적 자치의 실현을 위한 방법으로서 공적 토의의 가치와 의미에 대한 사회적 관심이 고조되어왔다. 이와 같이 토의 민주주의의 이론과 실천의 두 차원은 밀접히 연관되어 있으며, 독특한 정치적, 문화적 삶의 방식으로서의 민주주의를 지속시키기 위한 도덕적 열망을 공유한다.

그러면 전략적 혹은 선호집약적 결정과정보다 토의 절차와 과정에 우선적 가치를 부여할 수 있는 근거는 무엇인가? 무엇보다 지속가능한 민주주의로서의 토의정치는 정책결정 과정에서의 수단적 가치뿐만 아니라 본연의 규범적 가치를 통해 정당화되어야 한다. 현대사회의 규모와 다원성을 생각할 때 대의제도와 투표에 의존해야 할 필요성은 충분히 인정된다. 그러나 입법과 정책결정의 민주적 정당성과 그에 기초한 실효성 및 안정성을 확보하기 위해서는 개방성, 자발성, 상호성에 근거한 이성적 토의 절차를 제도적으로 확립하는 것이 최우선의 과제이다. 물론 현실적인 불평등의 조건에서 공정한 절차와 형식적 평등이 정당성을 보장하기에 충분할 수 없다는 비판이 제기될 수 있다. 그럼에도 시민의 자유와 평등이라는 이념의 가치를 인정한다면 모든 시민에게 적용되는 법과 정책은 공적으로 정당화될 수 있어야 한다는 토의 민주주의의 핵심 이념은 존중되어야 한다.

개방성과 상호성의 규범 하에서 전개되는 평등한 시민 간의 정책토론은 근거를 제시하는 합리적 주장들 간의 경합이 이루어지는 장이다. 제한된 정보, 다원적 가치관, 그리고 오류가능성 등의 인간 조건을 감안할 때 공정하고 정당한 결정, 나아가 정의롭고 합리적인 결과를 산출하기 위해서는 다양한 의견과 주장이 개진될 수 있는 토의과정이 필요하다. 그리고 토의과정에 참여하는 시민, 대표, 공직자들은 자신의 의견을 일방적으로 주장하기보다는 상호성의 원칙에 따라 서로 이해 가능한 근거를 제시하기 위해 노력해야 한다. 협력의 공정한 조건과 상호정당화를 추구하는 토의과정의 결과는 완전한 합의에 이르지 못하더라도 어느 정도 정의롭고 합리적인 결정으로 인정될 수 있다.

아울러 토의과정이 의미가 있으려면 참여자 개인의 선호와 그 순위를 고정된 것으로 치부하기보다는 정치적 맥락과 시야의 확장에 따라 변화될 수 있는 것으로 이해해야 한다. 물론 토의과정이 '공적 이성(public reason)'의 활용에 맞는 방향으로 개인 선호의 변화를 보장하지는 않는다. 그러나 도덕적 관점에서 모두가 수용할 수 있는 토의절차를 통해 공공의 사안에 대해 시민이 이성적 토론을 전개하는 경우 선호의 변화 가능성은 열려 있다. 요컨대 토의정치는 토의과정을 통해 공동선에 대한 인식을 형성하고 공유해가려는 노력 속에서 생명력을 유지할 수 있다.

토의 민주주의의 가능성과 유용성에 대한 비판은 여러 측면에서 제기되어왔다. 대규모의 이질적 사회에서 가능한 대안인지, 선호집약적 투표방식의 결정이나 이익조정의 협상에 비해 우월한 근거가 무엇인지, 토의가 이성적 논거에만 국한되는 것이 가능하고 바람직한지, 또한 그것이 도덕적 갈등의 문제를 다루는 데 타당한 접근법인지 등 다각도에서 제기된 비판들은 나름대로 설득력이 있다. 여기에서 상기해야 할 점은 토의 민주주의는 하나의 정형화된 이론이나 실천 또는 제도로 규정될 수 없으며, 다양한 이론적 성찰과 실천적 노력으로 구성되는 '가능성의 영역'이라는 사실이다. 토의 민주주의는 현대사회가 처한 상황과 문제를 배경으로 바람직한 정치적 삶의 방식으로서 민주주의의 진정성을 살리려는 열망과 노력의 집합이라 할 수 있다. 따라서 토의 민주주의에 대한 조급한 비판이나 회의주의에 동조하기보다는 민주적 토의의 내재적 가치를 인정하고 그 의미를 천착하려는 태도가 필요하다. 정치사회의 여러 층위에서 다양한 형태로 만들어지는 민주적 포럼은 참여자들이 자유롭고 평등한 시민이라는 자기정체성을 확인할 수 있는 장으로서 비록 간헐적이고 인위적이나마 민주주의의 진정한 가치를 경험할 기회를 제공한다. 그리고 이러한 경험의 축적은 정치적 소외와 주변화, 사익중심주의와 정치적 무관심의 관성에서 탈피할 가능성의 토대가 될 것이다.

토의정치의 문화적 기반에 관심을 기울이면 토의를 기반으로 하는 민주정치는 "타협의 정신(the spirit of compromise)"을 필요로 한다는 사실에 주목하게 된다(Gutmann & Thompson, 2012). 정기적 선거를 기준으로 일반적인 민주정치 과정은 '선거캠페인(campaigning)'과 '정부운영(governing)'으로 크게 구분할 수 있다. 그리고 '선거캠페인'과 '정부운영'으로 구분되는 민주정치 과정은 다른 태도와 사고방식으로 구성된다. 선거에서의 승리를 위해 경쟁하는 정당과 유권자들은 각자 자신의 정강을 고수하고 상대를 불신하는 비타협적 태도와 사고방식을 형성하고 견지할 수밖에 없다. 그러나 선거 이후의 정치과정은 정책 수립과 입법 활동을 중심으로 정부를 운영해야 하는 과제에 직면한다. 선거에서의 승자와 패자 모두 이제는 비타협적 경쟁에서 어느 정도 벗어나 국정운영의 '파트너십' 관계를 형성해야 한다. 이 단계에서는 각자의 원칙을 상황에 맞게 조절하며 상대를 존중하는 타협적 사고방식이 각자의 원칙을 고수하며 상대를 불신하는 비타협적 사고방식을 대체해야 한다.

물론 많은 민주사회에서 타협에 대한 부정적 견해가 팽배해 있는 것이 현실이다. 타협은 그 특성상 상호 양보와 희생을 요구할 뿐만 아니라 확실한 결과를 보장하지 않기 때문에 원칙의 포기 또는 굴복, 혼돈으로 이해되기 쉽다. 시민은 한편으로 타협과 화해의 필요성을 인정하지만 다른 한편 완고한 원칙주의에 동조하는 경향이 강하다. 그러나 분명한 사실은 민주주의는 '선거캠페인'과 '국정운영', '경쟁'과 '토의'의 순환적 결합이 필요하다는 것이다. 선거캠페인의 사고방식과 정치과정이 계속되는 경우 그 민주주의는 지속가능할 수 없다. 비타협적 사고방식이 지배하는 상황에서는 원활한 입법과 정책수립 활동이 이루어질 수 없기 때문이다. 타협은 일관성의 요구를 충족시키기 어렵다. 그러나 그 필요성을 공감하고 인정하는 한 공정한 토의 절차를 통해 공통의 입지를 찾으려는 노력을 기울인다면 이른바 '중첩적 합의(overlapping consensus)'의 가능성은 항상 열려 있다. '타협의 정신'은 무엇보다 시민의 태도와 요구에 의해 형성될 수 있으며, 토의정치를 유지시키는 중요한 문화적 기반이다.

민주적 정치과정에서 '타협의 정신'이 작동하지 않으면 국정운영뿐만 아니라 사회통합도 심각한 위기에 처하게 된다. '선거캠페인'이 영속화되어 정치과정의 모든 국면을 지배하게 되면 비타협적 사고방식이 정치권을 넘어 사회 전반으로 확산될 것이기 때문이다. 정치과정의 왜곡은 사회적 분열로 이어질 수밖에 없다. 그리고 분열이 극심한 상황에서는 정의와 자유, 평등과 같은 민주주의의 기본적 가치들에 대한 어느 정도의 합의조차 유지되기 어렵다. 민주정치와 법질서의 토대인 정의와 평등에 대한 정치사회 내 집단들 간의 관념이 달라 사실상 정의 관념이 존재하지 않는 상황에서 민주주의는 지속가능하지 않다. 사회적으로 공유되는 정의 관념은 정치행위에 의미를 부여하고 법과 정책을 정당화하는 정치적 삶의 상징적 기초이다. 정의에 대한 공통된 이해에 의해 사회통합이 가능해지며, 기대와 상황에 맞는 정의 관념의 수립으로 정치 안정이 확보될 수 있다.

'타협의 정신'이 위축된 분열된 정치사회에서 상호 신뢰와 존중은 유지될 수 없고, 그러한 상황에서 구성원들 간의 상호작용은 이해타산의 도구적 합리성에 의해 지배된다. 그리고 분열의 심화는 다른 극단인 동화의 논리를 낳을 것이다. 같은 의견과 연고의 사람들이 결속하여 상호 유대를 확인하고, 그들의 이상과 목적을 힘의 논리에 따라

패권적으로 실현하려 할 것이다. 그러나 이런 시도는 필연적으로 상대 집단의 저항에 부딪치고 결국 분열과 갈등은 더욱 심화할 것이다. 배타적인 집단 정체성의 형성과 반목과 질시, 원한은 이질성을 용납하지 못하는 동화의 논리에서 비롯된다. 이러한 맥락에서 다원성을 인정하면서 어느 정도의 이성적 합의를 이끌어내는 통합의 능력은 개인과 사회를 건전하게 유지하는 역량으로서 지속가능한 민주주의의 필수적인 토대라 할 수 있다.

한국의 경우 그동안 지배적인 정치과정상의 경향은 분열과 동화의 논리였다. 명분상으로 공동체성을 강조하고 여러 형태의 통합을 시도해왔지만, 현실적으로는 배제와 서열화를 통한 사이비 통합의 경험만 있다. 진정한 사회통합을 위해서는 모든 개인과 집단이 서로의 존재 가치와 의미를 존중하고 상대에 대한 배타적 감정에서 탈피해야 한다. 다른 의견과 입장들의 가치와 장점을 인정하고 타협을 통해 상호 수용 가능한 합의를 이끌어내려는 노력이 정치사회 전체의 이익을 실현하는 유일한 길임을 인식해야 한다. 현실적 난관에도 불구하고 다른 의견들이 근거 제시의 토의과정과 상호 존중의 설득과정을 통해 합리적으로 중재될 수 있다는 신념은 항상 유지되어야 한다. 승패를 가르는 양자택일보다는 절충을 지향하는 상호보완의 논리로 갈등 현상을 이해하고, 흑백의 이분법이 아닌 연속적인 스펙트럼을 통해 중간지대의 존재를 인정할 때 사회통합은 가능하다. 다원성을 전제로 하는 사회통합은 사실상 분열과 동화의 중간 상태이며, 이러한 통합을 실현할 수 있는 시민 역량은 '공적 이성'의 활용을 통해 분열을 극복하려는 노력에서 함양된다.

지속가능한 민주주의는 시민에 의해 자발적으로 생성된 합리적 규범과 원칙이 필요하다. 이러한 정치사회적 규범의 수립을 통해 민주주의는 부패와 위기를 극복하기 위한 자체 개혁을 수행할 수 있다.

공동선에 대한 인식의 상실로 귀결되는 다양한 형태의 부패와 그로 인한 위기를 극복하기 위해서는 당면한 이익갈등의 문제를 공익의 관점에서 비판적으로 파악할 수 있게 하는 규범적 기준이 시민에 의해 형성되어 공유되고, 이에 기초한 개혁의 가능성이 보장되어야 한다. 자발적 개혁이 불가능한 민주주의는 지속가능성을 상실한 타락한 정치체제로 전락하기 쉽다. 이러한 정치적 위기를 극복하기 위한 사회적 규범의 생성과 자체 개혁은 무엇보다 전략적 이해타산으로부터 어느 정도 자유로운 건전한 공론장의 활성화를 통해서만 가능하다. 토의정치의 실천 속에서 형성되는 공공 의식과 규범의 공유는 민주주의를 지탱하고 정치사회를 유지하는 집단적 역량이다. 그리고 이러한 역량을 기르기 위해서는 공공 사안에 대한 시민의 관심과 토의 과정에의 참여 노력이 필요하다.

그러나 개별 시민이나 단체가 기울이는 관심과 노력이 항상 정치사회 전체의 이익으로 귀결되지는 않는다. 개별적 행위주체의 이익과 의도를 넘어선 공적 합리성과 질서가 존재하기 때문이다. 지속가능한 민주주의는 이러한 공적 합리성과 질서에 대한 인식을 기초로 해야 한다. 각각의 정치행위자가 '시민'의 관점이 아닌 경쟁시장 속의 '개인'의 관점에서 자신과 소속 집단의 이익을 극대화하려 한다든가 정치사회 차원의 질서를 필요에 따라 조작 가능한 편의적 질서로 인식하고 자신의 이익과 목적에 섣부르게 맞추려 한다면 공공 이익은 결코 실현될 수 없다. 특히 시민의 대표자인 정치인과 공직자들의 인식과 자세가 중요하다. 조급한 성과주의에 묻혀 충분한 공감대를 확보하지 못한 채 단기적 목표만을 앞세우는 '작위의 정치'에 빠져들면 선전과 구호, 이미지 조작의 정치 수단에 지나치게 의존하는 우를 범하게 되기 때문이다.

정치 행위 또는 실천(praxis)은 기술(techie)이 아닌 실천적 지혜

(phronesis)의 차원으로 이해되어야 한다. 정책목표를 앞서 설정하고 그것에 따라 "무엇을" 실천하는가의 차원에서 정치에 접근하는 경우 기술적 지식(technical knowledge)의 획득이 중요하게 된다. 그러나 현실적으로 더욱 중요한 정치의 차원은 당면한 과제를 "어떻게" 수행하는가의 문제이다. 이 경우 정치행위자에게 필요한 것은 수행 능력을 높이는 실천적 지식(practical knowledge)이다. 이러한 맥락에서 정치는 제도적 발전(development)의 차원과 더불어 정치행위자의 성숙(maturation)이라는 관점에서 이해되고 평가되어야 한다. 아울러 제도 개혁과 디자인의 문제는 제도와 그 제도를 지탱하는 정신적 기반의 상호작용을 통해 접근해야 한다. 즉, 정치 개혁을 위해 위로부터의 제도 디자인에 지나치게 의존하는 경우 제도의 안정성과 지속가능성은 보장되지 않는다. 성공적인 제도 개혁을 위해서는 제도의 형성 과정을 이해해야 한다. 집단행동의 결과에 대한 반성을 통해 공동선에 대한 인식이 생성되고, 그 인식이 공공정신으로 승화되면서 비로소 의미 있는 제도가 만들어진다. 제도란 어렵게 형성되지만 쉽게 사라지는 공공정신을 어느 정도 유지시키는 틀이기 때문이다.

근대 이후의 민주정치는 '토론을 통한 통치(government by discussion)'의 이념 하에 전개되어왔고, 현대에 이르러 토론과 심의의 절차와 과정은 민주주의 그 자체로 여겨지게 되었다. 토의정치는 일상의 여론 형성으로부터 공식적인 정책결정과정에 이르는 여러 층의 절차와 제도로 구성된다. 토의는 한편으로 지혜와 합의를 매개하는 과정이다. 전략적 이해관계의 맥락에서 '서로에 대해 말하는(talk about each other)' 것이 아닌 어느 정도 합당한 결정을 내리기 위해 '서로에게 말하는(talk to each other)' 형태의 공적 토의를 전개하는 이유는 공동선의 관점에서 당면한 문제 해결을 위한 지혜로운 합의를 도출해야 하기 때문이다. 토의정치는 의견 교환과 근거 제시를 통해 참여자의 사고범위를 확장하고 변화시킴으로써 공동선에 합당한 입법 및 정책결정을 추구하는 과정이다.

현실 정치과정에서 토론을 통한 의제 설정과 심의를 통한 정책 결정은 복잡한 이해 갈등 속에서 여러 절차를 거치며 어렵게 진행된다. 그리고 그 과정은 참여자들의 역량에 의존하여 어느 정도 합리적이라 인정될 수 있는 해결책을 모색하는 과정이다. 상황 판단력, 관계적 사고, 신중함, 결과에 대한 숙고 등 면밀하면서도 종합적인 사고능력이 토의정치의 성패를 가른다. 복잡한 이해관계, 상충하는 주장과 견해, 예측 불가능한 사건들로 가득 찬 '회색의 정치세계'에서 토의를 통해 정책을 결정함으로써 정당성을 확보하고 정치적 안정과 사회통합을 유지하는 것은 쉽지 않은 과제이다. 이렇듯 어려운 도전에 대응하는 지속가능한 민주주의는 공식적, 비공식적 포럼의 활성화를 통해 참여의 폭을 넓혀야 하며, '참여로서의 토의'를 제도화해야 한다. 민주정치의 지속가능성을 보장하는 토의정치는 갈등과 토의, 그리고 집약의 계기들로 구성되는 순환적인 민주정치 과정에서 '토의의 매개적 기능'을 최대화하기 위한 정치적 실천이자 제안으로서의 의미가 있다.

지속가능한 민주주의의 조건은 모든 정치과정에서 '토의의 매개적 기능'을 활성화함으로써 적대적 갈등을 경쟁적 갈등으로 전환시키는 것이다. 그리고 토의가 일방적 헤게모니의 설득 과정이나 형식적인 절차로 전락하지 않도록 노력해야 한다. 물론 토의 과정에도 여전히 갈등은 내재하며, 다만 그 과정을 통해 적대적 갈등이 경쟁적 갈등으로 전환될 수 있는 가능성이 열릴 뿐이다. 토의정치는 정치사회의 기저에는 불가피하게 긴장과 갈등이 존재할 수밖에 없다는 인식에서 출발한다. 정치에 있어서 '이성적 합의'는 공식적 정치과정의 한 계기로서 민주주의 제도화의 요체라 할 수 있다. 그러나 이성적 합의의 가능성을 위축시키는 이익 갈등과 의견 대립의 현상은 어느 정치사회에

나 존재하는 정치의 조건이다. 한국 정치의 기저에도 역사적 경험에 뿌리를 둔 적대적 반감의 잔재는 여전히 남아 있다. 이러한 상황에 대응하는 지속가능한 민주주의의 과제는 '열정과 대립'을 '이성적 의사결정'과 연결시키는 매개의 절차와 과정을 실천하고 제도화하여 '공감의 정치'를 실현하는 것이다. 토의과정은 단지 합의지향적 절차나 수단으로서의 의미만을 갖는 것은 아니다. 토의정치는 현대적 상황에서 바람직한 민주주의적 삶의 진정성을 확인하고 실현하려는 시민적 열망과 실천의 집합이라 할 수 있다.

▶▶▶ 참고문헌

데이비드 헬드 지음, 2010, 『민주주의의 모델들』, 박찬표 옮김, 후마니타스.

샹탈 무페 지음, 2006, 『민주주의의 역설』, 이행 옮김, 인간사랑.

유홍림, 2003, 『현대 정치사상 연구』, 인간사랑.

_____ , 2005, 「민주적 가치관 정립의 과정과 조건」, 김홍우 외, 『가치와 한국 정치』, 도서출판 소화.

장동진, 2012, 『심의민주주의: 공적 이성과 공동선』, 박영사.

Ackerman, Bruce & James S. Fishkin, 2003, "Deliberation Day," in Fishkin & Laslett, eds., *Debating Deliberative Democracy*, Oxford: Blackwell.

_________ , 2004, *Deliberation Day*, New Haven: Yale University Press.

Barber, Benjamin, 1984, *Strong Democracy*, Berkeley: University of California Press.

Bell, Daniel A., 1999, "Democratic Deliberation: The Problem of Implementation," in Stephen Macedo, ed., *Deliberative Politics*, Oxford: Oxford University Press.

Bellah, Robert N., et al., 1991, *The Good Society*, New York: Alfred A. Knopf.

Benhabib, Seyla, ed., 1996, *Democracy and Difference*, Princeton: Princeton University Press.

Bohman, James & William Rehg, eds., 1997, *Deliberative Democracy*, Cambridge: The MIT Press.

Dahl, Robert, 1989, *On Democracy*, New Haven: Yale University Press.

Dryzek, John, 2000, *Deliberative Democracy and Beyond*, Oxford: Oxford University Press.

Elster, Jon, ed., 1998, *Deliberative Democracy*, Cambridge: Cambridge University Press.

Fishkin, James & Peter Laslett, eds., 2003, *Debating Deliberative Democracy*, Oxford: Blackwell.

Gastil, John & Peter Levine, eds., 2005, *The Deliberative Democracy Handbook*, San Francisco: Jossey-Bass.

Goodin, Robert E., 2003, "Democratic Deliberation Within," in Fishkin & Laslett, eds., *Debating Deliberative Democracy*, Oxford: Blackwell.

Gutmann, Amy & Dennis Thompson, 1996, *Democracy and Disagreement*, Cambridge: Harvard University Press.

________, 2004, *Why Deliberative Democracy?* Princeton: Princeton University Press.

________, 2012, *The Spirit of Compromise*, Princeton: Princeton University Press.

Habermas, Jürgen, 1996a, *Between Facts and Norms*, trans. William Rehg, Cambridge: The MIT Press.

________, 1996b, "Three Normative Models of Democracy," in Seyla Benhabib, ed., *Democracy and Difference*, Princeton: Princeton University Press.

Kant, Immanuel, 1970, "An Answer to the Question: 'What is Enlightenment?'" in Hans Reiss, ed., *Kant's Political Writings*, Cambridge: Cambridge University Press.

Macedo, Stephen, ed., 1999, *Deliberative Politics*, Oxford: Oxford University Press.

Mouffe, Chantal, 2005, *On the Political*, New York: Routledge.

Nozick, Robert, 1974, *Anarchy, State and Utopia*, New York: Basic Books.

Rawls, John, 1971, *A Theory of Justice*, Cambridge: Harvard University Press.

________, 1993, *Political Liberalism*, New York: Columbia University Press.

________, 2001, *Justice as Fairness: A Restatement*, Cambridge: Harvard University Press.

Sandel, Michael, 1996, *Democracy's Discontent*, Cambridge: Harvard University Press.

________, 2009, *Justice: What's the Right Thing to Do?* New York: Penguin Books.

Walzer, Michael, 1983, *Spheres of Justice: A Defense of Pluralism and Equality*, New York: Basic Books.

________, 1999, "Deliberation and What Else?" in Stephen Macedo, ed.,

Deliberative Politics, Oxford: Oxford University Press.
Young, Iris Marion, 2003, "Activist Challenges to Deliberative Democracy," in Fishkin & Laslett, eds., *Debating Deliberative Democracy*, Oxford: Blackwell.

제2장

성장·환경·복지의 선순환을 통한 지속가능한 국가 건설

이지순

1. 서론

우리나라의 경제사회는 지난 50여 년에 걸쳐 발전을 지속해왔다. 그러한 지속적인 발전은 무엇보다도 우리나라 국민의 평균적인 삶의 질을 크게 향상시키는 데 공헌했다. 1960년대 초반만 하더라도 다른 나라의 원조를 받아야 겨우 살아갈 수 있었던 최빈국의 처지에서 지금은 다른 나라에 원조하는 풍요로운 초기 선진국으로 변모된 것과 애초 50세가 안 되던 평균 수명이 80세 가까이 늘어난 것에서 우리나라가 이룩한 경제사회 발전의 상징적인 표징을 볼 수 있다.

이러한 성취는 결코 작은 것이 아니다. 우리나라 역사에서 이처럼 짧은 기간에 평균 소득이 스무 배 이상 늘어난 적이 없다는 사실,[1] 전후 비슷한 여건에 있었던 최빈국 중에서 발전에 성공한 나라가 극히 소수라는 사실, 그리고 지금의 선진국들이 200년 이상에 걸쳐서 이룩한 성과를 50여 년 만에 대부분 따라잡았다는 사실에서 그러한 정황을 가늠할 수 있다.[2]

그렇지만 우리가 이룩한 발전의 성과는 여러 측면에서 미흡하다. 그 가운데서 몇 가지를 열거해보면 다음과 같다. 경제의 성장능력과 고용창출능력이 약화되고 있으며, 소득 및 자산의 분배 상태가 악화되었고, 환경의 질이 낮으며 수입 화석연료에 대한 의존도가 높고, 식

---

* 이 글은 이지순(2004, 2008, 2012a, 2012b, 2012c)과 Lee(2010, 2012a, 2012b) 등 이 주제에 관한 필자의 연구 결과를 모은 것으로서 온전히 새로운 창작물이 아님을 밝혀둔다. 그동안 도움을 주신 여러분께 감사드린다.

1) 인류가 18세기 중반까지는 겨우 연명하는 수준(subsistent level)의 삶을 살아왔음을 고려하면 우리가 20세기 후반에 들어와서야 발전을 이룩한 것이 결코 이상한 일이 아니다.

2) 1960년대 초반에는 미국의 16% 수준이던 남한의 평균소득이 지금은 65% 수준으로 높아졌다.

량자급도가 낮다. 경제사회 운영이 비효율적이며, 고령사회화에 대한 대응이 미흡하고, 미래세대를 배려하는 마음이 부족하다. 북한과의 첨예한 대립 상황이 여전하며, 인류의 보편적 가치 증진에 이바지하는 바가 많지 않다.

우리가 더 나은 미래를 갖고자 한다면 부족하거나 미흡하다고 판단되는 점들을 바로잡음으로써 나라가 바른 방향으로 나아가도록 할 수 있어야 할 것이다. 그렇다면 어떠한 상태가 더 나은 미래인가? 이 글에서 필자는 위에서 열거한 미흡한 점들이 현저하게 개선된 상태를 더 나은 미래로 정의하고자 한다. 이를 좀 더 구체적으로 설명하면, 경제의 성장능력과 고용창출능력이 강하며, 소득 및 자산 분배 상태가 양호하고, 환경의 질이 높으며 자원과 식량 문제가 현저하게 개선된 상태를 의미하는 것으로 볼 수 있다. 이에는 경제사회가 효율적으로 운영되며, 고령사회화에 대한 대비책이 강구되어 있고, 미래세대에 대한 배려가 적절하며, 남북한이 하나가 되어 평화와 번영을 누리는 가운데, 인류의 공동선에 이바지하며 살아가는 상태도 포함된다.[3)]

더 나은 미래를 만들려면 무엇을 어떻게 해야 하는가? 이 물음에 답을 제시하는 것이 이 글의 목적이다. 필자의 생각에는 적어도 다음의 네 가지 지속성을 확보하는 것이 하나의 대안이 될 수 있다고 판단한다. 경제발전의 원동력을 강화해서 현재와 미래의 모든 세대가 풍요롭게 살 수 있는 삶의 토대를 굳건하게 구축하며(경제지속성 확보), 공정한 과정과 건전한 경쟁을 통해 이룩한 발전의 혜택이 구성원들에게 합당하게 귀속되도록 함으로써 공동체의 결속력을 높이고(사회지속성 확보), 환경을 파괴하고 오염시키는 행위를 자제함으로써 현재는 물론 미래세대원들도 쾌적한 환경에서 살아갈 수 있도록 하며(환경지속성 확

---

3) 이것은 필자가 생각하는 최소한의 요건일 뿐이다.

보), 적게 쓰고 더 잘 쓰고 다시 쓰는 한편 새로운 원천을 발굴하는 것을 통해 미래세대가 자원고갈과 식량부족을 걱정하지 않아도 되게(자원 및 식량지속성 확보) 하는 방향으로 나라를 운영하는 것이 그것이다.

여기에서 나라를 운영한다 함은 체제와 규범과 제도와 기구 등 나라의 기초(fundamentals)를 바로 세우고 그것이 효과적으로 작동하는 데 도움이 되는 정책을 입안해서 시행해나감을 의미한다. 이를 지속성 강화와 연관해서 생각한다면 아래와 같은 일이 일어나도록 나라를 운영해나감을 뜻하기도 한다.

첫째, 발전의 원동력이 튼튼해지도록 나라를 운영해나간다. 이 일의 요체는 누구나 최선을 다해 일하고 싶어 하도록 유도하고(사유재산권 보호), 공정한 과정과 합당한 절차를 따르고 남에게 위해를 가하지 않는 한 누구나 어떤 일이건 하고 싶은 대로 할 수 있는 자유를 허용하며(경제적 자유 허용), 누구라도 계속해서 잘하지 않으면 더 잘하는 사람이 출현해서 그를 도태시킬 수도 있는 위험에 직면하도록(경쟁 촉진) 만드는 데 있다. 그렇게 하면 누구나 자발적으로 최선을 다해 경제활동에 임하게 될 것이다. 이는 경제지속성을 확보하는 데 도움이 된다.

둘째, 성장과 환경의 상생을 추구하는 녹색성장이 원활하게 이루어지도록 한다. 경제성장을 도모하되 그것이 환경보호와 자원절감에 도움이 되는 방식으로 하고, 환경을 보호하고 자원을 절감하는 방안을 강구하되 그것이 경제의 성장능력을 강화하는 방향으로 한다. 이는 환경지속성, 자원지속성 및 경제지속성을 확보하는 데 도움이 된다.

셋째, 복지와 성장의 상생을 가능하게 하는 동반성장이 이루어지도록 한다. 경제성장을 도모하되 그 과정에 모든 이가 공평하게 참여할 수 있게 하고 성장의 과실이 모든 이에게 합당하게 돌아가도록 하며, 폭넓은 복지를 추구하되 그것이 경제의 성장능력 강화에 도움이 되는 방향으로 한다. 이는 사회지속성과 경제지속성을 확보하는 데 도움이 된다.

넷째, 복지와 환경이 상생하는 공생발전이 이루어지도록 한다. 환경을 보호하고 자원을 절약하는 방안을 강구하되 그것이 복지를 증진시키는 데에도 도움을 주는 방식으로 하고, 복지증진을 꾀하되 그것이 환경가치 창달과 자원절약에도 도움이 되는 방식으로 한다. 이는 환경자원지속성과 사회지속성을 확보하는 데 도움이 된다.

다섯째, 북한을 비롯한 이웃 나라들에서도 위에 언급한 네 가지 지속성이 확보될 수 있도록 협조하고 지원한다. 그렇게 해야 남북한의 지속적인 평화와 번영을 가져오고 인류의 공동선에 이바지할 수 있게 된다.

우리가 이와 같은 일을 해낼 수 있을까? 이 물음에 답을 찾기 위해 먼저 인식해야 할 것은 공공재의 문제, 외부성의 문제, 정보비대칭성의 문제, 조정실패의 문제, 대표성 부재의 문제, 자기중심적인 사유체계의 견고성 등으로, 위에 열거한 사항과 관련된 일들이 바람직한 것은 미흡하게 그러나 원하지 않는 것은 넘치게 일어날 가능성이 높다는 사실이다. 즉, 바람직한 상태가 저절로 이루어지지는 않을 가능성이 매우 높다.

그렇다면 해결 방안은 무엇인가? 정책적 개입을 통해 경제사회 구성원들이 직면하는 유인체계(incentive system)를 합리적인 것으로 바꿔나가는 것이 하나의 방안이 된다. 필자가 위에서 언급한, 나라의 기초를 바로 세우고 그것이 효과적으로 작동하는 데 도움이 되는 방향으로 정책을 시행하는 것이, 유인체계를 합리적으로 바꾸는 일의 예가 된다.

유인체계를 변화시킴으로써 경제사회가 더 나은 방향으로 나아가도록 하는 일은 다음과 같은 여러 단계를 거쳐서 이루어지게 된다. 첫째, 지난 50여 년간 우리 경제사회가 따라온 발전경로가 어떤 성격의 것인지 밝힌다. 둘째, 그러한 발전경로를 따라온 결과 도달해 있는 우리의 현재 상태가 여러 측면에서 미흡함을 밝힌다. 셋째, 우리가 아무 일도 하지 않는다면 우리 경제사회가 지닌 미흡한 점들이 앞으로 더 나빠질 뿐만 아니라 새로운 문제가 대두될 것임을 보인다. 넷째, 현실에 대한 반성을 통해서 우리가 갖고자 하는 더 나은 미래가 어떠한 것인지 논의한다. 다섯째, 그러한 더 나은 미래에 도달하려면 지금부터 무엇을 어떻게 고쳐나가야 할지 논의한다. 이는 우리 경제사회가 지금까지 따라오던 발전경로보다 나은 것이 있는지, 있다면 그것이 무엇인지 밝히는 일이 된다. 여섯째, 우리 경제사회가 기존의 발전경로를 버리고 새로운 발전경로를 따르게 하려면 무엇을 어떻게 해야 하는지를 보인다. 즉, 정책대안을 제시한다.

이 글에서 필자는 위에서 언급한 일련의 일들을 수행하고자 한다. 이 글은 총 5개의 절로 구성된다. 1절에서는 우리 경제사회의 현실을 미흡한 사항을 중심으로 점검하고 그렇게 된 연유가 무엇인지 고찰해본다. 2절에서는 그러한 점들을 개선하기 위해 우리가 채택해야 할 새로운 발전경로가 어떠한 것인지 고찰해보고, 그러한 발전경로를 따르게 하려면 무엇을 어떻게 개선해야 할지 알아본다. 3절부터 5절까지는 2절에서 제시한 개선방안을 좀 더 구체적으로 검토한다. 즉, 경제 지속성 강화(3절), 사회, 환경 및 자원 지속성 강화(4절), 세대 간 균형발전, 남북한의 경제융합 대비책 강구 및 국제사회에 대한 공헌(5절)이 그것이다. 끝으로 맺는말에서는 이 글의 논점을 요약·정리하고 미진한 점들을 지적한다.

2. 한국 경제의 과제와 그 연원[4)]

1) 미흡한 점

우리나라는 자타가 공인하는 바처럼 경제사회의 눈부신 발전을 이룩한 결과 대다수 국민의 삶이 양과 질 모두 현저하게 개선되었다. 그럼에도 여전히 많은 사람들이 우리가 처한 현실을 대단히 비판적으로 인식하고 있다. 한국의 발전상을 경이롭게 바라보는 외국인들에게는 우리들의 그러한 자아비판이 의아해 보이겠지만, 이는 더 나은 내일을 향한 우리의 각오를 다지는 일로서 긍정적인 기능을 하기도 한다. 사실 우리나라는 많은 문제를 안고 있다. 이제 그중 몇 가지를 알아보자.

(1) 경제지속성이 약화되고 있다

우리가 이룩한 경제발전의 정도는 1인당 소득 2만 3천 달러 수준으로서(2012년) 세계에서 40위 안에 드는 성적이다. 소득이 높다고 해서 반드시 좋은 것은 아니지만 선진국으로 분류되는 나라들의 실정을 고려한다면 우리나라도 1인당 소득이 3만 달러는 넘어야 선진국이 될 수 있을 것으로 판단된다. 서구 여러 나라에 버금가는 사회복지를 구현하기에는 현재의 소득수준이 미흡하며, 국방에 많은 자원을 투입해야 하는 불가피한 사정과 앞으로 불시에 닥칠지도 모르는 북한 관련 지출증가가 그렇게 판단하는 근거이다.

소득수준이 선진국이 되기에 미흡한 것보다 더 우려되는 것은 경제성장률 둔화 현상이다. 우리나라의 1인당 소득 증가율은 1990년대

4) 이 부분은 이지순(2012c)에 바탕을 두었다.

중반까지 6%를 웃돌다가, 1997년의 외환위기 이후 3%대로 하락한 이후 최근 수년간은 2%대로 낮아졌다.[5] 지속적으로 증가할 것으로 예상되는 복지지출 수요, 곧 필요하게 될지도 모를 막대한 규모의 남북한 통합 비용, 젊은이와 고령자를 위한 대규모 일자리 창출의 필요성 등을 고려하면 앞으로도 우리나라 경제는 상당히 빠른 속도로 성장을 지속해야 한다. 예를 들어서 앞으로 20여 년 정도에 걸쳐서 연 3~4%대의 1인당 소득 성장률을 실현하지 못하면 우리가 하고자 하는 바를 이루기가 매우 어려울 것이다.

성장능력 약화의 가장 큰 원인은 저축, 혁신, 투자 등 더 나은 미래를 열어가는 경제활동의 강도가 크게 약화된 데 있는 것으로 판단된다. 외환위기 이전에는 근검절약을 원동력으로 한 저축과 그것을 활용한 왕성한 투자활동을 장려하던 투자지향 경제 패러다임이 우리나라 경제를 지배했었다. 그러나 외환위기 이후에는 수요확대를 위해서는 소비가 필요하고 때에 따라서는 빚을 내서 소비해도 괜찮다는 소비지향 패러다임이 그 자리를 대신하게 되었다. 이러한 패러다임 변화는 근검절약 정신을 약화시켜서 저축률을 크게 하락시키는 결과를 가져왔다. 이와 동시에 무리한 투자에 나섰다가 위기를 맞았던 기업부문은 외환위기 이후 심각한 구조조정 과정을 거치면서 신규투자에 대해 아주 소극적인 자세를 취하기 시작하였다. 막대한 여유자금을 갖고도 신규투자에 소극적인 자세를 보이는 대기업 집단의 투자행태가 그러한 사정을 잘 나타내준다. 한편 몇몇 대기업 집단과는 달리 중소기업과 영세기업 그리고 벤처기업들은 제때에 자금을 조달하지 못해 어려움을 겪고 있는데 이는 우리나라의 금융시장이 소기업, 소상공인, 벤처기업 등 '금융약자'들을 위한 금융 서비스 제공능력이 취

5) 한국은행경제통계시스템(ecos.bok.or.kr)의 「100대 통계지표」 등을 참조하라.

약한 때문이다. 결국 투자보다는 소비를 중시하는 사회풍조나 정책기조 그리고 금융시장의 낙후성이 우리나라 경제의 성장 동력을 약하게 만드는 가장 큰 요인이라고 할 수 있다.

(2) 사회지속성이 취약하다

우리나라의 가처분소득 기준 지니계수는 2012년에 0.31로 나타나는데 이는 1990년대 중반의 0.26보다 높아진 것이며, 비교 가능한 연도의 OECD 회원국 32개 국 중 19위에 해당된다. (2005년도의 수치를 보면 덴마크가 0.23으로 가장 낮고 멕시코가 0.47로 가장 높게 나왔다.) 소득 5분위 배율은 1995년의 3.68에서 2010년의 4.82로 높아졌으며, 중산층 비중은 1995년의 75.3%에서 2010년의 67.5%로 낮아졌다. 한편 순자산 지니계수는 2010년에 0.63으로 핀란드 0.68, 이탈리아 0.61, 영국 0.66 등과는 비슷하지만 미국 0.84, 스웨덴 0.89, 캐나다 0.75보다는 낮다.[6)]

분배에 관한 이러한 지표는 국제적인 기준에서 볼 때 몹시 나쁜 것은 아니다. 세계은행(1993)이 우리나라가 이룩한 경제발전을 '나누어 가진 성장(shared growth)'이라고 평가한 것은 그러한 연유에서이다. 그러나 외환위기 이후에 소득분배 상태가 악화되고 부자와 가난한 사람 사이의 소득차가 확대되면서 인식이 달라지기 시작하였다. 분배 상태에 대해 불만을 느낀 사람이 많아진 것이다.

분배 상태의 상대적 불평등도가 심화되는 것을 내버려두면 사회 결속력이 약화될 가능성이 높으며, 부자와 빈자 사이의 소득 차가 확대되는 것에 반감을 지닌 사람들이 체제 안정을 위협하게 될 수도 있다. 남북한이 첨예한 대립 상태에 놓여 있는 현실이 이러한 상황을 더

6) 분배지수에 관해서는 통계청 웹사이트, 최원(2012) 및 조윤제 외(2012)를 참조하라.

악화시킬 우려도 있다.

(3) 환경과 자원 지속성이 약하다

모든 국민이 쾌적한 삶을 누릴 수 있을 정도로 환경이 깨끗하거나 쾌적하지는 않다. 물, 대기, 토양의 오염 등 자연환경을 열악하게 만드는 요인과 불량식품, 난개발, 소음, 무질서 등 생활환경을 열악하게 만드는 요인이 크게 개선되지 않고 있는 것이다. 근래 들어 몇몇 환경지표가 개선되는 추세지만 아직도 개선할 점이 많다. 산업시설 현장의 유해물질 관리가 부실하며 산업 및 생활 폐기물 처리가 불완전하고 무분별하고 무질서한 개발로 인한 국토환경파괴가 만연되어 있다.

우리나라는 아직 환경선진국이 되지는 못했지만 그렇다고 환경후진국은 아니다. 과거 산업화시대에는 극심한 환경오염과 환경파괴를 경험했지만 그동안 꾸준하게 노력해온 결과 근래에 들어와서는 자연환경이 미약하나마 개선되는 추세이다. 대기의 질 향상, 대중 교통체계 개선, 오염된 하천 복원과 수변 공원 확대, 녹지 확충 등 대도시의 생활환경은 비교적 크게 개선되었으나 농어촌 지역의 생활환경은 아직도 열악하다.

남한의 국토면적은 십만 제곱킬로미터를 조금 넘는데 이는 50여 년 전의 국토면적과 크게 다르지 않다. 그러나 같은 기간 인구는 약 2배 그리고 1인당 경제활동 규모는 약 40배 증가하여 GDP는 약 80배 증가하였다. GDP가 80배 증가했다는 것은 우리가 사용해온 자원 및 환경자산은 그보다 훨씬 더 많이 증가했음을 뜻한다. 예를 들어서 자본－생산계수(capital output ratio)가 3이라면 자본재 사용량은 240배 증가한 셈이고, 자원－자본계수(resource capital ratio)가 10이라면 자원사용량은 2,400배 증가한 것이 된다. 우리가 자원－소득계수를 현저하게

개선하지 못한다면 경제가 성장함에 따라서 앞으로도 환경파괴와 자원 사용은 더 많이 늘어날 것이다.[7)]

우리나라는 화석자원집약형 경제구조로 되어 있다. 경제활동이 활발해질수록 석탄, 석유, 가스 등 화석연료의 직접 사용량이 증가할 뿐 아니라 전력사용량 증가에 따른 간접 사용량도 많이 늘어나게 된다. 이러한 구조에는 몇 가지 치명적인 문제가 있다.

첫째, 화석연료의 이용이 합리적이지 못하다. 정부의 간섭과 규제로 화석연료의 가격기능이 완전하게 작동하지 않기 때문이다. 이는 화석연료의 오용과 남용을 낳는다.

둘째, 우리나라는 거의 모든 화석연료를 수입해야 한다. 즉, 화석연료의 대외의존도가 매우 높다. 이는 우리나라 경제를 대외여건 변화에 매우 취약하게 만든다.

셋째, 화석연료 사용 시 발생하는 온실가스가 문제이다. 우리나라는 경제규모에 비해 온실가스를 매우 많이 배출하는 나라이다. 온실가스 배출량을 감축하지 못하면 국제사회의 비난을 면하지 못할 것이다.

(4) 미래세대에 대한 배려가 충분하지 않다

저축률과 투자율이 29% 대에 이르는 것을 보면 다른 나라에 비해서는 미래세대를 배려하는 셈이다. 게다가 교육비 등 인적자본에 대한 지출을 저축과 투자로 간주하면 저축률과 투자율이 35%를 넘는다. 양적으로만 보면 미래세대를 충분하게 배려하는 것으로 보인다. 그러나 외환위기 전만 하더라도 40%를 웃돌던 물적자본과 인적자본에 대한 투자율이 35% 내외로 하락하였으며 앞으로 소비 풍조가 강

7) 우리나라의 환경상태에 관해서는 환경부 웹사이트(www.me.go.kr) 또는 위에서 소개한 통계청의 「e-나라지표」를 보라.

화되고 복지지출이 늘게 되면 이 비율이 30% 아래로 더 떨어질 가능성이 높다.

최근에 대두되고 있는 정치권의 대폭적인 복지증대 주장과 현행대로 가다가는 재원이 고갈될 것이 분명하다는 각종 연금의 장기예측에서 보듯이, 우리 사회에는 미래세대의 행복을 충분하게 고려하지 않은 채 현재세대의 필요와 욕구를 충족시키려는 노력이 강화되는 조짐을 보인다. 가계와 정부가 빚을 내서 소비하는 데 쓰면, 빚을 갚아야 할 것은 미래세대이므로 이는 현재세대가 부담할 비용을 미래세대에게 전가하는 일이 된다. (빚을 내어 투자하는 경우에는 사정이 다르다. 투자의 과실은 미래에 발생하게 마련이므로 투자의 혜택은 미래세대에게도 돌아간다.)

(5) 북한 경제가 침체되어 있다

북한의 1인당 소득은 1,200달러 정도인 것으로 추정된다. 구매력 평가 환율로 계산하면 이보다는 크겠지만 (중국은 구매력 평가 환율로 계산한 1인당 소득이 공식 환율로 계산한 것보다 약 2배가 된다) 그렇더라도 구매력 평가 환율로 계산한 남한의 1인당 소득 3만 1,000달러보다는 현저하게 작다.[8)]

남한은 지속적인 고도성장을 통해 분단 당시 최빈국의 위치에 있던 경제를 선진국의 일원으로 발전시키는 데 성공하였다. 그러나 북한은 경제발전이 정체된 결과 지금도 빈곤국가 상태를 탈피하지 못하고 있다.

남한은 대외지향형 자본주의 시장경제를 근간으로 해서 경제를 운영해왔고 북한은 극도로 폐쇄적인 계획경제를 근간으로 해서 경제를 운영해왔다. 경제 체제와 정책의 차이가 비슷한 상황에 있던 남한

8) 한국은행 경제통계시스템에 있는 북한GDP관련 통계를 참조하라.

과 북한을 한국전쟁 이후 약 60년이 흐른 지금 전혀 다른 두 경제로 변모시킨 것으로 판단된다.

남북한 간의 이러한 격차는 우리의 미래에 많은 문제점을 던진다. 그동안은 체제경쟁을 통해서 우위를 확보하는 데 치중했지만, 북한 주민을 더불어 살아가야 할 더 큰 대한민국의 일원이라고 생각한다면, 이제부터는 남북한 간의 간극을 좁히려는 노력이 더 많이 필요할 것이다. 우리가 이 일을 해낼 수 있는가에 따라서 우리의 미래가 크게 달라질 것이다.

(6) 인류문명 발전에 대한 공헌이 미흡하다

우리는 그동안 잘살아보자는 목표 아래 경제발전에 매진해왔다. 그 초점은 어디까지나 나 또는 나의 가족 그리고 더 나아가서 우리나라가 잘살게 되어야 한다는 데 있었다. 이러한 자기중심 또는 자국중심 행동은 발전의 초기 단계에서는 어느 나라나 경험하게 되는 일반적인 현상이다. 그러나 구매력평가 환율로 산정한 1인당 소득이 3만 달러를 웃돌아 '선진국' 대열에 합류하기 시작한 지금부터는 이러한 자국중심주의에서 벗어나 세계 시민의 일원으로서 인류 공동의 발전과 번영에 이바지할 수 있어야 한다. 그렇게 해야 하는 이유에는, 국제적 책무를 다해야만 통상마찰을 겪지 않고 국제무역을 확대해나갈 수 있다는 소극적인 자세와 그렇게 하는 것이 훌륭한 나라의 도리요 책임이라는 적극적인 자세가 있다.

2) 그렇게 된 이유

전 항에서는 우리나라 경제발전의 미흡한 점들에 관해 알아보았다. 이는 문제점을 알아내어 그것을 고쳐나가는 일이 중요하다는 판단에서 그렇게 한 것이지 우리나라 경제발전의 성과를 깎아내리려는 의도는 결코 아니다. 사실 우리나라가 이룩한 성과는 세계 경제발전사에서도 유례를 찾기 어려울 정도로 대단한 것이다.[9] 그러나 지금은 우리가 이룩한 성과에 자만할 때가 아니다. 우리보다 나은 처지에 있는 수많은 나라에 비하면 아직 갈 길이 멀다. 중요한 것은 우리의 단점과 약점을 찾아내서 고쳐나가는 일이다. 개인이건 기업이건 그가 처한 현실을 냉정하게 점검해서 잘한 점과 좋은 점은 더 살리고 잘못한 점과 나쁜 점은 고치며 부족한 점은 채워야 개선이 이루어진다. 이 점은 나라에 관해서도 마찬가지다.

앞에서 지적한 우리나라 경제발전의 미흡한 점들은 최소한의 것들이다. 그 밖에도 부족한 점이 많으나 우선은 우리가 지적한 것부터 고쳐나가면 좋을 것이다. 더 나은 미래를 누리기 위해 현실을 개선하는 작업은 결코 한 번에 다할 수 있는 일이 아니다. 모든 문제를 다 파악할 수도 없을 뿐더러 파악한 문제를 모두 한꺼번에 고칠 수도 없다. 또한 시간이 흐르면 새로운 문제가 등장하게 마련이다. 그러므로 우리가 할 일은 현실을 개선하려는 노력을 반복적으로 지속해나가는 것이다. 따라서 일단은 우리가 앞에서 지적한 문제들을 시정하는 데서부터 출발하기를 제안한다.

미흡한 점들을 개선하는 방안에 관해 생각해보기 전에 그러한 일들이 생겨난 연유가 무엇인지 알아보면 좋을 것이다. 이 점에 있어 먼저 인식할 것은 우리가 앞에서 지적한 문제들 그 어느 것도 의도적으로 그러한 결과를 가져오려고 한 것은 아니라는 사실이다. 예를 들어서 소득 또는 자산 불평등이 심화된 것은 세계화가 진전되고 기술의

9) 한국의 발전경험을 전수하는 Knowledge Sharing Program에 대해 후진국들의 참여열기가 높은 데서 그러한 단면을 엿볼 수 있다.

중요성이 증대됨에 따라서 잘하는 사람에게 훨씬 더 큰 보상이 주어지는 시장 상황 때문이지 소득이나 자산 불평등을 조장하려는 정책을 폈기 때문이 아니다.

이 점은 경제의 성장 능력 약화나 고용창출 능력 약화에 있어서도 그러하다. 물론 그러한 점들을 방지하기 위한 노력을 충분하게 기울이지 않았다는 평가를 할 수는 있을 것이다. 다만 근래에 들어와서 투자보다는 소비를 중시하는 풍조가 일반화하면서 경제의 성장능력이 약화되고, 제조업을 통한 고용창출이 한계를 보이는 상황에서 고용창출 능력이 큰 서비스산업이 상대적으로 침체된 것이 고용창출 능력이 약화된 원인이 되고 있다. 이 경우에는 투자보다는 소비를 장려하는 정책이나 서비스산업의 발전을 가로막는 규제정책 등이 문제를 낳은 원인이 될 수 있다.

환경지속성 약화나 자원 및 식량 지속성 약화의 문제는 비록 그런 결과를 의도한 것은 아니지만, 시장 여건에 맞추어서 경제를 발전시켜오는 과정에서 본의 아니게 환경지속성을 약화시키는 결과를 낳고 자원 및 식량 지속성이 약화된 측면이 있다. 그러나 좀 더 비판적으로 본다면 환경과 자원 및 식량 문제에 있어서는 그 중요성에 비추어서 그동안 지나치게 소홀히 취급해왔다는 평가를 할 수 있을 것이다. 환경자산의 가치를 저평가 상태로 유지하는 정책이나 자원의 실질가격을 낮은 수준에 유지하는 정책 또는 식량시장의 전면적 개방을 도모하는 정책 등이 그런 예가 될 것이다.

북한 경제의 침체상은 그렇게 된 주원인이 우리에게 있다고 할 수는 없다. 또한 우리가 북한의 변화를 방해한 것도 아니다. 그러므로 주원인은 북한 경제 자체에 있다고 해야 할 것이다. 그렇지만 우리가 북한 경제의 발전을 위해 할 수 있는 일을 다 했는가 하는 문제에는 논란의 여지가 있다. 이에 관한 필자의 판단은 우리가 지금까지 해온 것보다는 좀 더 많은 노력을 기울일 필요가 있다는 것이다.

인류문명 발전에 대한 공헌이 적은 것은 우리가 그동안은 거기까지 신경을 쓸 여유를 갖지 못했던 것이 가장 큰 원인인 듯하다. 사실 이웃에 대한 배려는 경제학에서 말하는 가치재(merit goods)라서 소득수준이 어느 정도 높아져야 활발해지는 경향이 있다. 나라 안의 이웃에 대해서는 소득수준이 비교적 낮은 단계에서도 배려하는 행동이 나타나지만, 나라 밖 이웃에 대해서는 그렇지 않은 경향이 있다. 따라서 우리가 그동안 국제사회에 대해 크게 공헌하지 못한 것은 그럴 여유가 적었기 때문이라고 볼 수 있다. 그러나 이제는 사정이 다르다. 그래서 공적원조를 늘려나가기 시작했으며 빈곤국가에 대한 민간부문의 원조나 봉사활동도 활발해지고 있는 것이다. 물론 이 경우에도 정부가 그러한 일을 촉진하는 데 도움이 되는 정책을 폈더라면 좀 더 일찍부터 국제사회에 대한 공헌을 늘려올 수 있었을 것이다.

3. 지속가능한 국가 건설의 필요조건

지속가능한 국가를 건설함에서 반드시 이룩해야 할 최소한의 요구조건은 다음과 같다.

첫째, 경제지속성을 확보해야 한다. 경제력이 뒷받침되지 않으면 복지를 구현하고 환경을 보호하며 미래세대를 위하고 북한주민을 비롯한 여타 어려운 나라들을 도우면서 함께 살아가기가 쉽지 않다. 좋은 일을 하려면 먼저 그렇게 할 수 있는 물적 토대를 공공하게 구축하는 일이 필요하다. 구체적인 수치를 예로 든다면 현행 환율로 계산한 1인당 소득이 3만 달러 이상은 되어야 우리가 하려는 일들을 충실히 수행하면서 국민 대다수가 사람다운 삶을 영위할 수 있을 것이다.

둘째, 환경, 자원 및 식량의 지속성을 확보해야 한다. 대부분의 환경자본 및 자연자원은 이용 가능한 수량이나 품질이 유한하다. 우리가 경제생활을 영위하면서 환경자본을 파괴하고 오염시키며, 자연자원을 무절제하게 사용한다면 환경자본과 자연자원이 인류생활을 지탱해주기 어려워질 가능성이 높다. 그러므로 환경 및 자원의 지속성을 확보하는 것이 중요하다.

환경자본 및 자연자원 중에는 재생 가능한 것도 있지만 이 역시 남용과 파괴로 그들이 지닌 재생능력 또는 복원능력을 훼손하게 되면 문제가 된다. 이론적으로 보면 아직 인류가 이용하지 못하고 있는 자원이 많이 있을 수 있다. 따라서 환경자본 및 자연자원을 보호하고 아껴 쓰려는 노력에 더해서 미지의 새로운 자원을 개발하는 노력도 병행해야 한다. 그러나 새로 발굴할 수 있는 자원이 인류가 지닌 자원고갈의 문제를 해결해줄 수 있을지는 아직 불확실하다.

우리나라는 화석연료의 거의 전부 그리고 쌀을 제외한 주요 식량자원을 외국에서 수입해 써야 하는 처지다. 화석연료자원과 식량자원 모두 예기치 않은 시장 상황 변화로 안정적인 이용에 차질을 빚을 수 있고, 화석연료는 고갈 때문에 그리고 식량자원은 인구증가 때문에 극심한 공급부족 상태가 올 수도 있다. 그러므로 자원지속성과 식량지속성을 강화해나가는 일이 우리나라에는 그 어떤 나라보다도 절박한 과제가 된다.

셋째, 사회지속성을 확보해야 한다. 경제가 튼튼하면 사회 역시 건전하게 운영되는 경향이 있기는 하지만 경제발전이 곧 사회발전을 가져오는 것은 아니다. 반면에 사회발전이 반드시 경제발전을 가져오는 것은 아니지만, 사회발전 없는 경제발전은 사회를 불안정하게 만들기 때문에 바람직하지 않다. 더 나아가 사회발전이 없으면 높은 수준의 경제발전을 이룩하기 어렵다. 따라서 높은 수준의 경제발전을 이룩하기 위해서라도 사회발전을 도모해야 한다. 사회가 지속가능하지 않다면 경제발전도 수포로 돌아갈 것이다.

넷째, 세대 간 균형 발전을 도모해야 한다. 우리는 자주 현재 및 미래의 긴 기간에 걸쳐 영향을 미치는 중요한 사항들을 정한다. 이때 의사결정 주체는 당연하게도 현재세대이다. 현재세대는 장기적으로 영향을 미칠 의사를 결정하면서 미래세대의 욕구와 필요를 충분히 고려하지 않는 경향을 보인다. 아무래도 자기중심적으로 선택하게 마련인데다 미래세대가 의사결정 과정에 참여할 기회가 거의 없기 때문이다. 이러한 사정은 종종 현재세대의 편익을 위해 미래세대의 이익을 훼손하는 행동을 불러온다. 이러한 경향을 그대로 두어야 할까? 그렇지 않다. 마땅히 미래세대의 편익도 합당하게 고려해야 한다.

다섯째, 북한 주민 나아가서 주변의 우리보다 형편이 못한 나라의 국민과 함께 잘사는 공동번영을 추구해야 한다. 이것 역시 인류사회의 지속성을 확보하는 데 필요한 일이다. 우리는 누구나 자기중심적인 사고를 하게 마련이므로, 북한 주민 그리고 나아가서 가난한 이웃나라 주민까지 고려하자는 주장에 대해 많은 사람은 우리 바로 곁에 있는 이웃도 보살피기 어려운데 무슨 한가한 소리냐고 말할 것이다. 맞는 말이다. 그렇지만 중기적으로 보면 북한 주민을 보듬어 안아야 할 필연이 있고 장기적으로 보면 모든 나라와의 공동번영을 도모해야 할 책임이 있다.

어떻게 하면 이러한 여러 가지 일을 다 달성할 수 있을까? 한 가지 방안은 다음과 같은 일을 도모하는 것이다.

첫째, 경제지속성을 확보하는 노력을 기울이되, 사회적 약자들도 그 일의 과정에 동참할 기회를 적극 보장하고, 경제발전의 과실이 사회적 약자들에게도 합당하게 귀속되도록 한다. 아울러 복지 확충을 통해 사회지속성을 확보하는 노력을 기울이되 그 일이 경제지속성 강화에 도움이 되는 방식으로 한다. 즉, 경제성장과 사회발전 사이의 상생을 도모한다. 이를 동반성장이라고 부를 수 있을 것이다.

둘째, 경제지속성을 확보하는 노력을 기울이되 그것이 환경가치 창달과 자원 절감에 도움이 되는 방식으로 함으로써 환경지속성과 자원지속성 확보에 공헌할 수 있게 하고, 환경지속성 및 자원지속성을 확보하는 노력을 기울이되 그것이 경제지속성 강화에 도움이 되는 방식으로 한다. 즉, 경제발전과 녹색발전 사이의 상생을 도모한다. 이를 녹색성장이라고 부를 수 있을 것이다.

셋째, 사회지속성을 강화하는 노력을 기울이되 그것이 환경가치 창달과 자원 절감에 도움이 되게 함으로써 환경 및 자원 지속성 강화에도 도움이 되는 방식으로 하고, 환경 및 자원 지속성을 강화해나가되 그것이 사회지속성 강화에 도움이 되는 방식으로 한다. 즉, 인간의 복지강화를 향한 사회발전과 자연과 환경을 배려하는 녹색발전 사이의 상생을 도모한다. 이를 공생발전이라고 부를 수 있다.

넷째, 경제지속성, 사회지속성, 환경지속성 및 자원지속성을 강화해나가는 일을 지속적으로 추진하되 현재는 물론 미래세대의 복지 향상도 고려함으로써 세대 간 균형발전을 도모한다. 이를 위해 미래세대의 이해를 대변할 제도적 장치를 마련한다.

다섯째, 이 모든 일이 북한에서도 똑같이 이루어질 수 있도록 노력한다. 그러나 남북이 분단된 상태로 상호 적대시하는 상황에서는 이 일을 하고 싶어도 하기 어려울 것이다. 그러므로 지금 해야 할 일은 남과 북이 하나가 되는 상황을 상정해서 그때 가서 해야 할 일들에 사전 준비를 하는 것이다.

여섯째, 남북한을 아우르는 대한민국을 모든 사람이 행복한, 지속가능한 녹색문명국가로 만들어나가는 작업에 이웃 나라들도 동참할 수 있는 방안을 강구해나간다. 이 일의 핵심은 우리의 발전 경험을 나누어 갖는 대외협력 사업이 될 것이다.

이제 우리가 해야 할 이러한 일련의 일들에 관해 실행 가능한 방안을 중심으로 좀 더 상세하게 알아보기로 한다.

4. 경제발전의 원동력 강화를 통한 경제지속성 확보

1) 경제발전의 원동력[10)]

한 나라의 경제규모는 노동의 양과 질, 물적 자본의 양과 질, 교육과 훈련의 양과 질, 기술개발의 속도 그리고 경제사회 운영의 효율성 등에 의해 정해진다. 당연한 이야기지만, 더 많은 사람이 더 많은 시간을 더 열심히 일하고, 더 많은 기업이 더 많은 투자를 더 효율적으로 수행하고, 기술개발과 혁신이 더 활발하게 이루어지고, 경제가 더 효율적으로 돌아가는 나라는 잘살고 그렇지 못한 나라는 못산다.

한편 물적자본을 늘리고, 인적자본을 늘리며, 기술을 개발하려면 막대한 재원이 필요하다. 그것을 조달하는 원천이 저축이다. 아울러 저축된 재원이 가장 효율적인 투자 프로젝트로 흘러가야 한다. 즉, 저축과 투자가 양과 질 모든 면에서 더 많이 더 잘 이루어져야 한다. 그런데 저축과 투자를 연결해주는 것은 금융의 역할이다. 그러므로 금융이 발달해야 나라가 잘살게 된다.

그렇다면 더 많은 사람이 더 많은 시간을 들여서 더 열성적으로 일하고, 배우고, 발명하고, 생산하고, 저축하고 투자하고, 혁신하고, 개선하게 하는 것은 무엇인가? 왜 어떤 사람은 또는 어떤 나라는 국민

10) 이 항은 이지순(2012a)을 인용한 것이다.

이 열심히 일하고, 배우고, 발명하고, 생산하고, 저축하고, 투자하고, 혁신하며, 개선하는데 다른 사람이나 다른 나라는 그렇지 못한가? 그것은 그 나라의 국가적 기초가 사람들로 하여금 최선을 다해 일하고 저축하고 투자하고 배우고 발명하고 혁신하고 개선하게 만드는지에 달려 있다.

경제적 기초가 잘 되어 있는 나라는 잘살고 경제적 기초가 잘 못 되어 있는 나라는 가난하다. 경제적 기초가 잘 되어 있는 나라는 점점 더 잘살게 되고 즉, 발전하고 경제적 기초가 부실한 나라는 발전이 정체되거나 퇴보한다. 그러므로 나라가 발전하려면 우선 경제적 기초를 바로 세워야 한다.

경제적 기초란 개방의 정도, 금융발달의 정도, 사회융합의 정도, 정부의 형태와 정책, 체제와 이념, 역사와 문화, 환경과 자원과 기후 등 경제사회를 지탱하는 기초요인들을 지칭한다.

결국 한 나라의 경제적 기초가 그 나라 사람들로 하여금 더 열심히 그리고 더 많은 시간을 일하도록 유도하고, 창출된 소득의 더 많은 몫을 저축하게 하며, 저축한 재원을 낭비하지 않고 자본(물적 자본, 인적 자본, 사회자본)을 축적하고 기술을 발전시키는 데 효과적으로 투자하도록 유도하고, 금융발전과 개혁과 개방 그리고 형평성 증진을 통해 경제사회 운영의 효율성을 높여나가는 데 성공하도록 되어 있으면 발전하고 그렇지 못하면 정체된다는 결론을 얻게 된다.

경제발전의 요체를 소비와 투자 또는 생산과 약탈과 보호라는 관점에서 이해할 수도 있다. 소비는 당장의 만족을 위해 자원을 사용하는 것이고, 투자는 소득창출능력을 확충하는 데 자원을 사용하는 것이다. 그러므로 소비보다 투자를 중요시하면 점점 더 잘살게 되고 투자보다 소비를 더 중요시하면 점점 더 못살게 된다.

한편 법질서와 치안이 제대로 유지되어서 누구나 안심하고 생업에 종사할 수 있는 나라는 국민 다수가 생산활동에 전념할 수 있다. 약탈하는 사람이 없으므로 더 많은 시간을 생산활동에 투입할 수 있고 또한 마음 놓고 생업에 종사하게 되므로 생산성도 높아진다. 그 결과 많은 사람이 부유해진다. 반면에 법질서가 제대로 유지되지 않아서 약탈이 횡행하는 나라에서는 국민이 마음 놓고 생업에 종사할 수가 없다. 따라서 생산활동이 위축된다. 그뿐만 아니라 약탈이 횡행하게 되면 자기 것을 빼앗기지 않기 위해 보호활동에 시간과 정력을 쏟게 된다. 그 결과 생산활동에 종사할 시간적 여유가 적어진다. 결국 약탈행위가 만연된 경제에서는 생산활동에 종사할 시간이 적어지고 능률이 떨어지므로 생산량이 적어진다. 그 결과 많은 사람이 가난해진다.

이러한 관점에서 보면 국민이 소비보다는 투자에 더 열성적이 되도록 유도하고, 법질서를 유지하는 데 성공해서 더욱 많은 국민이 안심하고 생업에 종사할 수 있게 만들면 어떤 나라건 점점 더 잘살 수 있다는 결론을 얻게 된다. 반면에 아무리 잘사는 나라라도 그 국민이 투자보다 소비를 중시하고, 스스로 생산하기보다는 남이 생산한 것을 빼앗는 데 치중하기 시작하면 그 나라는 점점 더 가난해지게 마련이다.

다수 학자의 연구를 보면, 개혁과 개방을 통해 사유재산을 확실하게 보호하고 건전한 경쟁을 통해 모든 사람이 최선을 다해서 경제활동에 전념하도록 유도하고, 창출한 소득의 더 많은 몫을 저축해서 적재적소에 투자하도록 유도하고, 그것을 통해 물적 자본과 인적 자본 그리고 사회 자본을 지속해서 늘려나가는 일과 기술을 지속해서 발전시켜나가는 일과 경제사회 운영의 효율성을 높여나가는 데 성공하면 경제발전을 이룩할 수 있음을 알 수 있다.

개혁과 개방에 성공한 나라는 발전하고 그렇지 못한 나라는 발전하지 못한다. 남한은 개혁과 개방을 통해 경제를 발전시켰으나 북한은 개혁과 개방에 반하는 노선을 채택해서 발전에 실패하였으며, 덩샤오핑 이전의 중국은 개혁과 개방을 하지 않아서 발전에 실패하였으나 덩샤오핑 이후의 중국은 개혁과 개방을 통해 발전을 지속하고 있다. 공산 통일 이후 한동안 개혁과 개방을 거부하다 발전에 뒤처진 베트남이 개혁과 개방으로 방향을 선회한 후 발전하기 시작하였고 사회주의적 폐쇄경제하에서 정체되어 있던 인도가 개혁과 개방으로 방향을 선회한 이후 발전궤도에 진입한 데서 그러한 사실을 잘 알 수 있다.

나라의 발전을 가로막는 요인에는 어떤 것이 있는가? 문화적 또는 민족적 특성이나 지리적 또는 기후상의 불리함 그리고 자원부족 때문에 발전하지 못한다는 가설이 있다. 이 가설은 일리는 있으나 동일한 문화권, 같은 민족이면서도 성공한 나라와 실패한 나라가 있고, 지리적 또는 기후상의 불리함에도 불구하고 발전에 성공한 나라가 많으며, 자원이 절대적으로 부족함에도 발전에 성공한 나라가 다수임을 보면 보편성을 지닌 것은 아니다.

지나친 불평등, 정치의 불안정, 비생산적인 제도, 이념적 편향 등은 분명하게 발전을 저해한다. 경제력이 소수에게 집중되어 있으면 다수의 못 가진 자들이 근로의욕을 잃기 쉽고 또한 체제전복의 위험성이 크기 때문에 사회가 불안정해져서 투자가 이루어지지 않게 된다. 정치가 불안정해서 수시로 정권이 바뀌고 장래를 예측하기가 어려워지면 미래지향적인 경제활동을 할 수 없게 된다. 정치가 불안정할 뿐 아니라 힘을 가진 소수가 다수가 노력해서 얻은 결과물을 찬탈하는 일이 관행화되면 발전은 틀림없이 실패한다. 이념적 편향성 때문에 개혁과 개방에 반하는 정책과 제도와 관행이 고착된 나라 역시 발전할 수 없다.

결국 발전을 저해하는 가장 중요한 요소는 불평등성, 정치체제의 불안정성, 발전에 반하는 이념과 체제, 제도와 정책 등 사회정치적 요

인들이라 할 수 있다.[11]

2) 발전의 원동력 강화를 위해 무엇을 해야 하는가?[12]

성장률 둔화 현상을, 경제가 성숙 단계에 접어들면서 일어나는 자연스러운 현상으로 이해해야 할까? 대부분의 우리나라 경제학자들은 그렇게 생각하는 것으로 판단된다. 경제성장이론을 빌려서 얘기하자면, 어느 경제이건 그 경제의 장기적 균제상태를 향해 나아가는 과정에서는 고율의 성장을 경험할 수 있지만, (초기 상태가 균제상태보다 멀리 있을수록 성장률이 더 높다), 정상상태에 가까이 갈수록 성장률이 하락하다가 균제상태에 이르면 그 경제 고유의 생산성 향상 속도만큼만 성장하게 된다는 것이다. 이 견해에 따르면, 우리나라 경제는 이제 장기 균제상태에 거의 도달하였고 따라서 이제는 고율의 경제성장률을 기대할 수 없다고 한다. 과연 그럴까?

위의 주장은, 한 나라의 장기 균제상태(長期 均齊狀態, long run steady state)가 고정된 경우에는 타당하다. 그러나 장기 균제상태 자체를 변화시킬 수 있으면 사정이 다르다. 예를 들어 우리나라의 장기 균제상태가 1인당 소득 2만 달러에 해당하고 그것이 고정불변이라면, 그리고 우리나라의 장기 생산성 향상 속도가 연 2%라면, 2만 달러에 도달하기까지는 빠르게 성장했지만 이제 2만 달러에 도달하였으므로 앞으로는 연 2% 정도의 성장률밖에는 기대할 수 없다. 그렇지만 우리가 여러 가지 노력을 통해 우리 경제의 장기 균제상태를 1인당 소득 4만 달

11) 발전을 저해하는 사회정치적 요인 중 정치 불안정성을 해결하는 방안은 이 글의 범위를 넘어서므로 논의하지 않는다.

12) 이 부분의 논의는 이지순(2008)에 바탕을 두고 있다.

러로 변화시키는 데 성공한다면, 2만 달러에서 4만 달러를 향해 나가는 과정에서 또다시 고율의 경제성장을 경험할 수 있게 된다.

그러므로 문제의 핵심은, 우리가 우리나라의 장기 균제상태를 현재의 수준에서 1인당 소득 3~4만 달러의 균제상태로 변화시킬 수 있는가이다. 이 일은 결코 쉽지 않다. 그러나 불가능한 일도 아니다. 우리나라가 1960년대 초에 현재의 달러가치로 1인당 소득 약 500달러 수준의 균제상태를 갖고 있다가, 개혁과 개방의 길로 나서면서 수차례에 걸친 업그레이드 과정을 거쳐서 1인당 소득 2만 달러의 균제상태로 변화시켜온 것이 바로 그런 가능성을 입증한다. 우리 경제가 처음부터 1인당 소득 2만 달러의 균제상태를 지녔었다고 주장할 사람은 없을 것이다. 그보다는 수출촉진, 중화학공업 육성, 수입자유화, OECD 가입, 금융개혁 등을 통해 정상상태를 반복적으로 증대시켜오는 데 성공했기에 500달러 경제가 2만 달러 경제로 변모되었다고 보는 것이 옳을 것이다.

반복적으로 균제상태를 변화시켜온 우리의 경험은 또다시 균제상태를 변화시킬 수 있음을 시사한다. 균제상태를 또 한 단계 업그레이드시키는 작업, 즉 발전의 원동력을 강화하기 위해 현시점에서 우리가 관심을 두고 해결해야 할 과제는 다음과 같다.

(1) 발전에 대한 확고한 의지를 가져야 한다

경제발전은 사람이 하는 일이니만큼 우리가 발전하려는 의지를 갖지 않고서는 원만한 발전을 이룩할 수 없다. 우리는 과연 발전하기를 진심으로 원하는가? 지난 10여 년에 걸쳐 전개된 사태의 진전 상황을 보면 위의 물음에 부정적인 견해를 가진 사람이 많아 보인다.

적지 않은 사람들이 대한민국의 역사를 부끄럽게 여기며, 발전을 희생하더라도 과거의 잘못을 시정하자고 한다. 개방형 자본주의 시장경제체제가 양극화를 낳는 주범이므로 사회주의 혼합경제체제로 가야 한다고 주장한다. 개방은 미국을 위시한 제국주의자들만 이롭게 할 뿐이고 자유를 확대하는 개혁은 부자만 살찌운다고 말한다. 나아가 이처럼 부작용이 심한 개혁과 개방을 북한에 적용하자는 것은 반통일적이며 반민족적인 행위라는 주장도 편다.

말할 것도 없이 이는 틀린 생각이다. 그런데도 그런 주장을 펴는 사람이 많고 거기에 동조하는 이도 많아서 문제이다. 그래서는 발전을 이룰 수 없다. 따라서 우리가 해결해야 할 과제는 더욱더 철저한 개혁과 개방을 통해 발전을 이룩하겠다는 의지를 다지는 일이다. 중요한 것은 개혁과 개방이라는 기본 방향을 확고하게 견지하되 그 순서나 방식을 현명하게 선택함으로써 부작용을 줄여나가는 것이지 방향 자체를 포기해서는 안 된다.

공평한 기회 보장, 과정과 절차의 공정성 유지, 사유재산권의 보호, 경제적 자유의 전면적인 허용, 공정하고 치열한 경쟁 유도, 민간부문에 대한 보조자로서의 정부의 역할 강화 등 경제활동의 외적 근간이 바로 서면, 저축, 투자, 근로, 교육, 금융, 연구개발 등 경제활동의 내적 근간과 관련된 일들도 바로 서게 된다. 그러므로 체제, 제도, 이념, 기구, 관행, 규범, 정책 등 경제활동의 외부적 근간을 바로 세우는 일이 지금 우리가 해야 할 일이다.

이와 관련해서 우리가 반성해야 할 점은 다음과 같다. 우리는 과연 모든 이에게 기회를 실질적인 측면에서 공평하게 보장해왔는가? 명목으로만 공평을 주장했지 실질에서는 불공평했던 것은 아닌가? 모든 경제활동의 과정과 절차가 공명정대한가? 돈 있고 힘 있는 사람에게만 유리한 점은 없는가? 필요 없이 경제적 자유를 억제하지는 않는가? 공정하고도 치열한 경쟁을 유발하는 데 소홀하지 않았는가? 새로운 시장진입자의 출현을 방해하지는 않았는가? 정부가 과도하게 개입하고 간섭하지 않는가? 민간부문이 해야 할 일을 정부가 하지는 않았는가? 투자보다는 소비를 장려하는 정책을 펴고 있지는 않은가? 근로의욕을 저해하는 정책을 펴고 있지는 않은가? 절약하는 정신을 약화시키는 정책을 펴고 있지는 않은가? 자조·자립정신을 약화시키는 정책을 집행하고 있는 것은 아닌가? 경제성이 떨어지는 공공투자 활동을 정치적 목적에서 무리하게 집행하고 있지는 않은가? 미래세대에게 짐을 떠넘기는 일인 줄 알면서도 당장 급하다고 자원을 함부로 쓰는 일은 없는가? 이러한 일들이 있다면 철저하게 반성하고 지양해나가야 할 것이다.

(2) 최고 인재의 나라

세계 일류 국가를 만들려면 자원과 돈과 기술이 필요하겠지만, 더 중요한 것은 인재, 즉 인적자원이다. 우리나라 사람들이 이 세상에서 가장 열심히 일하고, 똑똑하며, 창의적이고, 좋은 교육을 받고, 긍정적이고 건강하며, 기술이 좋고 경험이 많다면, 돈, 자원, 기술, 노하우, 경영능력 등 다른 생산요소가 부족하더라도 시간의 문제일 뿐 부족한 부분을 채워넣을 수 있다. 그러나 인적자원의 양이 적고 수준이 저급하다면 그러한 일은 불가능하다.

우리나라 사람들은 현재 세계 최고의 인재들인가? 일부는 그렇지만 대부분은 그렇지 못하다. 그렇지만 누구나 최고인재가 될 자질은 충분한 것으로 판단된다. 최빈국을 초기 선진국으로 발전시킴으로써 우리도 할 수 있다는 것을 증명했을 뿐 아니라, 어떤 역경이라도 극복하고 다시 일어서는 끈기, 세계를 누비고 다니는 도전정신, 기업 활동과 스포츠 그리고 예술 활동에서 세계 최고의 실력을 보이는 인재의 등장 등 긍정적인 요소가 많다.

문제는 그런 좋은 자원을 최고의 인재로 육성하는 시스템이 취약하다는 데 있다. 올바른 내용을 잘 배우고 가르치는 효율적인 전인 교육 시스템을 구축하지 않고서는 더 큰 발전을 이룩하기 어렵다. 교육 시스템을 혁신하는 길 역시 교육에 참여하는 모든 당사자가 누가 시키지 않아도 스스로 더 잘하게 하고, 잘할 의지가 있는 사람이 실제로 교육을 잘 받을 기회를 제공하고, 동시에 끊임없이 잘하지 않으면 더 잘하는 사람에게 밀려날 수도 있는 가능성을 열어두는 것이 최선인 듯하다. 수월성을 포기하면 제대로 된 인재를 육성하기 어렵다.

세계만방에서 유능한 인재들이 우리나라로 몰려오도록 해야 함은 물론 똑똑하고 유능한 인재들이 우리나라를 떠나가게 해서는 안 된다. 인종과 민족과 성별 등 그 어떤 것도 가리지 말고 유능한 인재들이 우리나라에 와서 경제활동을 영위할 수 있도록 이민 제도를 만들고 개선해야 한다. 세계의 우수한 인재들에게 우리나라가 이 세상 그 어떤 나라보다 일하기 좋고 살기 좋은 나라라는 확신을 심어줄 수 있도록 미비한 점을 고쳐나가야 한다.

(3) 과학기술의 획기적인 진흥

우수한 인재를 확보함에 있어 '어떤 분야에서 세계 최고가 될 것인가'를 결정하는 일이 전략적으로 중요한 선택이 된다. 이런 견지에서 보면 과학기술 분야에서 최고 인재를 양성하고 확보하는 일이 중요하다. 연구개발 활동의 성과물은 많은 경우 공공재로서의 성격을 지니므로 민간부문의 자유로운 경쟁에만 맡겨두어서는 바람직한 수준의 연구개발이 이루어지지 않는다. 그러므로 이 분야에서는 정부의 역할이 특히 중요하다. 지적재산을 합리적으로 보호하고, 연구개발 시스템의 효율성을 높이며, 연구개발 활동에 대한 재정적 지원을 확충하고, 연구개발 인력에 대한 합당한 보상체계 구축을 통해 기술발전을 촉진해야 할 것이다.

창의성이 풍부한 인재를 양성하는 일은 하루아침에 이루어지지 않는다. 필요하면 수입해서라도 활용해야 한다. 그러므로 세계 최고 수준의 과학기술 인재들이 국내에 들어와서 그 재능을 마음껏 발휘할 기회를 대폭 확대할 필요가 있다. 물론 그것과 병행해서 우리나라 자체의 인재를 양성하는 프로그램도 강화해나가야 한다.

(4) 경제의 체질 개선

나라의 경쟁력을 평가하는 여러 자료를 보면 우리나라의 경쟁력을 떨어뜨리는 가장 큰 요인이 경제사회 운영의 비효율성이라고 한다. 이는 금융의 비효율성, 대기업과 중소기업 관계의 비효율성, 노사관계의 비효율성, 정부와 공기업의 비효율성 그리고 정치의 비효율성 등을 말한다. 생산요소의 축적, 기술개발, 효율성 등 발전의 3대 요소 중 우리나라가 가장 못하는 것이 효율성 개선이다. 비효율적인 요소가 산재해 있는 경제체질을 효율적인 것으로 개선해야 우리나라가 진정한 선진국이 될 수 있다.

금융, 기업 간 관계, 노사관계, 정부와 공공부문과 정치가 비효율적인 이유는 무엇인가? 여러 요인이 있겠지만 유효한 경쟁 결여가 가장 중요한 원인이다. 금융, 기업 간 관계, 노사관계 등은 제도와 정책 개선을 통해 비교적 쉽게 경쟁을 강화할 수 있는 분야이다. 그러나 정부, 공기업, 정치 등은 그렇지 않다. 경쟁체제를 도입하는 데 원천적인 한계가 있다. 그렇더라도 앞으로 중국 경제가 더욱 강해지고, 북한이 개혁과 개방을 통해 경쟁자로 발전해나가고, 일본이 우리 경제를 위협하는 상황이 전개되면 정부, 공기업, 정치도 효율성을 높이는 방향으로 개혁하지 않을 수 없을 것이다.

기업 간 관계 특히 거대기업과 영세 중소기업 간의 관계를 개선할 점이 많다. 이 경우 거대기업의 발전을 억제하기보다는 영세 중소기업들이 중견기업, 대기업 그리고 거대기업으로 성장 발전해나갈 수 있는 기업생태계를 형성하는 노력을 기울이는 것이 좋다.

5. 성장, 복지, 환경 간 상생구조 구축[13)]

발전의 원동력을 살려 지속적인 경제성장을 이룩하면 그것으로 충분한가? 그렇지 않다. 경제성장의 과정과 결과가 모든 사람의 참다운 복지를 증진시키는 데 이바지할 수 있어야 한다. 여기서 방점은 모든 이에게 도움을 주는 복지와 참다운 복지에 있다. 전자는 성장의 과실이 합당하게 분배되어야 함을 뜻하며, 후자는 환경가치를 감안한 녹색복지를 의미한다.[14)] 참다운 복지를 증진시키되 그것이 모든 사람을 행복하게 하는 데 이바지하게 하는 한 방안은, 성장과 복지, 복지와 환경, 환경과 성장의 상생을 도모하는 것이다. 이제 이에 관해 심도 있게 고찰하기로 한다.

1) 성장과 복지의 상생: 동반성장

(1) 성장과 복지 간의 관계

복지와 성장에 관한 기존 관점은 대립적인 것이 주를 이룬다. 이에는 강한 대립적 관점 및 약한 대립적 관점이 있다.

강한 대립적 관점은 주로 진보 성향의 논자들이 주장하는 것으로 성장과 복지 또는 효율과 형평을 대립적인 시각에서 바라본다. 약한

13) 이 부분의 논의는 이지순(2012c)에 바탕을 두었다.
14) 녹색 복지는 참다운 복지(true welfare)의 한 구성요소일 뿐이다.

대립적 관점은 소득 쿠즈네츠 가설(income Kuznets hypothesis)을 말하는 것으로, 대립적 관계와 상생적 관계가 공존한다고 보는 점에서 강한 대립적 관점과는 다르다.[15)]

복지를 추구하면서도 성장을 이룰 수 있으며 성장을 통해 복지를 증진시킬 수 있다고 보는 것이 상생 관점이다. 이것 역시 소극적인 상생 관점과 적극적인 상생 관점으로 구분할 수 있다.

소극적인 상생 관점은 성장을 통해 파이를 키워야 약자들의 몫도 커진다는 주장이다. 적극적인 상생 관점은, 성장의 과정에 약자가 적극 동참하도록 유도하는 것을 통해서, 복지를 증진시키는 경제성장을 달성할 수 있다는 주장이다.

복지와 성장에 관한 우리 사회의 담론은 그동안 성장을 통해 복지를 구현하는 것이 바람직하다는 견해가 주를 이루어왔으나, 근래에 와서는 복지 그 자체가 중요한 가치이므로 성장을 위해 복지를 희생해서는 안 되며 나아가 보편적인 복지 확대를 위해 노력해야 한다는 주장이 대두되고 있다.

복지 관련 지표의 추이를 보면 복지지출의 지속적인 확대에도 복지 수준은 좀처럼 개선되고 있지 않음을 알 수 있다. 1980년대 중반 이후 완만하게 하락하여 1990년대 중반에는 0.26이던 소득 지니계수는 외환위기를 맞아 상승 추세로 반전해서 2012년에는 0.31에 이른다. 2000년에 9.8%이던 상대적 빈곤율이 2013년에는 14.6%로 상승하였고, 1995년에 75%이던 중산층 비중이 2012년에는 65%로 낮아졌다.

중소기업 정책, 농어촌 정책, 지역균형 정책 등도 복지정책의 하

15) 실증 연구결과를 보면 소득 쿠즈네츠가설이 항상 성립하는 것은 아님을 알 수 있다. 미국과 같은 선진국이 우리나라보다도 지니계수가 높다는 사실이나, 1990년대 중반 이후 소득이 증가했음에도 지니계수가 높아진 우리나라의 예가 반증이 될 수 있다.

나라고 할 수 있다. 그동안 정부는 중소기업 고유업종제도 시행, 중소기업 특별금융, 농어촌 특별금융, 지역균형발전 정책, 동반성장 정책 등의 수단을 써서 중소기업 및 농어민을 지원하고 지역경제를 활성화하기 위해 노력해왔다. 이 사업들은 막대한 예산 투입에도 별다른 성과를 거두지 못했다는 평가를 받고 있다.

2000년대에 들어와서 경제성장 속도가 크게 둔화하고 있는데다 경제성장의 고용창출 능력이 현저하게 약화하고 있다. 이는 성장을 통한 일자리 제공이 최선의 복지라는 성장론자의 관점에서 보더라도 매우 우려되는 현상이다.

(2) 성장과 복지의 상생을 위해 무엇을 할 수 있는가?

① 복지증진에 이바지하는 성장

성장이 복지증진에 이바지할 수 있어야 한다. 이를 위해 우선 성장 과정에 더 많은 사회적 약자가 참여할 수 있게 해야 한다. 경쟁질서 보강을 통해 강자의 횡포를 막아야 하며, 사회적 약자가 아주 적극적인 의미에서 평등한 기회를 가질 수 있도록 제도를 개선하고 지원을 강화해야 한다. 참다운 의미의 경제민주화를 통해서 동반성장이 이루어질 수 있게 해야 한다. 당장 시행할 수 있는 한 가지 방안은 정부가 시행하는 각종 사업에 영세기업과 중소기업 그리고 지방소재 기업의 참여기회를 확대하는 것이다. 효율성이 떨어지고 비용이 더 들 수 있겠지만 이는 복지증진을 위한 투자비용으로 보아야 할 것이다.

성장의 과실이 사회적 약자들에게도 합당하게 돌아가도록 하는 일도 중요하다. 이를 위해서 정부의 복지지출 예산을 늘릴 필요가 있다. 선진국의 예를 보면 경제선진화는 복지지출 증가를 수반한다. GDP의 7.5% 수준인 복지지출 규모를 앞으로 10여 년에 걸쳐서 적어도 10% 수준으로는 늘려야 할 것이다.

② 성장잠재력 강화에 공헌하는 복지

이에는 몇 가지 방안이 있다. 첫째, 복지지출을 늘리되 그것이 수혜자의 자조 자립 의지를 손상시키지 않도록 해야 한다. 이 문제는 다중 접근이 유효해 보인다. 자립능력을 상실한 그룹은 조건 없는 지원, 자립능력이 약화된 그룹은 복지지원과 자립능력 배양을 병행, 자립능력이 있는 그룹은 그들이 지닌 능력을 활용할 기회를 제공하는 것을 목표로 하는 것이 좋을 것이다.

둘째, 자립능력이 있는 그룹에 대한 복지지출을 시행하면서 차별화 원리를 적용함으로써 복지지출이 근면, 자조, 자립정신을 훼손하지 않도록 유의해야 한다. 하나의 방안은 잘하기 위해 애쓰는 노력에 비례해서 지원을 늘리는 것이다. 이는 기업, 산업 및 지역을 대상으로 하는 복지정책 시행에도 그대로 적용되는 원리다.

셋째, 교육훈련 및 일자리 창출을 통한 자립적 복지가 더 일반화되도록 해야 한다. 일자리 창출을 통한 자립적 복지는 성장에도 공헌하므로 의의가 더 크다. 이와 관련하여 특히 빈곤층 자녀의 교육을 지원해줌으로써 가난의 대물림을 방지함이 옳다.

넷째, 복지정책을 집행하면서 그것이 사회적 계층 이동성을 높이는 데 공헌하도록 함이 옳다. 부모가 부자라서 자식이 부자가 되고 부모가 가난해서 자식이 빈자가 되는 사회는 건강한 사회가 아니다. 부모가 가난하더라도 노력하면 자식이 부자가 될 수 있고 부모가 부자더라도 잘못하면 자식이 가난해질 수도 있는 사회가 되어야 한다.

2) 복지와 환경의 상생: 공생발전

(1) 복지와 환경 간의 상호관계

복지와 환경 간의 관계에 관해서는, 복지정책을 수행하기 위해서는 환경정책목표를 조금은 희생할 필요도 있다는 논의 외에는 그동안 심도 있는 논의가 없었다. 예를 들어서 극빈층에게 에너지보조금을 주는 복지정책은 에너지 소비를 조장함으로써 환경을 훼손하는 데 일조하기는 하지만 극빈층의 복지증진을 위해서는 어쩔 수 없는 일이라는 주장이 그것이다. 한편 환경보호의 혜택은 부유층에게 더 많이 귀속되고, 환경 파괴와 오염으로 인한 비용은 극빈층에게 더 많이 귀속된다는 주장도 있다.

환경과 복지는 연관성이 매우 낮다는 생각이 지배적이어서 양자를 관련지어서 이루어진 논쟁은 많지 않다. 다만 성장을 통한 복지구현을 주장하는 학자들은 성장을 통한 빈곤타파가 중요하므로 환경을 희생하더라도 성장을 이루는 게 중요하다는 견해를 피력한다. 이는 환경보다는 성장이 중요하고, 성장해야 복지증진이 이루어지므로, 복지증진을 위한 일이라면 환경훼손도 감수해야 한다는 주장이다.

복지를 위해서라면 환경가치를 조금은 희생해도 좋다는 주장이 풍미한 결과 현행의 정책 가운데는 환경가치를 훼손하는 데 일조하는 '유해보조금(harmful subsidies)'이 많다. 예를 들어 전기, 석유류, 가스, 물, 화학비료, 농약 등 핵심 자원에 대한 보조금 지급으로 동 제품의 사용자 가격이 사회적 한계비용은 물론 사적 한계비용에도 미치지 못한다.

환경을 배려하는 복지정책 역시 이루어지는 바가 없다. 복지와 환경은 무관하다고 생각하거나, 환경을 배려하려면 복지를 희생해야 한다는 생각 때문에 그렇게 된 듯하다.

(2) 공생발전을 위해 무엇을 할 수 있는가?

복지와 환경은 대립이 아니라 상생의 관계를 형성할 수 있다. 몇 가지 방안을 제시한다.

첫째, 환경정책을 시행하면서 복지에 도움이 되도록 할 수 있다. 이는 복지 향상을 위해 환경정책의 목표를 희생하라는 얘기가 아니다. 각종 환경사업을 시행하면서 그 과정에 사회적 약자들이 더 많이 참여하도록 지원하고, 환경사업의 혜택이 약자들에게도 골고루 돌아가도록 배려하며 동시에 환경파괴와 오염의 폐해가 약자들에게 집중해서 나타나지 않도록 유념하라는 말이다. 환경사업을 시행함에 있어서 취약계층에게 더 많은 일자리를 제공하는 방식을 택하고, 영세 중소기업 및 지방기업의 참여를 유도하는 방식으로 하면 환경정책이 동시에 복지정책이 될 수 있다.

둘째, 환경을 생각하는 복지정책이 되도록 한다. 그 방안으로는 환경에 해로운 복지성 보조금을 철폐하고 대신 기존의 보조금에 상응하는 현금 또는 서비스를 제공하는 것을 고려할 수 있다. 이를 녹색복지라고 부를 수 있다. 녹색복지는 복지성 혜택의 크기는 그대로 둔 채 자원의 오남용을 방지하는 효과가 있다. 복지 관련 시설의 건설이나 운영에 있어서 환경친화성을 강화하는 것도 대안이 된다. 같은 맥락에서 교육시설이나 학교 급식 그리고 국방시설이나 군대 급식 등을 환경친화적으로 운영하는 것도 중요하다. 서민주거시설의 친환경 개량 및 신축도 중요하다. 이처럼 복지정책을 수행하면서 그것이 환경가치 확충에 도움이 되도록 할 방안은 꽤 많다.

이 문제의 이해를 돕기 위해 예를 들어보기로 하자. 금액으로는 적지만 현재 농어업용 유류나 전기에 대해서는 상당한 액수의 보조금을 지급한다. 이 보조금이 농어민들에게는 상당한 도움이 된다. 이제 어떤 농가가 있어서 비닐하우스에서 작물을 경작하는 데 소용되는 유류와 전력에 대해서 받는 보조금이 한 달에 200만 원이 된다고 하자. 이것은 예를 들어 전기요금을 정상적으로 내면 500만 원이 들 것을 깎아주어서 300만 원만 내는 것이다. 이 농가에 이제부터 전기료 500만 원을 다 내라고 하면 어떻게 될까? 아마 크게 반발할 것이다. 이제 하나의 대안으로 전기료 보조금 200만 원을 현금으로 줄 터이니 대신 전기료는 정상적으로 다 내라고 하면 어떻게 될까? 이 경우 전기 사용을 줄이면 줄일수록 자기에게 이익이 되므로 대부분의 농가는 절전에 힘쓸 것이다. 따라서 이 프로그램을 모든 농어민에게 적용하면 농어민의 복지는 훼손하지 않으면서 전기사용량은 줄일 수 있게 된다. 복지와 환경의 상생이 이루어지는 것이다.

복지를 배려하는 환경정책 그리고 환경을 생각하는 복지정책을 시행하려면 추가적인 비용이 소요될 가능성이 높다. 장기적으로는 아이디어, 노하우, 신기술 들을 개발함으로써 그러한 비용을 줄이는 방안을 강구해야겠지만 단기적으로는 복지와 환경이라는 좋은 가치를 위해 투입하는 당연한 비용이라는 관점에 접근하는 것이 옳다.

복지와 환경을 아우르는 공생발전은 인간과 자연환경 사이의 관계를 변화시켜나가는 첫걸음이다. 이미 언급했듯이 인류는 제1차 산업혁명 이래 자연을 정복과 파괴와 이용의 대상으로 여겨왔다. 그 이전 시기에 있었던, 보호하고 돌보고 아껴야 할 동반자라는 의식이 사라진 것이다. 정복하고 이용할 대상으로 여기는 인간중심적인 자연관에 바탕을 둔 현재의 물질문명은 이제는 지탱하기가 어려워지고 있다. 전 지구적 차원에서의 자원고갈과 환경파괴가 지구가 감당할 수 있는 수준을 넘기고 있다는 조짐이 나타난다. 근래에 들어와 심화되고 있는 사막화, 물 부족, 화석연료가격 급등, 생태계 교란과 종의 소멸, 지구온난화와 기상이변, 식량난 등이 그러한 사정을 짐작할 수 있게 한다. 자연과 인간의 조화로운 공존을 모색하는 공생발전이 한계에 봉착한 물질문명을 더 나은 대안, 예를 들어서 녹색문명으로 바꾸는 첫걸음이 될 수 있다.

3) 환경과 성장의 상생: 녹색성장

(1) 환경과 성장 간의 관계

환경과 성장에 대한 기존 관점은 양자를 대립관계로 보는 것이다. 성장을 위해서는 환경을 희생할 수밖에 없으며 환경을 살리려면 성장을 희생해야 한다는 인식이 일반화되어 있다. 환경과 성장을 대립적 관점으로 이해함에 있어서 둘 중 어느 것을 더 중시하느냐에 따라서 주장이 첨예하게 대립된다. 환경론자들은 성장을 희생해서라도 환경을 보호해야 한다고 주장하며, 반면에 성장론자들은 환경보호보다는 성장에 더 큰 비중을 두어야 한다고 주장한다.

환경론자들은, 우리가 현재의 생활방식을 고수하면 멀지 않은 장래에 지구가 파멸에 이를 것이므로, 물질만능주의에 물들어 있는 우리의 삶을 환경친화적이며 자원절약적인 것으로 바꾸라고 주장한다(Meadows 외, 2004 참조).

성장과 환경을 상생의 관계로 인식하는 대안 관점은 주로 경제학자들에 의해서 제시된다(Ekins, 2000; Lee, 2010 참조). 이지순은 일련의 이론적 분석을 통해서 다음과 같은 사실을 밝히고 있다(Lee, 2010, 2012a, and 2012b).

첫째, 소득증가와 환경개선을 동시에 달성할 수 있다. 이는 환경쿠즈네츠곡선 자체를 하향 이동시키는 일이 가능함을 시사한다.[16] 둘째,

16) 스리랑카의 환경운동가 무나싱헤는 선진국들의 기술 및 재정 지원을 통해 개도국들이 거쳐가야 할 쿠즈네츠곡선 자체를 하향 이동시킬 것을 권고하고 있다.

환경개선을 위해 반드시 성장률을 희생할 필요는 없다. 나아가 환경을 개선하는 행위를 통해 성장률을 높일 수도 있다. 셋째, 1인당 자원사용량의 증가율을 낮추면서 소득을 증가시킬 수 있다. 즉, 자원-소득 곡선 자체를 하향 이동시키거나 곡선의 기울기를 작게 만들 수 있다. 넷째, 환경세 부과를 통해 환경자원의 가격체계를 바로 잡는 한편 세금 부과를 통해 조성한 재원을 각종 기술발전에 투입하면, BAU(business as usual) 대비 1인당 소득 증가, 1인당 자원사용량 감소, 1인당 오염물질 배출량 감소라는 세 가지 목표를 동시에 달성할 수 있다.[17)]

(2) 녹색성장을 위해 무엇을 할 수 있는가?

첫째, 에너지 가격을 포함한 자원가격을 합리화해야 한다. 이에는 탄소세(에너지세, 자원세, 환경세)를 부과하는 것이 훌륭한 대안이 된다. 이는 환경 및 자원과 관련된 재화와 서비스의 가격이 왜곡되어 있는 현실을 시정하기 위한 필수 조치다. 이와 관련하여 사회적 한계비용과 같은 수준에서 정해지는 가격이 자원의 합리적 배분을 가져오는 최선의 방책임을 상기할 필요가 있다.

둘째, 환경에 대해 위해를 가하거나 에너지 자원의 과다소비를 조장하는 '해로운 보조금들(harmful subsidies)'을 철폐해나가야 한다. 환경에 위해를 주는 현물보조를 현금보조로 대체하는 것이 한 방안이 된다. 환경에 위해를 가하고 자원의 과다사용을 조장하는 유해보조금을 철폐하는 일 역시 위에서 언급한 사회적 한계비용에 맞춰서 가격이 정해지도록 하는 방안에 해당된다.

(Munasinghe, 2010).

17) 이지순(Lee, 2012b)은 모형의 시뮬레이션을 통해, 세금과 보조금의 적절한 조합을 통해 1인당 자원사용량 감소, 1인당 오염물질 배출량 감소 그리고 1인당 녹색소득 증가를 동시에 달성할 수 있음을 보이고 있다.

셋째, 탄소세 등으로 조성한 재원과 유해한 보조금 철폐로 얻게 될 재원은 전액 녹색 R&D를 위해 사용함이 옳다. 탄소배출권 경매 수입도 마찬가지다. 환경파괴와 오염을 방지하고, 파괴되고 오염된 환경을 치유하고 복원하는 기술, 그리고 자원사용량을 줄이거나 화석 연료를 대체하는 기술 및 온실가스 배출을 줄이는 기술이 보조금 지급의 대상이 된다.

넷째, 효율적으로 작동하는 녹색금융 인프라를 구축해야 한다. 녹색금융 가이드라인 설정, 녹색평가기준 확립, 녹색인증제도 도입, 녹색거래소 개설 등이 여기에 포함된다. 적정 수익률을 보장하는 이익을 낼지 불확실한 녹색성장의 초기 단계에서는 정부 또는 정부투자 금융회사들이 시범사업을 벌이는 것을 통해서 민간 금융회사들을 선도하고 지원해줄 필요가 있다.

다섯째, 어떤 행위가 녹색인지 녹색이라면 어느 정도나 녹색인지 판별할 수 있는 기준을 정립할 필요가 있다. 이는 '표준(standards)'이라는 공공재를 생산하는 일로서 정부가 주도적인 역할을 담당해야 한다. 합리적인 기준 없이 녹색성장정책을 추진하면 안 된다. 녹색 표준이 정립되어야 녹색금융이나 녹색재정이 합리적으로 운용될 수 있다.

여섯째, 위에서 언급한 표준이 정립되면 재정지출의 전 분야를 이 기준에 맞추어서 집행하도록 해야 한다. 정부의 모든 공공구매를 녹색 공공구매로 전환하자는 것이다. 정부가 친환경 자원절약형 제품과 서비스를 활용하지 않으면서 민간부문에게 그러한 제품과 서비스를 구매하라고 할 수는 없을 것이다. 공공 R&D 지원 역시 녹색에 초점을 맞추어 전면 재편해야 한다.

일곱째, 배출권거래제를 가능한 한 빨리 시행해야 한다. 배출권거래제는 목표관리제와 병행해서 시행하면 좋은 제도이다. 목표관리제는 업체당 오염물질 배출허용량을 정하고 실제 배출량이 그 허용량이하가 되도록 규제하는 제도이다. 목표관리제는 동태적인 합리성의 기준에 맞춰서 배출허용량을 신축적으로 조정해나갈 수 있을 때는 유용한 제도지만 현실 세계에서는 배출허용량을 동태적인 합리성의 기준에 맞춰서 결정하기가 매우 어렵다. 그렇기에 배출허용량을 잘못 결정하는 데서 오는 부작용이 클 소지가 있다. 배출권거래제는 가격의 자율적인 시장조정기능을 활용하므로 목표관리제가 지닌 부작용을 완화하는 기능을 수행한다.

6. 미래세대와 북한 그리고 세계를 아우르는 발전

1) 미래세대를 배려하는 세대간 균형발전

현재세대는 물론 미래세대까지 행복할 수 있는 지속적인 경제성장이 가능할까? 그 가능성은 환경지속성과 자원지속성을 확보할 수 있는가와 사회지속성과 경제지속성을 확보할 수 있는가에 달려 있다.

(1) 지속가능한 성장의 요건들

① 환경·자원 지속성

미래의 모든 세대가 현재세대만큼 또는 그보다 더 쾌적한 자연환경에서 그리고 현재세대가 쓰는 양만큼 또는 더 많은 양의 자원을 활용하면서 살아갈 수 있으면 환경과 자원의 지속성이 있다고 할 수 있다. 어떤 한 나라 또는 인류 전체가 환경·자원 지속성을 가질 수 있는가에 관해서는 견해가 대립된다.

대부분의 환경론자는 이 문제에 비관적인 견해를 밝힌다(Meadows et al, 2004 참조). 인간의 욕구는 무한하고 그 욕구를 충족시킬 수 있는 수단은 유한하므로, 인류가 현재와 같은 생활방식, 즉 환경을 지나치게 많이 파괴하고 오염시키며 자연자원을 지나치게 많이 소진하는 생활방식을 견지한다면, 자원이 고갈되고 자연 생태환경이 치유불능일 정도로 파괴되고 오염될 것이라고 한다.

반면에 다수의 경제학자는 이 문제에 관해서 조심스러운 낙관론을 펼친다(Barro & Sala-i-Martin, 2004; Weil, 2009 참조). 경제학자들이 탐구해온 성장에 관한 이론 및 실증 연구 결과를 보면 장기 균제상태[18]가 존재하며 그것을 현실화할 방안이 있음을 알 수 있다.

환경 및 자원을 고려하는 바람직한 균제상태를 달성하려면 환경 파괴와 오염을 줄이고, 파괴되고 오염된 환경을 치유하고 복원하며, 자원사용량을 줄이고, 자원의 사용방법을 개선하며, 대체자원을 개발하는 노력을 기울여야 한다. 무한한 욕망과 유한한 수단 간의 경쟁에서 수단을 확대하는 것은 어려우므로 욕망을 억제해야 한다고 보는 환경론자들과는 달리, 욕망을 절제하는 것도 필요하지만 인류가 지닌 엄청난 수단창출 능력 덕분에 성장을 희생하지 않으면서도 환경(자원) 지속성을 확보할 수 있다는 것이 경제학자들의 견해이다.

② 경제·사회 지속성

이 문제 역시 비관적인 견해와 낙관적인 견해가 대립된다.

마르크스를 비롯한 비관론자들에 따르면, 자본주의는 필연코 불균등을 낳게 되며 시간이 흐를수록 불균등이 심화되어 종래에는 구성원 간의 대립과 갈등이 격화되어 자본주의 사회가 붕괴되기에 이른다고 한다. 당장은 고통을 주지만 더 나은 미래를 보장하는 좋은 정책은

18) 장기 균제상태(long run steady state)란 1인당 소득, 1인당 자본축적량, 1인당 소비 등이 같은 속도로 증가하는 상태를 말한다.

거부하고, 미래에 더 큰 독이 되어 돌아올 것이 분명하지만 당장은 달콤한 나쁜 정책을 선호하는 정치가들이 득세하게 마련이라는 점도 미래를 어둡게 보는 근거가 된다. 욕심에 눈이 먼 배금주의자들이 득세하는 물질문명의 시대가 파탄에 이를 운명을 갖고 있다는 비관적 견해도 있다. 인류사회는 결코 욕망을 억제하지 못할 것이며 이는 인류를 자기파멸 상태로 인도한다는 것이다.

반면에 인류의 장래 특히 경제·사회의 지속가능성에 관해 긍정적인 견해도 다양하게 표출되고 있다. 그들은 무엇보다도 인류가 지닌 자기교정(self correction) 능력과 창의력을 중시한다. 수만 년 동안 그래왔던 것처럼 인류 사회는 진퇴를 반복하는 가운데 점점 더 나은 상태를 향하여 끊임없이 진화할 것으로 본다.

물론 낙관적인 견해를 밝히는 사람들도 결코 저절로 그렇게 될 것으로는 생각하지 않는다. 인류가 욕심을 절제하는 한편 지금보다 훨씬 더 현명해져야 가능한 일이라고 본다. 더 많이 더 크게 더 빨리 그러나 진정한 행복을 주지 못하는 '헛된 것'을 중요시하는 물질문명을 작거나 적거나 느리지만 진정한 행복을 주는 '참된 것'을 추구하는 녹색문명으로 전환하는 것이 좋은 대안이 될 것이라고 본다(Lee, 2010 참조).

(2) 세대 간 균형발전을 위해 무엇을 할 수 있는가?

① 현황과 과제[19)]

우리나라는 현재 제2차 지속가능발전 기본계획을 시행 중이다. 이는 2006년부터 시행된 제1차 계획 기간 중 양적 성장기반을 개선하는 데는 성공했으나 소득분배와 형평성은 개선되지 않았다는 평가를 바탕으로 한 것이다. 평가결과를 보면 우리나라는 OECD 평균에

19) 이 부분은 환경부, 제2차 지속가능발전 기본계획을 참조하였다.

비해 우리나라의 경제·사회 및 환경·자원 지속성이 매우 약한 것으로 나타난다.

사회 분야 지표를 보면 빈곤율이 상승하였고(2008년에 12.6%로 OECD 평균 10.2%를 상회), 근로시간은 감소하였으나 OECD 평균인 월 147시간보다 훨씬 많은 178시간이고, 남녀평등지수는 개선되었다. 그러나 여성의 경제활동참가율은 50%로서 OECD 평균 57%보다 낮다. 건강관련지표는 현상을 유지했거나 일부 개선되었다. 교육지표는 약간 개선되었으며, 주택지표는 최소주거기준 미달 가구는 감소하고 주택은 증가하였으나 소득 대비 주택가격은 상승했다. 재해 및 안전 분야에서는 범죄발생률이 상승하고 자연재해 피해액은 감소하였다. 끝으로 인구밀도(m^2당 487명)와 고령인구비율(10.3%)이 높아졌고 인구증가율(0.31%)이 하락하였다.

환경 분야 지표를 보면, 온실가스배출량(CO_2 총량 600Mt 및 1인당 12.4t)은 증가했으나, 국민소득 대비 배출량은 감소하였다. 광역도시권 대기오염도가 기간 중 소폭 상승했다.

농업 분야의 경우 친환경인증 농산물 비중(12%)이 상승하고 화학비료 사용량이 감소하는 등 개선추세를 보인 지표도 있으나 식량자급률은 27.4%로 소폭 하락하여 낮은 수준을 보이고 있다. 농약사용량은 ha당 13.2kg으로 현상은 유지했으나 OECD 평균 0.7kg과는 비교가 안 될 정도로 많이 사용하고 있다. 산림지 비율(64%)은 소폭 하락한 반면 1인당 도시공원 면적은 증가하였다. 도시화율(90.5%)과 수도권인구 집중도(49.1%)는 모두 높아졌다. 폐기물 해양 투기량은 소폭 증가하였고 갯벌 면적은 1987년 대비 20% 감소하였다. 수산자원량과 양식어업량은 모두 증가하였다. 1인당 물소비량은 소폭 감소하였고 4대강 수질 오염도는 약간 개선되었으며 하수도보급률은 상승하였다. 자연보호 지역비율은 10%로 약간 높아졌으나 OECD 평균인 12.4%보다는 낮다. 국가생물종수가 증가한 반면 멸종위기종수(221종)도 증가하였다.

경제 분야 지표를 보면, GDP와 1인당 소득은 증가하였으나 성장률은 둔화되었다. 투자율은 30%로 OECD의 21%보다 높다. 소비자물가지수는 소폭 상승했다. 무역수지는 흑자를 기록하였고, 조세부담률(22.7%)과 GDP 대비 대외채무비율(41%)이 소폭 상승하였다. 자원생산성은 상승했으나 1인당 에너지소비량은 증가하였다. 재생에너지 소비비중(2.4%)이 소폭 증가했으며(OECD는 6.5%임) 에너지원단위(0.25TOE)는 소폭 하락하였다. 생활 및 일반폐기물(연간 1억 2,400만 톤), 지정폐기물(하루 9,500톤), 방사성 폐기물(연 6,849드럼) 등 폐기물배출량은 증가추세를 이어갔으나 폐기물 재활용 및 재이용률도 생활폐기물 58%, 사업장폐기물 67%로 소폭 상승하였다. 대중교통분담률(42.6%)이 상승했으며 자전거도로 총길이(9,066km)가 증가되었다. 자동차사고 사망건수는 1만 대당 3.1명으로 소폭 감소했으나 OECD 평균 2.5명보다는 여전히 높은 수준이다. 초고속인터넷 가입자 수와 PC 이용자 수는 증가추세를 이어갔다. 온라인신청 가능 민원 종류가 크게 늘었으며 GDP 대비 R&D 비율이 5%대로 상승했다.

미래세대를 배려하는 지속가능발전은 세계적인 대세이다. 지속적인 산업화 진전으로 자원고갈 가능성이 높아지고 있으며, 계속되는 환경파괴와 오염으로 지구가 인류를 지탱해줄 수 없을 것이라는 위기감이 증폭되고 있다. 이는 우리가 한시라도 빨리 환경·자원 지속성 회복에 나서야 할 것임을 시사한다.

환경·자원 지속성이 붕괴할지도 모른다는 위기감이 각국 정부로 하여금 환경자원의 투입증가를 통한 양적 성장에서 환경과 복지와 성장 간의 균형과 조화를 추구하는 질적 성장으로의 패러다임 전환을 유도하고 있다. 주요 선진국들이 환경을 성장의 원동력을 삼아 경제, 사회 각 분야의 연계성을 높이는 종합적인 대응전략 및 대응체계를 구축하고 있다. 이러한 변화는 우리에게도 환경·자원 지속성과 사회 지속성을 중시하는 질적 성장의 길로 나가도록 요구한다.

그럼에도 대내적으로는 환경문제와 신성장 동력의 전략적 연계가 미흡하고, 인구감소, 고령화, 형평성 약화 등에 대한 대응책이 미비한 실정이다. 국민이 체감하는 삶의 질 만족도가 41%에 그치고 있으며 행복지수도 낮다. 수도권의 교통혼잡 비용이 12.4조 원에 이르며 대기오염의 사회적 비용이 10.4조 원에 달한다.(2002년 기준)

OECD는 우리나라의 성장률이 2016년 이후 2.4%로 낮아질 것으로 전망하고 있다. 이는 최근 몇 년 사이에 달성한 4~5%대의 성장률의 절반밖에 안 되는 수치다. 출산율은 1.08로 세계 최저 수준이고 2020년 이후 인구감소가 예상된다. 2000년에 고령화 사회(고령인구 7%)로 진입한 우리나라는 2026년에는 초고령 사회(20%) 그리고 2050년에는 세계 최고령 국가(37.3%)가 될 전망이다.

② 세대 간 균형발전을 위한 대안

지속가능성 지표에 대한 평가결과가 시사한 바는, 사회적 형평성과 융합성을 높이기 위한 정책을 강화해야 하고, 에너지와 국토환경자원에 의존하는 기존의 성장 패러다임을 환경보호와 자원절약을 동시에 추구하는 녹색성장 패러다임으로 전환해야 한다는 점이다. 사회 취약계층의 고용증대, 소득증대, 주거안정 및 건강증진을 위한 정책이 강화되어야 하고 양적 성장보다는 질적 성장을 도모해야 한다는 것이다.

지속가능발전을 도모함에서 현재를 살아가는 사람들 모두의 삶의 질 향상을 목표로 하는 동반성장, 경제발전과 환경보전을 동시에 달성하려는 녹색성장, 삶의 질과 생태 건강성 사이의 조화를 도모하는 공생발전 그리고 현재와 미래에 걸친 모든 세대의 상생발전을 목표로 하는 세대 간 공동발전을 기본방향으로 하면 좋을 것이다.

환경·자원 지속성 달성과 기후변화 적응 및 대응능력 확충을 위해서는, 국토와 도시의 융합관리를 통한 국토의 녹색성 강화, 산림자원의 효율적 이용과 관리, 수자원과 토양의 지속성 강화, 생물다양성 증진과 합리적인 이용, 부문별 온실가스 감축 목표의 성실한 이행, 탄소배출원의 투명성 제고, 기후변화 조기대응체제 구축, 식량안보체제 확립, 자원집약형 경제구조를 자원절약형으로 개조, 대체 에너지원 발굴 등을 추진할 수 있다.

경제·사회 지속성 강화를 위해서는, 사회취약계층의 경제활동 참여 지원과 생활환경 개선, 농어촌 소득 향상과 생활환경 개선, 기후환경 변화에 따른 국민 생명보호, 자원순환형 경제사회구조 구축, 재정건전성 확보와 연금제도 개혁을 통한 지속가능한 경제기반 구축, 에너지효율 증대, 인재양성 및 일자리 창출, 여성과 아동 및 고령자를 배려하는 가족공동체 재건 등을 추진할 수 있다.

근면 자조 자립정신을 높이는 방향으로 복지제도를 개선하며, 정년제도를 폐지하고, 이민제도를 개선하며, 붕괴된 세대 간 인적자본 이전 기제를 회복하며, 가정과 가족의 건강성 회복을 지원하고, 미래세대의 목소리를 대변할 제도적 장치를 마련하며, 오래 사는 것만이 능사가 아닌 방향으로 노령인구정책을 개선해야 할 것이다. 또한 내국인의 국외진출 장려를 통해 남한의 상주인구를 우리 국토가 감당할 만한 수준으로 다운사이징하는 방안을 강구하는 것도 필요하다.

이제까지의 논의는 남한에서 모든 세대 모든 구성원이 행복한 나라를 건설하는 방안에 관한 것이었다. 이제 이를 확장하여 북한에서도 그러한 일이 이루어지게 하려면 어떻게 해야 할지 알아보기로 하자.

2) 남한과 북한의 상생을 목표로 하는 경제 융합 대비책[20]

(1) 경제 융합을 추구해야 할 필연성

남한과 북한은 1인당 소득 2만 달러와 1천 달러가 나타내는 차이보다 훨씬 더 이질적이다. 발전에 성공한 남한과 실패한 북한이 같을 수 없음은 당연한 일이다. 그럼에도 우리에게는 남한과 북한을 융합해야 하는 과제가 있다.

경제적 관점에서 보면 남북한 융합에서 얻는 편익이 융합을 위해 지급해야 할 비용보다 크므로 융합을 도모함이 옳다(이지순, 2004). 그뿐만 아니라 사태가 예상치 않게 전개되어 필요성 여부와 관계없이 융합과정을 진행해야 할 가능성이 매우 높다.

무엇을 향해 융합과정을 밟아나가야 하는가? 구체적으로 말해 융합 후의 모습이 남한체제인가, 북한체제인가, 아니면 제3의 대안인가? 이 물음에 대한 답은 지금보다 개선된 남한체제이어야 한다는 것이다.

(2) 남북한 경제 융합의 전략

융합의 방식과 속도는 체제와 이념, 관행과 규범, 제도와 정책 등 경제의 기초를 남한의 그것으로 바꾼 다음 오랜 기간에 걸쳐서 자발적으로 이루어지는 점진적이고도 자연스러운 화학적 융합이 낫다.

융합의 순서는, 체제와 이념, 제도, 규범, 정책 등 경제의 기초를 통일하고, 교통, 통신, 교육, 에너지, 도량형 등의 표준을 통일하며, 자본시장, 금융시장, 외환시장 등을 융합하고, 화폐를 단일화하며, 사회간접자본을 융합해나가면서 그 바탕 위에서 노동, 물적 자본, 인적

20) 이 절은 이지순(2012b)을 바탕으로 한 것이다.

자본, 기술 등이 자연스럽게 융합되도록 유도하는 것이 바람직하다.

융합의 비용과 관련하여 그동안은 많고 적음이 논란의 대상이 되었으나 그보다는 그것을 비용으로 인식하는 우리의 태도를 바꾸는 게 옳다. 다수가 동의하는 합리적인 수준에서 소득이전이 이루어지거나, 타당성 평가를 거쳐 미래지향적인 투자가 이루어진다면 비용의 크기가 크게 문제될 것 없다. 다만 소득이전보다는 투자에 더 큰 비중을 두면 좋을 것이다. 경계해야 할 것은 북한 주민의 자력갱생 의지를 손상할 정도의 과도한 소득이전이며, 타당성이 결여된 투자 프로젝트를 무리하게 추진하는 일이다.

융합의 비용을 조달하는 방안으로는 남한 주민이 분담하는 방안, 북한 주민에게 부담을 지우는 방안 그리고 우방국이나 국제기구의 도움을 얻는 방안 등이 있다. 세 가지 방안을 병행하는 것이 바람직하다. 여기에서 북한 주민에게도 부담을 지우자는 것은 지금 당장 북한 주민에게서 돈을 걷자는 것이 아니라, 융합에 소요되는 비용의 일정 부분을 유상차관으로 제공한 다음 차후 북한 경제와 북한 주민이 자생력을 갖게 되었을 때 북한 주민이 내야 할 조세와 북한 재산의 매각 대금을 활용해서 융합비용 일부를 회수하자는 것이다.

(3) 경제융합을 위한 사전 대비책 강구

경제융합에 대비해서 준비해야 할 일이 많다. 그중 몇 가지에 관해 알아보기로 한다.

① 남한의 체제와 제도의 혁신 지속

융합의 지향점을 현재의 남한 체제와 제도를 개선한 더 진전된 남한 체제와 제도로 하자는 주장이 의미 있는 것이 되려면, 남한 체제와 제도의 장점은 강화하고 단점은 보완하는 작업이 이루어져야 한다.

경제적인 측면에서는 개혁과 개방을 지속적으로 추진해서 남한 경제의 자생력과 경쟁력을 더욱 강화시켜나가야 한다. 이는 단적으로 말해 현재 1인당 소득 2만 달러의 실력밖에 지니지 못한 남한 경제를 1인당 소득 3만 달러 이상의 실력을 갖춘 선진경제로 개선하는 작업에 해당한다.

사회적인 측면에서는 장애우, 여성, 고령자, 다문화 가정 등 사회적 약자들을 보호하고 지원하는 문화와 제도를 확충할 필요가 있다. 시민의식을 높여나가야 하며 관용과 배려심을 함양해야 하고 모두가 더불어 조화롭게 살아가는 방법을 체화해야 한다. 남한에서 이루어지는 사회적 약자들에 대한 무관심과 차별과 냉대의 폐습을 고치지 못한다면 어떻게 북한 사람들을 따듯한 마음으로 대할 수 있겠는가?

남한의 복지제도를 대폭 정비해야 할 필요가 있다. 따듯한 그러나 자력갱생을 원칙으로 하는 복지가 이루어질 수 있도록 100% 시혜적인 복지제도는 최소한으로 유지해야 한다. 특히 대중영합적인 무분별한 복지확충 정책을 경계해야 한다. 남북한 융합이 이루어지면 현재의 북한 주민 대부분이 복지수혜의 대상이 될 것임을 염두에 두어야 한다.

남한의 교육제도 역시 크게 개선해야 한다. 교육이념, 철학, 교재, 교사의 자질 등 모든 면에서 융합에 대비한 일대 재정비가 필요하다. 또한 융합개시 이후 대두될 교육훈련 인력에 대한 수요 증가에 대처할 방안을 강구해두어야 한다.

② 융합에 대비한 제도적 장치, 인력, 프로그램 준비

북한의 경제, 사회, 행정의 실상을 정확하게 파악할 필요가 있다. 정확한 정보가 있어야 합리적인 대안을 강구할 수 있기 때문이다. 이를 위해 북한의 실태에 관한 조사 연구 사업을 더욱 활성화할 필요가 있다.

융합개시 이후 적용할 북한 지역 행정체제에 관한 사전 구상작업이 필요하다. 관련 프로그램 개발과 인력 양성 계획도 수립해 두고 지금부터라도 필요한 인력을 교육하고 훈련시켜야 한다. 특히 북한 지역에 파견되어 융합 작업을 주도적으로 또는 보조자로서 추진해야 할 인력수요가 만만치 않을 것이다. 지금부터 필요한 인력을 양성해야 한다. 이와 관련해서 남한 지역의 숙련도 높은 고급 은퇴 인력을 활용하는 것도 좋은 방안이 될 것이다.

③ 북한 사업지구 운영

융합 시 핵심 역할을 할 인재를 양성하고 유용한 경험을 쌓으며 경비를 조달하는 방안으로서 북한 사업지구를 조성해서 운영하는 방안을 강구하면 좋을 것이다. 조성 대상지역은 북한 내, 중국의 동북 3성 지역, 러시아의 태평양 연안지역 등을 후보지로 생각할 수 있겠다. 이곳에 한국, 중국, 러시아 기업을 유치하고 북한인을 노동자로 고용해서 상품과 서비스를 생산해서 북한, 중국, 러시아, 한국 등에 판매하자는 것이다. 여건이 허락한다면 남한 내에 사업지구를 조성할 수도 있을 것이다. 이 프로그램의 핵심은 북한의 노동능력과 기업경영능력을 함양하는 데 있다.

④ 북한 이해 프로그램 운영

남북 융합 과정에서 나타날 가장 큰 걸림돌은 남한 사람들이 북한과 북한 사람들에 관해 무지하다는 사실이다. 그러므로 남한 사람들이 북한을 알고 이해할 수 있는 프로그램을 개발할 필요가 있다. 북한 체험마을 조성이나 북한 학습 프로그램 개발과 보급이 하나의 대안이 될 수 있다.

북한 체험마을을 조성하는 일은 여러모로 유용할 것이다. 무엇보다도 북한 사람들에게 고용기회와 기업경영능력을 키울 기회를 제공할 것이며 남한 사람들에게 북한을 배우고 이해하는 기회가 될 것이다. 예를 들어 판문점 인근 비무장지대 또는 판문점에서 한 시간 이내에 오갈 수 있는 남쪽 지역에 북한 주민이 출퇴근하며 근무하는 북한 체험마을을 조성해서 운영하는 방안을 생각할 수 있다.

⑤ 통일한국 식량 조달 프로그램과 자원·에너지 프로그램 가동

북한의 열악한 에너지 및 식량 사정을 고려하면 남북한 통합 이후 에너지난과 식량난이 심화될 가능성이 높을 것임을 짐작할 수 있다. 지금부터 대비책을 강구해두어야 할 것이다.

최근 남한은 향후 몇십 년 내에 식량위기가 도래할 가능성이 높음을 인지하고 우리나라보다 여건이 양호한 나라에서 식량을 생산하는 방안을 강구하기로 하였다. 차제에 이를 통일한국의 식량 사정을 염두에 두고 대폭 확대 수정해서 시행하면 좋을 것이다. 이 사업 시행에는 많은 인력이 소요될 터인데 거기에 북한인의 동참을 도모하면 향후 그들이 북한지역의 농업지도자로서 중요한 역할을 수행할 수 있을 것이다.

이 점은 에너지난 극복 프로그램에 있어서도 동일하게 적용된다. 이 부분에서는 북한 인력을 활용할 여지가 많지 않을 것이다. 그렇더라도 국가 에너지 계획을 수립할 때 남한 사정만 고려하지 말고 통일한국 전체를 대상으로 해서 계획을 수립해서 시행에 옮기는 것이 현명하다. 이때, 에너지 확보를 위해 환경을 경시했던 남한의 전철을 밟지 말고, 수력, 풍력, 천연가스 발전 등을 적극 활용함으로써 북한을 저공해 에너지 공급기지로 개발하는 방안을 모색함이 좋을 것이다.

3) 인류사회에 대한 공헌

우리나라는 건국 이후 1960년대 초까지 미국을 비롯한 서방 선진국의 원조를 받아야 할 처지였다. 자신의 힘으로 살아가기가 어려웠던 것이다. 그렇지만 60년대 초반 이래 경제발전에 매진한 결과 지금은 이웃 나라에게 개발협력을 제공하는 원조 공여국이 되었다. 물론 우리나라가 제공하는 원조의 양과 내용, 질이 아직은 매우 미흡한 수준이다. 그렇더라도 60년대부터 최근까지 근 50년 동안 자국 중심주의에 묻혀서 이웃 나라에 신경 쓸 겨를 없이 우리만 생각하고 살아왔던 것에 비하면 이는 매우 의미 있는 변화이다.

구매력 평가 환율로 3만 달러 수준을 넘는 1인당 소득을 보유한 초기 선진국가로서 우리나라는 이제 자국 중심주의에 묻혀 살아갈 수 없게 되었다. 국가 위상이 높아짐에 따라 인류사회에 합당하게 공헌할 것을 요구받기에 이른 것이다. 우리가 인류사회의 보편적 발전에 공헌해야 할 이유는 그것이 가치 있는 일이기 때문만은 아니다. 그렇게 하지 않으면 우리가 지금보다 더 잘살게 되기가 어려울 것이기 때문이다. 인류사회에 대한 공헌 없이도 어느 정도는 더 잘살게 되겠지만, 과거사에 대한 진정어린 반성이 결여된 일본의 예에서 보듯이, 우리가 이제까지 견지해온 나만 위하는 삶의 방식을 바꾸지 않는다면 국제사회의 진정한 일원이 되어 세계의 나아갈 바를 정하는 데 동참하기가 매우 어려울 것이다.

인류는 제1차 산업혁명 이후 화석연료를 원동력으로 하는 삶을 영위해오고 있다. 산업혁명 초기 현재가치로 1인당 약 500달러의 소득을 지니고 있었던 인류가 지금은 약 9천 달러의 소득을 올릴 수 있었던 것은 그동안 이 지구가 지닌 자연자원 그중에서도 화석연료를 마음껏 사용할 수 있었기 때문이다. 문제는 지구의 자연자원 특히 화석연료가 고갈될 가능성이 높아졌다는 데 있다. 아울러 화석연료 사용에서 나오는 부산물인 이산화탄소가 대기중에 과도하게 집적된 결과 지구온난화가 일어나고 그것이 극심한 기후변화를 일으켜서 지난 300년에 걸쳐서 인류가 영위해온 풍요로운 삶을 지탱할 수 없을지도 모른다.

산업혁명이 일어난 1750년경 이래 지금까지 인류의 1인당 소득이 약 500달러에서 9천 달러로 18배 증가하고, 인구가 10억에서 70억으로 7배 증가하였으므로, 지구의 총생산규모는 그동안 약 126배가 증가한 셈이다. 한편 최종생산물 한 단위를 생산하기 위해 사용하는 자원의 양은 단순한 산출물을 생산하던 산업혁명 초기보다 훨씬 더 복잡하고 발달된 산출물을 생산하는 지금이 훨씬 더 많다. 이 기간에 자본-산출계수가 2에서 3으로 상승하고, 스톡인 자본과 플로우로 쓰이는 자원투입량 사이의 비율이 1대 10에서 1대 20으로 변화되었다면, 산출물 한 단위당 자원사용량은 처음보다 3배가 많아진 셈이다. 따라서 인류가 현재 매년 사용하는 자원의 양은 1750년경보다 약 380배 더 많다. 이는 인류가 이 지구에 가하는 '부담'의 크기가 1750년 이래 약 400배 더 커졌음을 의미한다. 우리가 사는 지구가 이처럼 큰 부담을 그리고 현재대로 가면 앞으로 더 커질 부담을 감당할 수 있을까? 누구도 정답을 모른다. 그렇지만 감당하기가 어려울 것이라는 또는 어렵게 될 것이라는 가설에 더 무게가 실리는 것도 사실이다.

자원고갈과 환경파괴를 방지하는 효과적인 방안의 하나가 자원의 무절제한 투입과 도를 넘는 환경파괴와 오염을 대가로 해서 이룩하는 성장과 발전을 멈추는 것임은 부정할 수 없다. 우리가 산업혁명 이래 지금까지 견지해온 물질 위주의 삶의 방식을 바꾸지 않는 한 그것은 지극히 자명한 일인 듯싶다. 그러나 성장과 발전을 멈춰야 한다면 누구의 성장과 발전을 멈춰야 하는가? 1인당 소득이 2만 달러를 넘는 잘사는 나라인가? 아니면 1인당 소득이 2천 달러도 안 되는 가난한 나라인가? 이렇게 묻는다면 아마도 대부분의 논자는 부자 나라가 성장을 멈춰야지 가난한 나라가 발전하는 것을 막아서는 안 된다고 대답할 것이다. 그렇지만 수십억 명의 인구를 지닌 가난한 나라들이 성장 발전하려면 막대한 자원이 필요하고 또한 환경파괴와 오염도 심각하게 일어날 터인데 그것은 또 어떻게 해야 하나? 게다가 부자 나라들 보고 성장·발전을 멈추라고 한들 그들이 그렇게 할 리가 있을까? 결코 그렇지 않을 것이다. 그러므로 비록 그것이 효과적인 방안이 된다 하더라도 성장과 발전을 멈춤으로써 자원고갈과 환경파괴의 문제를 해결하자는 주장은 누구도 그것을 채택하지 않을 것이므로 실현가능성이 없다.

그렇다면 해결 방안은 없을까? 인류가 지금까지 견지해온 삶의 방식을 고수하는 한 해결책을 찾기는 어려울 것이다. 이 문제를 해결하려면 1인당 소득의 증가를 가져오는 경제발전을 지속하면서도, 그것을 위해 사용하는 1인당 자원사용량을 줄이는 방안을 강구하고, 동시에 1인당 소득의 지속적인 증가와 1인당 자원사용량의 지속적인 감소를 달성하는 과정에서 일으키는 환경파괴와 환경오염을 줄이는 방안을 강구해야 한다. 즉, 경제발전을 지속하되 1인당 자원사용량 및 1인당 오염물질 배출량을 줄이는 방안을 강구하는 것이 경제발전에 대한 욕구를 충족하면서도 자원 및 환경의 지속성을 확보하는 유일한 방안이다. 위에서 설명했듯이 우리나라가 추진해온 녹색성장이 바로 그것을 목표로 한 정책대안이다. 녹색성장정책의 골자가 녹색기술 개발을 통해서 자원을 적게 사용하고 오염물질을 적게 배출하면서도 소득과 고용을 꾸준하게 늘리는 방안을 찾으려는 데 있음을 보면 그러한 사실을 잘 알 수 있다.

이러한 관점에서 볼 때 우리나라가 지난 4년여에 걸쳐서 추진해온 녹색성장정책을 지속적으로 추진해서 그 목표를 달성하고, 그와 관련된 지식과 경험을 이웃 나라들에 전파하는 것을 통해서, 지구상의 더 많은 나라가 소득과 고용의 지속적인 증대, 자원 사용의 지속적인 감소 그리고 오염물질 배출의 지속적인 감소와 같은 바람직한 결과를 가져오도록 하는 것이 우리나라가 인류사회에 공헌하는 길이라는 결론을 얻을 수 있다. 즉, 성장과 환경과 복지 사이의 선순환구조를 구축하는 데 성공하고 이웃 나라에 그 노하우를 전파함으로써 그들도 성장과 환경과 복지 사이의 선순환구조를 구축하는 데 성공할 수 있게 도와주는 것이 우리가 인류사회에 공헌할 수 있는 좋은 길이다. 여기에서 특기할 것은 우리가 추구하는 녹색성장정책은 선진국은 물론 개도국에도 도움이 되는 전략이라는 사실이다. 자원절감과 오염감소를 목표로 한다는 점에서 선진국들이 추구하는 바와 같고 그렇게 하면서도 동시에 소득증대와 고용창출을 도모한다는 점에서 개도국들이 추구하는 바와 같다.

이를 문명사적 관점에서 보면, 산업혁명 이래 지금까지 서구사회가 주도해왔던 물질문명의 시대를 뛰어넘는 녹색문명의 시대를 새롭게 열어가는 것이, 대한민국이 인류사회에 공헌할 수 있는 길이라는 결론을 내릴 수 있다. 여기에서 말하는 녹색문명이란 우리가 지닌 욕망을 적절하게 절제하는 것을 통해서 이 지구상의 모든 사람이 그리고 사람과 자연이 조화롭게 공존하는 세상을 만들어가려는 삶의 패러다임을 지칭한다.

7. 결론

이 글은 지난 5년여에 걸쳐서 필자가 집필하였던 일련의 논문을 바탕으로 지속가능한 국가 건설에 관한 필자의 의견을 정리한 것이다. 그 주요내용은 다음과 같다.

우리나라는 1960년대 초 이래 50여 년에 걸쳐 지속해서 경제를 발전시켜오는 데 성공했다. 그 결과 1인당 소득이 5~6백 달러밖에 되지 않아 대부분의 국민이 매우 힘겹게 살아가야 했던 최빈국이 지금은 1인당 소득이 2만 달러를 크게 넘어 대부분의 국민이 풍요롭게 살아가는 초기 선진국이 되었다. 평균수명, 성 평등, 교육, 보건 후생과 의료, 주택, 교통, 통신, 문화, 여가생활, 스포츠 등의 척도가 현저하게 개선된 것이다. 이는 무엇보다도 우리 국민의 삶의 질이 지난 50여 년을 지내오는 동안 크게 개선되었음을 의미한다.

그렇지만 그러한 성과에도 우리가 이룩한 발전이 모든 면에서 성공적인 것은 결코 아니다. 실정을 보면 우리가 이룩한 것에는 미흡한 면이 너무나 많다.

우리가 이룩한 1인당 소득 약 2만 3,000달러는 모든 사람이 풍요롭게 살아가기에는 여전히 부족하다. 소득수준이 높아진다고 해서 소득불평등도가 자동으로 개선되는 것은 아니지만 그래도 더욱 많은 사람이 풍요를 누리려면 현재의 소득보다는 많아야 한다. 더욱이 극도로 가난한 북한 주민의 처지를 개선하는 데 앞장서야 할 우리의 중·장기 과제를 생각한다면 경제성장을 지속해서 소득수준을 높여야 할 필요성이 커진다. 그런 형편임에도 우리나라의 경제성장능력이 약화하는 조짐이 보여 걱정이다. 지금이라도 이를 근본적으로 개선해서 1인당 소득증가율이 적어도 연 3%는 되도록 함으로써 경제지속성을 확보하지 못하면 남북한의 모든 사람이 사람답게 살아갈 수 있는 참다운 복지국가를 건설하는 것은 매우 어려운 일이 될 것이다.

우리나라가 지속적인 경제성장을 이루어온 것은 사실이지만 성장 과정이나 결과에 대해서 모든 사람이 다같이 만족해하는 것은 아니다. 경제성장의 대열에서 소외되었다고 여기는 사람이 많다. 성장 과정이 공정하지 않고 과실 배분이 공평하지 않다고 생각하는 사람이 많아진 것이다. 피땀 흘려 일하고 절약해서 투자하던 미래지향적인 풍토가 소비지향적인 것으로 바뀌고 있으며, 모든 것을 스스로 해결하겠다던 자조정신이 퇴조하고 걸핏하면 남에게 탓을 돌리는 경향이 대두되고 있어 문제이다. 이러한 점을 제때에 시정해나가지 못해 불만이 확대된다면 자칫 체제를 전복하려는 폭동이 일어날 수도 있다. 그러므로 사회지속성을 확보하기 위해서라도 불평등을 완화하려는 노력이 필요하다.

생활환경이 파괴되고 오염되어 쾌적한 환경에서 살아가기가 쉽지 않다. 물질적인 소득은 크게 증가했으나 복지수준을 가늠하는 더 정확한 척도인 녹색소득은 그렇지 못하다. 고갈 가능성이 높은 화석연료 의존도가 높아서 자원위기에 매우 취약하며, 온실가스 배출량을 급격히 줄여야 할 국제적 압력에 직면해 있다. 또한 식량자급률이 낮아서 식량안보가 매우 취약하다. 이는 우리나라의 환경지속성이 약하며 자원과 식량 지속성이 매우 취약함을 의미한다.

현재세대의 복지비용을 미래세대에 전가하는 등 미래세대에 대한 배려가 불충분하며, 북한에 대한 이해와 배려가 미흡하고, 국제사회에 대한 공헌이 미미하다. 현세대 중심주의 또는 자국 중심주의에 매몰되어 미래세대와 이웃을 돌볼 마음의 여유가 없다는 것이 문제이다.

결국 경제지속성, 사회지속성, 환경지속성 및 자원·식량지속성이 모두 취약한 것이 문제이다. 우리가 이러한 문제점을 시정해나가지 않고서는 모든 사람이 행복한, 지속가능한 국가를 만들 수는 없다. 그렇다면 무엇을 어떻게 해야 할까?

무엇보다도 우리 경제의 발전능력을 크게 강화해야 한다. 경제발전 없이는 복지증진, 환경보호와 자원절감, 미래세대와 북한주민에 대한 배려, 국제사회에 대한 공헌 등 더 높은 가치들을 원활하게 추구하기 어렵기 때문이다.

발전능력 강화의 일차적 과제는, 기회를 공평하게 보장하고 과정과 절차를 공정하게 유지한다는 전제 하에서, 재산권을 보호하고 경제적 자유를 허용하며 건전한 경쟁환경을 조성함으로써, 모든 사람이 최선을 다해 경제 활동에 종사하도록 유도하는 일이다. 이차적 과제는 그렇게 해서 창출한 가치의 더 큰 몫을 미래를 위해 사용하도록 유도하고, 그것을 통해 물적 자본, 인적 자본, 사회 자본을 축적하며, 기술을 발전시키고, 나아가 경제의 효율성을 높이는 것이다.

어떤 나라건 위의 두 가지 과제에 성공하면 경제발전을 이룰 수 있다. 즉, 경제지속성을 확보하는 것이 가능하다. 그러나 그것만으로는 부족하다. 사회지속성과 환경지속성 그리고 자원·식량 지속성을 확보하는 것 역시 매우 긴요하다. 이 네 가지 지속성을 모두 확보할 수 있어야 지속가능한 국가가 될 수 있기 때문이다.

사회지속성을 확보하기 위해서는 무엇보다도 누구나 발전의 과정에 동참할 수 있어야 하며 동시에 발전의 과실이 참여자들에게 합당하게 배분되도록 해야 한다. 이때 합당성의 기준은 공헌한 만큼 가져간다는 시장의 합리성과 약자를 배려하는 것을 통해 사회지속성 확보에 공헌한다는 두 가지 원칙을 동시에 고려해서 정해야 한다. 인위적인 균등분배는 경제지속성을 약화시키고 지나친 불균등 분배는 사회지속성을 약화시키므로 양자의 조화가 필요하다. 복지와 성장의 상생발전이 필요한 것이다. 이를 위해서는 지속적인 성장을 추구하되 공평한 기회 제공, 과정과 절차의 공정성 유지, 합당한 배분을 통해 모든 사람에게 도움이 되는 방식으로 하고, 폭넓은 복지를 추구하되 구성원들의 능력을 함양하고 그들이 능력을 발휘할 기회를 창출하는 방식으로 해야 한다.

지속가능한 국가 건설은 무엇보다도 국민의 삶의 질을 향상하는 데 공헌하는 방향으로 이루어져야 한다. 그러기 위해서는 삶의 물질적인 토대를 강화하는 일도 중요하지만 그것만으로는 부족하다. 특히 자원을 과도하게 사용하고 환경의 가치를 경시하는 발전을 경계해야 한다. 절제되지 않은 시장경쟁에 맡겨두면 자원을 절약하거나 환경가치를 확충하는 일은 바람직한 수준보다 적게 이루어지고, 자원을 과도하게 사용하거나 환경가치를 훼손하는 일은 바람직한 수준보다 많게 이루어진다. 이는 자원의 과다소비와 지나친 환경 파괴와 오염을 불러와서 지속가능성을 약화시킬 뿐 아니라 생활환경을 열악하게 만든다. 그러므로 자원을 합리적으로 사용하는 동시에 환경과 성장의 상생발전을 이룩하여 자원지속성을 확보한 가운데 쾌적한 환경 속에서 풍요로운 삶을 유지할 수 있도록 할 필요가 있다. 이를 위해서는 환경자원의 사용자 가격을 합리화하고 환경을 보호하고 자원을 절약하며 오염을 줄이고 자원순환을 활성화하는 데 공헌하는 기술개발에 박차를 가해야 한다.

복지와 환경은 어느 것 하나라도 희생하면 안 될 훌륭한 가치다. 우리는 흔히 복지와 환경은 무관하거나 있다면 약간의 상충관계를 갖는 것으로 인식한다. 그렇지만 그러한 소극적이거나 패배적인 자세를 가질 필요는 없다. 하기에 따라서는 얼마든지 복지와 환경의 상생을 도모할 수 있기 때문이다. 양자의 상생을 위해서는 우선 환경가치를 희생하면서 복지를 추구하는 관행과 복지를 희생하면서 환경가치를 추구하는 관행을 지양해야 한다. 나아가서 복지정책을 추진하되 그것이 환경가치에도 공헌하는 방식을 채택하도록 하고, 환경정책을 추진하되 그것이 복지증진에도 공헌하는 방식으로 하도록 해야 한다. 환경개선사업을 하면서 취약계층의 노동참여를 우선시하거나, 영세주택 개량사업을 벌이면서 친환경/에너지고효율 자재를 사용하도록 유도하는 것이 그 한 예가 된다.

우리가 지속가능한 국가를 건설하려는 것은 현재세대만이 아니라 미래의 모든 세대원도 행복한 삶을 영위할 수 있게 하기 위함이다. 당연한 말이지만 이 나라는 현재세대만이 잘 살다가 사라져도 좋은 한시적인 존재가 아니다. 미래의 모든 세대가 영원히 잘 살아가야 할 삶의 터전이다. 그렇기에 지속가능한 국가를 건설하는 일이 중요한 것이다. 지속가능한 국가를 건설하려면, 환경지속성과 자원지속성 그리고 경제지속성과 사회지속성을 확보하는 일이 최소한의 요건이 된다.

환경지속성을 확보하려면, 환경 파괴와 오염을 줄이고 오염된 환경을 치유하고 복원하는 일이 활발하게 이루어져야 한다. 자원지속성을 확보하려면, 공급처를 다양화하고 대체원을 발굴하며 청정성을 높여나가는 동시에 적게 쓰고 더 잘 쓰며 다시 쓰고 바꿔 쓰는 방안을 강구할 필요가 있다. 사회지속성을 확보하려면 복지와 성장의 상생을 꾸준하게 추구해야 하고, 경제지속성을 확보하려면 경제의 발전 능력을 지속적으로 강화해나가야 한다. 여기에서 특히 유념할 것은 나누어 먹기식 복지 남발로 성장 능력을 훼손함은 물론 미래세대에게 짐만 떠넘기는 우를 범하지 않도록 하는 것이다.

한편 남한에서 발전 능력 강화, 환경과 성장의 상생, 성장과 복지의 상생, 복지와 환경의 상생을 지속적으로 도모하는 것만으로는 남북한의 모든 사람이 행복한 대한민국을 건설할 수 없다. 북한 주민도 그러한 경제발전의 혜택을 누릴 수 있어야 한다. 이는 결코 단시일 내에 이루어질 수 있는 일이 아니며 또한 남한만 그렇게 하려고 해서 될 일도 아니다. 참을성을 갖고 끈기 있게 접근해야 할 문제이다. 궁극적인 목표는 위에서 언급한 모든 일이 북한에서도 동일하게 이루어질 수 있도록 하는 것이다. 이를 위해 지금 우리가 할 일은 북한에서도 동반성장, 공생성장, 녹색성장이 이루어질 수 있게 하는 데 필요한 사항을 점검해서 합당한 대비책을 강구해나가는 것이다.

끝으로 국제사회에 대한 공헌을 증진해나감으로써, 지속가능한 대한민국을 건설하려는 우리의 노력이 이웃 나라에도 전파될 수 있게 하면 좋을 것이다. 이를 통해 '기왕이면 더 크고 많게 하며 기왕이면 더 빠르게 하자'를 모토로 삼아서 자연을 정복과 이용의 대상으로 여겨오던 물질문명의 패러다임을, 작거나 적지만 알차게 그리고 느리지만 함께 가는 정신으로 자연을 보호하고 공존해야 할 동반자로 여기는 녹색문명의 패러다임으로 전환하는 문명사적 대전환에서 우리나라가 핵심적인 역할을 담당하면 좋을 것이다.

위에 열거한 일들을 모두 차질 없이 성공적으로 추진하면 좋겠지만 그러기에는 현실적인 제약이 많다. 따라서 우선순위를 정해 일을 추진할 필요가 있다. 그런 견지에서 볼 때 지금 이 시점에서 우리나라가 해야 할 최우선의 과제는 발전의 원동력을 강화하는 일이라고 판단된다. 근래에 들어 힘을 잃고 있는 발전의 원동력을 다시 강화하지 않고서는 녹색성장, 동반성장, 공생발전, 공동번영 등 지속가능한 국가 건설에 필요한 일들을 만족스럽게 추진하기가 불가능할 것이기 때문이다. 다만 발전의 원동력을 강화하는 데 있어 과거에 그래 왔던 것과 같은 자원 다 투입형 양적 확대 중심의 방식이 아니라, 자원을 절약하고, 환경을 보호하며, 사회적 약자와 미래세대를 배려하는 방식이 되도록 할 필요가 있다.

발전의 원동력을 다시 강화하는 일의 일차적 과제는, 우리 사회 구성원 누구나가 매사에 전심전력을 다해 임하도록 유도하고, 누구든지 그렇게 하고자 하면 실제로 전심전력을 다해 원하는 바를 이루어 나갈 수 있는 자유와 기회를 보장하며, 누구라도 매순간 최선을 다해 노력하지 않으면 살아남기 어렵게 만드는 방향으로, 국가의 근간을 다시 세우는 일이다. 바꿔 말하면 철저한 개혁과 개방이 지금 이 시점에서 우리가 추구해야 할 목표가 된다. 개개인의 재산권보호, 차별 없는 경제적 자유 확대, 공정하고 투명한 경쟁질서 확립 등이 개혁의 목표이며, 잠재적 경쟁자의 출현을 막는 모든 종류의 진입장벽을 철폐해나가는 것이 개방의 목표이다. 경제발전의 역사를 보면 개혁과 개방을 모토로 하여 국가의 근간을 바로 세운 나라는 틀림없이 발전에 성공한다. 반면에 구성원들이 열심히 일할 유인을 갖지 못하고, 열심히 하려 해도 그럴 자유와 기회가 제약되며, 열심히 하지 않아도 도태될 위험을 느끼지 않게 하는 근간을 가진 나라는 필연코 퇴보한다.

사람들은 자신이 노력해서 얻은 과실을 대부분 자기가 누릴 수 있다는 확신을 가질 때 가장 열성적으로 경제활동에 임한다. 사유재산권을 보호해주는 것이 그래서 필요하다. 열심히 해보려는 동기가 아무리 강하더라도 실제로 그렇게 할 수 있는 자유가 주어지지 않으면 아무 소용이 없다. 따라서 경제적 자유를 보장해주는 것이 중요하다. 경제적 자유를 보장해주더라도 기득권자가 새로운 경쟁자의 출현을 방해한다면 소기의 목적을 달성할 수 없다. 따라서 공정하고 투명한 경쟁질서를 확립하는 것이 중요하다. 마지막으로 하고 싶고, 할 수 있다 하더라도 나보다 잘하는 사람이 출현할 수도 있다는 위협이 없으면 계속해서 잘 하기가 매우 어렵다. 따라서 개방을 통한 경쟁촉진이 필요하다. 결국 개혁을 통한 사유재산권 보호와 경제적 자유 허용 그리고 공정한 경쟁질서 확립과 개방을 통한 경쟁환경 조성이 발전의 요체가 된다.

이러한 발전의 원동력을 강화해나가되 그것이 모든 사람이 행복한 지속가능한 국가 건설에 이바지하는 것이 되게 하려면, 성장과 복지, 복지와 환경, 환경과 복지 사이의 영속적인 선순환 구조를 구축하는 방향으로 이루어지도록 해야 한다. 예를 들면 다음과 같다. 첫째, 성장을 도모하되 그것이 사회적 약자에게 도움이 되는 방향으로 하고, 복지를 확대하되 그것이 경제의 성장능력 확충에 도움이 되는 방향으로 한다. (동반성장) 둘째, 복지확대를 도모하되 그것이 환경보호와 자원절감에 도움이 되는 방향으로 하고, 환경보호와 자원절감을 도모하되 그것이 복지확대에 도움이 되는 방향으로 한다. (공생발전) 셋째, 환경보호와 자원절감을 도모하되 그것이 경제의 성장능력 확충에 도움이 되는 방향으로 하고, 성장을 도모하되 그것이 환경보호와 자원절감에 도움이 되는 방식으로 한다. (녹색성장) 넷째, 동반성장, 공생발전, 녹색성장을 추진하되 일회성에 그치지 않도록 함으로써 그것이 국가의 영속적 발전을 보장하는 것이 되도록 한다. (지속성 확보) 끝으로 이 모든 것을 행하는 데 있어 그것이 우리나라의 영속적인 번영뿐만 아니라 전 인류사회의 영속적인 번영에도 도움이 되도록 하면 좋을 것이다. (인류사회에 대한 공헌)

▶▶▶ 참고문헌

강종구·박창귀·조윤제, 2012, 「국가별 패널자료를 이용한 소득불균등 확대의 원인 분석」, 『경제분석』, 제18권 제1호, 한국은행 경제연구원: 85-116.

이지순, 2004, 『남북한 경제의 이질성: 경제통합에 관한 함의』, 서울대학교출판부.

_____, 2008, 「세계에서 가장 살기 좋은 곳, 새로운 대한민국을 위하여」, SK 경영경제연구소 편, 『최종현, 그가 꿈꾼 일등 국가로 가는 길』: 207-277.

_____, 2012a, 「경제발전이론의 연구동향과 쟁점」, 대한민국학술원, 『학문연구의 동향과 쟁점: 경제학』: 145-196.

_____, 2012b, 「남북한 경제통합: 어떻게 대비할 것인가?」 한국정책지식센터, 『통일한국 정부론』, 나남.

_____, 2012c, 「경제·산업 분야 핵심전략」, 이지순·서용석 편저, 『미래세대의 지속가능발전조건: 성장·환경·복지의 선순환』, 박영사.

최원, 2012, 「지니계수를 통해 본 소득불평등」, KIRI Weekly, 보험연구원: 10-14.

통계청, 「e-나라지표」, 각년도 및 http://kostat.go.kr

한국은행 경제통계시스템, 「한눈에 보는 우리나라 100대 통계지표」, 각년도 및 http://ecos.bok.or.kr

환경부, 2011, 「제2차 지속가능발전 기본계획」, http://moe.go.kr

Barro, Roberrt, and Sala-i-Martin, 2004, *Economic Growth* (2nd edition), The MIT Press.

Ekins, Paul, 2000, *Economic Growth, Human Welfare, and Environmental Sustainability: The Prospects for Green Growth*, London: Routledge.

Lee, Jisoon, 2010, *Green Growth: Korean Initiatives for Green Civilization*, Random

House.

________ , 2012a, "Examining a green growth model for policy implications," *Seoul Journal of Economics*, 25(1): 57–87.

________ , 2012b, "Policy options for sustainable green growth for all," *NRCS Green Growth Research*, 1: 21–59.

Meadows, Donnela, Jorgen Randers, and Dennis Meadows, 2004, *Limits to Growth: The 30 Year Update*, Chelsea Green Publishing.

Munasinghe, Mohan, 2010, *Making Development More Sustainable* (2nd edition), Sri Lanka: MIND Press.

Weil, David N., 2009, *Economic Growth* (2nd edition), Pearson Education.

제3장

경제성장과 사회발전: 경제민주화와 복지의 상생구조 모색

송호근

1. 서론: 지속가능한 경제성장*

한국의 경제성장은 지속가능한가? 이 질문은 세계경제가 심각한 침체국면에 접어들고 있는 요즘 더욱 절실하게 다가온다. 그도 그럴 것이, 한국경제는 세계경제의 동향이 경제성장에 결정적 영향을 미치는 상태, 즉 다른 국가들과 비교하여 무역의존도가 가장 높은 국가군에 속해 있기 때문이다. 한국경제의 주체들, 즉 정부, 기업, 취업자, 자영업자들의 경제적 헌신이 고스란히 결실로 나타나는 구조라면 무한한 노력만으로도 경제적 위기를 돌파할 수 있다. 그러나 한국경제는 세계시장과 단단히 맞물려 있고, 여러 형태의 여과기제를 가동한다 하더라도 세계경제의 부침은 그대로 한국경제의 호황과 불황으로 전이된다. 지난 10여 년 동안 한국의 경제성장률의 부침이 이런 가설을 입증한다. 경제성장률을 결정하는 여러 다른 조건이 같다면, 한국경제의 성장률 추세는 세계경제의 그것과 거의 상동구조다.

달리 표현한다면, 한국경제는 세계경제에의 노출 정도가 매우 높다. 노출 정도가 높은 것은 두 가지 쟁점을 제기한다. 하나는, 한국경제는 세계경제의 부침에도 불구하고 지속가능한 성장을 구가할 수 있을 것인가? 다른 하나는, 경제적 부침으로 발생하는 각종 불안정 — 예를 들면, 소득불안정과 취업불안정, 실업 — 과 양극화 현상(polarization)을 어떻게 통제 내지 극복할 수 있을 것인가? 하는 문제다. 복합성이 증대하는 현대사회에서 이 두 가지 쟁점은 분리 불가분의

* 이 글을 구상하면서 호흡이 길어져 아예 책 형태로 발전하게 되었다. 그 결과가 『이분법 사회를 넘어서』(다산북스, 2012년 9월)로 출간되었다. 이 글은 서론을 다시 쓰고, 빠진 부분을 추가하고, 경제민주화 및 복지와 관련된 책의 주요 내용을 요약, 발췌해서 재구성한 것이다. 그러므로 앞의 책과 내용이 상당 부분 중첩된다. 중첩되는 책의 페이지를 표시했다.

관계에 있다. 한국경제의 특성을 고려하지 않고는 지속가능한 성장동력을 발굴할 수 없으며, 성장동력은 다시 경제활동을 조직하는 각종 사회제도와 긴밀히 연결되어 있기 때문이다. 이 글에서는 세계경제의 부침이 국내로 전환되는 바로 그 과정에 지속가능한 성장의 실마리를 발견할 수 있다는 점에 주목하고자 한다. 다시 말해, 세계경제의 부침을 걸러주는 여과기제로서의 '사회제도'에 국제경쟁력의 본질이 내재되어 있다는 생각이다. 사회제도는 경제적 활동을 조직하는 시스템이자 세계경제에의 대응력과 적응력을 창출하는 기제다. 그렇다면 위에서 말한 두 번째 쟁점, 양극화 현상과 소득·취업불안정을 완화하는 사회적 기제의 창출이 지속가능한 성장을 위해 우선 절박하다는 사실을 강조하고 싶다. 이를 '경제동력의 사회적 생산'이라 불러도 좋을 것이다.

이런 질문을 해보자. 한국이 갈등비용을 치르지 않고 자원과 실력이 그대로 성장결과로 산출되었다면 현재 국민소득이 어느 정도 될까? 경영인들과 지도층 인사들은 대체로 3만 5천 달러 수준일 거라고 입을 모은다. 나도 동의한다. 인상적 얘기지만, 우리는 대개 일인당 국민소득 3만 달러 정도의 실력을 갖추고 있는 듯이 보인다.[1] 그런데 현실은 2만 4천 달러다. 1만 달러 정도를 다른 데에 허비하고 있는 셈이다. 더욱이 경제성장 모범국가로 꼽히는 한국은 선진국 클럽인 OECD 국가군 중에서 1만 달러에서 2만 달러에 도달하는 시간이 가장 길었다. 1994년부터 2011년까지였으니 무려 17년이나 걸렸다. OECD 국가 중, 국민소득 1만 달러에서 2만 달러에 도달했던 시간이 일본과 이탈리아가 약 5년, 미국, 영국, 독일, 프랑스, 노르웨이, 스웨덴 등이 10여 년, 호주가 15년 정도 걸렸다. 호주가 그렇게 긴 시간을

1) 이하 세 문단은 앞의 책 27~29쪽에서 발췌.

허비했던 것은 노동당 정권이 들어섰던 때문이다. 성장보다 분배에 초점을 맞춘 결과 상당한 진통이 따랐는데, 그래도 그 기간 갈등비용을 줄이는 분배제도를 제대로 도입해서 이후 착실히 성장가도를 달렸다. 한국은 뭔가? 호주처럼 15년 동안 분배제도를 잘 정비한 것도 아니고, 갈등비용을 줄이는 합의제도를 도입한 것도 아니다. 비용을 쓸데없이 많이 치른 것이다. 성장 모범국가의 내적 취약점이 무엇인지를 인식할 필요가 있다.

경제성장에 사회제도가 중요하다는 것은 두루 아는 바이다. 원래 복지국가(welfare state)는 '성장과 분배의 선순환'을 위해 고안된 것이다. 분배는 소득수준과 소비수준을 높이고, 사회적 헌신도를 증진해서 경제성장에 도움이 된다. 합의된 정신이 성장열기로 표출되는 것이다. 선진국의 성장역사를 보면, 분배갈등은 대체로 국민소득 5천 달러~1만 달러 지점에서 발생하는데 이런 국민적 요구에 부응하기 위해 '분배정치'를 도입한다. 분배제도를 두고 사민당과 보수당이 각축전을 벌였다. 분배정치는 사민당이 주도하고 보수당이 수용하는 게 일반적이었으며, 국가의 경제 사정에 따라 보수당집권 하에서도 각종 분배정책이 활발히 도입되기도 했다. 국민소득 2만 달러에 도달한 1990년대부터 선진국들은 성장패러다임의 일대 전환을 추진했다. '경제동력의 사회적 생산', 즉 경제패러다임에서 사회패러다임으로 전환한 것이다. 국민소득 2만 달러 지대란 경제동력이 사회적으로 생산되는 경제지대를 뜻한다. 사회제도의 혁신 없이 경제성장은 이뤄지지 않거나 정체된다. 가장 중요한 것이 분배제도, 넓은 의미에서 복지제도다. 선진국들이 일인당 국민소득 2만 달러에서 4만 달러 수준으로 빠른 속도로 올라선 것은 이미 분배, 복지제도를 제대로 정비하고 성장전선에 나선 덕분이다. 이 시점에서 '경제성장의 사회패러다임'이 중요해지는 이유가 이것이다.

한국으로 돌아와 보자. 지난 17년 동안 한국은 무엇을 했는가? 외환위기와 금융위기를 차례로 겪으면서 우리는 경제체질을 세계화의 요구에 맞추는 것, 즉 시장경제형으로 전환하는 데에 정책 초점을 두었다. 세계화의 높은 파도에 생존하려면 우리로선 다른 방법이 없는 불가피한 선회였다. 국가주도의 경제구조를 시장경제형으로 바꾸는 과정에서 대량실직, 파산, 공적자금 투여 등 의외로 비싼 대가를 치렀다. 세계화에의 적응 노력은 이제 어느 정도 안착된 것으로 보인다.

그런데 문제는 분배, 복지제도가 뒤따르지 않았다는 데에 있다. 한국은 지난 10년 동안 대체로 5%를 약간 밑도는 수준의 경제성장률을 기록했지만, 중하층, 저소득층으로 성장효과가 전달되지 않았다. 중산층 역시 극심한 소득불안정과 직장불안정에 직면했다. 양극화에 대한 사회적 관심이 고조된 것은 그런 배경에서이다. 중산층이 급격히 위축되면서 하층으로 편입되는 속도가 빨라졌으며, 일단 하층으로 편입된 후에는 그곳을 벗어나기가 점점 더 어려워지고 있는 것이 지난 10년 동안 한국사회가 겪은 현실이다. 한국은 사회제도가 경제발전의 수준을 따라가지 못한 상태, 경제와 사회제도 간 격차가 매우 크게 벌어지는 '격차사회(gap society)'의 일종이다. 이 격차를 메우지 못하면 경제성장도 점차 지체되기 마련이고, 설령 성장이 일정 기간 지속된다 하더라도 사회적 갈등비용이 커져 성장효율성이 결국 훼손될 것이다. 한국은 지금 이런 상태에 있다. 그러기에 일인당 국민소득 2만 달러의 의미가 과연 무엇인가 하는 반문과, 3, 4만 달러 수준으로의 진전이 과연 가능할 것인가에 대한 의문이 설득력 있게 들리는 것이다.

복지와 경제민주화가 한국사회의 최대 쟁점으로 부상했고, 결국 2012년 대선에서 가장 중대한 화두로 떠오른 이유가 이것이다. 복지와 경제민주화, 이 두 개념은 앞에서 언급한 '지속가능한 성장을 위한 사회제도의 두 축'에 해당한다고 할 것이다. 그런데 문제는 분배와 불평등 완화에 역점을 둔 나머지 복지와 경제민주화라는 시대적 쟁점이 성장침해적 방식으로 이뤄질 수 있다는 우려를 검토할 필요가 있다. 격차사회 극복을 위해 복지와 경제민주화에 정책적 비중을 옮기는 것은 필요하나 '어떤 방식인가', 혹은 '어느 정도인가'의 문제는 그리 간단하지 않다. 이 글에서는 분배와 복지제도를 성장기여적 방식으로 제도화한 국가를 '경쟁력 있는 복지국가(competitive welfare state)'[2]로 개념화하고, 특히 재벌중심적 성장패턴에 의존할 수밖에 없는 한국의 현실에서 성장과 분배 간 상호친화성을 증진할 수 있는 정책설계가 가능할 것인지를 모색하고자 한다.

2. 경쟁적 복지국가와 시대방정식

1) 경쟁적 복지국가

국가는 경제성장과 사회발전의 중심 기구이다. 세계화 시대에 시장의 확장과 시장경쟁의 위세 속에서 국가의 역할이 축소되고 있다거나 축소되어야 한다는 견해가 설득력을 얻고 있으나, 사실은 국가개입의 양식이 변화하였을 뿐 국가의 역할은 결코 약화되지 않았다. 한

2) 원래 복지국가 개념에는 경쟁력 증진이 내재되어 있는데, 유럽발 경제위기 여파로 최근에는 복지가 점점 경쟁력을 침해하는 요인으로 이해되고 있다. 그래서 '경쟁력 있는 복지국가'는 엄격히 말해 형용모순이지만, 경쟁력 증진에 기여하는 복지국가를 새로이 구상한다는 뜻에서 이렇게 명칭을 붙였다. 줄여서 '경쟁적 복지국가'라고 해도 좋을 것이다.

국처럼 국가주도자본주의(state-led capitalism)의 전통이 깊이 뿌리내린 사회에서는 국가의 기능과 역할이 여전히 중대한 영향력을 행사하고 있다. 다만, 세계의 여건 변화에 따라 국가의 개입양식(mode of intervention)이 바뀌어야 한다는 데에는 동의가 이뤄지고 있다. 그것은 국가가 자본가, 규제자, 경영자라는 전방위적 역할을 수행했던 과거의 관행으로부터 서서히 조정자(coordinator)의 역할로 위상변화를 해야 한다는 지적이다. 이런 경우, 국가의 감시력과 자율성이 약화될 수도 있겠으나, 이른바 '시장의 시대'에 규제자에서 조정자, 자본가에서 경쟁촉진자 내지 환경조성자로의 위상변화와 그 역할 수행에도 그 전과 같은 강도의 자율성이 요구되고 있다는 사실도 부인할 수 없다. 독일과 스웨덴 같은 사민주의국가에서 세계화에 대한 적응력을 높이려고 국가의 개입양식을 변화시켰다고 해서 정부의 위상이 약화되지 않은 것과 같은 이치다. 오히려, 시장기능의 상승세에 대하여 어떻게 국가가 반응하는가가 경제성장과 사회발전의 결과에 여전히 중대한 영향을 미친다. 독일과 같이 세금을 완화하고 복지축소를 단행했다고 해서 국가의 위상이 약화된 것은 아니기 때문이다.

한국의 경우, 시장에 대하여 전방위적 개입수단을 행사했던 국가는 2만 달러의 경제지대에서 그 위상을 변화시켜야 할 과제에 직면했다고 볼 수 있는데, '경쟁국가(competition state)' 개념에서 미래의 지향을 발견할 수 있다. 경쟁국가란 써니(P. Cerny)가 제시한 개념으로서 국가경쟁력을 높일 수 있는 다양한 개입수단과 제도적 환경을 만들어나가는 적극적 국가를 말한다(Cerny, 1997: 251-274). 그것은 규제완화, 사회적 투자, 간접자본의 활성화, 경쟁적 제도의 도입 등을 통해 시장을 활성화시키는 국가인데, 시장경쟁을 촉진하는 각종 제도를 기획하고 실행한다는 의미에서 '시장친화적 개입국가'라고 할 수 있다. '시장친화적'이라고 해서 반드시 모든 정책영역에서 시장기제를 적용하는 신자유주의적 국가는 아니고, 정책영역의 성격과 유형에 따라 경쟁(competition)과 사회적 보장(social security)을 적절히 배합할 수 있는 유연성을 갖춘 국가를 지칭한다. 세계화시대에 유연성(flexibility)이 기업부문에서 경제성장의 필요조건이라고 한다면 그것을 활성화하되 적극적 노동시장정책을 통하여 유연성에 희생된 노동계층을 보호하는 정책을 동시에 구사하는 것이 경쟁국가의 기본설계이다. 이 개념을 더 구체화한다면, 세계화(globalization)의 다양한 외적 압력과 변동양상에 적응할 수 있는 제도 환경을 갖춰나가는 국가, 유연보장(flexicurity)이라고 할 일종의 혼합적 정책을 융통성 있게 구사하는 국가를 '경쟁적 복지국가(competitive welfare state)'로 명명할 수 있을 것이다.

2) 시대방정식

경쟁적 복지국가를 만들기 위해 어떤 현실인식이 필요한가? 한국경제는 세계화의 험난한 바다에 떠 있는 조각배와 같다. 세계화의 충격과 위기는 그대로 한국경제 내부로 전이되어 임금생활자의 삶의 조건에 영향을 미친다. 이는 경제민주화와 복지가 지속가능한 성장의 최대 화두가 된 이유이기도 하다. 한국이 놓여 있는 상황을 다섯 개의 변수로 표현하면 다음과 같다. 세계화, 정부, 시장개방, 양극화, 분배구조로 이뤄진 일련의 관계는 한국경제와 한국인의 삶을 결정하는 거시구조인데, 그런 의미에서 '시대방정식'이라고 부를 수 있겠다.[3)]

시대방정식을 그림으로 나타내면 〈그림 3-1〉과 같다. 우선 왼쪽 두 개의 변수 '세계화'와 '(한국)정부'가 우리의 현실을 좌우하고 생애주

3) 이후 두 문단은 앞의 책 35~37쪽에서 발췌.

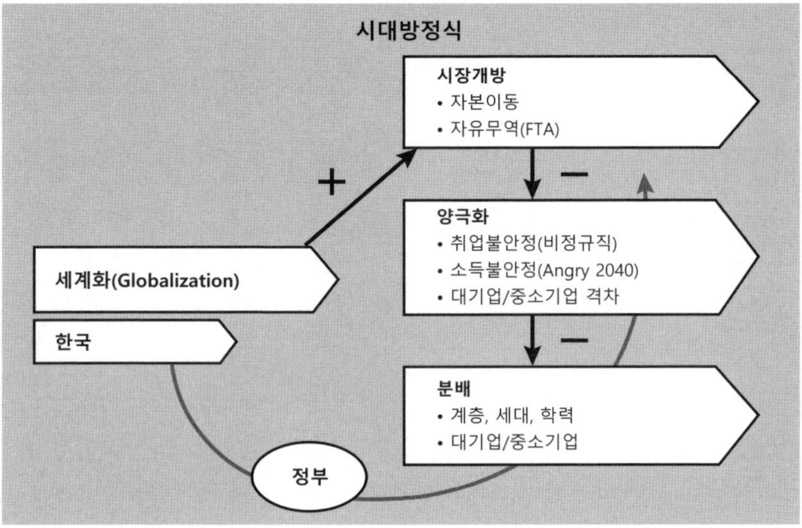

〈그림 3-1〉 시대방정식

기에서의 기회를 개폐하는 가장 중요한 행위자다. 오른쪽 세 개의 변수는 '세계화의 영향력'과 '정부의 복지정책'이 서로 결합, 삼투해서 산출되는 국내의 경제적, 사회적 결과들로서, 시장개방, 양극화, 분배구조의 연쇄고리를 그렸다. +는 촉진, −는 악화를 뜻한다. 긍정적 효과(+), 부정적 효과(−)는 필자가 임의대로 규정한 것이 아니라, 이 분야의 세계적 연구자들이 내놓은 공통 주장이다. 예를 들면, 미국 하버드대학 댄 로드릭(Dan Rodrik) 교수의 『세계화 너무 나갔나(*Has Globalization Gone Too Far?*)?』가 대표적 연구일 것이다.[4] 물론, 분석수준을 미시변수로 낮춰 세부 항목 간 관계를 따지면 효과의 방향이 달라질 수 있으나, 학계에서 공인된 이론에 의거하면 거시변수 간 관계는 그림과 같다.

4) Dani Rodrik(1997) 참조.

연쇄고리를 간략히 요약 설명하면 이렇다. "세계화'는 '시장개방'을 촉진하고, '시장개방'은 '양극화'를 낳으며, '양극화'는 '분배구조'의 악화를 가져온다. 따라서 세계화의 중단기적, 부정적 영향력을 각국 정부가 어떻게 상쇄할 것인가는 복지정책에 달려 있다. 이 시대방정식은 세계 공통이다. 무역의존도가 높은 한국은 +, − 효과가 증폭된다. 외환위기와 금융위기를 극복하는 과정에서 세계화에의 적응력을 높였고, 이후 40여 개국과의 자유무역협정 추진에서 드러난 바와 같이 시장개방에 드라이브가 걸린 반면, 복지정책은 매우 낮은 수준에 처해 있다는 점에서 그렇다. 세계화의 영향력이 여과장치 없이 그대로 국내에 삼투, 적용된다는 점에서 이 시대방정식은 한국에서 더 심각하다. 이념투쟁, 사회갈등이 증폭되는 이유이다. 한국은 세계자본주의의 모순과 민주화의 단계별 과제를 동시에 풀어야 하는 상황에 처해 있다.

각 변수 간 관계를 부연 설명해보자.

세계화와 시장개방: 세계화는 자본이동과 자유무역을 통해 시장개방을 촉진한다. IMF, World Bank, WTO가 세계화에 위배되는 규제장벽을 무너뜨리는 국제기구들이다. 시장옹호론자(marketeers)들은 시장개방이 경제성장을 촉진한다고 믿고 있는데, 아직 뚜렷한 증거는 나타나지 않았다. 경제체제가 취약한 국가일수록 단기적으로는 경제종속, 경기침체가 유발되는 사례가 많다. 해외무역 의존도가 높은 한국은 '시장개방'을 추진하지 않을 수 없다. 삼성전자는 영업이익의 90% 이상을 국외에서 올리고, 현대자동차 역시 국외 공장이 주력이다. 현대중공업은 100% 수출물량이다. 따라서, 시장개방이 성장촉진 요인인 것은 명백한데, '어느 정도인가?'(which degree?), '어느 부문인

가?(which sector?), 그리고 '누가 이익을 보고, 누가 피해를 보는가'가 문제다.

시장개방과 양극화: '적어도 단기적으로', 시장개방은 양극화를 가져온다. 활발한 자본이동은 채용/해고의 자율성을 필요로 하기 때문에 고용보호(employment protection)를 약화시킨다. 그 결과 취업불안정과 소득불안정이 초래된다. 특히 이런 폐해는 취약계층(청년, 여성, 미숙련노동자)에 집중된다. 자유무역 역시 경쟁력이 높은 대기업에는 시장점유율, 이윤율을 높이는 좋은 기회지만, 경쟁력이 취약한 중소기업, 지급능력이 작은 한계기업에게는 치명적일 수 있다. 그래서 적어도 단기적으로는 대기업/중소기업의 양극화가 악화되는데, 중장기적으로는 개선될 여지가 있다. OECD 국가 중 소득양극화 지수가 한국보다 큰 나라는 미국 정도다. 2004년, 한국을 100으로 했을 때 프랑스 65, 독일 71, 일본 76이었고, 미국은 125였다. (클수록 양극화가 심하다)

양극화와 분배구조: 양극화의 결과가 분배구조의 악화로 나타나는 것은 자연스런 이치다. 한국의 경제지표를 보면, 지난 10년간 계층, 세대, 학력별 소득구조가 점차 악화되어왔으며, 남녀간 임금격차도 벌어졌다. 지니계수는 0.304(2005년)에서 0.325(2010년)로, 상위 20% 소득을 하위 20% 소득으로 나눈 소득 5분위별 배율은 5.41(2005년)에서 6.20(2010년)으로 상승했다. 대기업과 중소기업의 임금격차는 더 심해져서 1.3배(1993년)에서 1.7배(2010년)로 큰 폭 증가했다.

그래서, 정부가 이런 부정적 영향을 어떻게 상쇄하고 보완하는가가 우리의 관심거리다. 악화일로에 있는 양극화와 분배구조를 그대로 내버려두면 사회통합은 불가능하고, 또한 사회갈등이 심해져서 생산성이 하락하고 결국 경제성장에 비상이 걸린다. 곡선화살표가 정부의 보호정책, 개입정책을 뜻한다.

정부의 보호, 개입정책의 유형과 성격은 민주화의 발전단계에 따라 점진적으로 바뀌는 경향이 있다. 흔히 민주화는 정치민주화, 사회민주화, 경제민주화의 세 단계를 거친다. 정치민주화의 핵심은 정치영역에서 '경쟁과 참여'를 촉진하는 것, 사회민주화의 핵심은 '기회균등'을 촉진하고, '소득불평등'을 줄이는 것, 경제민주화는 '거대자본의 과잉권력 통제'가 핵심이다. 민주주의로 이행한 국가들은 이 세 단계를 차근차근 밟아 나간다. 한국 역시 마찬가지다. 한국은 김영삼 정부와 김대중 정부(1993~2002년)에서 정치민주화를 어느 정도 다졌다고 보면, 노무현 정부와 이명박 정부(2003~2012년)의 과제는 사회민주화였고 볼 수 있겠다. 사회민주화가 어느 정도 이뤄졌다면 2012년 대선정국에서 복지와 경제민주화가 최대의 쟁점으로 떠오르지는 않았을 것이다. 그러나 '비주류의 주류화'를 겨냥했던 노무현 정부는 과격한 '말의 정치' 때문에 좌절했고, 이명박 정부는 '無정치' 속으로 그 중대한 과제가 증발했다. 사회민주화와 경제민주화가 한꺼번에 떠오른 배경이다.

민주주의가 가장 발전된 나라로 꼽히는 스칸디나비아의 사회민주주의국가들은 1960년대부터 '생산과 소비의 사회적 통제(social control of production and consumption)'를 목표로 삼았다. 사회민주화(소비)와 경제민주화(생산)를 동시에 겨냥한 목표였는데, 사실은 1970년대 말까지는 각종 복지제도를 도입하고 확대하면서 '사회민주화'에 주력했고, 소득과 소비의 불평등이 어느 정도 극복된 1980년대 초반 이후에는 '경제민주화'로 돌입했다. 스웨덴 복지모델은 전 세계 국가들이 주목할 만큼 매력적이었다. 이를 바탕으로 스웨덴은 경제민주화의 깃발을 올렸다. 그런데 그게 쉽지 않았다. 마침 1980년대 초반부터 전 세계에 거세계 불어닥친 시장개방 압력과 신자유주의 추세 때문에 경제민주화 노력은 번번이 좌절되었다. 자본이 정치적 타협을 거부하면 경제민주화는 불가능하기 때문인데, 시장개방은 거대자본에게 국외탈주라는 통로를 뚫어주었다. 스웨덴은 한국보다 대자본의 독점력이 높은 나라인데, 1980년대 초반부터 값싼 임금을 찾아 국외로의 탈출이 시작되었다. 정치적 타협을 해야 할 파트너가 사라진 것이다.[5] 경기침체와 경쟁력 하락에 위기를 느낀 금속산업의 대자본들이 외국으로 빠져나가기 시작했던 것이다. 경제민주화, 즉 '자본에 대한 사회적 통제'는 생각만큼 쉽지 않고 자칫하면 경기침체를 가져올 수 있기에 신중을 기할 사안이다. 복지와 경제민주화가 한꺼번에 터져나오는 우리의 상황을 조금은 근심스런 시선으로 바라보는 이유이다. 복지와 경제민주화가 경제대국이 된 한국의 시대적 과제라는 점은 두말할 필요가 없는데, 우선순위가 무엇인가, 어떻게 실행하는가에 따라 국운이 좌우될 것이기 때문이다. 이 두 가지 난제를 어떻게 봐야 할 것인가?

3. 사회민주화와 경제민주화

1) 복지와 경제민주화[6]

'생산과 소비의 사회적 통제', 즉 사회민주화와 경제민주화는 연속적이면서 서로 중첩된 과제다. 사회민주화의 핵심정책을 복지제도라고 한다면, 복지제도는 경제민주화와 맞물려 있다. 경제민주화를 전

5) 앞의 책 153~154쪽에서 발췌.
6) 앞의 책 154~160쪽에서 발췌.

제하지 않고 사회민주화는 어렵고, 사회민주화가 안 된 상태에서 경제민주화는 의미가 없다. 다시 스웨덴의 사례를 들면, 연대임금정책(solidarity wage)이라는 것이 있다. 스웨덴을 일찌감치 복지국가의 선두로 나서게 한 임금정책인데, '기업간 임금격차 해소,' '산업경쟁력 증진,' '공공복지 증대'라는 세 마리 토끼를 한꺼번에 잡는 방식이다(송호근 1997).

연대임금정책은 스웨덴 복지국가의 엔진이었다. 노동자 간 임금격차를 줄이고, 산업경쟁력을 증진하고, 동시에 공공복지를 늘렸다. 이 경우 공공복지는 자본과 노동 간 타협을 종용하는 촉매제 역할을 한다. 이런 의미에서 복지(welfare)를 사회적 임금(social wage)이라고도 하는데, 사회적 임금은 경제성장의 발목을 잡는 '인플레이션과 실업률'의 딜레마를 푸는 해결사였다. 경제학에서 '역 U자 곡선'으로 불리는 그 딜레마가 그것이다. 경제성장이 이뤄지려면 대규모 자본투자가 필요한데 자본투자는 중단기적으로 인플레를 유발한다. 고율의 인플레는 기업의 지불능력을 저하시키고, 이는 기업으로 하여금 구조조정과 해고(downsizing)에 나서도록 만든다. 경제성장을 지속하면서 인플레를 낮추는 것이 최고의 실업정책이라고 한다면, 사회적 임금의 공여가 그 해답이었다. 사회민주주의국가에서 최고의 목표는 언제나 완전고용(full employment)이었다. 일자리를 지키는 것이 가장 중요했다. 자본주의에서는 달성 불가능한 그 난제를 사민주의는 사회적 임금(복지)으로 풀었다. 그래서 복지는 '일자리 지키기', 다른 말로 '완전고용'과 동의어다.

복지는 그냥 국민이 의당히 받아야 할 권리라는 뜻의 '무상복지'로 통용되는 한국의 상황과 다른 점이다. 한국의 복지담론과 경제민주화 담론에서 빠진 것이 바로 '복지=기업경쟁력 강화=일자리 지키기'라는 등식이다. 국가가 일자리를 만드는 데에는 한계가 있다. 자본주의에서 일자리 창출의 주역은 기업인데, 기업경쟁력을 높이지 않고는 좋은 일자리를 대량으로 창출할 수는 없는 노릇이다. 임금양보는 자본가에게는 경쟁력 제고의 좋은 인센티브였다. 노동자들은 임금양보의 대가로 완전고용을 요구했고, 국가는 각종 기업 혜택과 사회적 임금을 제공했다. 복지재정은 자본이 스스로 선택한 고율의 법인세와 영업세, 그리고 국민의 혈세로 충당했다. 다시 말하건대, 복지는 지속가능한 경제성장의 엔진이다. 이런 전제가 없는 '무상복지'는 한국을 아르헨티나로 만들고 싶은 위험한 발상이다.

'복지=일자리창출'을 복지방정식이라고 한다면, 1차적으로 사회민주화, 2차적으로 경제민주화의 단계별 개혁조치들이 필요하다. 기회균등, 차별 제거, 소득불평등 축소를 위한 각종 제도가 복지국가라는 큰 틀로 묶여야 하고 국민이 그것에 동의해야 한다(사회민주화). 복지재정의 큰 몫을 담당하는 자본의 동의는 필수적이다. 스웨덴의 자본가라고 해서 한국의 자본가와 본질적으로 다르지 않다. 세계의 자본가들은 이익극대화를 추구하는 공통점이 있다. 다만, 스웨덴의 자본가들은 '국민적 합의'에 복종할 수밖에 없었는데 그것이 기업경쟁력 강화에 도움이 되었기 때문이다. 그래서 '생산의 사회적 통제'를 수용했고, 고율의 세금을 냈고, 종업원들의 일자리를 지켰다(경제민주화). 자본가들은 고율의 세금을 내고 노동자 복지에 거금을 투여할 때 항상 '노동자들은 생산성 향상에 힘쓴다'는 단서조항을 달았다. 1980년대 이후 신자유주의 시대로 진입하면서 이런 상황이 조금 어려워지긴 했지만, 복지방정식은 그대로 유지하고 있다.

이런 의미에서 사회민주화와 경제민주화는 연속적이고 중첩적이다. 기회균등과 불평등 축소는 복지제도를 통해 이뤄지고, 복지제도는 경제민주화의 여러 개혁조치로 작동한다. 복지와 경제민주화가 연결되려면, 무엇보다 자본과 노동의 타협, 국가와 시민사회의 합의가 필요하다. '복지=기업경쟁력 강화=일자리 지키기'라는 등식을 믿고 노력해야 한다. 사민주의에서는 이것을 성사시켰다. 그런데 한국에서는 이게 어렵다. 모두 제각각이기 때문이다. 모두 각자의 권리 지키기에 단호하고, 각자의 입장을 외치기에 급급하다.

2) 양자의 연결고리: 일자리 정치(Politics of Jobs)

두 개 정책영역을 합한 개념을 '공정성'이라 한다면, 어느 국가든 보수와 진보는 서로 다른 공정성 개념을 설정한다. 양 진영의 양보와 타협이 없다면 충돌이 불가피한 것이다. 복지와 경제민주화를 상세히 논하기 전에 시대방정식에서 이 두 정책영역이 어디에 놓여 있는지를 우선 확인해두자.[7]

세계화, 시장개방, 양극화, 분배악화로 이어지는 연쇄고리가 세계화의 구조이다. 이 연쇄관계가 +, −, −로 되어 있다는 것은 세계화 연구자들의 공통적 결론이다. 적어도 중단기적으론 그렇다. 세계화는 시장개방을 촉진하는데(+), 시장개방은 결국 재벌과 대기업에게 유리한 환경을 조성한다. 그것은 곧 양극화(−)를 낳고, 양극화는 분배구조의 악화(−)를 가져온다. 그렇다면 정부는 어떻게 할 것인가? 여기에 두 가지 가설이 있다.

신자유주의 가설: 시장개방은 단기적으로는 양극화와 분배구조의 악화를 낳지만, 중장기적으로는 그것이 해소되고 공동체의 번영을 가져올 것이다. 따라서 정부의 시장개입은 최소화하는 것이 맞다(최소화 가설).

---

7) 이하 내용은 앞의 책 189~193쪽에서 발췌.

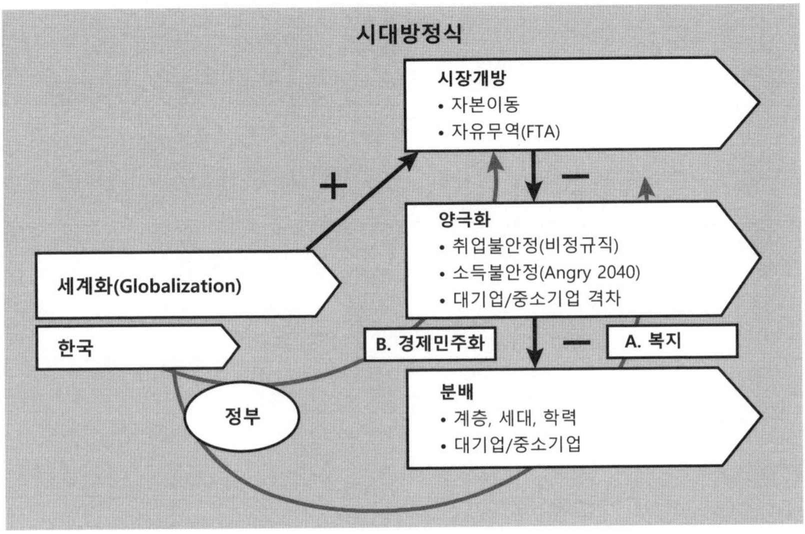

〈그림 3-2〉 복지와 경제민주화

사민주의 가설: 시장개방은 단기적으로도, 중장기적으로도 양극화와 분배악화를 영속화한다. 따라서, 시장왜곡을 가져오지 않는 한도에서 적극적 개입이 필요하다.

두 가지 가설 중 필자는 '사민주의 가설'에 동의한다. 신자유주의 추세가 30년 지속되었지만 양극화와 분배구조의 악화는 수그러들지 않았으며, 더욱이 세계금융의 지배력이 더욱 확대되어 주요 국가들은 강대국 중심의 금융자본에 대한 대처능력이 현저하게 떨어졌다. 심지어는 미국 정부도 월가자본주의의 명법에 따르지 않을 수 없는 지경에 이르게 되었다. 그런 까닭에 정부는 적어도 두 개의 정책망을 적극 가동해야 한다. 이것은 시대적 명령이자 정권의 사명이다. 시대방정식 그림에서 분배악화에 대한 대응정책이 [A 복지정책]이고, 양극화에 대한 대응방안이 [B 경제민주화]이다. 이 두 가지가 국내정치의 핵심이다. 노무현 정권, 이명박 정권에서 실패한 과제가 박근혜 정권에 양도된 것이다. 양극화와 분배악화가 서로 떼어놓을 수 없는 변수이듯, 복지와 경제민주화는 긴밀하게 연관되어 있다.

사회민주화와 경제민주화는 서로 필요로 한다. 그렇다고 동시에 이뤄지는 것은 아니고, 유럽의 경험으로 보면 사회민주화 → 경제민주화 순으로 나아간다. 우선 사회민주화를 정착시키는 데에 필요한 경제민주화 항목을 선별적으로 요청하는 것이다. 사회민주화가 어느 정도 진전된 상태라면, 경제민주화도 그런대로 이뤄지고 있다고 봐야 한다. 스웨덴은 사회민주화가 일정 수준 도달한 뒤에 본격적인 경제민주화로 나아갔다. 그런데 대자본과 관련된 경제민주화는 사회민주화보다 더 어려운 문제여서 스웨덴조차도 실패한 경험이 있다. 다시 말하건대, 사회민주화의 핵심은 '기회균등'과 '소득평등'이고, 경제민주화는 '거대자본의 과잉권력 통제'가 핵심이다. 전자는 목표가 비교적 분명해 보이지만 그 구체적 정책대안과 우선순위 논쟁에 들어가면 극심한 혼란이 일어난다. 바로 '무상복지'가 그렇다. 그런데 후자는 목표와 정책사안 모두에서 극심한 혼란에 휩싸여 있다. 경제민주화는 결국 '재벌개혁' 내지는 '재벌해체'로 집약되는 것은 아닌가 하는 우려를 자아냈다. 지난 2012년 총선에서 통합진보당은 "30개 재벌을 3000개 기업으로 쪼개자"는 구호까지 내놨고, 민주당도 이렇게 급진적은 아니지만 '강력한 재벌규제'를 경제민주화의 목표로 설정하고 있기에 그렇다. '거대자본의 과잉권력 통제'라는 취지에는 일견 맞는 듯 보이지만, 경기침체 혹은 기업경쟁력 약화라는 '뜻밖의 결과'를 가져온다면 문제는 달라진다. 복지전선에 이상이 발생하는 것이다. 복지의 핵심인 '일자리 창출'에 비상이 걸리는 것이다. 여기서 "복지=기업경쟁력 강화=일자리 창출"이라는 복지 등식을 환기할 필요가 있다. 스웨덴과 핀란드에서 대기업의 독점력은 한국보다 크다. 이 두 가지 과제를 어떻게 이룰 것인가? 보수와 진보의 격돌이 예상되는 이 난제를 어떻게 풀 것인가? 과연 양 진영이 타협과 합의를 성사시킬 수 있을 것인가? 합의안은 공공복지와 기업경쟁력에 도움이 되는가, 아니면 복지는 늘고 성장 엔진은 꺼지는 것인가?

복지와 경제민주화 논쟁은 항상 이런 질문을 동반했고, 양 진영의 논리는 평행선을 긋는다. 누가 더 강력하게 주장하는가, 누가 더 논리적인가로 판결이 날 공산이 크다. 그러나 스웨덴과 핀란드에서 보듯이, 양자는 상호모순적, 상호충돌적 관계가 아니다. 복지등식을 가만 생각해보면, 한국의 담론에서 빠진 것이 있다. 양자를 연결하는 고리인데, 바로 그 고리에 '일자리 정치(politics of jobs)'가 놓여 있다. 복지와 경제민주화는 '일자리 정치'에 의해 상호보완적 관계로 변한다. 정책목표가 무작정 '무상복지'와 '재벌해체'가 되면 일자리는 어떻게 누가 창출할 것인가? 이 점을 고민해야 한다. '일자리 정치'가 복지와 경제민주화를 연결하는 고리라는 것이 이 글의 핵심 주장이다. 이 점에 대해서는 5절에서 살펴볼 것이다.

4. 복지담론과 쟁점들

1) 무상복지 논쟁

2011년 10월 무상급식 저지를 겨냥한 주민투표가 개함기준을 충족하지 못해 무산됐다. 주민투표로 결판을 낼 정도로 복지쟁점이 한국정치와 시민을 대립전선에 서게 한 적은 일찍이 없었다. 복지를 둘러싼 논쟁과 갈등은 노무현 정부 때에 이미 형성된 것이지만, 국회에서의 설전과 시민단체 간 대립은 자주 발생했어도 주민투표에 호소할 정도는 아니었다. 비록 뚜렷한 결과에 이르지는 못했지만, 주민투표는 시민에게 학습효과를 제공했다는 점에서 주목할 만하다. 복지란 무엇인가?라는 기초적 질문에서부터, 무상급식이 정당한가?라는 구체적 질문에 이르기까지 시민은 매우 복잡한 인식의 경로를 거쳐야 했다. 더욱이, 대통령이 '재벌 아동에게도 무상급식을 제공하는 것이 옳은가'를 꼬집어 반문하는 상황에서 무상복지를 찬성하는 사회담론에 동의하기는 쉽지 않았을 것이다. 언론과 방송은 주민투표가 시민을 부자와 빈자로 갈라놓았다고 우려했다. 계급투표 혹은 정치성향을 드러내는 공개투표였다는 비난의 목소리도 높았다.

필자는 무상급식이 주민투표로 결정할 만큼 중대한 복지정책에 속하는 것은 아님을 인정하면서도, 시민의 복지관심을 높이고 복지담론을 발화한다는 점에서 의미가 있다고 생각한다. 무상복지시리즈를 앞세우는 민주당의 정치적 목적은 두 가지다. 민주당을 복지정당으로 자리매김해서 중도성향의 유권자를 확보하려는 전략이 하나이고, 서민들에게 가장 호소력 있는 정책 사안을 제안해 이른바 '보편적 복지'로 나가는 교두보를 확보하려는 정책적 목적이 다른 하나다. 한나라당 역시 친서민정책 강화와 복지예산 증액조치로 부자정당 이미지를 탈색시키려 노력했고, 그를 이은 새누리당 역시 마찬가지다. 그러나 친서민적 복지정책을 적극 실행하고 있다는 이명박 정부의 발언에도 불구하고 시민과의 심리적 거리는 멀었고 실지로 복지패러다임은 전혀 변화되지 않았다.[8] '분배와 평등'을 유난히 강조했던 노무현 정부에 비하면 이명박 정부에서 단행된 복지정책의 양적, 질적 변화는 상대적으로 적고 미미하다. 민주당의 정략은 여기에 맞춰져 있을 것이

8) 2011년 가을 한나라당에서 비정규직 보호를 위한 '괜찮은' 복지정책을 발표했다. '보편적 복지'를 정확히 겨냥한 정책이다.

다. 경제담론에 눌려 주변영역으로 밀려난 복지담론의 위상을 회복하는 것, 그리하여, 대중부문(popular sector)과 중산층의 사회적 발언권과 정치적 위상을 높여주는 것이 그것이다. 그 정략의 창구가 바로 무상복지시리즈였다.

그런데 왜 '패러다임적 전환'에 해당하는 거시정책이 아니라 작고 사소한 '프로그램적 전환'에 집착하는가? 무상의료를 제외하고는, 무상보육, 무상급식, 반값등록금과 같은 것은, 복지국가의 골격을 바꾸는 큰 그림의 개혁은 아니다. 말하자면, 민주당은 무상복지를 '복지국가로 나가는 비상구(exit)'로 설정했다고 필자는 판단한다. 비상구란 정상적인 문(門)이 아니다. 골격을 바꾸는 문(門)을 정상적 경로라고 한다면, 복지정책의 발전단계로 보아 주변에 속하는 출구를 뚫고자 하는 것이다. 한국의 복지정책은 외환위기 이후 이런 비상적 수단을 통해 점진적, 부분적 개선이 이뤄져왔거나, 정상적 발육이 저지되어왔다. 왜 이렇게 되었는가? 필자는 외환위기를 계기로 한 김대중 정부의 개혁조치들을 '복지국가의 태동'으로 평가한 바 있다. '복지국가의 본격적 태동'은 아니더라도, 1998년 경제위기가 한국을 복지국가의 초기단계로 진입시키는 계기로 작용했으며, 복지국가의 발전을 촉진할 수 있는 정치적, 사회적 제도들을 적극 도입했다는 점에 주목했다(송호근·홍경준, 2006). 유럽과 같이 '실질적 복지국가(substantive welfare state)'에 도달하기에는 많은 시간이 소요될 터이지만, 복지국가의 태동을 알리는 징후와 조건들이 현저하게 늘어났다. 선진국들의 복지축소 추세, 또는 세계화의 '효율성가설(efficiency hypothesis)'을 반증하는 사례로 한국이 주목받았던 것도 경제위기 상황에서 복지제도의 점진적 확대가 이뤄진 때문이다. 노무현 정부는 아예 '분배와 평등'을 국정의 제일 목표로 설정해서 복지담론과 복지정책을 전면에 내세웠다. 그러나 참여정부가 정책역량을 쏟아부은 것만큼의 성과를 얻지는 못했고, 세계화가 복지에 미치는 부정적 영향의 반증사례로 주목할 만큼 변화가 있었던 것도 아니다. 외환위기 이후 지난 14년간의 발전궤적은 사회적 서비스와 빈곤정책에 집중되어 있고, 그 양적 변화량도 괄목할 만한 모범사례임을 입증하지도 못한다. 한국의 복지정책은 '제도적 제약(institutional constraints)'과 '거부권(veto points)'이라는 이중적 벽에 갇혀 있다. 민주당이 설정한 무상복지는 그 이중벽을 돌파하려는 고육지책인데, 1998년 외환위기처럼 극심한 경제위기가 찾아오지 않는 한 그 이중벽은 여전히 복지담론을 무력화하는 위력적인 장애물로 작용할 것이라는 점이 한국의 복지현실이다.

복지정당으로 도약하려는 정당들이 비상구를 택할 수밖에 없는 이유, 그 비상통로는 생산체제와 민간 대기업에 충격을 가하는 극심한 경제위기가 발생하지 않는 한 차단될 개연성이 높다는 사실이 한국에서 '새로운 복지정치(new politics of welfare)'의 구조적 한계를 설명한다. 민주화와 더불어 시작된 '복지국가의 시동'이 본격적인 '복지국가의 탄생'으로 발전하려면 비상구가 아니라 '정상적 문'을 두드리고 그것을 통과하는 것이 필수적이다. 즉, 사회보험의 개혁이 우선이라는 말이다. 줄잡아 연인원 2,500만 명이 넘는 경제활동인구가 '4대 사회보험'의 사각지대에 놓여 있는 현실, 4대 보험이 불평등 유발 효과(inequality-increasing effect)를 낳고 있는 현실을 두고,[9] 자녀복지로 눈을 돌려야 하는 한국의 복지정치를 정상적이라 할 수 없다. 그렇게 된 이유는 정면 돌파를 택하는 정상적 전략이 엄청난 정치적 반발(political backlash)을 불러오기 때문이다. 1999년 도시자영업자 연금개혁과 의약

9) 연금과 고용보험 가입률이 각각 59.7%, 60.3%인데, 혜택을 못 받는 경제활동인구는 줄잡아 2,500만 명을 넘는다. 더욱이, 고용보험은 저임금, 비정규직일수록 수혜율이 낮다. 그래서 불평등유발 효과가 크다.

분업 사태에서 약간 그 맛을 보았다.[10)]

2) 늦은 시동과 더딘 성장, 1987~2011

복지는 민주화의 함수이다. '어떤 민주주의인가?(which democracy?)'에 따라 복지체제가 달라지는 것은 지난 20세기 역사가 말해준다. 1987년 민주화 이행이 시작됨과 동시에 한국의 복지체제는 시동을 걸었고, 1998년 외환위기를 거치면서 질적, 양적 확대 과정을 경험했다. 외환위기가 세계화의 산물이라고 한다면, 복지는 '민주화'와 '세계화'를 축으로 확대, 축소, 재조정 과정을 거치는 것이 세계 국가들의 일반적 모습이다. 한국은 민주화와 세계화가 복지의 양적 확대와 질적 변환에 긍정적 영향을 미친 보기 드문 사례이다. 더 후퇴할 것도 없는 상황, 복지의 출발선이 워낙 빈곤했기 때문에 얻은 불명예스런 평가였다. 아무튼, 일인당 국민소득 1만 달러의 경제지대에서 민주주의 한국은 복지제도를 적극 개혁하기 시작했는데, 그에 따른 갈등과 진통도 상당했다. '늦은 시동'이었지만, 1990년대에는 그런대로 '빠른 성장'을 보여주었다. 경제규모에 걸맞는 수준에 도달하려는 일종의 '따라잡기(catching-up)'의 과정, 또는 경제수준과 사회복지의 격차를 메우려는 과정이었다고 보아도 무리가 없다. 그 전반적 특징을 요약하면, 다음과 같다.

• 노태우 정부에서 김대중 정부까지는 주로 사회보험의 양적 확

10) 의약분업에 관한 분석은 송호근(2001) 참조. 이런 관점에서 보면, 노무현 정부에서 행한 국민연금 개혁은 유례없는 성공사례라고 할 것이다. 아무튼, 민주당의 '무상의료'는 의사집단과 일대 전면전을 예고한다.

대에 초점이 맞춰졌다. 그 결과, 사회보험 예산이 급증했으며, 그 이후에는 소폭 하락했다가 수혜자의 자연증가에 따라 점진적인 증가세를 보인다.

• 사회보험의 양적 확대가 일단락된 1999년 이후에는 주로 사회적 서비스와 공공부조의 질적 변화에 복지개혁이 집중되었다. 공공부조와 사회적 서비스 관련 예산이 그때부터 늘어났는데, 그 증가세는 대체로 완만하다. 말하자면 민주화 초기 10년은 사회보험 개혁에, 후기 10년은 사회적 서비스 개혁에 복지정치가 편중되었다는 뜻이다. 가장 기본적인 안전망인 사회보험이 '세계화'와 연관성을 많이 갖고 있음에 비해, 사회적 서비스와 공공부조가 '민주화'와 더 밀접한 관련이 있다고 보면, 초기 10년은 세계화에, 후기 10년은 민주화에 반응한 결과다.

그럼에도 한국에서 사회보험(social insurance)은 '위기관리정치(politics for crisis management)'의 수단이라는 사실은 변하지 않았다. 민간부문에서 경제위기가 발생하지 않는 한, 정부는 사회보험에 손을 댈 필요성을 느끼지 않으며, 또한 시민사회의 압력에 직면하지 않는다. 다음의 두 가지 이유에서이다.

첫째, 사회보험은 이해당사자나 이익집단과 단단히 결박되어 있기 때문에 개혁의 위험부담이 매우 크다. 일단 도입되면 막대한 예산이 필요하다(lock-in effect). 또한 비용부담을 둘러싸고 납세자의 저항과 수혜자들의 혜택논쟁을 유발하기 십상이다. 1996년 고용보험을 도입할 당시 대기업과 중소기업의 막강한 반대에 부딪쳤으며, 1999년 도시자영업자 연금개혁에서도 자영업자들의 거부운동이 드셌다. 2007년 연금개혁이 의례적으로 성공한 것은 연금수급 대상자가 조직화되어 있지 않았고, 청장년층에게 그것은 미래의 일이었기 때문이다. 사회보험 개혁은 위험부담이 크기에 정권의 지지도에 악영향을 미친다.

둘째, 한국에서 사회보험은 민간기업의 구조조정(structural adjustment)과 직결되어 있다는 사실에 주목을 요한다. 민간기업이 경제위기 시에 또는 세계시장에서 경쟁력을 높이기 위해 대량해고와 감원을 단행해야 할 때 국가는 비로소 사회보험에 개입한다. 국가와 자본 간 교환이 이뤄지는 것이다. 노동조합의 거센 도전에 직면했던 노태우 정부의 사회보험 확대조치들, 1996년 김영삼 정부가 도입한 고용보험이 그 대표적인 사례이다. 1995년 당시 자본은 위기 극복을 위해 보험료 납부부담을 지는 대신 대량해고 권한을 국가에 요구했다. 김대중 정부는 IMF가 명시한 대규모의 구조조정을 기업에 강요한 대신 사회안전망을 곳곳에 깔았다. 연금, 산재, 고용보험을 확대했고, 노동시장정책을 시행했다. 그러나 그것이 사회보험 개혁으로서는 거의 마지막 시도였다.

한국에서 사회보험 개혁은 민간부문의 구조조정 함수다. 구조조정의 필요성이 제기되지 않는 한 사회보험 개혁은 시도되지 않는다. 정치적 위험부담이 많기 때문이다. 기업과 생산체제에 어떤 위기 징후가 발생할 때에만 그것을 해결하는 방향으로 사회보험을 변화시킨다. 복지정치의 주요 행위자인 자본, 노동, 국가는 그 위기를 가장 효율적으로 해결하는 방식을 모색하고 합의한다. 이 점이 친복지정권인 노무현 정부에서 패러다임 개혁에 왜 성과가 별로 없는지를 설명해준다. 경기가 활성화된 것은 아닐지라도 외환위기 이후 생산체제는 어느 정도 안정되었고, 비정규직이라는 대규모의 완충지대가 존재해 고용주들의 기업구조조정에 여력을 높여주었기 때문이다.

좌파와 우파를 막론하고, 한국의 복지정치가 사회적 서비스에 불균형적 집착을 보이는 이유가 이것이다. 정치적 위험부담이 큰 사회보험 개혁은 가능한 한 피하고, 대신 표적집단을 대상으로 한 사회적 서비스 도입에 초점을 맞추게 된다. 그것은 정치적 지지시장의 확대를 동시에 겨냥한다. 한국의 복지정치는 위험부담의 최소화를 위한 '사회보험 개혁의 기피'와 정치적 지지도를 높이기 위한 '공적(功績) 주장(credit claiming)'에 몰입하는 경향이 있다. 이는 한국의 복지정치가 '포퓰리즘적 정치(populist politics)'로 흐를 위험이 많다는 사실을 암시한다.[11] 민주당의 무상복지시리즈가 그렇고, 노무현 정부의 '참여복지', 이명박 정부의 '능동적 복지' 역시 그런 유혹에서 자유롭지 못하다.

3) 사각지대의 비시민(非市民)들

국가로부터 보호받을 권리를 '사회적 권리'라고 할 때 가장 중요한 기준이 사회보험이다.[12] 그런데 한국에는 이 사회적 권리가 없는 비시민(非市民)이 광범위하게 존재한다. 4대 보험의 사각지대가 매우 넓어서 줄잡아 연인원 2,500만 명이 사회적 권리가 부정된 채 살아가고 있다. 건강보험은 대체로 모든 국민을 포괄하고 있는 반면(99.7%), 국민연금은 59.7%, 고용보험은 임금근로자 중 63.3%만이 혜택을 받는다. 숫자로 따지면, 국민연금은 가입대상자의 40%인 1,200만 명이, 고용보험은 총취업자 2,274만 명 중 58.8%인 1,336만 명이 사각지대에 놓여 있다. 연금보험의 도입 역사가 짧아서 일정 기간이 지나면 수급자가 급증할 것이기는 하지만, 문제는 65세 이상 고령층의 수급비율이 절대적으로 낮아서 (약 20%를 조금 상회함) 노인빈곤의 원인이 되고 있다

11) 복지옹호론자들을 무조건 포퓰리즘으로 비난하는 것은 옳은 태도가 아니다. 포퓰리즘 비난론자들이 혹시 비정규직에도 4대 보험을 확대 실시하자는 제안을 포퓰리즘이라고 혹평한다면 그것이야말로 반복지 포퓰리즘이다. '포퓰리즘'이란 이 부정적 용어는 복지 대 반복지 전선을 가르는 기준으로 고착되어 있는데, 사용 시 매우 신중한 태도가 필요하다.

12) 이하 내용은 앞의 책 168~173쪽에서 발췌.

는 사실이다. 세계에서 고령화 속도가 가장 빠른 사회에서 '노인빈곤'은 해결해야 할 시급한 과제다. 정부가 기초연금으로 우선 급한 불을 끄고자 한 것은 그나마 다행스런 일이다.

연금보다 더 시급한 것이 고용보험이다. 청장년실업, 조기 퇴직이 늘어나는 상황에서 고용보험 수혜자는 지극히 소수에 지나지 않으며, 수급액도 월 20~30만 원 정도여서 생계비 보전과는 거리가 멀다. 실업급여액을 현실화하는 것(updating), 기존 월급의 90%선을 지급하는 유럽을 준거로 한 개혁안이 정치권에서 제안된다면 아마 그 정권은 실각할 위험이 크다. 세계화의 충격 속에서 어떤 정권도 일자리 창출을 강조하지만, 실업자를 생계위험에서 보호하는 사회정책도 그것에 못지않게 중요하다. '일자리 창출'을 복지처방전이라 외쳐온 한국의 역대 정부는 노동시장정책과 고용보험이라는 복지국가의 중대한 영역에서는 손을 놓고 있었다는 점에서 공통이다. 이른바 '적극적 노동시장정책'이 선진 복지국가의 일자리 정책이자 실업정책이라는 사실을 한국처럼 외면해온 국가도 없을 것이다.[13] 실업자, 실직위험에 처한 취업자, 경쟁력을 상실한 취약계층에게 공적 지원이 제공되지 않는 국가는 복지국가가 아니다. 경제성장 기여도와 관련하여 가장 시급히 해결해야 할 과제가 노동시장정책과 고용보험의 확대 및 급여 현실화일 것이다.

사회보험에서 제외된 비시민들은 양극화가 심화되는 상황에서 골이 깊은 불평등의 늪 속에 빠져 있다. 사회보험은 원래 불평등완화 효

13) OECD가 2011년 9월에 발표한 통계에 따르면, 한국의 노동시장 안전망이 회원국 중 최하위를 기록했다. 실직 첫해 실업급여의 소득대체율은 30.4%로 OECD 평균 58.6%를 훨씬 밑돌았고, 2년차부터는 0.6%로 거의 바닥 수준으로 떨어진다(OECD 평균은 15.5%). 가장 높은 국가는 벨기에로 71.2%였고, 독일 64.9%, 일본 45.5%, 미국 44.9%였다. OECD, 「2011 고용전망보고서」.

과(inequality-reducing effect)를 창출해서 사회적 화합과 연대를 증진하도록 설계되어야 한다. 그러나 한국의 사회보험은 초기부터 1차 노동시장에서 2차 노동시장, 조직부문에서 비조직부문으로 확대해 나가도록 설계되어 있었기에 취약계층, 빈곤계층, 경쟁력이 약한 집단을 배제했다. 1990년대 10년간, 점진적 확대가 이뤄졌지만, 여전히 직업불안정서와 소득불안정성이 높은 취약집단을 포괄하기에는 더 많은 시간이 걸릴 전망이다. 그 결과는 사회보험의 역진성이다. 소득불평등을 더 촉발하고 있다는 뜻이며, 바로 그 역진성 때문에 사회적 화합을 해치는 결과를 낳고 있는 것이다. 〈표 3-1〉은 사회보험의 역진성을 그대로 드러내고 있다.

사회보험의 일차 대상자는 취약계층이어야 한다. 그래야 사회적 통합과 분배효과를 진작할 수 있다. 그러나 세 개의 기준에서 모두 역진적이다. 경쟁력이 높은 집단이 보호를 더 많이 받는다. 애초에 제도 설계가 그렇게 되어 있었기 때문이다. 사회보험의 역진성은 노동시장

〈표 3-1〉 임금근로자의 사회보험 미가입률

유형/범주		국민연금 미가입	건강보험 미가입	고용보험 미가입[1]
임금근로자		27.1	2.4	28.1
정규직		16.8	1.7	20.4
비정규직		48.0	3.8	43.7
사업체 규모	1~4명	61.0	5.3	59.8
	10~29명	23.5	2.1	23.9
	100~299명	6.2	0.6	7.0
	300~	3.6	0.1	4.4
임금 계층	저임금	60.0	5.6	52.5
	중간임금	22.0	1.8	26.8
	고임금	4.4	0.3	7.3

주: 1) 임금근로자 중 공무원, 교원, 별정직 우체국 직원 제외.
자료: 장지연 · 이병희 · 은수미 · 신동균(2011).

의 삼분구조(三分構造)와 맞물려 있다. 삼분구조는 고용조건이 관리사무직, 정규직, 비정규직으로 구획된 분절노동시장을 지칭하는데, 임금, 채용, 해고의 규칙이 전혀 다른 세 개의 내부노동시장이 각각 병존하고 있다는 뜻이다. 삼분구조는 산업화 이후 오랜 시간에 걸쳐 정착되었으며, 특히 구조조정 때에 위력을 발휘해서 1990년대 중반 이후 복지분절선으로 더욱 굳어지기에 이르렀다. 그 삼분구조의 중심에 노동조합이 존재한다.[14)]

그것은 복지와 연관해서 보면 제약이자 덫이었다. 노동시장의 삼분구조는 이제 노·사·정 모두 인정할 수밖에 없는 매우 단단한 구획이 되었으며, 기업복지를 포함하여 모든 교섭사항이 삼분구조의 구획선을 전제로 하지 않으면 안 되는 상황이 되었다. 이 '구조적 덫'은 복지정치에 있어 노동조합이 주도권을 행사할 수 있는 여지를 축소한다. 그 제약은 국가복지에도 그대로 반영되었다. 사회보험의 재정이 고용주, 피고용자 각각 50%씩을 부담하는 것으로 설계되어 있기에 비정규직을 밖으로 밀어냄으로써 기업주들은 재정부담의 최소화를 꾀하고자 했다. 비정규직이 비시민(非市民)이 된 배경이다. 이들에게 시민권을 부여하려면 국가는 우선 기업주를 설득해야 한다. 그러나 경쟁력 약화와 경제논리를 들고나오는 기업들의 저항과 반발을 넘어서기란 쉬운 일이 아니다. 더 중요한 사실은, 국가가 나서서 기업경쟁력을 낮출 개혁조치를 단행하기가 매우 어렵다는 점이다. 자본파업은 노동파업보다 정권에 더 치명적이다. 노무현 정부에서 의욕적으로 추진했던 비정규직보호법안이 고용주들에게는 그다지 달갑지 않게 다가온 이유이다. 그렇기에, 양극화 해소의 핵심 수단은 항상 가용하나 항상

14) 이하의 서술은 필자의 저서(2006) 중 311~313쪽에서 부분 발췌하고 보완 설명한 것이다.

닫혀 있다.

그런데 뜻밖에도 한(새)나라당이 2011년 9월 9일 발표한 복지정책(친서민정책)은 보편적 복지의 정상적 '문'을 두드렸다는 점에서 환영할 만했다. '비정규직 종합대책'에서 집권여당은 비정규직의 임금을 정규직의 80%로 끌어올리고, 특히 '5인 미만 사업장 대상 최저임금 120% 이하 비정규직에게 사회보험료의 3분의 1을 지원한다는 방침을 세웠다. '임금 80% 보전'은 재계 일반의 반발을 불러일으켰고, 사회보험료 지원 역시 일차적으로는 영세사업주의 거센 저항과 이차적으론 대기업의 드센 저항에 직면했다. 지불능력이 큰 대기업은 이런 변화에 적응력을 갖추고 있겠지만, 중소기업과 영세기업이 충격을 흡수할 수 있을지는 미지수다. 보수정당이 기업경쟁력에 위배되는 조치를 취했다는 점이 놀랍고, 구멍난 '보편적 복지'에 제대로 주목하고 있다는 점도 흥미롭다. 노무현 정부가 연금개혁을 자랑거리로 내세울 수 있다면, 이명박 정부는 바로 이 조치를 공정사회의 업적으로 내놓을 수 있을 만하다. 정권 후반기에는 이런 유형의 비약이 가끔 발생한다. 공공지출은 정권 말기일수록 더 활발해지는 경향이 있다. 그러나 이미 지적했듯이, 이런 조치들이 실행되려면 거부권이 약화되어야 한다. 어떤 뚜렷한 경제위기 징후가 없는 상황에서 거부권은 매우 강하게 살아있다.

4) 신수요 충족의 정치(Politics for New Demand)

'제한적 시민권'과 '역진적 사회보험'에 손을 대지 못하는 정치권이 선택한 돌파구가 사회적 서비스다. 사회적 서비스의 불균형적 확대가 반드시 부정적인 것은 아니다. 장기적으로 보면 부가적 프로그램의 도입이 사회보험의 단점을 보완하고 사각지대를 줄이는 효과를 창출할 것이기 때문이다. 이런 점에서 보면, '복지확장의 정치(politics of expansion)'에 나선 한국의 정치권은 복지축소(politics of retrenchment) 내지 재조정(recaliberation) 국면에 돌입한 유럽과는 달리 상대적으로 쉬운 길을 걷고 있다. 한국에는 연금 외에 복지축소를 단행해야 할 필요성이 상대적으로 적고 재조정을 요구하는 제도영역도 드물다.[15] 우선 늘리고 도입하는 것이 복지현실의 추세다. 새로운 복지수요(new demand)를 발굴해서 유권자들에게 공적(功績)을 주장하는 것이 지배정당으로 가는 가장 매력적인 경로가 되었다. 바야흐로, 복지가 한국정치의 핵심 쟁점으로 떠올랐고, 앞으로 10년간은 그럴 전망이다.

민주화 이후 25년간 점진적 개선은 있었으나 복지제도의 특성에 근본적 변화가 일어났던 것은 아니다. 다시 말해, 복지국가가 시동을 건 후 '패러다임적 변화'는 없었다는 뜻이다. 점진적, 부가적 개선을 일구려고 한국은 그러나 너무나 비싼 사회적 비용을 치러야 했다. 집단간, 계층간 대립이 치열했고 정치적 갈등이 다발적으로 일어났다. 대부분, 복지정치의 구조적 한계에 갇힌 결과였다. '신수요충족의 정치'라 해도 구조적 한계를 벗어나기 어렵다. 그것은 세 가지다.

첫째, 복지제도(특히, 사회보험)의 초기설계(prior design)가 수혜자의 부담원칙과 수혜범위의 '점진적 확대'를 전제로 한 것이기에 정치적 갈등은 언제나 범위와 재정문제를 두고 대립할 수밖에 없었다. 이런 사고 습관이 사회적 서비스를 도입할 때에도 그대로 적용되었다. 범위와 재정부담은 언제나 복지논쟁의 핵심이 된다.[16]

둘째, 초기 설계의 제약에서 벗어나는 좋은 방법이 신상품(사회적

15) 사실상 건강보험은 재조정이 필요한 쟁점이 많은데, 그것을 누구도 건드리지 못한다.

16) 무상급식 주민투표도 범위와 재정부담이 문제였다.

서비스)을 개발하는 것이다. 신상품은 정치권에게는 대중의 인지동원을 위한 매력적인 정치전략이다. 그렇기에, 중요한 복지영역인 노동시장정책은 복지담론에서 제외되는 폐단을 낳았다. 경제-복지의 연결고리가 끊겼다.

셋째, 신상품의 개발과 성공 여부는 거부권(veto points)의 강약 여부에 의해 좌우된다. 한국에서 거부권은 산발적으로 분산되어 있다. 복지제도가 정책영역마다 분리되어 있고, 그에 따라 이익단체가 난립되어 있기 때문인데, 특정한 복지프로그램을 성사시키려는 정당은 분리, 난립한 시민단체의 이해갈등을 중재해야 하고, 국회에서의 거부권을 통과해야 한다. 그런데 이 거부권은 경제회복기에는 강해지고, 경제위기 시에는 약해지는 경향이 있다. 경제위기 시에 복지정책의 도입이 쉬워지는 이유가 이것이다.[17]

앞에서 한국의 복지정책이 '제도적 제약'과 '거부권'이라는 이중벽에 갇혀 있다고 지적했다. 그것이 복지정치의 구조적 한계이기에, 복지논쟁이 아무리 치열하게 일어나도 복지국가로의 수직상승은 발생하지 않을 것이다. 복지국가로 가는 정상적 문은 닫혀 있다. 대신 작은 쪽문 같은 비상구가 열려 있는데, 이 비상구를 통해 사회적 서비스에 집중된 크고 작은 어젠다가 물밀듯 터져나오는 중이다. 사회보험의 사각지대와 역진성을 그대로 둔 채, 노동시장정책과 고용보험을 버려둔 채, 사회적 서비스에 집중된 복지정치가 정상적이 아님은 이미 지적한 바인데, 이렇게 덧칠된 복지가 혹시 결과적으론 '기형적 모습'을 갖게 될지도 모른다는 우려를 낳게 한다. 조금 낙관적으로 생각해서,

17) 매우 강한 복지드라이브를 걸었던 노무현 정부에서 노력만큼 성과를 못 얻어낸 것도 경기회복과 함께 거부권이 강해졌기 때문이다. 이명박 정부에서는 적어도 이론적으로는 '성장과 연계된 복지'를 내세웠기에 거부권을 작동할 명분이 적어졌다.

사회적 서비스가 어느 수준에 도달하면 그것의 파급효과(spread effect)와 낙수효과(trickle-down effect)를 기대할 수 있을지도 모른다. 사회적 서비스는 사회보험의 취약성을 보완해주는 기능이 있다.

그럼에도, 정당들이 앞다투어 펼칠 복지상품의 대박세일을 경계해야 한다. 지지도 상승을 위해 정당들이 개발하는 신상품들은 모두 정치적 의도가 있을 것이고, 생활고에 지친 서민들에게 매우 큰 매혹으로 다가올 것이기 때문이다. 부가적으로 도입되는 서비스 프로그램들이 일단 가동되고 나면 잠김효과(lock-in effect)를 가진다. 되돌리기가 불가능한 것이다. 따라서 무엇이 가장 시급하고 무엇이 가장 비용효율적인지를 따져야 한다. 정책의 우선순위(priority)가 중요해지는데, 이것 역시 전문가의 영역이기에 시민적 판단과 합의에 맡기기가 상당히 어렵다는 난점이 있다. 포퓰리즘이 작동하게 되는 이유이다.

정책의 시급성, 비용효율성, 우선순위 등을 찬찬히 따져 복지체제를 갖춰가는 것이 이른바 '패러다임적 발전'의 요건일 것이다. 한국의 복지정치는 패러다임적 발전을 향한 조건이 열악하고, 복지정책의 복합성 때문에 자칫 포퓰리즘에 휩쓸릴 우려가 크다는 점을 지적했다. 이런 점들을 감안한다면, 그나마 열린 비상구를 통해 '괜찮은' 복지국가로 갈 수 있는가? 결론을 내리자면, 점진적, 부가적, 단계적 발전을 통해 한국사회는 아주 서서히 복지국가를 향해 나아갈 것으로 예상한다. 서비스 중심의 확대가 몰고올 파급효과와 낙수효과가 복지체제의 골격을 아예 바꿔놓을 수도 있으며, 우연치 않은 정치적, 경제적 사태가 복지체제의 총체적 개혁을 촉발할 수도 있다. 이를 돌발적 논리(accidental logic)라 한다면, 한국의 복지체제는 이 '돌발적 논리'에 의해 갑작스런 도약을 할 수도 있다. 1998년 외환위기 때에 그것을 경험했다.

5. 경제민주화의 쟁점과 방향

1) 양극화: 기업간 격차와 소득불평등

경제민주화라는 어렵고 애매한 개념이 최대의 관심사로 떠오른 것은 양극화 때문이다. 양극화는 지칭하는 쟁점에 따라 여러 의미로 쓰인다. 대기업과 중소기업 간, 재벌과 일반 대기업 간 점점 악화되는 이윤격차, 그에 종사하는 종업원들 간 임금격차와 직무안정성의 격차를 의미하기도 하고, 사회 전체적으로 소득구조와 분배구조의 악화를 지칭하는 경우도 있다. 아무튼 최근 통계에 따르면, 한국의 월급 생활자 중 한 달 수입 200만 원 미만이 전체 50% 정도다. 100만 원 미만도 14%에 달해 국민소득 2만 달러 시대에 빈곤이 얼마나 널리 퍼져 있는지 짐작할 수 있을 것이다. 물론 가족 수입을 모두 합치면 이보다는 약간 늘어날 것이지만, 일인당 국민소득이 2만 달러를 넘었다고 해서 저소득층과 빈곤층의 생활이 나아진 것은 아니다. 2012년 현재, 기초생활보장 대상자인 극빈층(절대적 빈곤층)이 160만 명, 바로 위 차상위 소득층(상대적 빈곤층)이 약 400만 명, 도시근로자 평균소득에 못 미치는 저소득층이 약 400만 명에 달해 줄잡아 약 1,000만 명이 가난과 씨름하고 있다. 그래서 상대빈곤율이 6.5%(1992년)에서 13.1%(2009년)로 급증했다. 선진국으로 도약하자는 구호가 무색할 정도다.

한국의 소득불평등이 선진국에 비해 아직 낮은 편이기는 하지만, 양극화 현상이 날로 악화되고 있음은 주지하는 바이다. 조세연구원의 보고서에 따르면, 한국에서 상위 1%가 벌어들이는 소득비중은 2011년 16.6%에 달해 OECD 국가 중 미국의 17.7% 다음으로 높다. 영국은 14.3%, 캐나다는 13.3%이며, OECD 평균은 9.8%로 한국보다 훨씬 낮다.

두 개의 지표가 양극화의 추이를 극명하게 집약한다. 하나는, 100대 기업의 산업집중도를 측정한 것이고(〈그림 3-3〉), 다른 하나는 대기업과 중소기업 간 임금격차 추세이다(〈그림 3-4〉). 출하액 기준으로 본 광공업부문 100대 기업이 총액에서 차지하는 비중은 39%(2002년)에서 51%(2009년)로 급증했고, 200대 기업은 같은 기간에 50.3%에서 56.7%로 높아졌다. 이는 특히 시장개방과 자본이동이 본격적으로 추진된 외환위기 이후 10년간의 추이라는 점에서 세계화의 영향을 짐작하게 한다. 100대 기업, 넓게 200대 기업은 대부분 재벌집단에 속하는 주력 기업들이다. 이에 따라 대-중소기업 임금격차도 크게 벌어져 1.3배 정도(1993년) 하던 것이 1.68배(2010년)로까지 증폭되었다. 다른 특별한 일이 발생하지 않는다면, 100대 기업의 시장점유율은 더욱 크게 늘어날 것이고, 임금격차 역시 더욱 벌어질 전망이다.

세계화는 기업들을 무한경쟁의 장으로 밀어넣는다. 우승열패와 적자생존의 냉혹한 법칙으로 기업들과 경제주체들을 다스리는 것이다. 강한 자는 승자로 남고, 약한 자는 도태된다. 세계화에 '중간'은 없다. 강익강, 약익약의 경쟁논리가 중간을 양극단으로 몰리게 하고,

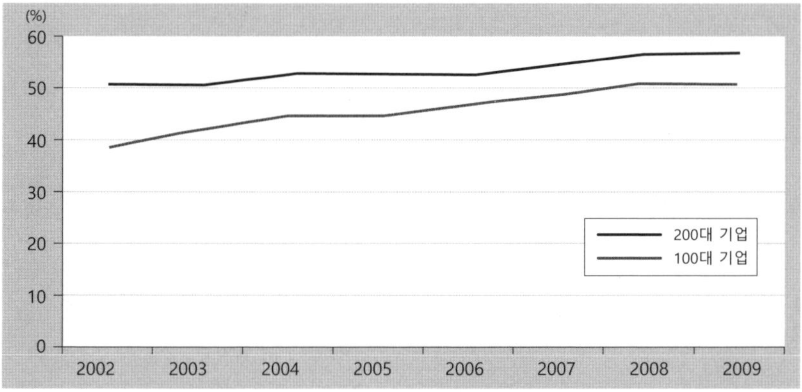

〈그림 3-3〉 기업 간 시장점유율

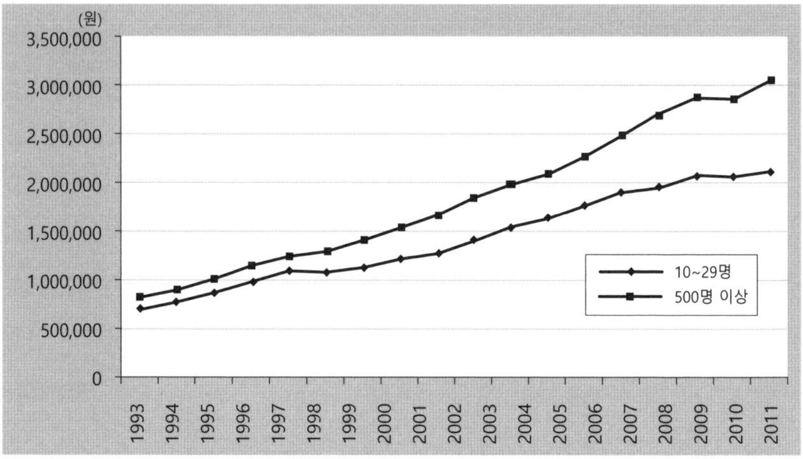

〈그림 3-4〉 기업 간 임금 격차

'독식하는 적은 강자'와 '쇠퇴하는 많은 약자'로 세계를 구획한다. 시장이 전 인류사회에 번영을 구가해주리라는 것은 승자의 약속이자 환상이다. '루저 99%'라는 말이 실감있게 다가오는 이유이다.

세계화의 두 축은 '시장개방'과 '자본이동'이다. 전 세계 국가가 시장개방을 추진하고 자본이동을 허용한다. 관세장벽을 없애면 상품과 정보가 쏟아져 들어오고, 값싼 노동력을 찾아 자본이 빛의 속도로 이동한다. 한국은 무역의존도가 80%를 넘는 특별한 국가여서 시장개방과 자본이동의 이점을 최대한 활용하여 성장을 구가해야 하는 구조적 운명에 놓여 있다. 그것이 설령 국내에서 경제주체 간, 소득계층 간 양극화를 가속한다고 하더라도 세계화의 명령에 따를 수밖에 없는 운명이다. 경제구조를 아예 그런 쪽으로 정착시켰다. 한EU FTA, 한미FTA는 시장개방의 공세적 대안인데, 특히 한미FTA를 둘러싸고 이념진영 간 격렬한 투쟁이 발생했다. 민주당은 한미FTA 전면폐지를 주장했고, 급기야는 야당 정치인들이 미국대사관에 몰려가 재협상 요구안을 전달하기도 했다. 그것은 옳은 선택일까? 한국의 자본도 값싼 노동력을 찾아 동남아시아로 적극적 진출을 꾀했다. 그 결과 국내 취업자들이 타격을 받았다. 정리해고로 하루아침에 실직자가 되거나 비정규직, 파트타이머의 지위로 전락해야 했다. 2011년 타워크래인에 올라가 나 홀로 고공농성을 벌인 김진숙 사건은 정리해고자의 복직을 겨냥한 후진국형 시위, 그러나 생계가 막막하게 된 노동자로서는 불가피한 저항이었다. 이 두 사건이 세계화의 첨병인 '시장개방'과 '자본이동'에 대한 저항의 전형적 사례라고 한다면, 이를 어떻게 봐야 할까? 양극화의 제어를 위해 반대입장에 서야 하는가, 아니면 '그럼에도' 지속적 경제성장을 위해 치러야 하는 불가피한 대가로 받아들여야 하는가?

2) 재벌개혁, 어떻게 해야 하나?

경제민주화, 2012년 대선정국의 폭풍의 핵이었다. 우리는 경제민주화를 '거대자본의 과잉권력 통제'라고 일단 정의했는데, 그 중앙에 재벌문제가 자리하고 있다. 보수와 진보가 대권장악의 가장 중대한 슬로건으로 설정한 경제민주화는 결국 '재벌을 어떻게 규제할 것인가'로 집약된다. 재벌규제? 통합진보당은 아예 규제가 아니라 해체를 들고 나왔다. 심지어는 '삼성공화국 해체'라는 과격한 현수막도 내걸었다. 민주당의 재벌개혁안도 그에 못지않다. 각 정당의 공약을 검토해보면, 새누리당은 '온건 개혁,' 민주당은 '강력 규제,' 진보당은 '해체'다. '거대 자본의 과잉권력 통제'에 이렇게 세 가지 답을 내놓고 격돌하는 것이다. 무엇이 맞는가? 무엇이 한국의 고질병이 된 양극화를 타개하는 데에 적합한가? 재벌해체를 주장하는 사람들도 강력규제나 해체가 한국의 성장엔진을 꺼뜨릴 위험을 완전히 배제하지 못한다.

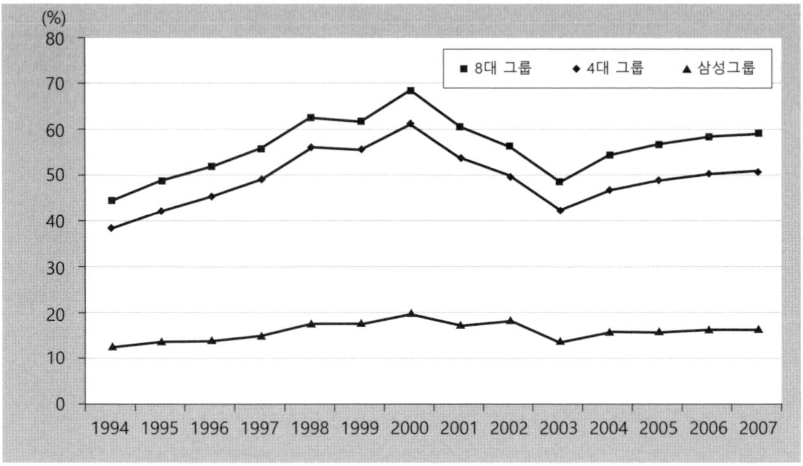

자료: 경제개혁연대, "경제개혁리포트 2009-1." www.ser.or.kr.

〈그림 3-5〉 재벌그룹의 매출액이 GDP에서 차지하는 비중 추이

벼룩 잡으려다 초가삼간 태우는 격, 이렇게 되면 애국이 아니라 매국이다.

재벌의 현황을 가만 들여다보면 사실 심각한 마음이 절로 든다. 두 가지만 보자.

1994~2007년 기간 약간의 변동이 있기는 하지만, 대체로 8대 그룹 매출액은 GDP의 50~70%를 차지했고, 4대 그룹은 40~60%를 차지했다. 외환위기가 해소된 2003년 이후 비중은 다시 상승하기 시작해서 절정을 향해 달리고 있다. 이에 비하면, 300만 개에 달하는 중소기업의 매출액을 다 합해도 4대 그룹을 따라가지 못한다. 주식시장의 시가총액도 이와 유사하다. 2010년 10대 그룹 시가총액은 전체 시총의 52%였다. 거대자본의 경제권력은 대한민국을 뒤흔들 정도로 팽창했다.

사회적 비난의 골자인 지배구조 역시 세계에서 그 예를 찾기 어려

울 만큼 독특하다. 현대그룹의 주식소유 지분 연결망을 보면, 그룹사 중앙에 모기업(지주회사)이 있고 그 주변에 위성처럼 연결된 계열사들이 배치되어 있다. 1998년 외환위기 와중에 상호출자가 금지되자 순환출자로 전환하면서 만들어진 구조로서, 총수일가가 모기업을 장악하고 순환출자를 통해 그룹 계열사를 차례로 지배하는 형태다. 작은 지분으로 전체 그룹사의 소유권을 장악하는 한국형 함대모형인 것이다.[18] 말하자면, 주력항모의 조타실을 장악함으로써 전체 함대의 지휘권을 행사하는 격이다. 재벌은 좌불안석이다. 정권교체기마다 재벌이 도마에 오르지 않은 적은 없었지만, 보수당까지도 재벌개혁 기치를 높게 올린 적은 별로 없었기 때문이다. 전경련 산하 연구소인 한국경제연구원은 2012년 6월 초 세미나를 개최해서 경제민주화를 규정한 헌법 119조 2항을 폐기해야 한다고 주장한 바 있다. 헌법 119조는 명백히 경제민주화 조항이다. 다음과 같다.[19]

1조: 대한민국의 경제질서는 개인과 기업의 경제상의 자유와 창의를 존중함을 기본으로 한다.

2조: 국가는 균형있는 국민경제의 성장 및 안정과 적정한 소득의 분배를 유지하고, 시장의 지배와 경제력의 남용을 방지하며, **경제주체 간의 조화**를 통한 경제의 민주화를 위하여 경제에 관한 규제와 조정을 할 수 있다. (강조는 필자)

---

18) Dukjin Chang, Eun Mee Kim, and Chunwoong Park(chapter 3, 2007) 참조. 예를 들어, 2006년 5대 재벌의 총수일가 소유분은 삼성 3.06%, 현대차 5.75%, SK 2.41%, LG 6.68%, Lotte 13.46%였다. 5% 전후의 소유지분으로 전체 그룹사를 장악하는 것이다.

19) 이하 내용은 앞의 책 141~149쪽을 보완 설명한 것이다.

국가는 자유와 창의를 전제로 소득분배와 경제력 남용 방지를 위해 시장개입을 해야 한다는 뜻이다. 정확히 재벌문제에 들어맞는다. 대한상공회의소 역시 사회적 공감대가 확산되는 것에 우려를 표명했다. "정치권이 주장하는 '경제민주화'는 자칫 기업의 경영활동을 옥죄는 부작용을 가져올 수 있다. 경제력 집중 문제를 해결하려면 법과 제도보다 기업이 윤리의식을 갖고 상식적인 경영을 하도록 유도해야 한다"는 게 대한상의의 공식 입장이었다. 그리고 경제민주화 개념의 모호성, 기업의 투자위축 가능성, 오히려 대기업과 거래하는 중소·중견기업이 힘들어질 위험성을 그 이유로 들었다. 세계의 경제위기가 심화하는 가운데 그럴 개연성이 높아진 것도 사실일 것이다. 그러나 정치권이 일단 올린 깃발은 어떤 형태로든 결실을 봐야 거둬진다.

재벌개혁, 하기는 해야 하는데 어디까지가 답인가? 해체(진보당)는 너무 나간 논리고, '강력 규제'(민주당)는 자칫 성장엔진을 손상할 위험부담이 크고, '온건개혁'(새누리당)은 재벌에게 다시 면책권을 부여할 개연성이 큰 듯해서 딜레마다. 국외여행을 해본 시민은 외국공항과 번화가에서 한국기업의 광고 네온사인이 작렬하는 것을 보고 흐뭇해한 경험을 누구나 갖고 있을 것이다. 순환출자를 금지해서 소유지분을 쪼개면 애플, 마이크로소프트와 대결할 수 있을까? 재벌의 폐단이 큰 만큼 경제성장에 이바지한 공적도 만만치 않은데, 무엇이 정답인가?

세계경제 위기가 장기화될 것임을 감안하면, 재벌개혁은 (1) 가장 중요한 사안부터 우선순위를 두고, (2) 장기적 목표 하에 점진적 단계를 밟아나가고, (3) 자본 저항과 이탈이 일어나지 않도록 규제와 유인(constraints and inducement)을 동시에 제시하는 것이 중요하다고 본다. 유인 없는 규제는 자본이탈을 낳는다. 국외투자가 더욱 매력적이라면 그것을 마다할 자본이 있겠는가 말이다. 현대기아차가 설립한 미국 앨라배마 공장에서 숙련공 30명 모집광고에 1만 명이 몰렸다. 최근 삼성전자는 대규모 반도체공장을 중국에 건립했다. 일자리가 빠르게 외국으로 이전되고 있는 것이 현실이다. 한국의 학부모들은 자녀가 5대 재벌기업에 취업하는 것을 가족 경사로 여긴다. 그리곤, 재벌기업의 독점적 폐해를 비난한다. 국민정서의 이런 이중성을 어떻게 해결할 것인가가 경제민주화의 관건이다. 이런 관점에서 필자는 네 가지를 경제민주화의 핵심과제로 제시하고자 한다. 실현가능성, 적정성, 합리성을 기준으로 판단한 결과다.[20]

(1) 총수일가의 개별적 행동과 승계문제가 재벌기업의 부실로 전이되는 고리를 차단해야 한다. 총수와 재벌은 긴밀히 연결되어 있다. 총수일가의 일거수 일투족이 재벌경쟁력에 지대한 영향을 미치는 현재 구조로는 개별문제가 기업문제로 옮아붙고, 그것은 곧 한국경제의 총체적 문제로 비화된다. 파급력이 엄청나게 큰데, 그것은 국민의 처지에서 볼 때 그야말로 불합리하다. 기업투자와 부채상환 등 공적 업무 외에 사적 횡령, 배임, 기회유용 때문에 기업에 손실을 끼쳤을 때 엄정한 처벌규정을 마련해 처벌하고 재발을 방지해야 한다. 공정거래위원회가 이 업무를 맡고 있는데, 총수일가에 대한 처벌은 솜방망이였거나, 일정 기간이 지나면 사면, 감형 조치되었고 다시 원래 자리로 복귀했다. 새누리당과 민주당은 이런 점을 감안해서 규제안을 만들었다. 예를 들면,

• 대기업 임원과 지배주주 일가에 대한 엄격한 법집행과 사면권 행사 최대 억제 (새누리당)

• 재벌 등 기업범죄 근절을 위해 특가법의 횡령과 배임 최저 형량

20) 새누리당, 민주당의 정책공약집에 나와 있는 재벌개혁안을 검토하여 그중에서 가장 실효성 있는 정책안을 선별, 종합한 결과다.

을 7년 이상으로 강화, 검찰시민위원회 실질화 및 대통령 사면권 제한 (민주당)

(2) 재벌도 주주자본주의의 원리에 엄격한 적용을 받아야 한다. 사적 욕망에 의한 비리, 비윤리적 행동, 범죄적 행동을 해서 처벌받은 총수일가는 소유권과 지배권을 발휘하는 등기이사로의 재취임을 금지해야 한다. 즉, 소유지분의 행사 권리를 박탈하는 것이다. 주주자본주의가 정상적으로 작동하려면 그런 강력한 조치들이 필요하다. 이와 동시에, 주주총회의 권한을 강화해야 한다. 소액 주주라도 기업의 불합리한 행동을 지적할 권한을 부여해야 하고, 재벌총수는 그것에 성실히 답할 의무를 지켜야 한다. 계열사에 일감 몰아주기가 불합리하다고 판단되면 주주총회에서 문제시되어 결국 그런 내부거래가 중단될 수 있어야 한다. 대주주가 다수 포진한 가운데 소액주주들이 내부문제를 거론하고 항의하고 시정을 요구할 수 있는 그런 풍토가 조성되어야 한다. 각 당의 규제안에 이런 것이 있다.

• 정기적 내부거래실태조사, 친족회사와의 내부거래 정기직권조사 및 위법성 현저한 경우 형사고발 적극 추진(새누리당)

• 재벌의 일감 몰아주기 근절 위한 과세강화 및 처벌규정 명문화 (민주당)

(3) 그래야 불공정거래가 시정될 수 있다. 불공정거래는 계열사간 내부거래, 하도급기업과의 부당거래로 구분할 수 있겠는데, 이런 관행이 제거되지 않으면 재벌기업의 독과점 폐단은 점차 거세지고 한국경제의 숨통도 트이지 않는다. 재벌–하청기업의 연쇄고리는 매우 단단하고 위계적이다. 위계적 관계에서는 모기업의 명령과 기준을 준수하느라 창조적 유형의 산업이 출현하기 어렵다. 설령 어떤 중견기

업이 많은 연구개발비를 투자하여 창의적인 상품을 만들어냈다고 하더라도 단단히 고착된 위계 관계를 뚫지 못하면 납품 자체가 불가능하고, 심지어는 아이디어를 도용당하는 사례도 자주 발생했다. 불공정거래의 시정에 관한 한 새누리당 안보다 민주당 안이 매우 바람직해 보인다. 예를 들면 이런 것들이다.

• 불공정한 거래행위에서 부당지원행위규제 판정 시 '현저성' 요건 삭제 (새누리당)

• 부당내부거래를 불공정거래행위(제23조)에서 분리, 별도조항으로 명문화, 과징금부과 및 고발 의무화

• 인력빼가기, 영업기술 및 사업모델 탈취금지를 위한 제도개선 추진

• 중소하도급기업 보호를 위한 단가부당인하, 부당결제청구, 부당 이익 등에 대한 3배 손해배상제도 도입 (이상 민주당)

(4) 지배구조의 문제다. 순환출자가 가공자본이 끼어들 여지가 많은 불합리한 것이고, 작은 지분으로 전체를 장악하는 파행적 지배구조를 만드는 메커니즘인 것은 틀림없는데, 이것을 오랫동안 정착된 것이기에 하루아침에 바꾸기가 매우 어렵다. 만약 민주당 안처럼 강하게 밀어붙이면 (순환출자 금지) 자본파업이 일어나거나 국외이탈을 재촉할 우려가 있다. 재벌기업의 동요가 발생하고 이는 곧 한국경제 전체로 확산된다. 이 문제에 관한 한 상당한 유예기간을 두고 진행하는 것이 좋다. 앞에서 지적했듯, 순환출자의 장단점을 헤아려야 한다. 여럿이 있겠지만, 장점은 일사분란한 의사결정과 외부 시장위기에 대한 신속한 대응능력이고, 단점은 가공자본의 허점과 계열사를 통한 과잉권력 남용이다. 장단점이 엇비슷하게 존재한다. 그런데 재벌그룹의 한국적 모델이 장점의 이익보다 단점의 손실이 더 커질 때가 도래할

것이다. 이른바 '성공의 위기'다. 자율성이 많았던 일본의 재벌기업들이 한국의 공격적 경영에 밀려 지난 20년 쇠퇴의 길을 걸었음을 생각해보라. 한국형 모델이 경쟁력을 잃는 조건과 환경은 무엇인가? 그게 관건이다. 시장은 항상 변하고, 기업 형태도 변화한다.

그 관건은 사회민주화와 경제민주화의 연결고리에 존재한다. 사회민주화와 경제민주화가 연결되는 접점, '일자리 정치(politics of jobs)' 말이다. 사회민주화와 경제민주화, 복지와 재벌개혁은 '일자리 정치'에서 동시에 이뤄질 수 있다는 말이다. 일자리 정치를 도외시하고는 슬기롭고 지혜로운 개혁을 상상할 수 없다. 충돌만 있을 뿐이다. 유럽과 비교하여 한국이 빼먹고 있는 것이 일자리 정치다. 우리가 지향할 개혁의 청사진이 '일자리 정치'다.

6. 일자리 정치의 구조

1) 경제민주화와 복지담론에서 빠진 것[21)]

복지국가의 요체는 일자리(job)에 있다. 일자리는 복지가 생산되고 전달되는 소재다. 한국의 복지담론이 놓치고 있는 게 바로 이 복지 방정식의 기본 전제이다. 유럽의 복지담론이 생산적 관점이라면, 한국의 복지담론은 소비적 관점에 서 있다. 복지는 물질적 혜택과 현금 혜택으로 구현되는데 생산성 향상이 그 전제조건이다. 생산성 향상은 기업경쟁력의 증대로 나타나고 기업의 지급능력을 높여 취업안정을 가져온다. 노동자가 가장 원하는 바가 바로 취업안정이다. 실직과 해

21) 이 내용은 필자의 책(2012), 209~222쪽을 부분 발췌하고 보완한 것이다.

고는 노동자의 무덤이기 때문이다.

복지와 경제민주화를 작동시키는 생산현장의 조직, 생활현장의 구체적 기제가 필요하다. 그런데 한국은 복지의 가장 중요한 설계가 빠져 있다. 일자리 정치가 그것이다. 2012년 대선 때 새누리당과 민주당이 내놓은 공약을 보면, 새누리당은 "일자리 창출"을, 민주당은 "좋은 일자리 창출과 비정규직 차별해소"를 1순위 공약으로 제시했다. 일자리가 중요하다는 것을 인지한 것까지는 대단히 고무적이다. 그런데 대체로 '프로그램 다발'이다. 2012년 한국의 복지체계에서 우선 시급한 프로그램들을 선별적으로, 정당의 이념성향에 맞는 것을 골라 모아놓은 것이다. 새누리당은 청년, 장년, 노년층의 취업기회 확대와 워킹맘(working Mom)에 대한 지원대책을 세분화했고, 민주당은 아예 고용률의 증진, 비정규직의 정규직화와 차별 해소, 고용보험의 확대와 노동기본권의 신장, 정리해고 요건 강화, 그리고 적극적 노동시장정책까지 포괄적인 대안을 내놓았다. 일자리 정책에서 민주당 안이 새누리당 안보다 더 포괄적이고 한 단계 진전된 것으로 보인다. 그러나 실행기제가 없다면 그만큼 실현가능성은 작아질 수밖에 없다. 예를 들어, 일자리 나누기(job sharing)는 정규직 노동조합의 승인을 얻어야 가능한 것인데 아예 법정근로시간을 초과하지 못하도록 법률로 강제한다는 계획이다. 독점이익의 최대화에 매진해온 대기업 노조가 비정규직을 위해 일자리 나누기에 선뜻 동참할까? 회의적이다.

"프로그램 다발"이란 성격은 다른 영역의 공약에서도 엇비슷하지만, 한국의 복지정책을 특징짓는 중대한 결점이었다. 예를 들어 빈곤정책이 쟁점화되면 각 부처에서 경쟁적으로 프로그램을 개발해 시행한다. 신문보도에 따르면, 절대빈곤층에 주어지는 각종 복지혜택은 기초생활보장법이 규정한 혜택 외에 무려 30여 가지에 달한다는 것이다. 무분별한 난개발과 다를 바 없다. 이 '프로그램 다발'을 실행하는 데에 새누리당은 5년간 1조 3천억 원을, 민주당은 1조 1,400억 원을 제시했다. 다시 말하자면 시스템 예산이 아니고 프로그램 예산이다. 일자리 프로그램은 전문가라면 누구나 좋은 아이디어를 낼 수 있다. 정당은 프로그램 개발자가 아니라 시스템 개발자여야 한다. '일자리 정치'는 '복지투여=기업경쟁력 향상=고용안정'이란 등식을 실현하는 시스템 개발자다.

그런데 이 점을 기억해두자. 프로그램은 많고 중요해 보이지만 예산은 5년간 고작 1조 원에 머물러 복지비중으로 보자면 '무상급식'보다 작고 무상보육에 비해서는 아무것도 아니다. 독일과 스웨덴의 ALMP는 GDP의 1%를 할애하고, 여기에 실직수당과 각종 혜택을 합하면 GDP의 4~5%를 넘는다. 복지의 핵심뇌관에 해당하는 '일자리 정치'를 한국에서는 얼마나 홀대하는지를 바로 알 수 있을 것이다. 복지와 경제민주화는 일자리를 통해 실현된다고 했는데, 한국에서는 복지와 경제민주화가 따로 논다. 개별 프로그램으로 실행되고 쟁점이 불거질 때마다 각각 다른 형태의 이념투쟁이 촉발되는 이유이다.

한국에서 '일자리 정치'가 얼마나 따로 노는지를, 영역별로 경제주체들이 어떻게 서로 충돌하는지를 살펴보자. 일자리 정치는 세 영역으로 구성된다. '일자리 만들기(job creation)', '일자리 지키기(job protection)', '일자리 나누기(job sharing)'가 그것이다. 이 세 가지가 서로 맞물리면서 원활하게 돌아야 복지의 가장 중요한 목표이자 원동력인 '고용안정'이 이뤄진다. 고용안정과 좋은 직장의 공급이 끊어진 복지는 모래성이고, 궁극적으로는 국가 재정과 경제를 갉아먹는다. 복지의 핵심뇌관인 '일자리 정치'가 얼마나 빈약한지, 그리고 실현가능성이 얼마나 작은지 가늠할 수 있다. 세 가지 점만 지적하자.

첫째, 민주당은 5년간 330만 개의 일자리 창출을 공약했다. 연간 경제성장률 4.0%가 유지된다면 가능하다는 것이다. 그러면서 일자리 창출의 주역인 기업에 대해서는 감세철회, 대법인 증세, 재벌기업 법인세 강화 등 '증세정책'을 경제민주화의 주요한 대안으로 제시했다. 시민의 조세부담률을 2017년까지 21.5%로 상향조정한다는 것이다(여기에 4대 보험료를 더하면 27%다). 복지재정을 충당하려면 증세정책이 맞는데, 대기업과 중견기업이 일자리 창출도 하고(연간 66만 개), 정리해고는 잘 못하고, 세금은 더 내라는 민주당 공약을 그대로 순순히 따를 것인가, 따를 의지가 있더라도 그것이 가능한가는 별개의 문제다. 일자리 정치는 당근과 채찍을 동시에 활용해야 성공한다. 민주당 안은 당근 없는 채찍이 될 개연성이 높다.

둘째, 민주당이 ALMP의 항목을 도입한 것은 환영할 만한 일이지만, 앞에서 지적하였듯이 노동시장기구가 매우 빈약한 상태이다. 노동시장기구를 정비하는 것이 급선무다. 그뿐만 아니다. '고용보험의 적정화'는 사실상 취업자와 실직자들에게는 무엇보다 중대한 '일자리 정치'다. OECD가 발표한 『고용전망 2011(*Employment Outlook 2011*)』에 따르면 한국의 고용보험은 실직 1년차가 받는 급여가 평상급여의 30%에 불과해 OECD 국가 중 꼴찌를 면치 못했다. 더욱이 2년차에는 그것도 거의 제로로 떨어져 실직자들은 절대빈곤층으로 전락할 위험이 크다. 고용보험 사각지대에 놓인 대상자들이 1,336만 명에 달한다는 사실은 앞에서 지적한 바다. 민주당은 '고용보험의 적정화'로 이런 현실을 직시하고는 있지만, 그 엄청난 재정을 어떻게 조달할 것인지, '일자리 정치'라는 큰 틀로 복지와 경제민주화를 어떻게 묶어낼 것인지가 막막하다.

셋째, 비정규직의 정규직화에는 대기업노조의 '일자리 나누기'가 가장 절실하다. 그런데 초과근로수당이 월급에서 차지하는 비중이 20~30%를 넘는 현실에서 누가 스스로 그것을 포기할 것인가? '노동연대'는 독점이익의 극대화를 위해 대기업 노조 간에 결성된 것일 뿐,

중소기업은 물론 비정규직은 배제되었다. 다시 강조하건대, 비정규직이 전체 노동자 1,771만 명 중 49%인 865만 명까지 치솟은 이유는 민주노총의 정치세력화 전략에서 비롯되었다. 1996년 설립 당시 노동당을 창설하는 데에 우선 목표를 설정했던 민주노총은 노조의 내부 동질성을 높이는 것이 필요했고, 이런 전략에 따라 하도급기업의 노동자들은 일단 배제되었다. 이 문제는 민노당이 중앙무대로 진출한 이후로 유보되었는데, 2002년 이후 민노총과 민노당이 비정규직 문제해결에 적극 나섰지만, 경기침체와 자본의 저항에 의해 계속 무산되었던 것이다. 대기업노조(민노총), 중소기업노조(한노총), 비정규직연합으로 삼분된 구조에서 노사합의기구를 성사시키기는 무척 어렵다. 복지를 생산성 동맹으로 승격시키는 고품격의 노동정치를 기대할 수 없는 이유이기도 하다.

2) 일자리 정치: 두 개의 방정식[22)]

2절에서 소개한 '경쟁적 복지국가'는 고용, 복지, 성장 간 선순환 과정을 실현하는 복지체제로서 '일자리 정치'를 그 중심축에 위치시킨다. 기업에는 경쟁력 강화에 비중을 둔 거시경제정책과 조세정책을 시행하고, 그것을 노동부문의 '노동시장정책'과 연계하여 양자의 선순환 과정을 담당하는 것이다. 조세정책–공공복지–노동시장정책의 연계망이 경쟁적 복지국가의 중심축이다. 기업경쟁력이 높아지고 고용이 창출되는 것을 전제로 해야 국가재정이 단단해지고, 재정 안정성을 바탕으로 취업자뿐 아니라 비취업자들에게도 보편적 형태의 복지 공여가 가능해진다.

---

22) 이 부분의 설명은 앞의 책 223~233쪽을 부분 발췌한 것이다.

경쟁적 복지국가는 서로 연결된 두 개의 원으로 이뤄진다. 〈그림 3-6〉에서 보듯 취업자와 비취업자를 서로 엮어주는 두 개의 동심원인데(❶과 ❷), 굵은 실선이 복지국가의 작동을 가능하게 하는 복지재정의 원천이자 경쟁력 증진의 축인 '일자리 정치'이다(❶). 이는 주로 취업자를 대상으로 한 정책영역으로 복지의 '제1방정식'에 해당한다. 뒤에 연동된 겹선원은 비취업자를 담당하는 복지정책 영역으로 '제2방정식'이다(❷). '제1방정식'이 원활하게 작동해야 '제2방정식'이 원활하게 돌아간다. 비취업자를 위한 보편적, 선별적 복지 재정이 취업자 영역에서 나온다는 의미에서 제1방정식인 '일자리 정치'는 복지국가의 엔진이다.

'일자리 정치'는 이른바 양손정책(two-handed approach)의 결합이다. 양손정책이란 기업에 대해서는 거시경제정책(macro-economic policy), 노동자에 대해서는 노동시장정책/복지정책이 동시에 적용되는 것을 뜻한다. 그래야 복지와 경제민주화를 일자리 정치에서 실현시킬 수 있다. 먼저 '제1방정식'인 취업자 중심의 '일자리 정치' 구조를 살펴보자(❶ 전면 실선 원).

(A) 일자리 만들기(Job Creation)

기업이 일자리를 잘 만들 수 있도록 하는 정부의 '거시경제정책'으로서 경기활성화대책, 산업정책, 조세정책, 세금지원 등이 포괄된다. 경제민주화에 관련된 대부분의 조항이 여기에 포함되는데, 재벌의 소유구조, 금산분리, 순환출자금지, 총수일가의 윤리경영 및 처벌조항 강화 등은 이상적이기는 하지만 대기업의 시장경쟁력을 급격히 떨어뜨리고 성장동력을 훼손할 우려가 있으므로 신중을 기해야 한다. '규제와 유인'이 적절히 배합되어야 한다. 이념적 잣대만을 갖고 들이댈 일은 아니다. 국민정서를 부정적 공간으로 몰아가는 '분노의 정치'가

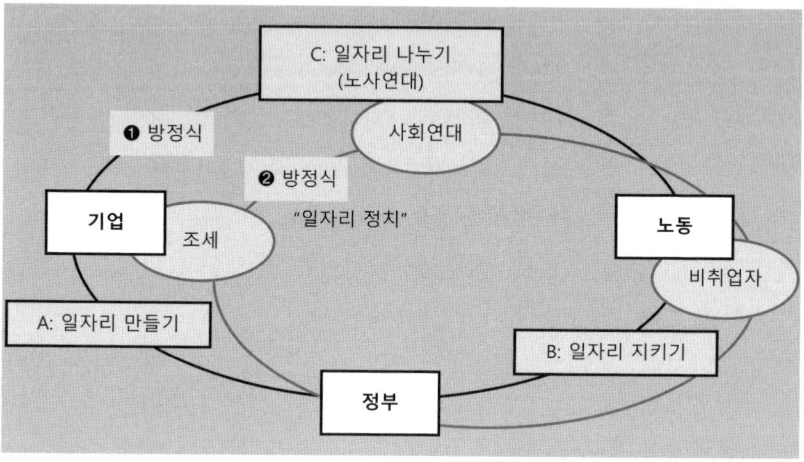

〈그림 3-6〉 경쟁적 복지국가 모형

당장은 유리할지 모르겠지만, 장기적으로는 한국을 몰락의 길로 안내할지 모른다.

무엇을, 어떻게, 어느 정도 추진할 것인가에 대한 정치적 결정에는 기업이 일자리 만들기의 주역이라는 자본주의의 기본명제에서 출발할 필요가 있다. 필자는 재벌그룹사별로 복지체제의 패턴 쎄터가 되도록 유인하는 것이 현실적이라고 지적했는데, 이 과정에서 경제민주화의 주요 항목인 하도급 중소기업과의 불공정거래, 납품단가 부당인하, 내부거래와 일감몰아주기 등 파행적 관행을 점진적으로 시정해 나가는 단계별 조치들을 시행할 수 있을 것이다. 재벌대기업과 중소기업의 상생 울타리를 형성하는 방안은 여럿인데, 히든 챔피온(hidden champion)으로 불리는 독일의 중견기업들을 대자본이 어떻게 지원했는가를 벤치마킹하는 것도 한 방법이다. 정부의 시의적절한 거시경제정책으로 이런 것을 도입해야 한다.

(B) 일자리 지키기(Job Protection)

이것이 적극적 노동시장정책이다. 적극적 노동시장정책은 실업정책, 재훈련, 재적응, 취업알선으로 구성된다. 취업자에게는 고용안정을 위한 제반 조치들과 복지혜택, 비정규직 보호법안들, 정리해고/채용관련 규정, 실업정책과 고용보험이 여기에 포함된다. 한국의 고용보험은 특히 취약하다는 것은 앞에서 지적했다. 수혜자가 대상인원의 겨우 40%에 불과하고, 실직수당도 평균임금의 30%, 수혜기간은 8개월이며, 이후에는 무대책의 나락으로 떨어지는 것이 한국의 실정이다. 고용보호규정을 어느 정도 강도 높게 적용하는가, 비정규직의 정규직화를 어느 정도 규모로 할 것인가의 문제가 여기서 결정된다. 청년취업과 장년층 재취업 프로그램들, 여성노동 보호조치들, 그리고 실직자 재훈련과 재취업 프로그램들이 작동되는 곳이다. 세계화시대에 '유연보장'이 키워드인데 시간제, 계절, 한시적 취업자를 위해 덴마크의 '황금의 삼각형'을 고려할 수 있겠다. 자영업자의 훈련도 여기에 포함된다. 프랑스는 자영업 희망자들에게 성공가능성을 높이기 위한 특별한 사전 교육을 제공하는 것으로 유명하다. 한국이 가장 취약한 영역이 바로 이 노동시장정책임은 누차 지적하였다. 노동시장기구가 매우 미약해서 실직자와 취업자들을 체계적으로 관리하지 못하며, 대량해고가 발생했을 때에도 노동시장정책 영역에 수용하지 못하고 방치하고 있는 실정이다. 이런 제도적 인프라가 없는 상황이라면, 경제민주화를 아무리 외쳐도 항상 해고와 실직 위험에 노출된 취약계층에게는 실질적인 체감효과는 없다.

(C) 일자리 나누기(Job Sharing)

10만 명을 고용한 독일의 폭스바겐은 1994년과 2004년에 유례없는 위기를 겪었다. 적자가 누적돼 도산위험에 처한 것이다. 경영자는 3만 명을 정리해고 리스트에 올렸다. 그런데 노조가 '일자리 나누기'를 제안했다. 정리해고를 철회하는 대신 노동시간을 20% 단축하고 임금을 16% 깎는 데 합의한 것이다. 노동시간 계좌제도 도입했다. 생산량 감산으로 줄어든 노동시간을 경기회복 시 증산이 이뤄지면 초과노동으로 갚는 것, 노동시간을 탄력적으로 운영하는 제도로서 임금의 변동은 없었다. 2004년엔 이런 아이디어를 한층 발전시킨 '아우토 5000 프로젝트'를 가동해서 별탈없이 위기를 넘겼다. 정리해고는 없었다(프레시안 2009.6.17). 폭스바겐이 고급차 시장의 강자로 떠올랐던 배경에는 일자리 나누기가 있었다.

한국의 현대자동차도 2009년 노사간 중대한 합의를 했다. 자동차 산업의 고질병인 밤샘노동을 줄이기 위해 주간 연속 2교대제로 바꾸기로 한 것. 그런데 노동시간 단축에 따른 임금감축안이 합의되지 않아 시행이 불투명한 상태다. 일자리 나누기는 노동연대를 필요로 한다. 정규직의 초과노동을 비정규직에게 양보하면 임금격차가 줄어든다. 우리의 경우, 밤샘작업을 하는 노동자는 전체 노동자의 15% 정도(약 200만 명), 일주일에 52시간 일하는 장시간 노동자는 최대 30%(약 400만 명)에 이르는 실정이다.[23] 노동시간을 양보하지 않은 채 비정규직의 정규직화를 외치는 것은 어딘지 모순이 있다. 기업은 노사협의를 통해 임금보전 방법을 강구하고, 국가는 사회적 임금을 공여해서 노동자의 내부 격차를 줄여야 한다. 무엇보다 노조의 이기적 독점의식과 비정규직 배제정책을 바꿔야 하는데 이게 어렵다. 노사간 윈윈 전략인 생산성동맹은 꿈도 꾸지 못한다.

복지와 경제민주화를 연결하는 현장 조직이 노사연대로서 생산성

23) 단국대 산학협력단의 〈고용형태별 근로실태조사〉, 한겨레신문 2012년 7월 5일자 사설.

동맹이다. 유럽의 노사협약은 대체로 노동과 자본의 '주고받는 정치'의 소산이다. 노동은 생산성 향상에 매진하고, 자본은 그 대가로 복지제공과 경영 참여를 허용한다는 것. 복지제공은 증세로, 경영 참여는 노동권의 강화로 구현된다. 이에 대해 노동은 작업에의 헌신과 생산성 향상으로 갚는다. 그러므로 노사연대는 복지국가를 작동시키는 가장 중요한 열쇠이다. 이것이 끊어지면 다른 영역도 작동을 멈춘다. 사회민주화의 쟁점인 노사협치가 도입되지 않으면 경영 참여, 이익공유, 종업원지주제, 부가연금, 공공주택건립과 같은 경제민주화 조항들이 성사되지 않는다. 복지는 고용안정과 생산성 향상에 기여하는 사회적 임금이다. 그것은 곧 기업경쟁력 향상으로 현현된다. 기업이 가장 원하는 바가 이것인데, 복지재정을 위해 기꺼이 증세정책에 동참하는 이유도 생산성 향상과 경쟁력 증진에 있다. 독일과 스웨덴의 기업이 40~60%의 법인세를 내고도 높은 경쟁력을 유지하는 것은 바로 노동자들이 생산성 향상에 매진할 수 있는 공공복지가 갖춰져 있기 때문이다.

일자리 정치의 한국적 실정은 빈곤하다. 영역마다 행위자들의 이해관심이 다르고 이념성향도 다르다. 서로 충돌할 수밖에 없다. '일자리 만들기'의 주역인 기업은 사회적 비난의 표적이자 '공공의 적'으로까지 몰린다. 경제민주화를 저버린 양극화의 주범, 독점이익의 포식자, 경제윤리를 짓밟는 폭력배다. '일자리 지키기'에서 정부는 변죽만 울린다. 별로 효과 없는 프로그램 다발을 들고서 시늉만 한다. 공공기구들을 정비할 생각은 추호도 없고 투입예산도 무상급식보다 못하다. '일자리 나누기'에서 강성 노조의 독식성향은 모든 타협 가능성을 틀어막는다. 임금격차를 줄이라는 그 거대한 업무를 국가와 기업에 떠넘긴다. 900만에 달하는 비정규직 노동자들이 정규직의 60% 임금을 받고 고용불안정에 내몰려도 해결책임을 오직 기업과 국가로 전가한다. '일자리 만들기'와 '일자리 나누기' 영역에는 급진적 좌파 이데올로기가 승하고, '일자리 지키기'엔 최소한의 개입주의인 우파 이데올로기가 승하다. 타협의 경험, 합의의 지혜가 없는 기업과 노동은 극단적 독식주의로 무장해서 서로 충돌하고, 국가는 시장주의, 방관주의로 일관한다. 하나의 일관된 이념과 공공철학으로 돌아가야 할 '일자리 정치'에 영역별로 좌파, 우파 이념이 극성을 부리는 중인데, 이것을 조정하고 일관성을 부여할 정치세력이나 시민단체는 없다. 일자리 만들기에는 우파이념이, 일자리 나누기와 지키기에는 좌파적 연대이념이 작동해야 한다. 이념이 서식한 위치를 바꿔야 하는 것이 우리의 과제다. 좌우파의 막무가내식 충돌이 복지의 제1방정식을 망가뜨리고 있는데, 충돌의 피해는 이 시대를 살아가는 시민이 감당해야 할 몫이다.

이런 상황에서 노동자들은 안심하고 생산에 임할 수 없다. 어느 날 갑작스럽게 정리해고 통지를 받았을 때에 생계문제가 먼저 떠오르는 나라, 잡상인과 잡역부 외에 생계유지를 위한 다른 방법이 없는 나라에서 경제성장과 생산성 향상이 이뤄지고 있다면 그건 틀림없이 모순적 구조를 숨기고 있다. 한국인이 자랑스럽게 내세우는 '20K-50M 클럽'(인구 5천만 국가 중 일인당 국민소득 2만 달러에 도달한 나라) 가입이 이렇게 가능했다. 한국에서 일자리 정치가 얼마나 취약한지는 쌍용자동차, 기륭전자, 한진중공업 사태가 웅변적으로 말해준다. 스웨덴의 자존심 볼보자동차의 사례는 쌍용자동차와 극한 대조를 이룬다(경향신문 2012). 미국 포드사에 매각된 볼보는 2008년 3천여 명이 정리해고됐다. 노동시장국을 비롯하여 직업보장협회와 직업안정기구들이 활발하게 가동되기 시작해 해고노동자의 생계보장과 재취업 혜택을 제공했다. 그 결과 2년 만에 60%가 복직 및 재취업이 이뤄졌고, 나머지 40%는 전직했거나 재적응 훈련에 임하고 있다. 중국 상하이차에서 인도 마힌드라로 매각된 쌍용자동차는 2009년 2,600여 명이 정리해고 됐지만, 모두 대책 없이 뿔뿔이 흩어져야 했다. 복직투쟁 과정에서 몇 사람이 희생되어도 정치권과 시민사회에서 아무런 반응이 없다. 2012년 여름에야 겨우 국회 차원의 대책반이 꾸려졌는데, 재취업, 복직, 재훈련 등 노동시장의 제도적 기반이 없는 상태에서 국회의원이 할 수 있는 여지는 작다. 노동시장이 제대로 작동하지 않을 때 우리가 매혹을 느끼는 보편적 복지를 향한 복지재정은 창출되지 않는다. 일자리 만들기와 지키기가 제대로 이뤄지지 않을 때 미취업자, 실직자, 빈곤층과 저소득층을 위한 보편적 복지의 길은 막힌다. 한국은 일자리 관리를 냉혹한 시장경쟁에 그냥 던져두고 '보편적 복지'를 말하는 그런 국가다.

복지의 제1방정식인 '일자리 정치'가 이럴진대 그 후방에 놓인 비취업자를 위한 보편적, 선별적 복지정책이 제대로 실현될 리 없다(❷ 후면 겹선원). 이게 '일자리 정치'로부터 수혈을 받아 작동하는 복지의 제2방정식이다. 일자리 정치가 '노사연대'를 요건으로 하는 것처럼, 비취업자를 위한 복지정책은 '사회연대'를 전제로 한다. 기업과 취업자들이 내는 세금을 재정 자원으로 가동되는 복지영역이기 때문이다. '조세' 수입이 늘어나지 않으면 비취업자를 위한 공공복지는 위축된다. 비취업자를 위한 공공복지 유형은 다양하다. 사회보험, 사회적 서비스, 공적 부조 등 전 영역에 걸쳐 다양한 프로그램이 이미 개발되어 있고, 새누리당과 민주당은 표적집단의 새로운 수요에 맞춰 많은 종류의 복지혜택을 공약으로 내놓았다. 예를 들면, 퇴직자들에게 제공되는 연금, 건강보험을 비롯하여 노령연금, 여성복지, 출산장려금, 청년 및 장노년취업 지원금, 워킹맘 취업지원 등이 있고, 반값등록금, 무상급식, 무상의무교육 등 무상복지시리즈가 있다.

노동시장 외부에 놓인 비취업자들에게 제공하는 사회적 서비스에는 돈이 절대적이다. 2012년 7월, 한국에서 가장 부촌인 서초구가 무상보육 예산이 고갈돼 전면 중단 위기에 처했다. 서울시에서 긴급 지원을 받기는 했지만 장기적인 재정확보 방안이 없는 한 급작스레 늘어난 보육아동을 감당할 수 없다. 장기화된 경기침체가 삼성본부와 유수기업들, 그리고 부유층이 몰려 있는 서초구의 지방세 재정을 악화시킨 탓이다. 이런 의미에서 복지의 '제2방정식'은 제1방정식의 함수다. 일자리 정치가 제대로 가동돼야 보편적 복지의 여지가 넓어진다. 보편적 복지가 사회적 연대를 증진하는 것이라면, 그것은 또한 돈 내는 사람의 승인을 받아야 한다. 부자증세가 빈곤층에게 소득이전이 되는 것을 부자들이 승인해야 한다. 격차사회를 줄여야 한다는 사회적 동의와 이를 실행하고자 하는 시민적 의지, 즉 '사회연대'가 없으면 부자증세는 곧 저항에 부닥친다. 노무현 정권 때에 우리는 부유층의 격렬한 저항을 이미 경험했는데, 부자감세로 돌아선 이명박 정권에서는 역으로 빈곤층의 분노와 비난이 쏟아져나왔다. 사회적 연대가 없는 국가에서 복지정책은 지그재그로 제자리걸음을 친다. 그러는 동안 양극화와 소득불평등이 심화되는 것이다.

두 개의 동심원은 서로 맞물린 채 돌아간다. 일자리 정치가 작동하면서 경쟁력 증진과 일자리 창출이 이뤄지면 조세수입이 증가하고 재정자원이 쌓인다. 이 재정자원이 비취업자들을 위한 공공복지에 투여된다. '복지=기업경쟁력 강화=일자리 지키기'라는 등식이 왜 중요한지 여기서 확인된다. 노사연대와 사회연대는 '사회민주화'의 소산이며, 사회적 연대의 도덕적 강제력에 의해 자본은 경제민주화의 대열에 동참한다. 앞에서 자본의 '자율적 변신'이 중요하다고 했는데, 사실상 사회적 연대의 도덕적 강제력이 없이 자율적 변신을 스스로 행하는 자본은 존재하지 않는다. 규제를 원치 않는 것이 자본의 본능이기 때문이다. 그러나 생산성 향상과 경쟁력 증진이라는 자본의 본능을 지원하는 한, 자본을 복지와 경제민주화의 파트너로 만들 수 있고, 유럽국가의 선행 경로도 그것이었다. 노사연대와 사회연대는 결코 쉬운 일이 아니다. 기득권의 포기와 양보로부터 비롯된다. '공익'이라는 대의명분에 이바지하고자 하는 도덕적 의지가 작동하는 까닭이다. 평등주의적 심성이 매우 높고, 사회정의에 무한한 관심을 표명하는 우리는 민주화 25년 동안 그것을 실현시키는 제도의 창안과 도입에는 실로 미숙했다. 이제 다시 복지와 경제민주화라는 엄청난 과제가 사회에 던져졌는데, 그 전제조건이 되는 노사연대와 사회적 연대에의 관심은 여전히 결여된 채 프로그램 다발을 들고 이념투쟁의 난투장으로 들어서는 꼴이다. 일자리 정치엔 이미 이념 투쟁이 내재되어 있다. 정권심판도 좋지만, 심판하는 자와 심판받는 자가 공통으로 실패한 것이 무엇인지를, 공통으로 결핍하고 있는 것이 무엇인지를 소통하는 것이 먼저다.

7. 합의된 미래를 찾아서

한국은 스웨덴이 아니다.[24] 독일도 아니다. 조건과 환경이 다르고 국민 기질도 다르다. 정당과 이념의 역사적 진화과정이 다르다. 이 책에서 자주 사민주의 사례를 언급했지만 우리의 현실을 비춰보고자 한 것이지 그쪽으로 가야 한다는 말은 아니었다. 사민주의 모델을 주장하는 학자들도 한국이 결코 그렇게 될 수 없음을 잘 알고 있다. 필자가 연구해본 바로는 사민주의의 필수조건이 몇 개 있다. 인구 규모가 2천만 명 정도가 최적이고, 조금 규모가 크더라도 정당 정치가 유권자

24) 이 부분은 앞의 책 233~238쪽의 내용을 부분 발췌하고 보완한 것이다.

의 계급정체성으로 작동하고, 사민당과 노동조합 간 정책동맹이 상당히 긴밀하게 유지, 발전되는 것, 그리고 시대적 변화에 대처하는 사민당의 유연성, 예를 들면, '평등과 연대', '시장과 효율'을 적절히 배합하여 중산층을 끌어들이는 현실적응력이 그것이다. 독일은 2005년 복지감축을 골자로 한 '하르츠 4'(Hartz IV)를 가동해서 침체에서 벗어났을 뿐 아니라 유럽경제의 사령탑에 복귀했다. '시장과 효율' 쪽으로 조금 움직인 것이지만, 언젠가 분배가 악화되면 다시 '평등과 연대'로 이동할 것이다. 스웨덴도 지난 20여 년 동안 복지감축 압박에 부딪혔는데 그런대로 꿋꿋이 버틴 몇 안 되는 나라다. 복지제도에 개인적 인센티브와 시장적 요소를 살짝 도입하고 (예를 들면, 개인연금을 허용해서 사적 비중을 늘리는 것), 수급요건을 약간 강화해서 도덕적 해이를 방지하는 것 외에 대대적인 감축을 단행하지 않았다. 중산층이 그것을 원하지 않았을 뿐 아니라, 인구 규모가 상대적으로 작아 합의만 하면 언제든지 변신할 수 있을 것이라는 자신감 때문이었다.

한국은 무질서한 가운데 뭔가 잘 돌아가는 듯도 하다. 무질서하지만 그런대로 작동했기에 경제대국 10위권에 입성했다. 그런데 민주화 25년 동안 진영논리가 맞붙어 사회는 극히 시끄러웠다. 소란했던 진보정권도, 마이동풍 보수정권도 겪었다. 그러는 동안, 한국의 사회민주화와 경제민주화는 거의 진전되지 않았다. 복지국가는 시동을 건 상태에 놓여 있고, 경제민주화는 요원하다. 양극화가 심화되고 분배구조는 악화되었다.

다시 양극화와 격차사회의 해결을 약속하는 목소리가 호소력을 얻고 있다. 국민정서가 그쪽으로 기울고 있는 모습이 역력하다. 시대적 과제가 미해결인 채로 누적된 탓이다. 그런데 25년 동안의 시행착오를 겪고도 성장과 분배, 효율과 평등, 시장과 국가의 이분법에서 어느 한 쪽을 골라야 하는가? 시행착오를 오랫동안 겪었다는 점에서 필자는 이것을 '선택의 강요'라고 생각한다. 새누리당은 '시장'에서 한 발짝만 나왔고, 민주당은 '국가' 쪽으로 많이 걸어 들어갔다. 시장은 항상 공평한 것은 아니었고, 국가는 항상 정의로운 권력은 아니었다. 그러나 보수당은 다시 시장으로, 진보당은 국가로 귀의했다. 각각 영역별로 조각난 프로그램 다발을 들고 말이다. 그것은 과거 25년간 반복해왔던 근시안적 정치, 후진국형 정치였다. 정권별로 외치는 정의 개념이 달랐다. 중첩되는 것도 없었고, 계승하는 것도 없었다. 5년 연속과 5년 만의 단절이 반복되었다.

사회민주화와 경제민주화의 추진에서 시민은 감시세력이다. 선진국에서 '경제동력의 사회적 생산'이 정착된 것은 자본, 노동, 국가의 협업이 가능해서였고, 시민의식이 성숙된 때문이었다. 우리에게 필요한 것이 상생을 향한 협업정신이다. 시대방정식을 풀기 위한 공동의 노력과 양보, 그것이 필요한 시점이다. '경쟁적 복지국가'는 양보와 헌신이라는 두 바퀴로 전진한다.

▶▶▶ 참고문헌

송호근, 2012, 『이분법 사회를 넘어서』, 다산북스.

_____, 2001, 『의사들도 할 말 있었다』, 삼성경제연구소.

_____, 1997, 『시장과 복지정치: 사민주의 스웨덴 연구』, 나남.

송호근·홍경준, 2006, 『복지국가의 태동: 민주화, 세계화, 그리고 한국의 복지정치』, 나남.

장지연·이병희·은수미·신동균, 2011, 『고용안전망 사각지대 해소방안』, 한국노동연구원.

경제개혁연대, "경제개혁리포트 2009-1." www.ser.or.kr.

경향신문, 2012, "대안은 있다: 스웨덴 볼보의 경우," 2012년 6월 26일자(이서화 기자).

프레시안, 2009, "자동차산업 길찾기 4: 노동자 살리고 실업자 고용하고 회사는 성장하고," 2009년 6월 17일자(이대희 기자). 네이버 블로그.

Cerny, G. P., 1997, "Paradoxes of the Competition State: The Dynamics of Political Globalization," *Government and Opposition* 32(2): 251-274.

Dukjin Chang, Eun Mee Kim, and Chunwoong Park, 2007, "Continuity and Change in South Korea's Reform since the Asian Financial Crisis," chapter 3, in *Adapt, Fragment, Transform: Corporate Restructuring and System Reform in Korea*, edited by Byung-Kook Kim, Eun Mee Kim, and Jean C. Oi. APARC, Stanford University, 2007.

Rodrik, Dani, 1997, *Has Globalization Gone Too Far?* (Brookings Institute).

________, 2011, *The Globalization Paradox: Democracy and the Future of the World Economy*, New York: W.W. Norton & Company.

제4장

긍정성 중심의 국가발전전략 모색

김명언

1. 서론: '지속가능한 발전'의 의미

이 책의 제목인 '한국의 지속가능한 발전전략과 정책 대안' 중 핵심용어는 '지속가능한 발전'이다. '지속가능한'과 '지속적'이라는 것은 어떠한 차이가 있는가? 지속가능한 발전(sustainable development)이란 개념은 1969년 세계자연보존연맹(International Union for Conservation of Nature, IUCN)에서 강령으로 채택하면서 처음 등장했다. 3년 후 스톡홀름에서 열린 UN의 인간환경회의에서는 이 개념을 핵심주제로 선정하며, 자연환경의 훼손 없이 산업화와 경제성장을 이루어가는 것으로 개념화했다. 그 이후 이 개념에 대한 다양한 정의와 해석이 있어왔으나 일반적으로 환경적 요소, 경제적 요소, 사회적 요소라는 3개의 축을 함께 고려하는 발전을 의미하는 것으로 받아들여지고 있다(Adams, 2006). 간략히 말하면, '지속적 발전'은 경제적 측면에서의 발전만을 고려하는 반면, '지속가능한 발전'은 환경과 사회 두 부문을 균등하게 고려한 발전을 의미한다고 볼 수 있다.

하지만 그간의 지속가능한 발전에 대한 논의는 환경과 경제 부문에 치우쳐왔다고 볼 수 있다. 이 개념에 대한 논의 시작이 환경문제에서 촉발되었을 뿐만 아니라 30년 넘게 논의해왔음에도 불구하고 환경문제는 더욱 심각해지고 있다는 점을 생각하면, 환경적 측면에 대한 집중은 당연한 현상이다. 그리고 경제적 재화는 인간 번영의 필요자원 중 하나임을 생각하면 경제적 측면으로의 치우침 또한 당위성을 가진다. 이에 더해 경제적 측면의 발전은 객관적인 지표화가 쉽다는 편의성마저 갖추고 있다.

환경적 측면의 지속가능한 발전은 파괴나 훼손으로부터의 보호가 주요방안이기에 정확히 말하면 지속발전이 아닌 지속보존이다. 이 같은 사실은 환경 차원에서 지속가능한 발전이 논의될 때마다 '친환경적(proenvironmental, environment friendly)'이라는 용어가 사용되는 것에서도 드러난다. 더 주목할 사실은 많은 경우 편의성과 대중성에 편승해 경제적 지속발전이 우선시되면서, '지속가능한 환경적 발전'이 뜻하는 바를 경제적 측면에서의 지속발전을 가능하게 만든다는 의미로 착각한다는 점이다. 이같은 착각은 2012년 해양을 주제로 열린 여수세계박람회의 선언문 6항의 "우리는 세계 인구 급증에 따른 식량안보 및 육상자원의 점진적 공급 부족이 우려됨에 따라 지속가능한 경제성장의 새로운 동력원으로서 해양을 주목하고 있다. 우리는 전 인류에게 번영을 가져다줄, 신재생 에너지가 포함된 해양자원의 친환경적 이용을 위한 첨단과학기술과 혁신산업발전에 투자를 늘려줄 것을 모든 국가에 촉구한다"(조선일보, 2012. 8. 13)라는 문구에서도 확인할 수 있다.

최근 들어 활발히 논의되고 있는 사회적 측면에서의 지속가능한 발전 또한 그 내용을 들여다보면, 경제적 측면에서의 사회적 의제들이 대부분이다. 가장 많이 거론되어온 동반성장, 경제민주화, 빈곤 또는 가난의 대물림, 사회복지 예산의 적절성 등의 논제들이 그러하다. 사회계층 간 다양한 요소에서 나타나는 심각한 격차나 불균형을 지적하고 있지만 이에 대한 구체적 접근에는 경제적 지표나 방안들에 치우쳐 논의되어왔다.

반면에 사회구성원 개개인의 지속성장은 대토론의 중앙무대에는 서지 못하고 주변에서 머물거나 해외토픽이나 연구소 조사자료의 인용으로 만족해왔다고 볼 수 있다. 이같은 개인 차원에 대한 논의의 변두리화나 홀대라는 불편한 진실은, 개인의 지속적 번영은 마치 공동체적 지속성장에 비해서는 열등하거나 반공동체적 개념으로 암암리에 간주되고 있다고 볼 수 있다. 개인의 지속적 행복추구는 개인 영달이며 공동체의 번영에 저해되는 것인가? 실제 자기 계발에 관한 책들이 베스트셀러 반열에 다수를 차지하는 현상은 이같은 사회적 터부시의 결과라고 볼 수 있다. 공론의 장에서는 금기되거나 반지속성장론자로 비난받을 수 있다는 두려움으로 은밀히 자기 계발서나 행복교과서를 탐독한다는 추론은 지나치다고만 치부할 수 없다. 이유야 어떻든 분명한 사실은 개인 수준에서의 지속가능한 성장은 국가발전전략의 어젠다로 설정되어오지 못했다는 것이다.

아담스(Adams, 2006)가 지적하듯이, 지속가능한 발전이란 개념은 여러 측면을 통합적으로 보게 하며, 세상사람들의 관심을 끌고 있으며, 유연하게 적용되고 있으나 여전히 세밀하지 못한 점이 있다. 아담스는 한걸음 더 나아가, 그간의 접근방안이 자연과학이나 경제학에 지나치게 편향되어 있음을 지적하며, 지속가능한 발전을 성공적으로 이루어가기 위해서는 동참자들의 상상력, 비전, 열정, 정서 등에 관심을 가져야 한다고 제언한다. 그래야만 지속가능한 발전의 주역들인 지구촌 시민으로부터 머리만이 아닌 가슴의 참여를 이끌어낼 수 있다고 주장한다. 최근 급부상하고 있는 긍정성 중심의 학문분야는 가슴의 참여를 이끌어내는 전략과 방안에 대해 유용한 지침을 줄 수 있다. 가슴의 참여는 긍정심리학, 긍정조직학, 그리고 긍정조직변화론의 주 관심사인 긍정 정서, 긍정적인 경험, 그리고 긍정적 문화를 지닌 조직에 의해서 활성화되기 때문이다.

그리고 '지속가능한'에서 '지속'이란 단어는 후속세대까지 이어지는 지속을 의미한다고 볼 수 있다. 브룬트랜드(Brundtland) 보고서(1987)는 '지속가능한 발전'이란 다음 세대에게 피해를 주지 않는 발전과 성장을 추구해야 한다는 점을 강조하고 있다. 따라서 후속세대까지 지속되는 발전을 만들어내는 요인들에 대한 논의가 중요하다.

이 장에서는 환경, 경제, 사회 세 축의 능동적 실행자인 '사람'에 중심을 두어 지속가능한 발전전략을 제시해보고자 한다. 사람중심이란 인간의 속성과 특성을 출발점이자 주 초점으로 설정하는 것을 의미한다. 아울러 환경과 경제적 차원의 전략 모색에서도 사람중심으로 논의할 필요가 있음을 의미하기도 한다. 그리고 사람중심의 지속가능한 발전전략의 요체로 '긍정성 중심'의 전략을 제시하고자 한다.

2. 왜 긍정성 중심의 국가발전전략이 필요한가?

1) 우리나라 국가발전전략의 특성

그간 우리나라 국가발전정책의 주요 특성을 살펴보면 다음과 같은 네 가지 점을 발견할 수 있다.

(1) 문제점 중심의 틀짓기

우리나라 발전전략의 큰 틀짓기는 어떤 수준에서 모색되든 대부분 문제점, 개선점, 취약점, 결점 등으로 그 시작점이 명명되고, 종착점은 이들의 해소로 설정되는 문제중심적 접근으로 이루어져왔다. 개인, 기업, 지역사회, 국가 등 모든 사회시스템의 수준에서 부정성 틀짓기의 만연은 마치 문제중심의 발전전략이 정책입안자의 유일한 틀짓기인양 인식되어왔다. 하지만 국민 개개인이나 조직들이 발전정책을 통해 궁극적으로 이루어지기 바라는 바는 문제점 해결이나 불만감소가 아니라, 최상의 가치 실현이나 번영 그리고 행복이다.

표방하는 바가 이상적이고 공감할 수 있는 용어나 문구로 만들어져 있는 정책들도, 이 목표나 비전을 실천하는 과정에는 문제의 규명 및 최소화 중심으로 설계되고 추진되는 경우가 많다.

한국이 개도국에서 선진국으로의 진입에 성공하지 못하는 연유도 이같은 부정성 중심의 발전전략에 기인한다고 볼 수 있다. 그러하기에 '원조받는' 나라에서 '원조하는' 나라로 위상이 상승했음에도 내용적으론 이전투구, 비생산적 갈등, 후진적 양태 등이 사회 곳곳에서 목격되고 있다. 정책결정권자들은 말로는 이상적 미래를 언급하며 긍정적 접근을 하겠다는 약속을 하는 데 반해, 선정하는 실행방안들은 문제해결 접근 일색이다. 이같은 문제중심적 편향성은 현실을 모른다는 비판이 두려워, 언제까지 기다려야 하느냐는 원성이 무서워, 국민의 단기성과 지향적 조급성 때문에 나타난다. 따라서 과오 없는, 결함이 보완된, 국민의 원성을 잠재울 방안들을 정책방안으로 설정하는 경향을 보였다. 그 결과, 선진국 진입은 더딜 수밖에 없었다.

(2) 경제적 측면으로의 지나친 편중

앞에서도 언급했듯이, 우리나라 발전전략의 초점은 경제적 측면에 지나치게 편중되어 있다. 일찍이 매슬로우(Maslow, 1954)가 욕구 5단계론을 제안하며 갈파했듯이, 대부분의 국민이 먼저 충족되기를 바라는 욕구는 생리적 욕구와 안정욕구이다. 그 결과, 의식주의 안정적 공급이 일정 수준 이루어져야 그다음 상위 수준의 욕구들이 충족을 요하는 욕구로 발동된다. 이같은 하위 수준의 욕구충족은 경제적 재화의 안정적 획득으로 가능하다. 그리고 1970년대 말까지 우리나라는 의식주에서 안정수준에 도달하지 못했기에 경제적 측면의 강조는 나름대로 타당성과 당위성을 지녀왔다. 동시에 이 기간에 경제전문가들의 정책결정에 미치는 영향력은 자연히 강화되어왔다. 그 이후 오늘날까지 적지 않은 기득권적 경제전문가들은 자신들의 전문분야의 중요성을 언급하며 경제중심적 발전전략을 세워야 한다고 주장하고 있다. 때로는, 그렇게 하지 않을 경우 발생할 수 있는 국가적 비극을 언급하며 국민에게 두려움을 주기도 한다. 그 결과, 필요 이상으로 경제적 측면에 편향된 발전전략이 요지부동의 대세였다.

(3) 형식적인 공론 수렴

발전전략의 방향과 그 추진방법에 대한 의견수렴을 함에 있어서는 생략과 모양 갖추기가 주된 전략이었다. 어떤 분야 전문가들의 의견을 경청해야 하는지에 대한 것은 말할 것도 없이, 다양한 이해관련자들이 누구인지를 파악함에 있어서도 주로 정책공급자 입장에서 이루어져왔다. 그 결과, 정책수요자 시각에서 볼 때 반드시 포함되어야 할 집단이나 계층이 생략되는 결과를 가져왔다. 파악된 이해관련자이더라도 설정되어 있는 기조에 반대할 경향이 농후할 경우에는 그들의 의견을 수렴하는 것을 생략하거나, 요식적으로 공청회를 개최한 후 추진하는 경우가 대부분이었다. 진솔한 의견을 수렴하기 위해 어떠한 과정과 방법이 적합한지에 대한 고민은, 마치 불필요하거나 추진을 더디게 하는 비효율적인 것으로 간주되어왔다. 그러하기에 발전정책이 발표되기가 무섭게 반대의견이 강하게 제기되고, 실현에 있어서 방관자나 훼방꾼들이 득실거리게 하는 결과를 가져왔다.

(4) 처벌 중심의 전략

지속발전을 위해 제안되는 정책들 대부분이 잘하는 행위에 대한 보상이 아닌, 잘못한 행위에 대한 처벌 위주로 만들어져 있다. 한 예로, 친환경적 행위를 촉진하기 위해서 사용하는 방법들은 환경파괴적 행동에 대한 처벌방책 위주이다. 물론 환경적 측면에서의 사전 심의를 거치게 함으로써 예방적 노력을 하고 있으나 대부분은 '이러이러한 경우에는 이같은 벌칙이 주어진다'는 식의 법규나 규정을 제정하여 친환경적 행위를 유도하고자 한다.

행동주의학파의 동기이론인 강화이론(reinforcement theory)에 따르면, 행위유발을 강화하는 방식에는 4가지가 있다. 그중 하나가 '원하지 않는 행동에 대해 행위자가 원하지 않는 것(벌칙)을 부여하는 방법'으로 원하지 않는 행동이 억제되도록 하는 방법이다. 하지만 이 방법은 원하는 행위를 양적으로나 질적으로 지속 실행하게 하는 동기는 발현시키지 못한다. 오로지, 규정에 명시된 해서는 안 될 행위에만 주의를 기울여 조심하게 한다. 따라서 벌칙을 받는 것으로 명시된 행위들을 피해가며 개인이나 집단 그리고 조직에 경제적 이익을 가져다줄 방안을 강구하는 노력을 은밀하게 한다. 따라서 바람직한 행위를 촉발하기 위해선, 바람직한 행위에 대해서 원하는 것(포상)을 주는 강화방법(긍정적 강화, positive reinforcement)을 사용할 필요가 있다. 실증연구에서도 이 강화방법이 바람직한 행위 촉발에 가장 효과적임을 입증해주고 있다.

우리나라 발전전략의 이같은 정책 특성들 때문에 정책에 대한 공감대 구축이 부실하게 이루어지고, 국민의 동참은커녕, 무관심과 방관이 팽배해왔다. 경우에 따라서는 극심한 저항을 도출하여 갈등적이거나 편파적 성장까지도 보여왔다.

2) 문제점 중심의 발전전략이 주를 이루어온 이유

이 같은 정책 특성을 보이게 된 이유는 여러 가지가 있을 수 있으나, 그중 개인 또는 집단의 심리적 특성이며 이 글의 주제와 연관된 다음 3가지에 대해 논해보고자 한다.

(1) 발전전략 수립자의 부정편향성

사람들은 일반적으로 좋은 것보다 좋지 않은 것을 더 잘 기억하고, 더 많이 주목한다. 학생들은 자신의 성적표를 받고는 가장 점수가 낮은 과목에 주목하고 영향을 가장 많이 받는다. 학부모들도 자녀가 잘하는 과목보다는 못하는 과목에 집중하여 학원등록을 하게 하거나 과외를 시킨다. 회사의 월요회의는 지난 한 주 동안 잘못한 것에 대해 지적하고 그 원인을 찾아보는 문제검토 회의가 주종을 이룬다. 신문의 일면 기사는 대부분이 부정적 사건에 대한 보도이고, 온통 부정적 용어로 머리기사들을 뽑아놓고 있다. 마치 전날의 한국은 안 좋은 일만 일어난 것으로 착각할 정도로 부정적 기사 일색이다. 좋은 소식이나 미담은 주로 뒷면에 있고, 대부분 적은 지면을 할애해서 보도된다. 인터넷판도 더 하면 더했지 매한가지다. 바우마이스터 등(Baumeister et al., 2001)의 심리학자들은 이 같은 보편적 현상을 "안 좋은 것이 좋은 것보다 더 강하다(Bad is stronger than good.)"라고 한 문장으로 요약하고 있다. 안 좋은 것들은 기억하지 못하거나 주목하지 않으면 개인의 생명이나 조직의 존립에 치명적인 타격을 입을 수 있기 때문이다. 반면에 좋은 것, 잘한 것은 간과하거나 기억 못 해도 큰 문제는 없으며 아쉬울 뿐이다. 심리학에서 말하는 '부정성 편향(negativity bias)'이다.

발전전략을 수립하는 사람들도 예외가 될 수 없다. 지속적 발전에 걸림돌이 되는 것이 무엇인지부터 철저히 파악해보는 것이 자신들이 먼저 해야 할 일로 굳게 믿는다. 지속가능한 발전전략이 가져올 수 있는 보다 가치 있는 지고한 목표들은 이들의 시선을 끌기에는 너무나 실효성이 적어 보인다. 주목하지 않는다고 해서, 표방만 한다고 해서 큰 불이익을 당하는 경우는 드물기 때문이다. 그 결과, 이들이 실제로 추진하는 것은 지속가능한 '보존'이나 '유지'이지 '발전'이 아니다. 이 같은 부정성 편향은 정책을 집행하는 사람들에게도 동일하게 나타난다. 한마디로 수립자와 집행자 모두 문제중심적 틀로 정책수립과 집행을 한다.

(2) 국민의 보편적 성향에 부합

일반 국민이 언론을 통해 접하는 소식들은 좋은 소식보다는 안 좋은 소식이 훨씬 많다. 그나마 전해준 좋은 소식들은 시간이 없다며 읽기조차 하지 않는다. 그 결과, 자신들은 문제홍수국에서 살고 있다고 생각한다. 이 생각에 원래부터 가지고 있던 부정성 편향이 더해져, 국민은 문제중심적 시각을 좋아하고 문제점을 족집게처럼 찾아내기만 하면 높은 점수를 주는 경향을 보인다. 이 점을 익히 알기에 발전전략 수립자들은 자신들의 발전전략과 실행방법이 국민의 성향에 맞는 문제중심적 시각을 취하게 된다. 일종의 국민의 부정편향성에 초점을 맞춘 대중 영합주의이다.

(3) 문제파악력의 상향 평가

사회 대부분에서 높이 평가되는 능력은 강점 발견과 강화 능력이 아니라 문제점 발견과 해결안 제시의 능력이다. 이에 비해, 강점을 발견하고 강화하는 능력은 하향평가되거나 별다른 가치를 부여하지 않는다. 미래가 불확실하고, 급변하며, 호전적으로 다가온다고 믿기에 문제가 무엇인지, 근원은 어떤 것인지, 해결방안들은 무엇이 있는지를 신속 명쾌하게 보여주는 능력이 높이 평가되는 것은 당연할 수도 있다. 정책입안자나 집행자 모두 이 점을 알기에 지속가능한 발전에 대해 문제중심적 틀을 가지고 접근한다. 물론 문제해결은 바람직한 방향으로의 전진과 발전을 자동으로 보장해주진 않는다.

심지어는 그다지 심각한 문제점이 없음에도 문제를 확대 재생산하기도 한다. 이때 만들어낸 문제는 자신들이 일가견을 가진 해결책에 맞추어 정의되곤 한다.[1] 안정보다는 성장에 능통한 전문가는 성장의 둔화를 문제로 지적한다. 그렇게 함으로써 유능한 정책입안자이며

1) 코헨, 마치, 올슨(Cohen, March, & Olson, 1972)이 의사결정에 있어서의 비합리적인 현상을 관찰하며 명명한 '쓰레기통 모델(garbage can model)'이 적용된 의사결정의 한 형태라고 볼 수 있다.

리더로 인정받을 수 있기 때문이다.

3. 지속가능한 발전전략의 새로운 틀: 긍정성 중심의 발전전략

앞서 언급했듯이, 지속가능한 발전전략을 수립하고 실행하면서 취하는 문제중심적 접근은 득보다는 실이 많고, 무엇보다도 지속가능한 발전을 가져오는 데 효과적이지 못하다. 따라서 이 절에서는 새로운 발전전략으로 긍정성 중심의 접근틀을 제안하고자 한다. 이를 위해 먼저 긍정성 중심의 접근이 왜 필요한지를 논의하고, 기반이론을 소개한 후, 개인, 개인간, 조직 등의 세 수준에서 긍정성 중심의 접근을 살펴보고자 한다.

1) 왜 긍정성 중심의 접근인가?

첫째 이유는, 지속가능한 국가발전을 최상의 수준으로 성취하기 위해서이다. 개인, 집단, 조직, 그리고 지역사회나 국가 등 모든 수준에서 더욱 높은 수준의 번영과 성취는 긍정성으로의 눈돌림 없이는 불가능하기 때문이다. 우리가 궁극적으로 이루어내기를 바라는 것은 불행, 불만, 불상사, 갈등, 불평등, 환경훼손을 줄이는 것이 아니라 행복, 감동, 사랑, 동반성장, 공존, 번영이기 때문이다. 부정성의 감소와 긍정성의 증대는 그 생성요인이 다르며, 한쪽의 감소가 다른 한쪽의 증가로 나타나지 않는다(김명언, 2011; Herzberg, Mausner & Snyderman, 1959).

둘째 이유는, 최소화되기를 바라는 부정성도 긍정성의 증진으로 더욱 효과적으로 달성되기 때문이다. 국민의 지속가능한 발전에 반하는 행동들에 대한 부정적 피드백 시 보이는 합리화 현상과 방어적 자세는, 바람직한 행동과 습관에 대한 긍정적 피드백으로 감소되고(Luthans & Avoilo, 2003), 책임전가적 문제인식은 부정질문을 긍정질문으로 변환하므로 소멸될 수 있고(Whitney & Trosten-Bloom, 2010), 변화정책에 대한 방관적 태도는 긍정중심의 변화전략을 통해 변화정책에 대한 주인의식 고취로 전환될 수 있다(Cooperrider & Whitney, 1999).

셋째 이유는, 긍정성은 부정적 상태의 완화나 제거 정도가 아닌, 증폭적 선순환의 긍정효과를 만들어내기 때문이다. 긍정성은 지각, 사고, 행동의 폭과 넓이를 확장시킨다. 더 나아가 신체적, 관계적, 지적, 심리적 자원들의 구축을 통해 긍정성의 효과가 지속되고 증폭된다(Fredrickson, 1998). 문제의 심각성 제시를 통한 불안감 조성이나 문제중심적 해결 노력이라는 소극적 대처가 아닌, 긍정성이 만들어내는 확장과 구축이라는 두 기제의 강화를 통해 개인과 조직이 궁극적으로 소원하는 지속적 번영과 행복을 극대화할 수 있다.

이 같은 긍정성으로의 체계적인 눈돌림은 세 학문 분야에서 전개되고 있다. 첫번째 분야는 가장 먼저 출범했으나 최근에야 주목받고 있는 '긍정조직변화학(positive approach to organizational change)'이다. 쿠퍼라이더(Cooperrider)에 의해 잉태되었고, 일명 'AI(Appreciative Inquiry)'라는 변화모델 이름으로 조직문화, 팀빌딩, 리더십, 코칭, 노사관계 등의 다양한 분야에서 성공적인 변화를 이루어내면서 조직변화론 분야에서 긍정혁명을 일으켜왔다. 두 번째 분야는 셀리그만(Seligman)에 의해 출범한 긍정심리학(positive psychology)이다. 그는 1997년 미국심리학회 회장 취임연설을 통해 부정적 주제로 치우친 자신의 연구경력에 대해 자기반성을 하면서 심리학자들에게 긍정주제에 대한 연구에 동참해줄 것을 호소했다. 긍정심리학자들은 긍정 특질, 긍정 경험, 긍정 조직에 관심을 두나 주 관심은 개인의 긍정 특질과 긍정 경험이다. 세 번째 분야는 카메론 등(Cameron et al., 2003)의 미시간대학의 조직학자들에 의해 출범한 긍정조직학(positive organizational scholarship)이다. 이들의 주 관심사는 조직구성원들 간의 관계의 질과 조직수준에서의 긍정 특질이다. 특히 양질의 관계가 가지는 특성과 긍정적 일탈(positive deviance)을 보인 조직의 특성에 대한 모델을 제시하였다.

2) 긍정성의 효력에 대한 기반이론

긍정성에 대한 과학적 접근을 해오고 있는 긍정심리학, 긍정조직학, 긍정조직변화론의 이론적 기반은 프레드릭슨(Fredrickson, 2001, 1998)의 '확장과 구축의 이론(broaden-and-build theory)'이다. 이 이론은 긍정성이 가져오는 효력을 '확장(broaden)'과 '구축(build)'의 두 단계로 보고 있다. 첫 단계인 확장효과는 인간의 지각, 사고, 행동에 있어서의 확장이다.[2] 긍정 정서를 가지게 되면 사람들의 시야가 넓어져 더 많은 것을 볼 수 있게 된다. 사고의 폭도 넓어져 생각하지 못했던 방안들이 떠오르게 된다. 행동의 레퍼토리도 다양해져 선택할 수 있는 행동목록이 풍부해진다.

두 번째 단계는 구축의 단계이다. 4가지 주요 자원들(신체적, 사회적, 지적, 심리적 자원)이 구축되어 긍정성의 효과가 단명하지 않고 지속할 수 있게 만든다. 첫째, 긍정성은 신체적 자원을 구축하게 해준다. 긍정적 정서를 많이 표현하고 경험할수록 건강해지고 장수한다. 둘째, 사회적 자원의 구축도 만들어낸다. 긍정성을 지닌 사람들은 양질

2) 프레드릭슨과 브래니건(Fredrickson & Branigan, 2005)은 일련의 실험연구를 통해 긍정정서가 만들어내는 지각, 사고, 행동의 확장효과를 입증해보였다.

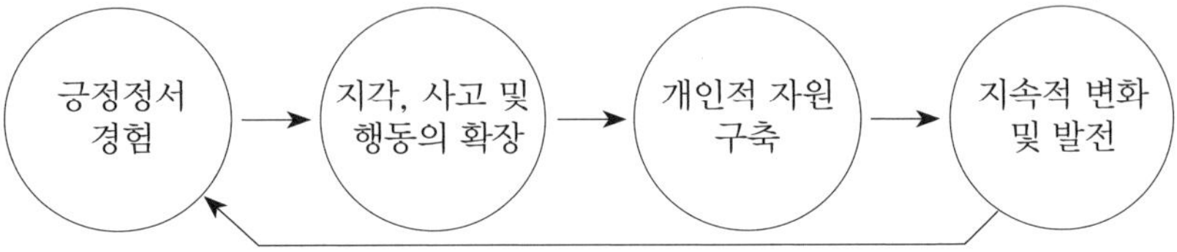

〈그림 4-1〉 긍정적 효과의 프로세스

의 대인관계를 폭넓게 가져 필요한 지원과 협조를 받게 된다. 셋째, 긍정성은 지적 자원의 구축도 이루어낸다. 긍정적 정서를 경험할수록 창의력이 증진된다. 마지막으로 강인성, 회복력 등의 심리적 자원들도 구축된다. 한마디로, 긍정성의 효력은 일시적 확장효과에서 종결되지 않고 주요 자원의 구축을 가져와 그 효력이 지속된다는 이론이다(김명언, 2011). 따라서 이 이론은 단기성장이 아닌 지속성장을 이루어내기 위한 효과적 방법은 긍정성의 생성 및 경험임을 시사해주고 있다.

그렇다면 긍정성의 '확장과 구축'론에 근거한 실천적 발전전략은 어떤 것이 있고 어떻게 구현할 수 있는가? 이 긍정성 중심의 변화전략에 대한 탐구를 개인, 개인간, 개인과 집단, 조직 수준의 순으로 논의해보고자 한다.

3) 개인 수준에서의 긍정변화전략

긍정성에 대한 본격적인 주목은 긍정심리학에 의해서 점화되었다. 긍정심리학자들은 과거 부정적 주제에 편향된 연구관행을 반성하면서 '긍정적 특질', '긍정적 경험', '긍정적 조직'을 주요 연구대상으로 상정하고 있다(Seligman, & Csikzentmihalyi, 2000).

(1) 긍정적 특질의 규명과 강화

개인 수준에서 지속적 번영을 견지하기 위한 방안은 어떤 것이 있는가? 이에 대한 긍정심리학의 답은 개개인의 긍정 특질을 발견하고 이를 지속해서 강화하는 것이다. 긍정 특질의 발견과 강화를 효과적으로 실행하기 위해선 긍정 특질에 대한 체계적 범주화와 변화 프로그램이 필요하다. 피터슨과 셀리그만(Peterson & Seligman, 2003)은 인간의 주요 긍정적 특질을 24개로 설정하고, 이들을 군집화하여 6개의 상위 범주로 분류하여 VIA(Value in Action) 분류체계[3)]를 만들었다. 이들은 24개 긍정적 특질을 '특성 강점(character strength)'으로 명명하며, 개인의 특성강점 프로파일을 파악해 다양한 방법으로 활용하고 강화하면 행복감은 증가하고 우울 경험은 감소하게 하는 효과가 있음을 입증해 보였다(Seligman, Rashid & Parks, 2006; Seligman, Steen, Park, & Peterson, 2005).

예를 들어, VIA 분류체계를 사용해서 개인의 최상위 강점특성(일명, 대표강점, 'signature strength'라고 부름) 5개를 선정하고, 이들 대표강점을 새로운 방법으로 활용해보는 연습을 일주일 동안 계속하면 6개월 후에도 지속적으로 유의미하게 높은 행복감과 낮은 우울 수준이 유지되었다. 또한 지역사회나 종교단체, 국가 등을 위한 봉사활동에 자신의 대표강점을 사용하는 훈련과 실습도 삶의 의미를 증가시켜 행복감 상승을 가져왔다.

셀리그만 등(Seligman et al., 2006)의 임상심리학자들은 대표적 심리치료기법인 인지행동치료와 긍정중심적 심리치료방법을 비교분석하는 연구를 했다. 비교분석 결과, 인지행동치료 등과 같은 기존의 심

3) 세계적으로 널리 사용되고 있는 정신질환 분류체계인 DSMMD와 대조되는 특질강점 분류체계를 염두에 두고 개발되었다. 따라서 이 강점특질들은 범문화적인 특질이어야 하는데, 이에 대한 실증적 검증이 이루어졌다(Seligman, Park, & Peterson, 2005).

리치료방법은 우울, 불안, 강박 등 부정적 증상의 완화에는 이바지하지만, 행복감과 같은 긍정 경험을 만들어내지는 못했다. 반면에 강점 특성을 적용한 훈련 프로그램은 부정적 증세가 있는 사람들을 긍정적 상태로 바꾸어주는 효과까지도 만들어냈다. 즉, 개인의 정신건강 측면에서 부정적 상태의 완화를 넘어선 지속가능한 향상을 가져오는 새로운 심리치료의 패러다임이라 볼 수 있다. 셀리그만 등(Seligman et al., 2006)은 이 심리치료방법을 '긍정심리치료(positive psychotherapy, PPT)'라고 명명하였다. 일반인들도 어느 정도의 교육만 받으면 경미한 우울감을 느낄 때 사용할 수 있다는 점에서 효율적인 심리치료방법이라 할 수 있다. 또한 긍정중심의 심리치료는 잠재적 환자의 심리치료 수용성을 높여 의료보험비의 감소는 물론 중증 질환의 조기차단을 통한 의료예산의 절감효과도 가져올 수 있다.

(2) 심리적 자본론

긍정심리학자들에 의해 강조되어온 긍정특질의 유용성은 조직심리학자들에 의해서 '심리적 자본(psychological capital)'이란 개념으로 발전되었다.

전통적으론 경쟁우위를 가져오는 자본으로 제일 먼저 간주되었던 자본유형은 재무적 자원, 시설과 건물 등의 경제적 자본이었다. 가치 있고, 희소하며, 모방이 어려울수록 경쟁력 우위를 가져오는 자본이 된다. 하지만 경제적 자본만으로는 경쟁우위를 확보하기엔 역부족임을 직시하면서 지적 자본(intellectual capital)과 사회적 자본(social capital)으로 초점자본이 확장됐다. 지적 자본은 지식, 경험, 기술, 전문성 등 무형의 자산을 의미한다. 사회적 자본은 인간관계의 질과 양을 의미한다. 한 조직의 구성원들이 중요한 지식과 전문성을 많이 가지고 있을수록, 그리고 조직 내외적으로 양질의 폭넓은 대인관계를 구축할수록 그 조직은 경쟁력을 지니게 된다.

최근 들어 긍정조직심리학자들은 이들 자본유형에 더해 '심리적 자본'을 추가로 제안하였다(Luthans, Youssef, & Avolio, 2007). 즉, 조직구성원들이 무엇을 알고 있는지, 어떤 사람들을 알고 있는지 못지않게, 어떤 심리적 장점을 가졌는지를 파악하여 강점을 강화하는 데 전략적 투자를 할 필요가 있음을 주장하고 있다. 특히 지속적 조직성장의 근간은 조직구성원들의 강점특성을 통한 성장이라는 전제 하에, 조직구성원들로 하여금 긍정특성을 높은 수준으로 갖추게 하는 데 투자할 필요가 있다는 심리적 자본론을 제안하였다.[4)]

심리자본론자들은 다양한 긍정특성 중 측정 가능하고, 변화 가능하며, 학습 가능한 특성들에 초점을 두어 투자하고 경영하는 것이 심리적 자본을 효과적으로 증대하는 방법이라고 주장한다. 이들은 이 같은 조건을 충족하는 긍정적 심리적 자본을 'PsyCap'이라고 명명하며 도전적인 과제를 성공적으로 해낼 수 있다는 확신을 가지는 심리적 상태인 '자기 효능감(self efficacy 또는 자신감: self confidence)', '현실적 낙관성(realistic optimism)', '희망감(hope)', '복원력(resiliency)' 등 4가지의 핵심 심리적 자본을 제안하고 있다. 이들 심리적 자본요소들은 서로 융합하여 시너지효과를 만들어내며 조직구성원들의 심리적 안녕감, 직무만족, 조직몰입, 직무수행에 있어서 유의미한 긍정적 효과를 이루어

4) 특히 이들 심리자본론자들(Luthans, Youssef & Avolio, 2007)은 작금의 인재선점적(the war-for-talent) 전략의 제한점을 극복할 수 있다고 주장한다. 인재선점전략은 인재의 수가 적을 뿐만 아니라, 인재와 조직의 적합성을 확보하기가 쉽지 않고, 이들 인재는 직장안정성보다는 자기성장과 학습을 더 중시하고 높은 '경력적응성(career resiliency)'을 가지고 있어 지속적 애사심과 조직헌신을 보장하기 어렵다는 점에서 문제가 있다고 보며, 적합한 대안으로 심리적 자본론을 제안하고 있다. 소수인재 정예론이 아닌 다수 중용론의 관점을 가진다.

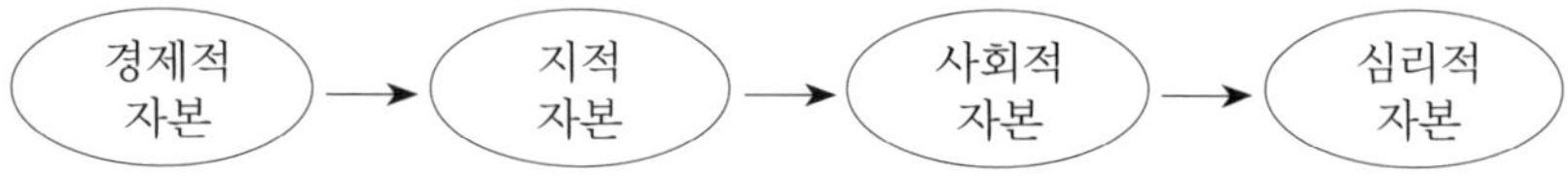

〈그림 4-2〉 경쟁력 우의를 가져오는 자본유형의 확산

내는 것은 물론, 수익과 생산성 향상 등의 재무적 성과에서도 유의미한 효과를 만들어내는 것으로 밝혀졌다.[5)]

이들 심리자본론자들은 여러 실험실연구와 실증연구들을 통해 긍정심리자본을 증진시켜주는 것으로 확인된 프로그램들을 만들어 소개하고 있다(Luthans et al., 2008). 성공적 목표달성을 끈질기게 추구하려는 마음 상태를 의미하는 희망감 증진 프로그램은 목표 설계, 달성경로 탐색 및 선정, 장애물 극복하기 등의 세 가지 전략요소로 구성되어 있고, 상호피드백을 주고받을 수 있게 개인이 아닌 집단훈련으로 진행된다.

곤경에 처했을 때 좌절하거나 낙심하지 않고 원래 상태나 그 이상의 수준으로 복원하는 힘을 의미하는 복원력 증진 프로그램은 매스턴(Masten, 2001)이 제안한 복원력을 결정하는 3요소인 자산요소(asset factors), 위험요소(risk factors), 영향력 과정(influence processes)을 주안점으로 구성되어 있다. 즉 복원력을 증진하는 자산요소들은 강화하고, 감소시키는 위험요소들은 능동적으로 극복하여 자신의 영향력을 향상시키는 것에 주안점을 두고 있다. 이들 긍정적 특성들은 기질적이기도 하면서 훈련을 통해서 강화할 수 있는 특성임이 입증되었다. 따라서 심리학적 이론과 연구결과에 기반해 제작된 이런 소규모 프로그램들의 활용은 지속가능한 국가발전을 이루어내기 위한 실용적이고 과학적인 접근방안이 될 수 있다.

5) 아베이 등(Avey et al., 2011)과 루탄스 등(Luthans et al., 2007)의 실험실 연구와 종단적 현장 연구결과를 참조하기 바란다.

(3) 행복 증진

누구나 다 행복해지길 원한다. 그러하기에 일반사람들에게 어떤 삶을 살기를 원하느냐고 물으면 가장 많은 답변이 행복한 삶이다. 자신의 삶이 나아지고 있다고 말할 때에도, '그래서 어떤데?'라고 물으면 '그래서 행복하다'고 말한다. 소득이 증가해서, 더 의미 있는 삶을 살게 되어서, 성공해서, 하고 싶은 일을 하고 있어서, 자식이 잘돼서 등 다양한 답변은 '그래서 행복하다'이다. 긍정심리학자들은 행복은 인간에게 가장 중요하고 보편적으로 추구되는 긍정적 경험임을 과학적 연구를 통해 입증해준다(Diener, 2010; Peterson, 2005).

안타깝게도 매년 외신을 통해 전해지는 우리나라 국민의 행복도는 생각보다 낮다. 2010년 한국심리학회 주관으로 실시한 전국표본조사에서도 100점으로 환산했을 때 63.22점이었다. 세계 평균은 64.06이고[6] OECD 평균은 71.25로 OECD는커녕 세계 평균보다 낮았다.[7] 순위로도 97개국 중 58위로 경제규모는 10위권에 들면서 행복도는 하위권에 머물고 있다. 행복학 연구의 선구자인 디너(Diener, 2010)는 한국인의 낮은 행복도 지각의 원인을 높은 물질주의 성향, 낮은 사회적 신뢰, 타인과의 지나친 비교성향 등에서 찾고 있다. 다행스럽게도 행복은 타고난 성격에 의해 결정되기만 하는 것은 아니고, 주어진 여건에 의해 일방적으로 영향받는 것만도 아니다. 우리가 하기 나름인 부분도 많다.[8] 따라서 어떠한 생성요인들이 있는지에 대한 좀 더 광범위

6) 2007년도 세계가치조사(World Value Survey, 2007)의 평균값을 환산한 수치다.

7) 2010년 한국심리학회 주관으로 제주도를 제외한 전국에 거주하는 만 19세 이상의 성인 남녀를 모집단으로 하여 지역별, 성별, 연령별 인구비례 할당표집 방식으로 1,000명의 표본을 추출하여 조사하였다. 행복지수는 신뢰도 및 타당도 검증을 통해 9개 문항(삶의 만족도, 긍정정서, 부정정서 각각 3문항)으로 구성되었다.

8) 류보머스키, 셸던, 쉬케이드(Lyubomirsky, Sheldon, & Schkade, 2005)는 행복공식을 다음

하고 근원적인 이해는 매우 중요하다.

소득수준이나 물질적 자원은 행복과 관련이 있으나 비례하지는 않는다. 일정 수준까지 연봉상승은 행복지수 상승을 가져오나, 일정 수준에 다다르면 상관관계는 미미해진다. 빈민국을 포함한 전 세계 국가들에서는 국민소득과 행복도 간의 상관이 .50에서 .70이었으나, 1만 달러 이상인 나라들에서는 .08로 낮아져 1만 달러를 기점으로[9] 상승 정도가 현격하게 줄어들기 시작했다(Diener & Selligman, 2004). 경제학자인 헬리웰(Helliwell, 2003)의 연구에서도 유사한 결과가 얻어졌다. 이 조사결과는 행복감의 생성요소가 다양할 수 있음을 말해준다. 그리고 이 결과는 우리 국민이 체감하는 행복감 정도도 물질적 요소가 아닌 다른 요소들에 의해 더 많은 영향을 받을 것이란 사실을 시사해 준다.

2010년 한국심리학회 주관으로 실시한 전국 표본조사의 분석결과인 〈표 4-1〉에서 알 수 있듯이, '객관적 소득 수준'은 인구통계학적 변인들만 고려했을 때는 .14였으나, 성격변인과 행복관 등의 다른 변인들과 함께 고려했을 때 그 연관성은 .06이나 감소하였다(서은국 등, 2010). 따라서 우리나라의 경제연구소들이 해마다 발표하는 경제적 행복도 조사결과는 국민이 실제로 느끼는 주관적 행복도와는 차이를 보일 수 있음을 유의해야 한다.

행복에 대한 심리학적 연구결과들에 따르면 행복에 이르는 주요 루트로 쾌락, 의미, 몰입 등 3가지가 있다(Seligman, Steen, Park, & Peterson,

---

과 같이 제시했다. 행복 = 유전 + 상황 + 의지(happiness = set point + life circumstances + volitional activities). 유전적 기질이 set point에 해당하고, 다양한 상황이나 여건이 life circumstances에 속하고, 마지막 요소는 행복은 우리가 하기 나름인 부분이 있음을 의미한다.

9) 이 연구결과는 10년이 넘은 수치여서 분기점 소득액의 상향조정이 필요하다.

〈표 4-1〉 행복지수에 대한 위계적 회귀분석

	1단계 β	2단계 β	3단계 β	단순상관
성별	.04	.05	.02	.05
연령	.00	.02	.03	−.01
동거인 수	.00	.01	−.01	.06*
결혼 여부	.08 †	.06	.06	.05
종교 유무	−.04	−.03	−.02	−.05
학력	.04	.04	.02	.06
객관적 소득수준	.14***	.09**	.08*	.15**
성격: 외향성		.22***	.16***	.25**
성격: 신경증		−.26***	−.21***	−.28**
정서경험규범			.20***	.33**
행복한 사람에 대한 긍정적 생각			.05	.19**
행복한 사람의 미래에 대한 긍정적 생각			.15***	.29**
행복 무한신념			.06	.13**
행복 성취신념			−.01	.11**
	R^2=.032 ΔR^2=.032***	R^2=.151 ΔR^2=.120***	R^2=.238 ΔR^2=.087***	

주: † p < .01, * p < .05, ** p < .01, *** p < .001.

자료: 서은국 등(2010).

2005).[10] 사람들은 쾌락을 경험하면 할수록 더 행복해질 수 있다. 의미 있는 일을 하고 있으면 그 의미 때문에 행복감을 느낀다. 시간 가는 줄 모르고 어떤 일에 몰입해 있을 때 행복하다고 말한다. 사람마다 주로 선택하는 통로가 다를 수 있다. 쾌락주의자들은 첫번째 루트가

10) 피터슨(Peterson, 2006)은 다른 사람과 경쟁에서 승리했을 때도 행복감을 느끼기에 승리를 4번째 통로로 설정하고 있으나, 긍정성 판단 기준의 하나인 다른 사람에게 불이익을 주면 안 된다는 것에 위배될 수 있다는 점에서 동의를 얻지 못하고 있다. 셀리그만(Seligman)은 성취와 양질의 인간관계를 추가하여 5가지 통로를 제시하고 있다.

가장 중요하다고 주장하는 반면, 의미를 추구하는 사람들은 두 번째 루트에 의해 행복 여부가 판가름난다. 직업에 대해 소명의식을 가지는 사람들은 세 번째 루트인 자신의 일에 몰입할 때 행복을 경험한다. 2010년 한국심리학회의 경험표집연구[11] 분석결과인 〈표 4-2〉에 제시되었듯이, 우리나라 국민은 행복의 의미 통로와 몰입 통로가 큰 영향을 주는 것으로 나타났다. 회귀분석의 3단계에서 '하고 싶은 일을 하는 정도(몰입 통로)'[12]와 '그 일에 대한 의미감(의미 통로)'을 추가했을 때 설명력은 28.3% 증가했다. 따라서 일상생활에서 경험하는 행복감은 인구학적 변인이나 성격, 행복관보다는 하고 싶은 일을 얼마나 몰입해서 하고 있는지에 따라, 그리고 의미를 느끼는 일을 하고 있는가에 의해서 더 많이 결정된다고 볼 수 있다.

행복의 지속 정도는 어떠한 통로에 따라 생성되었느냐에 따라 다를 수 있다. 내재적 보상과 외재적 보상의 효과 지속성에 대한 비교연구 결과들에서 유추할 수 있듯이, 의미와 몰입 통로를 통해 얻어진 행복감은 길고, 쾌락 통로를 통해 생성된 행복감은 단명할 것으로 예상할 수 있다. 따라서 국민행복 증진을 통한 지속성장 정책과 방안은 의미와 몰입 증진에 초점을 맞추는 것이 효과적이다. 이러한 점을 생각하면, 일자리 창출에 더해 일의 의미를 증진해주는 것 또한 중요하다. 『포춘』지가 매년 선정하는 가장 일하고 싶은 조직들이 단순한 직무순

11) 일상생활에서 시간적, 상황적 맥락에 따라 행복 수준이 어떻게 변화하는지 파악하기 위해서 경험표집(experience sampling) 방식의 조사를 실시했다. 연구대상은 대학생/대학원생(20~29세), 직장인(30~49세), 전업주부(30~59세), 노인(60세 이상) 집단 각 40명씩 총 160명이었다. 연구대상자들에게 주중(월 또는 목요일)과 주말(토, 일요일) 이틀 동안 하루에 3회씩 오전(10~12시), 오후(12~17시), 저녁(17~21시) 시간에 전화를 걸어 자료를 수집했다.

12) 하고 싶은 일을 한다는 것은 내재적 동기를 가지게 되어 그 일에 몰입을 더 많이 하게 되는 것으로 볼 수 있다는 점에서 몰입 통로로 간주할 수 있다.

〈표 4-2〉 일상생활 행복감에 대한 위계적 회귀분석

	1단계 β	2단계 β	3단계 β	단순상관
성별	.06	.08	.10	.13
연령	.09	.10	−.06	.26**
동거가족 수	.09	.10	.05	.09
결혼 여부	.22*	.21*	.15 †	.32**
종교 유무	.08	.07	.04	.11
학력	−.07	−.08	−.07	−.17*
객관적 경제수준	.10	.04	.08	.08
외향성		.12	.10	.14
신경증		−.11	−.10	−.19*
정서경험규범		.14	.01	.15
행복한 사람에 대한 긍정적 생각		−.02	−.03	.06
행복한 사람의 미래에 대한 긍정적 생각		.04	.04	.07
행복 무한 신념		.05	.01	.11
행복 성취 신념		.01	.01	.14
현재 하고 싶은 일을 하는 정도			.38***	.56**
현재 하는 일에 대한 의미			.29**	.57**
	R^2=.140 ΔR^2=.140**	R^2=.204 ΔR^2=.064, n.s.	R^2=.487 ΔR^2=.283***	

주: † p < .10, * p < .05, ** p < .01, *** p < .001.

자료: 서은국 등(2010).

환이 아닌 일의 가치와 의미를 증진시키는 직무재설계(Job redesign)와 직무조형(job crafting)을 지속적으로 추진하는 이유이다(Pfeffer & O'Reilly, 2000; Grant, 2013).

국민의 행복은 개개인의 문제가 아닌, 정부가 지대한 관심을 두고 정책에 반영해야 할 국민정서다. 왜냐하면 행복은 여러 긍정적인 결과를 가져오기 때문이다(Diener, 2010; Diener & Seligman, 2009; Peterson,

2006). 행복할수록 더욱 건강하게 장수하며, 더 높은 소득을 올리고, 더 모범적인 직장인이 되고, 취업을 잘 하며, 성공적인 결혼생활을 영위하고, 좋은 친구들을 가지며, 양질의 사회적 관계를 형성하는 것으로 밝혀졌다. 특히 행복한 사람이 더 많은 자원봉사 활동을 하고, 더 협동적이고 친사회적이며, 평화를 위해 노력하는 높은 시민정신을 보이는 것으로 확인되었다(Tov & Diener, 2008). 따라서 지속가능한 국가발전을 이루기 위해선 행복의 생성요인과 증진방안에 대한 체계적 이해가 긴요하다.

4) 개인간 관계의 질 향상

앞에서 논의했듯이, 행복한 부부가 많을수록, 부모와 자식관계가 좋을수록 그 사회는 번영하게 된다. 여러 사회적 관계 중 가장 중요한 두 인간관계인 부부관계와 부자관계의 질을 증진하는 데 효과적인 것으로 확인된 두 프로그램을 살펴보기로 하자.

(1) 행복한 부부: 건강한 관계의 집 짓기 프로그램

지속가능한 국가발전 전략의 중요한 방편은 행복한 부부를 많이 만드는 것이다. 부부간 관계의 질 증진이 가지는 중요성은 말할 필요가 없이 자명하다. 가족폭력, 가출청소년 증대, 자녀의 정신건강 악화, 자녀의 이혼율 증가 등 이루 다 말할 수 없을 정도로 다양한 영향을 미친다. 한 예로, 부부불화는 자녀에게 심각한 스트레스를 유발하기 때문에, 아이의 소변검사로 부모의 이혼을 예측할 수 있다(Gottman & Levenson, 1992; Gottman, 1994). 한 스웨덴 연구결과는 부모의 갈등과 이혼은 자녀의 학업 성취도에 가장 정확한 예측 변인이며, 자녀의 평균수명을 감소시키며, 3대까지 부정적 영향을 미칠 수 있다고 보고하고 있다(최성애, 2011; Choi, 2010). 부부관계의 악화로 인한 가정의 불량화는 사회 전반에 지대한 악영향을 주기에 양질의 부부관계 확립은 어느 사회적 현안보다 중대하다. 특히 지난 10년간 급증하고 있는 이혼율을 생각하면 행복한 부부 만들기는 매우 중대한 국가적 어젠다이다. 통계청 자료에 따르면 2000년도 아시아 1위에, 2005년에는 세계 최고자리를 점유하게 되었다.

우리나라에서 지난 3년간 시행되고 있는 '행복씨앗 프로젝트'[13]는 부부관계, 부모-자녀, 그리고 교사-학생 들간의 관계의 질 향상에 초점을 맞추고 있다(최성애·김명언·김영선·홍효진, 2011). 이 프로젝트의 한 축인 부부코칭 프로그램은 가트만(Gottman, 1994)의 이론과 모델에 토대를 두고 만들어진 부부행복 증진 프로그램으로(Choi, 2010) 통상 이틀 동안의 워크숍으로 진행된다. 이 워크숍은 부부 사이에 우호감과 신뢰감을 회복하고 효과적 갈등대처 기술을 습득하게 하여 이혼예방은 물론 안정되고 행복한 부부관계를 강화함으로써 불행의 대물림을 방지하고 행복의 대물림이 이루어지게 하는 목적을 가지고 실시되어왔다.

가트만(Gottman, 1992, 1994)은 지난 36년간 3천여 쌍의 부부에 대한 임상 연구결과를 토대로 부부관계의 질 향상을 창출하는 변화모델로 '건전한 관계의 집(sound relationship house, SRH)' 모델을 제시하였다. 그는 1980년부터 어떤 부부들은 오랫동안 행복한 관계를 유지하는 반면, 어떤 부부들은 그렇지 못한지에 대한 이유를 찾아왔다. 그 결과, 행복한 부부들은 관계의 달인이었고, 평소 긍정적 상호작용을 부정적 상호작용보다 약 20배 더 많이 하며, 심지어 갈등 상황에 놓여도 긍정적 상호작용을 5배나 많이 한다는 사실을 발견하였다(Choi, 2010). 반면

13) HD뇌마음연구소 소장인 최성애 박사가 주도해오고 있는 부부관계와 부자관계의 질 증진 프로젝트이다.

에 이혼에 이른 부부들은 경멸(상대방을 모자라는 사람이라 말하기), 비난(성격 탓하기, 인신공격하기), 방어(자신의 무고함을 주장하며, 상대방을 되받아 공격하기), 담쌓기(시선 피하기, 다른 곳 보기, 팔짱 끼고 있기) 등의 4가지 대화유형을 주로 사용함을 발견하였다.

'건전한 관계의 집'은 7층으로 이루어진 행복한 부부관계의 집이다. 제일 먼저 쌓는 1층에서는 '사랑의 지도' 만들기 활동을 한다. 상대방이 좋아하는 것(친구, 친척, 좋아하는 음악가, 좋아하는 책 등), 자랑스러워하는 것, 걱정거리, 싫어하는 것에 대해 더욱 많이 알게 되는 활동을 한다.

2층에서는 호감과 존중을 구축하는 층이다. 배우자의 실수를 세세히 관찰하고 고치려 하는 습관을 버리고, 배우자가 잘하는 것을 자세히 관찰하여 감사, 호감, 존중, 애정을 표현하는 습관을 지니는 활동을 학습한다. 배우자의 강점 50개를 찾아 공유하기 등의 활동이 한 예이다.

3층은 '다가가는 대화'의 습관을 쌓는 층이다. 서로 '멀어지게 만드는 대화'(경멸, 비난, 방어, 담쌓기) 습관의 문제점을 인식하고 난 후, '다가가는 대화'(공감, 이해, 존중)하기를 배운다. 그리고 이 새로운 대화유형의 학습을 통해 호의, 온정, 배려 등의 '정서통장'을 만들어 필요시 입출금이 가능하게 만드는 층이다.

4층은 긍정적 관점을 가지고 '긍정적 감정의 밀물현상'을 만들어내고 나눈다. 앞의 세 층의 견고한 구축을 통해 자연적으로 일어나는 현상이 긍정적 감정의 밀물현상이다. 가트만(Gottman, 1994)이 10년 동안 조사한 수백 개의 임상적 사례에 대한 분석결과를 바탕으로, 긍정-부정비율을 5:1의 '가트만(Gottman) 황금비율'을 고수하는 반복연습을 다양한 상황에 적용하며 체화한다. 특히 부부가 심각한 갈등상황에 놓였을 때 이 비율은 더욱 놀라운 효력을 발휘하는 것으로 확인되었다.

5층은 '갈등 관리하기' 층으로, 부부 간 갈등에서 피해야 할 일들과 꼭 해야 할 일들을 배우는 층이다. 부부가 당면하게 되는 문제들의 약 30%는 해결 가능하지만, 나머지 70%는 해결할 수 없다고 보며, 각 유형에 적합한 갈등해결방안을 모색해야 한다고 본다. 특히 영속적 갈등으로 이어지는 해결 불가능한 문제를, 영속적으로 존재할 수밖에 없는 문제로 인식하고 접근하는 것이 중요한 출발점이 된다. 아울러 해결 가능한 문제보다 그렇지 못한 문제들이 더 많다는 사실을 인지하는 것도 중요하다. 그래야만 부부간 갈등이 자신들에만 유독 많이 일어난다는 잘못된 판단을 멈출 수 있기 때문이다.

그런 후 영속적인 갈등주제는 풀려고 하지 말고, 대화를 통해 서로의 관점과 현실을 말하고 듣는 것으로 충분해야 한다. 부부의 영속적 갈등의 주제가 무엇인지를 각자가 가장 예민하게 반응하는 주제에 대해 생각해보며 적은 후, 이 문제에 대해 어떤 감정을 가졌고, 어떻게 행동했는지를 적고 서로 교환해서 본다. '두 타원 연습'을 통해 영속적 갈등주제를 양보와 타협을 할 수 없는 영역과 가능한 영역으로 구분하여 불가능 영역을 가운데 원에 적는다. 양보와 타협을 할 수 있는 영역에 대해선 존중감을 가지고 임한다.

반면에, 풀릴 수 있는 문제에 대해선, 부드럽게 시작하기(상황묘사, 기분 말하기, 원하는 바를 요청하기), 감정고조에 제동을 걸며 보수작업하기(자신의 느낌을 전하는 말, 사과하는 말, 이해의 말, 인정과 감사의 말 등), 상대의 영향력을 수용하기(예로, 당신의 말도 일리가 있네), 양보와 타협하기, 상대방의 관점 이해하기(자신의 오해했던 점 얘기하기, 처음으로 알게 된 배우자의 관점 얘기하기) 등의 5단계 해결과정을 거친다. 이 층에서는 '감정의 홍수'에 대한 이해를 높이는 학습활동도 한다. 왜 감정적으로 흥분했을 때 쉽게 가라앉지 않는지에 대해 신경생리학적 사실(흥분하면 전두엽에 피가 가지 않고 뇌간으로 몰림), 남녀 차이(예로, 남자가 흥분 후 정상회복에 더 많은 시간 소요) 등에 대해 이해를 증진하고 감정을 진정하는 방법과 이완법을 배운다.

6층은 꿈과 열망을 인식하고 실현하는 층이다. 양질의 부부관계의 지속은 상대방의 꿈과 열망이 무엇인지 알고 존중해줄 때 가능해진다. 이를 통해 서로의 꿈을 실현하는 데 조력자가 될 수 있다.

7층은 가정, 결혼, 식구, 자녀 등의 삶 전반에 대한 의미를 공유하는 다락방이다. 가족구성원들이 함께하는 다양한 가족 의식을 실시함으로써 결속력이 강화되고 양질의 관계가 더욱 굳건해진다.

행복씨앗 프로젝트에 참가한 319명에 대한 워크숍 전후 점수를 비교분석한 결과, 주요 지표 모두에서 평균 점수가 향상하였으며, 특히 결혼적응만족도가 증가되었고, 신체적으로 나타나는 스트레스 증상이 완화되었고. 이혼위기도도 감소하였음을 확인할 수 있었다(최성애 등, 2011). 무엇을, 어떻게, 왜 해야 하는지에 대한 과학적 변화 프로그램을 통한 체험학습을 통해 부부관계의 질이 향상될 수 있음을 실증적으로 보여주는 결과다.

이 변화 프로그램 접근법은 국가적 현안인 고령화 대책에 대해서도 시사점을 제공해준다. 한국은 급속한 인구고령화 사회로 접어들면서 이에 대한 대책수립에 골몰해왔다. 인구의 고령화는 결혼생활의 장기화라고 볼 수 있다. 양질의 고령화(aging well)를 경험하는 사람들의 공통특징 중 하나는 배우자와 건강하고 행복한 결혼생활을 유지해왔다는 것이다(Vaillant, 2002). 그렇다면, 우리 사회의 고령화에 대한 대책수립의 한 축은 결혼생활의 질 향상이어야 한다. 노인계층에 대한 경제적인 지원도 국가적 차원에서 필요하지만, 이에 더해 노년기의 결혼생활의 질도 높은 수준으로 유지되게끔 지원하는 대책도 강구되어야 한다. 이의 한 방편으로 행복씨앗과 같은 과학적이고 효과적인 프로그램을 지자체와 협업으로 단계적, 체계적, 정기적으로 실시하는 것을 생각해볼 필요가 있다.

이 부부관계의 질 향상 프로그램은 세 가지 주목할만한 특징을 가지고 있다. 첫째, '긍정성 우선'의 관계변화 프로그램이라는 점이다. 1층의 사랑의 지도 만들기 활동에서 먼저, 상대방이 좋아하는 것과 자랑스러워하는 것이 무엇인지에 대해 더 많이 아는 활동을 한다. 2층에서도 자신과 배우자의 장점 기술하기 활동을 한다. 3층에서도 이혼에 이르게 하는 지름길 4가지의 문제점을 인식하며 다가가는 대화기법을 습득한다. 4층에서도 긍정적 정서의 밀물을 만드는 활동을 벌인다. 5층의 부부간 갈등을 관리함에 있어서도, 그 근간은 상호 존중감과 인정이다. 6층의 꿈을 나누고, 7층의 의미있는 다양한 가족활동 함께하기도 긍정성에 초점을 맞추고 있다.

둘째, 부정성에 대해서 간과하는 것이 아니라 이에 대한 철저한 이해와 수용, 그리고 반전을 주문하고 있다. 예로 3층에서 멀어지는 대화유형에는 4가지가 있으며, 이 같은 대화를 실제 어느 정도 해왔음을 인정하고, 더욱 바람직한 대화유형에 대해 학습을 한다.

셋째, 변화활동들은 순서를 가지고 전개되어야 함을 전제하고 있다. 7개의 층으로 나누어 1층부터 7층까지 순서를 가지고 활동을 하는 것이 가장 효과적인 변화과정임을 전제하고 있다.

(2) 돈독한 부모–자식, 교사–학생 관계 구축: 감정코칭 프로그램

감정코칭(emotion coaching)은 가트만(Gottman)이 제안한 관계의 질 향상 변화프로그램이다. 앞서 기술한 SRH와 그 맥은 유사하나, 더욱 다양한 관계에 적용할 수 있는 변화 프로그램이며, 부모–자녀, 교사–학생의 관계 증진에 적용해서 놀라운 효과를 만들어냄이 입증되었다(최성애, 2011).

아울러, 감정코칭은 권한에 있어 상대적 우위에 있는 부모나 교사를 대상으로 실시된다. 그리고 이들의 감정관리 유형을 자녀(학생)

의 부정적 감정(분노, 불안, 슬픔)을 어떻게 처리 또는 간주하느냐에 따라 축소, 억압, 방임, 코칭 등 4가지 유형으로 나누어 피드백해준다. '축소형'은 자녀(학생)의 감정은 별로 중요하지 않다고 생각하여 무시하고, 부정적 감정을 보이면 빨리 사라지게 하라고 말한다. '억압형'은 자녀나 학생으로 하여금 부정적인 감정을 표현하면 꾸짖거나 벌을 준다. 부정적 감정은 나쁜 성격에서 비롯된다고 믿기에 억제하거나 자제해야 할 감정으로 간주하기 때문이다. '방임형'은 애들은 다 그러면서 성장한다고 믿으며 부정적 정서를 허용한다. 하지만 무절제한 분출을 허용하고, 감정표현에 대한 올바른 지도를 해주지 않는다. 네 번째 코칭형은 모든 감정을 허용하고 공감해주지만, 감정을 표출하는 행동 방식에는 제한을 둔다.

감정코칭 프로그램은 프로그램 참가자들로 하여금 자신의 유형을 파악하게 한 후, 네 번째 유형인 코칭형으로 전환하는 변화프로그램이다. 이 프로그램의 핵심과정은 다음과 같은 5단계로 구성되어 있다(최성애, 2011).

• 감정 인식하기: 상대방(자녀, 학생)의 감정을 포착한다. 희로애락 중 어떤 감정을 가졌는지를 감지한다.

• 감정적 순간을 좋은 기회로 삼기: 상대방과 친해지고 올바른 감정표현을 가르칠 좋은 기회로 간주한다. 부정적이고 강한 감정일수록 더 좋은 기회를 갖게 되었다고 생각한다.

• 감정 공감하기: 상대방의 모든 감정을 진지하게 들어주고 공감한다. 궁금한 점에 대해 질문을 할 경우에도 '왜?' 대신에 '무엇'과 '어떻게'로 접근한다. 감정을 공감만 해주어도 상대방은 다가온다.

• 상대방이 자신의 감정을 잘 표현하게 도와주기: 경우에 따라서는 감정에 이름을 붙여주면서 자녀나 학생 스스로 자기감정을 표현할

수 있도록 도와준다.

• 스스로 바람직한 행동을 하도록 이끌기: 상대방이 원하는 목표를 확인하고, 해결책을 찾아보고 검토하는 과정을 도와준다. 궁극적으로는 스스로 해결방안을 선택하도록 돕는다. 조력자 역할을 하는 것이지 주도적이며 지시자 역할을 하는 것은 아니다.

감정코칭 프로그램은 신혼부부와 어린 자녀를 둔 저소득층 부부에게 감정코칭 방식을 가르쳐주어, 부모-자녀 간의 유대감을 증진하고 자녀에게 불행의 대물림을 하지 않게 하기 위해 실시되어오고 있다(최성애, 2010). 이 프로그램 참가자들은 프로그램에 대해 대단히 만족해하는 것으로 나타났다(5점 척도에서 평균 4.8). 그리고 약 한 달 후 보낸 프로그램의 효과에 대한 소감을 묻는 이메일 응답자료(n=83)를 보면, 참가자들은 자신들의 자녀와의 대화유형에서 다가가는 대화들을 더욱 많이 하게 되었으며, 자녀에 대한 감정관리에 있어서도 코칭형으로 이동을 보였고, 자녀와의 관계의 질도 유의미하게 향상되었음을 보고하였다(최성애·김명언, 2011).

앞의 두 프로그램은 관계의 질 향상에 초점을 둔 변화프로그램이다. 더튼과 히피(Dutton & Heaphy, 2003)는 '높은 관계의 질(high-quality connections, HQCs)'은 세 가지 요소로 평가되어야 한다고 주장한다. 첫째 요소는 '정서수용 역량(emotional carrying capacity)'이다. 다양한 정서를 표현하고 수용하는 역량이다. 양질의 관계를 맺고 있는 두 사람에서는 상대방의 부정적 정서 표현이나 나와 다른 정서를 표현하는 것조차 수용된다. 두 번째 요소는 복원력(tensility)이다, 두 사람 간에 안 좋은 일이 있더라도 빠른 속도로 원상복귀되는 것을 의미한다. 세 번째 요소는 연결도(degree of connectivity)로, 상호간에 새로운 생각이나 영향에 개방된 정도를 의미한다. 이 연결도가 높으면 두 사람 간의 만남이 서로 차이를 존중하고 영향받는 것을 꺼리지 않아 창의적인 발상과 아이디어를 공동으로 생산해내는 경험을 하게 된다.

사람들 간의 관계란 혈관과 같아서 양질의 관계를 맺고 있는 사람들은 다음 세 가지 경험을 한다(Dutton & Ragins, 2007). 첫째, 긍정의 에너지가 생성되는 것을 경험한다. 둘째, 상대방으로부터 존중과 배려를 받는 느낌을 강하게 가진다. 셋째, 상대방과의 관계에 몰입하여 많은 것에 서로 공감을 나누며 시간 가는 줄 모르게 된다. 그리고 신체적 건강, 정신적 건강, 수행성과 등에 있어서도 긍정적인 효과를 가져온다는 사실도 검증되었다.

어떤 사람이 행복한지를 한 가지 정보만 가지고 판가름해야 한다면, 그 사람이 다른 사람들과 가지고 있는 관계의 질에 대한 정보를 수집하는 것이 가장 현명한 선택이다. 왜냐하면 한 개인의 삶의 명암을 결정하는 데 가장 큰 영향을 주는 요소가 인간관계이기 때문이다(Gilbert, 2012). 앞서 소개한 두 변화프로그램은 부모와 자식, 교사와 학생, 친구 간, 이웃 간, 직장 동료 간의 정서수용 역량, 복원력, 그리고 연결도를 증가시켜주어 양질의 관계를 구축하게 한다. 우리나라에 산재한 이혼, 폭력, 왕따, 청소년 가출 등의 현안은 관계의 질 회복을 애타게 기다리고 있다. 정부 차원에서 이들 두 프로그램의 도입과 체계적 실시가 절실한 이유이다.

5) 긍정 리더십

지속가능한 국가발전을 위해선 각계각층에서 발휘되고 있는 리더십에 대해서도 주목할 필요가 있다. 조직이나 정책을 이끄는 리더들이 역주행의 리더십을 발휘하게 되면, 구성원들이 강화해온 강점특성과 구성원들 간의 질 높은 관계망은 물론, 조직이 축적해온 심리적 자본도 무용지물이 되기 십상이기 때문이다. 반대로, 뛰어난 리더 한 사람에 의해 평범한 사람들로 구성된 조직이 비범한 성과를 만들어낼 수도 있기 때문이다(Spreitzer, 2006).

사람을 이끄는 방식은 리더들의 수만큼이나 많다고 해도 과언이 아니다. 이론적으로도 뛰어난 리더들의 특성에 초점을 맞춘 '특질론'에서 시작하여 '상황연계론'과 '리더효과 부재론'을 거쳐 '변혁적 리더십(transformational leadership)'론에 이르기까지 다양한 이론이 제시되어왔다.

그렇다면 지속가능한 성장을 이루기 위해서 요망되는 리더십 유형은 어떤 것인가? 이 질문에 대한 답은 최근 새롭게 제시되어온 긍정성 중심의 리더십 이론들에서 찾을 수 있다. 긍정성 중심의 리더십은 겸양이나 진정성과 같은 최상의 가치, 강점, 최상의 경험 등을 중시하는 리더십이다. 섬김의 리더십(servant leadership), 진솔성 중심 리더십(authentic leadership), 긍정적 리더십(positive leadership), 가치탐구의 리더십(appreciative leadership) 등이 최근 들어 현장과 학계의 주목을 받아온 주요 긍정중심의 리더십들이다. 이들 이론의 근간은 대중적 리더십 책들과는 다르다. 리더십에 관한 베스트셀러 책들은 유명인의 성공담이나 모범적 기업의 독특한 사례, 또는 계몽적 우화에 전적으로 의존하고 있다. 반면에 이들 이론은 이론적 틀과 과학적 연구결과들을 토대로 하고 있다. 특히 최근 학계는 물론 일반인들도 지대한 관심을 보이고 있는 신경생물학적 연구결과들을 근거자료로 제시함으로써 긍정 리더십의 효과에 객관성을 더해주고 있다.

인간의 부정 편향성과 문제중심적 조직변화 관행이 팽배한 작금의 현상을 감안한다면 긍정성 중심의 리더십은 정책입안자는 물론 실행 리더들에게 중요한 메시지를 전해주고 있다. 이 긍정성 중심의 리더십이론들이 지닌 공통점 중 하나는 인간을 포함한 모든 생명체가 공통으로 지닌 굴광성(屈光性)을 개인과 조직에 되찾아주는 리더십이라는 점이다. 굴광성은 모든 생명체는 생명을 강화해주는 것으로 향하고자 하며, 동시에 생명을 소멸시키는 것들로부터는 멀어지고자 하는 경향성이다. 그래서 이 유형의 리더십은 근본적인 변화를 통해 지속적인 효과를 만들어낸다.[14] 인간과 인간시스템을 부정성의 굴레에서 벗어나게 해주는 방법은 긍정성 중심으로 자신을, 타인을, 그리고 조직을 이끌어가는 것이다. 긍정성 중심의 리더십은 문제(부정성)중심적 리더십이 양산하는 자기방어, 관망, 책임 전가로부터의 해방을 가져다준다.

(1) 섬김의 리더십(servant leadership)

그린리프(Greenleaf, 1977)에 의해 제안된 '섬김의 리더십'은 추종자(조직구성원)들보다 낮은 자세로 리더의 개인적 이익보다 구성원들의 개인성장과 공동체의 이익을 우선하는 리더십을 의미한다. 이를 위해 리더는 구성원들에게 개인성장의 기회를 제공하고, 본을 보이는 행동을 통해 본인은 물론 구성원들의 청지기 역할을 강화한다. 핵심요소로는 경청, 공감, 정서적 지지, 조직을 위한 청지기 의식 고취, 자신에 대한 올바른 인식, 통찰, 비전공유, 공동체의식 구축, 겸손, 구성원의 권한 강화, 소명의식을 명시하고 있다(Barbuto, & Wheeler, 2006; Spears, 1995). 기존의 다른 전통적인 리더십과는 달리 리더의 개인적 진실성은 물론 소속 조직 밖에서의 사회적 책무도 충실히 해야 함을 강조한다(Liden, Wayne, Zaho, & Henderson, 2008). 그리고 자신이 이끄는 조직구성원들도 '섬김의 리더'가 되게 만드는 것을 주목적으로 삼는다. 섬김

14) 여러 실증연구에 의해 검증되고 있다. 일례로, 갤럽에서 다양한 국가의 리더 2천명을 대상으로 실시한 대규모 조사에서 강점 기반의 접근을 하는 리더들은 그렇지 않은 리더들에 비해 두 배 정도 높은 성과를 만들어낸다는 사실을 발견하였다(Rath & Conchie, 2008).

의 리더십은 하향적 전이효과를 통해 궁극적으론 자기희생적 봉사가 중시되는 조직문화를 창출하는 것을 목표로 한다.

우리 사회 곳곳에서는 리더의 위치에 있는 사람들이 취하는 공사 구별 못 하며 개인이익을 우선시하는 경향, 구성원들의 잠재력을 발굴하고 인재로 육성하고자 하는 노력의 부재, 담당조직의 사유화, 부적절한 권위주의적 행태 등이 조직발전에 저해를 가져오는 주요인으로 자주 지적된다. 따라서 자기희생, 청지기 정신, 지역사회 기여, 겸손 등을 강조하는 섬김의 리더십을 강화하는 것은 곧 조직의 지속성장에 이바지하는 리더십의 강화라고 볼 수 있다. 특히 이 리더십 모델은 진정한 희생정신과 청지기 정신을 강조한다는 점에서 공공조직의 지속성장에 유용한 리더십이라고 볼 수 있다.

(2) 진솔성 중심의 리더십(authentic leadership)

진솔성(authenticity)이란 어원적으로는 자신에게 진솔함을 의미한다. 최근 들어 진솔성 중심의 리더십이 주목을 받게 된 이유는 조직부패의 만연과 지도자 계층의 비도덕적 행태의 급증과 관련이 있다(George, 2003). 우리나라의 부패지수가 OECD 국가 중 최하위권이라는 조사결과[15]에서도 알 수 있듯이, 신문과 방송 뉴스를 보면 다양한 조직에서 비윤리적 현상들이 만연하고 있음을 알 수 있다. 따라서 지속성장의 한 전략으로 진솔성을 중심으로 하는 리더십에 대한 주목은 당위성을 가진다.

진솔성 중심의 리더십은 진솔한 리더들이 보이는 4개의 특성요소로 구성되어 있다(Walumba, Avolio, Gardner, Wernsing, & Peterson, 2008). '자

15) 국제투명성기구(Transparency International)에서 발표한 2011년 CPI(부패지각지수)는 5.4(10점 만점)로 전체 183개 국 중 43위이고 OECD 국가 중 최하위였다.

기 인식(self-awareness)'은 자신의 세계관, 장단점, 타인에게 주는 영향, 타인이 보는 자신의 모습을 명확히 인식하는 것이다. '관계적 투명성(relational transparency)'은 자신의 포장하지 않은 진솔한 모습과 생각을 타인에게 드러내보일 뿐만 아니라, 자신의 부적절한 감정을 조절하는 것이다. '균형 있는 정보수집(balanced processing of information)'은 결정을 내리기 전에 모든 자료를 객관적으로 검토하는 것이다. 그렇기 때문에 자신에게 반하는 의견에도 귀를 기울이는 자세를 보인다. '내면화된 도덕관(internalized moral perspective)'은 외압이나 외적 기준이 아닌 자신의 내면적이고 통합된 가치나 기준에 의해 자신을 통제하고 의사결정을 내리는 것을 의미한다. 그 결과 자신의 내면화된 가치기준에 일치하는 진솔한 행동을 보여 추종자들로부터 신뢰와 존경을 받는다.

진솔성 중심의 리더십은 조직 차원에서는 조직의 윤리적 투명성 재고는 물론 재무적 성과에도 긍정적인 영향을 주는 것으로 밝혀졌고(Walumba et al., 2008), 리더 개인에게도 직위 상승, 질 높은 대인관계, 높은 수준의 심리적 안녕감과 성취를 가져다주는 것으로 밝혀졌다(George, 2003). 그리고 이 유형의 리더십을 발휘하는 리더가 이끄는 조직구성원들도 관찰과 모방학습[16]을 통해 진솔성 중심의 리더로 변화하는 것으로 나타났다(Avolio & Gardner, 2005). 따라서 진솔성 중심의 리더십은 조직의 지속성장을 촉진해주는 리더십이라 볼 수 있다.

(3) 긍정적 리더십(positive leadership)

긍정조직학을 출범시킨 학자 중 한 사람인 케머론(Cameron, 2008)은 탁월한 성과를 도출해내는 집단과 조직의 리더들을 주목하며 '긍정적

16) 진솔성 중심의 리더십론자들은 이 관찰 및 모방을 통한 학습을 '긍정 모델링(positive modeling)'이라고 부른다.

리더십' 모델을 제안했다. 그는 긍정적 일탈(positive deviance)의 비범한 성과를 가져오는 리더들이 실천하고 있는 리더십 전략과 원칙을 긍정적 리더십의 4가지 핵심 요소(리더십 전략)로 설정하고 있다.

용서, 감사, 배려의 촉진을 통해서 자신이 맡고 있는 조직을 '긍정적 분위기로 만들기'가 첫째 전략이다. 에너지 창출 네트워크 구축과 강점 강화를 통해서 자신과 구성원들 간 그리고 구성원들 상호 간의 관계를 양질의 '긍정적 관계로 구축하기'가 둘째 전략이다. 구성원들이 보여준 최상의 사례들을 공유하고, 언어적 · 비언어적으로 지지적인 의사소통을 하는 '긍정적 의사소통'이 셋째 전략이다. 담당하는 업무와 과제의 의미를 보편적 가치와 연결하기, 맡고 있는 일이 가지는 폭넓은 영향력을 강조하기, 공동체 의식을 고양하기 등을 통해 구성원들이 자신들이 맡고 있는 일에서 '긍정적 의미를 경험'하게 하는 것이 넷째 전략이다.

이 같은 전략들을 극대화하는 긍정적 리더들은 담당 구성원과 조직이 '긍정적으로 일탈한' 비범한 성과를 만들어내게 한다. 로키 플래츠 핵무기 생산기지를 친환경적으로 폐쇄하는 프로젝트를 수주한 미국의 한 회사가 보여준 성과는 긍정적 일탈의 좋은 예이다. 예정 소요기간보다 60년을 앞당겨 완수했고, 300억 달러 예산 절감을 이루어냈고, 연방정부 기준보다 13배나 더 높은 청결도를 이루어내며 수주한 프로젝트를 완수했다. 이 회사가 기대를 훨씬 능가하여 탁월한 성과를 이루어낸 근저에는 긍정적 리더십의 4가지 전략이 자리 잡고 있었다(Cameron & Levine, 2006).

긍정적 리더십은 뿌리 깊게 내려 있는 두 가지 관행을 뽑아내고 그곳에 새로운 관행의 묘목을 심는 것이다. 기존의 문제중심적 접근 관행과 부정 편향성을 폐기하고, 그 대신에 긍정적 의미창출, 지지적 의사소통, 긍정적 관계, 긍정적 조직풍토를 구축함으로써 긍정성 중심의 변화와 긍정적 편향을 새로운 관행으로 뿌리내리게 하는 리더십이다. 이 새로운 뿌리는 개인과 조직의 지속적 성장을 보장해줄 수 있는 위로부터의 혁신이라고 볼 수 있다.

(4) 가치탐구의 리더십(Appreciative Leadership)

이 긍정 리더십 모델은 나중에 상세히 소개할 긍정중심의 변화모델인 AI의 현장적용 틀을 만든 휘트니(Whitney)[17]와 그녀의 동료가 AI를 현장에 적용하면서 얻은 실증자료를 토대로 만든 모델이다(Whitney, Trosten-Bloom, & Rader, 2010). 따라서 리더가 해야 할 핵심요소들은 AI의 5개 핵심과정 요소와 밀접하게 연관되어 있으며 AI를 성공적으로 주도하는 사람들이 사용하는 리더십 전략들이라고 볼 수 있다. 이 리더십 모델의 요체는 리더십이란 관계에 대한 역량이고, 긍정적 렌즈의 세계관을 가지고 조직구성원들의 잠재력을 긍정의 에너지로 변환하는 것이고, 궁극적으론 긍정의 파장(positive wave)을 일으키는 것이다.

이 리더십 모델은 다음의 5개의 'I'로 시작하는 핵심전략들로 구성되어 있다. 첫째, '긍정적 질문하기(Inquiry)'이다. 지시나 지적이 아닌 긍정적 질문을 습관화하여, 문제완화나 정상회복이 아닌 최상의 수준 달성을 최종목표로 설정하여 추진하는 전략이다. 둘째, '포용하기(Inclusion)'이다. 리더 자신의 포용성을 넓히는 것에서부터 시작하여, 이해관련자들을 꼼꼼히 규명하여 모든 이해당사자의 의견이 반영되도록 해 양질의 관계를 구축하는 것이다. 셋째, '비춰주기(Illumination)'다. 보유하고 있는 강점과 과거의 최상경험과 성공체험을 찾아 공유

17) 휘트니(Diana Whitney)는 쿠퍼라이더(David Cooperrider)와 함께 AI 변화모델의 현재 모습을 설계했다. 그녀는 CPC(Corporation for Positive Change)를 설립하여 AI 전문가 양성교육을 해오고 있다. 가치탐구 리더십(Appreciative Leadership) 훈련 및 교육에 관한 상세한 정보는 CPC 홈페이지에서 얻을 수 있다.

하고 이로부터 개인적으로는 물론 집단적으로도 자신감을 얻게 하는 것이다. 아울러 최상의 경험과 성공체험을 분석하여 담당조직에 내재하고 있는 핵심 긍정요소를 규명한다. 넷째, '영감을 불러일으키기(Inspiration)'다. 지금까지 조직구성원들이 합심해서 이루어낸 성공사례나 위기극복 사례 등을 반추하고 공유함으로써 어렵지만 이루고 싶은 미래를 함께 꿈꾸며, 생동감을 주는 의미 있는 목적을 공유함으로써 업무와 삶에 있어 추동력을 가지게 하는 것이다. 마지막 핵심전략은 '통합적 가치 추구하기(Integrity)'이다. 보편적 가치기준에 따라서 결정을 내리고, 자신에게 솔직하며, 올바른 관계를 지향하고, 전체의 번영을 최우선순위로 설정함으로써 이윤창출, 인간, 자연환경[18] 모두에서 유익한 행위를 하게 하는 것이다. 마지막 핵심전략은 지속가능한 발전의 3개 핵심축과 유사한 3개의 축을 모두 아우르는 행동을 강조한다는 점에서 가치탐구적 리더십은 지속가능한 발전을 이루어내는 리더십 유형이라고 볼 수 있다.

(5) 긍정 리더십의 메시지

앞의 4개의 긍정 리더십 모델은 각기 다양한 리더십 전략요소를 제안하고 있지만, 이들 전략요소는 서로 통합적으로 상승작용을 일으켜 시너지 효과를 만들어낸다는 점에서는 동일한 전제를 하고 있다. 무엇보다도 지속적 성장을 위한 효과적 리더십 전략에 대해 다음과 같은 다섯 개의 중요한 메시지를 제공해주고 있다.

첫째, 강점 중심의 리더십 전략을 실천해야 한다는 것이다. 드러커(Drucker)는 리더의 가장 중요한 핵심역할은 구성원들의 장점을 잘

18) 이 리더십 모델은 이윤창출(profit), 인간(people), 자연환경(planet) 등의 세 가지 모두에서 유익을 가져오는 리더십을 발휘해야 함을 강조하고 있다.

조율하고 융합하여 그들의 취약점을 무관하게 만드는 것이라고 주장했다(Whitney & Cooperrider, 2005). 이 주장은 앞에 소개한 4개의 긍정리더십 모델에서 가장 강조되고 있는 리더십 요소로서 3개 모델에서 공통으로 강조하고 있다. 섬김의 리더십에서는 조직구성원들의 장점을 발견하고 강화하여 그들의 개인성장을 돕는 것으로, 긍정적 리더십에서는 강점 중심의 의사소통을 하는 것으로, 가치탐구 리더십에서는 강점 비춰주기로 표현하고 있다.

둘째, 리더 자신에 대한 것부터 시작해야 한다는 것이다. 자신을 희생하고 낮추는 것(섬김의 리더십), 자기 자신의 취약점을 인식하고 솔직하게 인정하는 것(진솔성 중심의 리더십), 자신의 중시가치를 분명히 인식하고 그것을 기준으로 결정하는 것(가치 탐구의 리더십)이 이에 속한다. 지속적 성장을 이루어내기 위한 리더십이 되기 위해선 타인에 대한 리더십을 발휘하기 이전에 자기 자신에 대한 리더십부터 먼저 다져야 한다는 일종의 자기 리더십(self leadership) 우선론을 강조하고 있다.

셋째, 리더의 관심영역이 담당조직 내부에 한정되지 않고 외부까지 확장되어야 한다는 것이다. 담당조직이 속해 있는 지역사회에 대한 봉사와 기여를 중시하는 것(섬김의 리더십), 공동체에 유익을 주는 일을 통한 일의 의미 증진하기(긍정적 리더십), 경제적 이익창출만이 아닌 인간과 지구환경에 유익을 주는 행위와 결정을 하는 것(가치탐구의 리더십)으로 표현되고 있다.

넷째, 가치중심적 리더십을 강조하고 있다. 청지기 정신이나 자기희생의 가치를 중시하는 것(섬김의 리더십), 최상의 보편적 가치와의 연계를 통한 의미부여(긍정적 리더십), 보편적 가치를 기준으로 결정을 내리는 것(가치탐구의 리더십)이 이에 속한다. 여기서 중시되는 가치는 상식적인 사람이면 누구나가 지고한 가치를 지닌다고 인정하는 것으로 보편타당성을 가지는 가치들이기에 지속적 성장을 이루어내는 기반가치가 된다.

다섯째, 도전적인 비전과 꿈을 형상화하는 것이 리더의 중요한 역할이라는 점을 강조하고 있다. 긍정적으로 일탈한 성과를 지향하는 것(긍정적 리더십), 도전적 비전을 제시하는 것(섬김의 리더십), 이루고자 하는 꿈을 스토리로 만들어 공유하는 것(가치탐구의 리더십) 등이 이에 속한다.

그밖에도, 긍정리더십 모델들은 지속성장에 긴요한 덕목들을 부각해주고 있다. 가치탐구 리더십에서는 핵심전략의 하나로 포용하기(Inclusion)를 상정하고 있다. 다양성이 급증하고 중요시되는 오늘날의 세태를 감안하면, 모든 이해관련자들의 동참을 이끌어냄과 의견수렴은 리더가 실천해야 할 중요한 덕목이다. 그리고 진솔성 중심의 리더십은 결함관리에 대해서 중요한 메시지를 주고 있다.

긍정리더는 자신의 결함은 스스로 정확히 인식하여 솔직히 인정하는 반면, 구성원들의 결함은 지속적 강점 피드백을 통해 무관하게 만든다는 사실을 명시해주고 있다. 마지막으로, 가치탐구 리더십 모델에서 강조하고 있듯이, 전통적 관리자들은 지적과 지시하는 것을 자신들의 중요한 역할로 본 반면에, 긍정리더는 긍정질문을 하며 사람들의 열정, 잠재력, 굴광성을 일깨우는 역할을 한다는 것이다. 그 결과 관리자들은 현상유지나 근소한 개선만을 만들어내는 반면, 긍정질문을 습관화한 리더들은 지속적이고 근본적인 변화와 비범한 성과를 만들어낸다.

6) 조직수준: 긍정중심의 가치탐구 모형(Appreciative Inquiry, AI)

통상 합리적 의사결정 모델이라고 불리는 문제중심적 접근은 문제 인식 → 문제의 근원 파악 → 문제 해결방안 모색 → 각 해결방안의 장단점 비교분석 → 해결방안 선정 → 적용 및 검토 등의 과정을 거친다. 문제중심적 접근은 문제의 원인이 어디에 있는지에 대한 규명이 본격적인 출발점이고 가장 필수적인 단계이다. 따라서 이 접근의 시작과 동시에 책임전가, 대세 관망, 방어적 대응 등이 사람들에게 발현된다. 그 결과 전통적인 문제중심적 변화[19] 모델은 다음과 같은 양상을 유발할 가능성이 높다(Cameron et al., 2003; Whitney & Trosten-Bloom, 2010).

첫째, 변화의 속도가 느리고, 변화가 일어났더라도 오래가지 못하고 단명한다. 둘째, 문제의식을 느낀 소수가 다수를 설득하기 위해 힘겨운 노력을 해야 한다. 셋째, 상하, 좌우, 내외부 간에 의사소통의 장애가 만연하고, 소통이 이루어지더라도 은폐, 축소와 왜곡이 일어나기 쉽다. 넷째, 낮은 사명감과 주인의식 결여로 구성원들의 변화에 대한 참여도가 미비하다. 다섯째, 조직의 단위조직 간, 리더들 간의 협조와 조화가 미흡하다. 여섯째, 어렵게 무대에 올린 변화활동이 시작단계에서부터 흐지부지되는 경우가 많다. 일곱째, 전체 조직에서가 아닌 조직 일부분에서만 변화가 일어나고 요지부동인 다수가 가하는 압박감 때문에 이 일부 조직마저도 중도 포기하는 경우가 많다. 여덟째, 팀워크와 관계의 질이 저하되고 결함의 용어들이 만개하게 된다.

19) 여기서부터 사용하는 '변화'라는 단어는 대부분 '지속가능한 발전'이라는 문구로 바꾸어도 무방하다.

아홉째, 외부에서 문제 규명 및 해결의 전문가를 불러 자문을 받으면서 조직은 내담자의 마인드(clientized organization)를 가지게 된다. 환자들이 아프면 의사를 찾아가 처방을 받듯, 문제가 발생할 때마다 자구노력은 생각조차 않으며 외부전문가를 초빙하여 내려준 처방에 따라 실행하는 것을 당연시한다.

긍정성 중심의 모델은 이같은 문제중심적 접근의 부작용을 타파하기 위해서 제시되었다. 이 모델은 문제를 인식한 직후 문제의 원인을 규명하는 것이 아니다. 구성원들이 가장 바라는 바가 무엇인지를 고려하여 현안문제를 긍정적 주제로 변환하는 활동을 한다. 그 결과, 구성원들의 순수한 관심을 이끌어내고 동참하고 싶은 마음을 불러일으킨다. 긍정적 주제를 선정한 후에도 문제원인을 규명하는 것이 아니라 그같은 주제가 최상의 수준으로 구현되었던 경우에 대해 탐구하는 과정을 거치고 최상의 경험을 만들어내는 데 핵심적으로 기여한 요인들을 도출한다. 그런 다음에는 이루어내고 싶은 이상적 미래를 그려본다. 기존 문제중심의 접근에서 목표로 삼는 해결방안 모색을 통한 문제 수습의 수준을 넘어서 갈망하는 미래를 구상하는 것이다. 그다음 단계에서는 미래를 달성하기 위해 요망되는 조직의 모습을 설계한다. 기존 문제중심적 접근에서 취하는 해결방안들의 장단점 비교분석을 통한 최종 해결안 선정과 대비된다. 마지막 단계로 이상적 조직의 설계도에 근거하여 구체적 방안들을 만들어서 실현하는 활동을 지속한다. 따라서 문제중심적 모델에서는 조직을 해결해야 할 문제 덩어리로 보는 반면, 긍정성 중심의 모델에서는 조직을 무한한 역량과 강점을 지닌 보고로 본다(Cooperrider & Whitney, 2006). 이상 기술된 문제중심적 변화과정과 긍정성 중심 변화과정의 핵심단계를 대비해보면 〈표 4-3〉과 같다.

〈표 4-3〉 문제중심 변화모델과 긍정성 중심의 변화모델(AI)의 비교

문제중심적 변화모델	긍정성 중심의 변화모델
문제 발견	긍정 주제 선정
근본원인 규명	과거/현재의 최상의 경험발견
해결방안 모색	이상적 미래 꿈꾸기
변화계획 수립	꿈 실현을 위한 디자인하기
계획 실행 및 결과 평가	꿈의 실현 및 지속적 학습
전제: 조직은 문제 덩어리	조직은 무한한 역량/강점의 보고

지난 20여 년 동안의 긍정성 중심의 변화 모델을 적용해서 이루어진 다양한 사례는 긍정성 중심의 변화가 긍정에너지를 생성해 지속적 발전을 가능하게 했음을 보여주고 있다.[20] 이 글에서는 긍정성 중심의 변화모델의 전형(典型)인 AI(Appreciative Inquiry)에 대해 살펴봄으로써 앞으로 한국의 지속가능한 발전전략의 기본틀을 구상함에 도움을 주고자 한다.

AI(Appreciative Inquiry)란 사람, 집단 또는 조직이 최상의 상태에 있을 때 이들에게 생명력과 활력을 불어넣는 요인들에 대한 탐구활동이다. 긍정과학에 근거하며, 모든 이해당사자가 참석하여 진단이 아닌 대화를 통해 열정적으로 변화를 이루어내는 포용적이고 협력적이며

20) 다양한 자료에서 이 '긍정에너지 → 지속적 발전 가설'의 실증적 검증을 확인할 수 있다. 전 세계에서 실시된 주요사례들을 계속해서 탑재하고 있는 케이스 웨스턴 리저브(Case Western Reserve) 대학의 웹사이트인 http://ai.cwru.com, 현장전문가들의 사례 공유마당으로 매월 발간되는 www.aipractitioner.com 그리고 휘트니(Whitney)와 쿠퍼라이더(Cooperrider)가 저술한 AI 관련 책들에서 정책수립, 노사관계, 세대융합, 비영리조직(지역사회, 종교단체, 시민단체, 국제기구, 군조직, 경찰, 병원, 학교, 정부조직 등)의 변신 등을 포함한 다양한 분야의 성공사례들을 발견할 수 있다.

유연한 변화창출 방법이다. 이 변화모델은 긍정성 중심의 변화모델의 전범(典範)으로 세계적인 주목을 받고 있으며, 조직변화 분야에 긍정혁명을 가져왔다는 평가를 받고 있다.

이 변화모델의 약칭인 AI에서 'A(Appreciate)'는 과거와 현재의 성취, 강점, 자산, 잠재력의 긍정성을 인식하는 것, 인간 시스템(개인, 집단, 조직, 사회 등)에 열정, 건강, 활력, 탁월성을 불어넣는 것이 무엇인지를 파악하는 것, 조직에 내재한 가치를 탐구하고 증진하는 행위를 의미한다(Whitney & Trosten-Bloom, 2010). 'I(Inquiry)'는 가치를 발견하는 활동, 긍정적인 틀로 질문하는 것, 개인과 조직의 잠재력에 대해 긍정적인 마음을 가지고 탐구하는 활동을 의미한다.

AI는 곧 긍정질문을 통해 변화를 만들어내는 것이라고 간주해도 될 정도로 긍정질문은 이 변화모델의 전 과정에 걸쳐 행해지는 핵심 활동이다. 어떤 질문을 하느냐가 변화의 방향과 결과를 결정한다는 확신하에 모든 질문은 긍정의 틀로 만들어진다. 문제중심적 접근방식에서는 대부분 부정의 틀로 질문이 만들어지기에 방어와 책임전가, 수동적 또는 형식적 변화의 길로 접어들기 십상이다. 반면에 긍정적 탐구질문은 답하는 사람들이 개방적이고 능동적인 태도를 보이게 하고, 사고와 행동의 폭을 넓혀준다.

(1) AI의 원칙

AI는 어떠한 주제, 어떠한 상황에서 어떤 대상에게 적용되는지에 관계없이 다음의 8가지 원칙을 준수하며 진행되어야 함을 강조한다(Whitney & Trostem-Bloom, 2010). 이들 원칙은 어떠한 방식으로 변화를 만들어내야 하는지에 대한 가치기준이며, 어떻게 변화를 만들어내야 효과적인지에 대한 안내문이다. 개인, 개인간, 집단, 조직이든 그 수준에 관계없이 지속적이고 근본적인 변화를 이루어내고자 할 때 반영할 필요가 있는 효과적 원리들이다. 따라서 이들 8개 원칙은 지속가능한 발전의 원리라고 할 수 있다.

① 긍정주의 원칙

모든 것을 긍정의 눈으로 바라보고, 긍정적인 것에 우선적인 초점을 두고 긍정적인 질문을 하는 '긍정주의 원칙(positive principle)'이다. 인간은 굴광성을 가지고 있고, 긍정성은 인간의 사고와 행동의 레퍼토리를 확장하고, 지속가능한 성장의 자원을 구축해준다(Fredrickson, 2009). 따라서 AI에서는 실패경험이 아닌 최상의 경험에, 취약점이 아닌 강점에, 문제수습이 아닌 도전적 꿈꾸기에, 구태의연한 개선이 아닌 도전적 조직설계에, 수동적 실현이 아닌 자발적 구현에 초점을 두고 변화활동을 한다.

② 구성주의 원칙

현실은 사람들 간에 대화를 통한 상호작용이 만들어낸 결과물이라고 보는 원칙이 '구성주의 원칙(constructionist principle)'이다. 따라서 사람들은 긍정의 언어와 대화를 통해 긍정적인 세상을 만들어낼 수 있다고 전제한다. 그리고 사람들이 사용하는 말은 단지 세계를 묘사하는 도구가 아니며, 세상을 창조하는 마력을 지닌다.[21] 따라서 조직의 형성과 변화의 중심에는 대화와 스토리가 있다. 세 사람이 호랑이라고 하면 고양이도 호랑이가 되듯이(三人成虎), 조직구성원들이 무엇에 집중하고 어떠한 생각과 정서를 갖는지가 소속조직의 당면 상황을 어떻게 보며 어떠한 대응을 할지가 결정된다고 본다. 따라서 모든 대화와 질문은 긍정성을 만들어내는 단어와 질문으로 구성되어야 함을 강

21) AI에서는 이것을 'Words create worlds'라고 표현한다.

조한다.

③ 전체 포함의 원칙

선정된 주제에 대한 변화작업과 결과로 이득이나 손실을 볼 수 있는 이해관련자(constituents) 모두를 직접(또는 최소한 간접적으로) 처음부터 변화과정에 참석시키는 원칙이 '전체 포함의 원칙(wholeness principle)'이다. 일반적으로 이해관련자들을 규명하고 난 후, 이들 모두(또는 각 이해집단의 대변자 모두)를 초대하자고 하면 여러 이유를 들며 불가함을 제시한다. 관련성이 없다, 그들은 잘 모른다, 편견을 가지고 있다, 반조직적이다, 얻는 것보다 잃는 것이 많다 등등의 이유를 거론하며 전체 포함의 원칙을 무시하거나 간과한다. 연구와 교육 모두에서 최상위 대학으로 도약하기 위해 조직변화를 추진하고자 했던 케이스 웨스턴 리저브(Case Western Reserve) 대학에서 초기 도입단계에서 나타난 현상이 좋은 예이다(Cooperrider, 2012). 쿠퍼라이더 교수는 자신이 만든 AI에 관심을 가진 총장에게 브리핑할 때 학내외 이해관련자들을 모두 참여시켜야 한다는 점을 강조하며 학생들을 가장 중요한 이해관련자 집단으로 언급했다. 하지만 총장은 난색을 표명했다. 학교운영은 기본적으로 교수들이 중심이 돼서 하는 것이고, 학생들은 대학의 운영특성과 재무관리 등에 대해 잘 모른다는 점을 이유로 들었다. 결국 AI 적용은 없던 걸로 되었다.

지금까지의 변화의 필요성 인식 및 추진방향의 설정은 대부분 하향식이었고 간헐적으로 상향식이나 대표자협의회 방식으로 이루어져 왔다. 그러하기에 변화 프로젝트의 머리와 손발이 따로 놀게 되어 변화의 필요성이나 추진방향에 대한 주인의식이 결여되고, 그 결과, 변화는 단명하거나 형식적으로만 일어났다.

최상의 변화와 성과는 시스템의 '전체성(wholeness)'을 경험할 때 나타난다. 내외부의 모든 이해관련자들이 한곳에 모여 동등한 권한을 가지고 이루어진 변화활동에서는 하나의 강점이 다른 강점과 연결되며 새로운 강점을 창출해내는 신비로운 일들이 나타난다. 그리고 모두가 열정적으로 참여해 합작한 꿈의 지도가 그려지고, 변화에 대한 주인의식을 가지면서 모임 자체가 변화의 원동력이 된다.

④ 예기의 원칙

미래를 변화시키는 것은 미래에 대한 이미지의 변화로 시작하고, 이 미래의 이미지가 긍정적이고 희망적일수록 현재의 변화활동도 더 긍정적인 활동으로 발현된다는 것이 '예기의 원칙(anticipatory principle)'이다. 한마디로, 긍정적 이미지를 통한 예기가 긍정적 행동을 생성한다는 원리다. 세계종교협의회의 영문이름을 초기의 'United Religions'에 'Initiative'를 더해 'United Religion Initiative'로 개명했을 때 회의 참가자들이 자국에서 종교간 교류 및 협력 증진을 자발적으로 시작하는 현상을 만들어낸 것은 예기의 원칙이 작동한 한 예이다.

⑤ 시인의 원칙

'시인의 원칙(poetic principle)'은 시인과 같이 일반사람들이 쉽게 보지 못하는 것을 보고 상상하고 새로운 가치를 부여하는 것이다.

나는 구석이 좋다/ 햇살이 때때로 들지 않아/ 자주 그늘지는 곳/ 그래서 겨울에 내린 눈이/ 쉽게 녹지 않는 곳/
가을에는 떨어진 나뭇잎들이/ 구르다가 찾아드는 곳/ 구겨진 휴지들이 모여드는 곳/ 어쩌면 그 자리는 하느님이 만든 것인지도 모르지/ 그곳이 없으면/ 나뭇잎들의 굴러다님이/ 언제 멈출 수 있을까?/ 휴지들의 구겨진 꿈을/ 누가 거두어 주나/ 우리 사랑도 마음 한 구석에서 싹트는 것이니까.

이창건의 '구석'이라는 동시에서 알 수 있듯이 시인의 눈으로 바라본 구석은 놀라운 긍정의 에너지를 지닌 구석으로 창조되어 다가온다. 눈에 잘 띄는 자리만을 선호하는 사람들에게 시인은 구석이 참으로 좋은 자리임을 일깨워준다.

AI는 시인의 눈을 가지고 자신과 자신이 속한 조직의 강점을 재조명하고, 연결하고 통합하며 신비로운 활력을 체험하고 나누는 것이다. 그래서 조직을, 탐구하고 영감 받을 것이 무한한 "위대한 시집"과 같다고 간주한다.

⑥ 동시성의 원칙

'동시성의 원칙(simultaneity principle)'은 탐구와 질문 자체가 곧 중요한 변화활동이라고 간주한다. 즉 변화는 우리가 질문을 던짐과 동시에 시작하는 것으로 본다. 따라서 AI에서는 관습적으로 해온 문제중심적 질문에서 비범한 결과를 상상하고 실현하게 하는 위대한 긍정질문으로 전환한다. 한 개인이나 조직이 긍정질문의 관행을 내재화하는 것 자체로도 중대한 변화가 일어난 것이다.

⑦ 현재 구현의 원칙

AI에서는 미래를 현재의 시점으로 가져와 실현되었다고 믿으며 실현된 모습을 온몸으로 연출하는 활동을 한다. 미래를 지금 여기로 가져와 구현하는 '현재 구현의 원칙(enactment principle)'이다. 마하트마 간디, 루스벨트 대통령, 마틴 루서 킹 목사 등 위대한 지도자들의 공통점은 연설을 통해 자신과 국민이 원하는 이상적 미래비전이 마치 '여기서 현재(here and now)'에 실현되었다는 믿음을 가지게 했다는 것이다. '가정행동(acting as if)'은 다음 두 가지로 그러한 결과를 이루어낼 가능성을 높여준다. 첫째, 미래를 현재 시점으로 가지고 와 이미 일어났다고 가정하고 그 미래실현에 이바지한 요인들을 도출하면, 더 다양하고 질 높은 달성방안들을 생각해내게 돼서이다.[22] 더 많은 양질의 달성방안들을 고안하게 되면 원하는 미래를 이루어낼 가능성이 높아진다. 둘째, 몸 연기는 머리로만 상상했을 때에 비해 꿈을 실현하고자 하는 열정을 증폭시킨다. 따라서 바라는 변화(이상적 미래)를 미리 몸으로 구현하고 느껴보는 활동은 이상적 미래가 실현될 가능성을 높여준다.

⑧ 자율 선택의 원칙

AI는 변화과정에서 어떤 방식으로 무엇에 기여할 것인가를 선택함에 있어서 참가자들에게 자유권한을 가지게 한다. '자율 선택의 원칙(free-choice principle)'이다. 자율 선택은 사람들의 열정과 에너지를 분출시키기 때문이다. 그리고 자신이 선택한 것에 대해서는 주인의식과 완성에 대한 열정을 가지기 때문이다.

(2) 변화과정: 5-D Cycle

이 변화모델은 최상의 상태로 지속적으로 발전하기 위해서 거쳐야 할 과정을 5단계로 제시하고 있다. 그리고 각 단계를 D로 시작하

22) 미첼, 루소, 페닝턴(Mitchell, Russo, & Pennington, 1989)은 이것을 '예기적 사전 확신 편향(prospective hindsight bias)'이라고 명명하였다. 어떤 사건이 일어난 후 그 사건이 일어날 확률이 매우 높을 것이라고 이미 생각했었다고 믿는 현상인 '사후확신 편향(hindsight bias)', 즉 '그럴 줄 알았어' 현상과 유사하게 미래의 사건에 대해서 일어났다고 확신하는 것이기에 이런 이름을 붙였다.

는 용어를 사용하여 5-D 변화모형이라고도 한다.[23] 단계별로 행해지는 주요활동은 다음과 같다.

① 주제 설정하기(Definition)

주제 설정은 매우 중요하다. 조직변화의 운명을 가름할 정도로 치명적인 효과를 만드는 요소이다. 따라서 첫 번째 D는 '주제 설정하기(Definition)'의 D이다. 이루어내면 큰 감흥을 줄 긍정주제로 설정하는 활동을 한다. 문제중심적 변화모델은 문제점을 그대로 가지고 와 주제로 설정한다. 예로, 우리나라의 국가적 현안인 '출산율 저하'의 문제는 '출산율 증진'이라는 주제로 설정해 추진된다. 반면에 AI 모델은 출산과 관련해서 궁극적으로 이루어지길 바라는 바가 무엇인지를 물음으로 던지며 답하는 과정을 통해 주제를 설정한다. 일명 '질문 뒤집기(question flip)'를 한다(Whitney, Trosten-Bloom, & Rader, 2010). 만약 '원하는 만큼의 자녀를 낳아 잘 키워 행복한 가정을 만드는 것'이 궁극적으로 바라는 목표이고, 목표를 실현하면 삶의 보람을 느끼고 행복하게 된다면 '출산율 저하 방지'나 '출산율 증대'를 변화주제로 설정했을 때와는 다른 참여 열기와 주인의식을 가지게 될 것이다.

예로, 영국항공사(British Air)는 '수화물 사고 증가'라는 현안을 '수화물 서비스 개선하기'라는 주제로 시작하지 않고 '특별한 도착 경험을 제공하기'로 전환하여 고객만족도 증진과 수익에서 괄목할 만한 증가를 이루어냈다(Whitney & Trosten-Bloom, 2010). 1957년 350여 명의 전쟁고아를 양육하기 위해 만들어진 부산 소년의 집을 운영하고 있는 한

23) 이 모델의 창안자인 쿠퍼라이더(Cooperrider)는 4D 모델을 제안했다. 그는 5D 모델의 처음 D(Definition)를 별도의 D로 설정하지 않고 긍정적 주제(positive topic)로만 언급하였다. 이후 AI 전문가들은 이 활동의 중요성을 부각하기 위해 '긍정적 주제 설정'을 Definition으로 명명하며 첫번째 D로 설정하였다.

국 마리아수녀회는 창설 신부님이 소천한 후 20년 동안 조직이 퇴보하고 있다는 문제인식에서 AI를 시작하였다. 구성원들의 토의를 거쳐 '비상하는 AL[24)]가족'으로 변화 어젠다를 설정하고 마리아수녀회 본연의 사명인 '최상의 양육과 교육'을 위해, '물 흐르듯 원활한 의사소통', '함께 꿈을 향해 나아가기', '민첩한 조직변화'라는 과제달성을 변화주제로 설정하였다(김명언·신좌섭, 2011).

이처럼 긍정주제 설정 단계에서는 '말이 세상을 만든다(Words create world.)'라는 구성주의 원칙을 받아들여, 질문은 우리가 무엇을 발견하는가를 결정하고, 우리가 보게 될 세상을 만든다는 것을 확신하며 진행된다. 또한 불만 해소를 이루어내는 요인과 만족증진을 만들어내는 요인은 다르다는 2요인 이론[25)]의 주장대로, 문제점 해소 방안은 가장 원하는 것을 이루어내는 방안과는 다르다는 점을 인식하며 진행된다.

② 최상의 경험 탐구하기(Discovery)

이 단계에서는 사전에 준비된 긍정 인터뷰 질문을 가지고 가급적 일면식도 없는 사람[26)]과 짝을 이루어 가치탐구적 인터뷰(appreciative interview)를 실시한다.[27)] 가치탐구적 인터뷰는 통상 다음과 같은 질문들이 포함한다. 선정된 주제와 관련된 최상의 경험은 어떠한 것이 있었는지, 무엇이 그 같은 최상의 결과를 만들어내게 했는지에 대한 질

24) AL은 마리아수녀회를 창설한 알로이시오 슈왈츠 신부의 애칭이다.

25) 헤르츠버그, 마우스너, 스나이더만(Herzberg, Mausner, & Snyderman, 1959)은 직무만족을 창출하는 요인과 불만감소를 만들어내는 요인은 다르다는 점을 발견했다. 예로, 임금인상은 불만해소 요인이지 만족창출요인은 아니었다.

26) AI에서는 '낯설은 사람(improbable other)'이라고 통칭하며 고정관념 탈피는 물론 호기심 유발 효과가 있게 하기 위해서이다.

27) 경우에 따라선 AI 활동 전체모임을 갖기 전에 긍정 인터뷰를 하기도 한다.

문들이 이 탐구하기 단계에서 주어진다.[28] 이 인터뷰에서 수집된 강점, 극치 경험, 최상의 성과 도출 등에 관한 내용을 이야기하기(story telling) 방식으로 공유한다.[29]

그리고 난 후, 수집 공유된 스토리에 대한 분석을 통해 최상의 경험을 만들어내는 데 핵심적으로 기여한 요인들, 일명 핵심적 긍정요소(positive core)를 추출해내는 작업을 한다. 이 핵심적 긍정요소들은 조직의 지속적 성장을 이루어내는 요인이며 도전적인 비전을 꿈꾸게 하는 원동력이 된다. 마리아수녀회 AI에서는 약 340개의 최상경험이 수집되었고, 소명의식, 사랑, 헌신, 겸손 등의 핵심적 긍정요소가 추출되었다.

이 단계가 성공적으로 마무리되면, 참가자들의 표정이 밝아지고, 상호존귀감을 가지게 되어, 이전에는 생각할 수도 없었던 도전적인 것을 해보려는 욕구를 강하게 가지게 된다. 그간 잊고 살았던 자신들의 강점과 이루어낸 최상의 성과 등을 발견하고 반추하며 자신감과 자존감 그리고 상호존중감이 증폭되기 때문이다. 따라서 문제중심적 접근을 할 때 마지못해 (때론 지겹도록) 재인식하게 되는 자신들의 취약점, 실패, 부끄러운 과거와의 재회 때와는 판이한 모습을 보이게 되는 것이다.

---

28) 정부 부처에서 이같은 인터뷰를 실시할 경우, 이전 정권이나 장관 재임 시 성공사례나 칭찬받을 만한 사례에 대한 반추나 탐구는 좀처럼 허락되지 않기에 이행되기 불가능한 비현실적 요구라 여겨질 수 있으나, 그렇기 때문에 이같은 활동은 더욱 더 정책입안자들에겐 필수 활동으로 이루어져야 한다.

29) 지속가능한 발전방안의 수립이 주제일 경우, 경제적, 환경적 그리고 사회적 측면에서 가장 효과적 발전을 이루어냈던 경우를 탐구하게 된다. 그렇게 함으로써 이들 세 차원 모두에서 지속적 성장의 비결을 해독해낼 수 있다.

③ 이상적 미래 꿈꾸기(Dream)

AI의 꿈꾸기 단계에서는 명칭 그대로 과거에 이루어낸 최상의 결실과 보유 강점(핵심긍정요소)들을 반추하며, 어렵지만 실현가능하고, 실현되면 가슴을 두근거리게 할 꿈같은 미래를 함께 그려보는 공동작업을 벌인다. 브라질 격언처럼, 혼자 꿈꾸면 한낱 꿈에 불과하지만, 함께 꿈꾸면 그 꿈은 현실로 나타나게 될 가능성이 높아진다. 마리아수녀회 AI에서는 '창설 신부님의 정신이 살아 움직이는 AL'이 집단 꿈 프로파일 중 하나로 만들어졌다.

집단의 꿈 프로파일이 만들어지면 이 꿈이 마치 현재 실현되었다고 상정하고 다양한 방식으로 행동으로 표출해 보이는(acting as if)[30] 시간을 가진다. 앞서 소개한 '예기적 사전확신(prospective hindsight)'[31]의 효력을 활용하는 것이다. 말과 글로만 표현된 꿈을 이처럼 집단연기로 표현해 보이면, 실현하고자 하는 간절함이 증폭된다. 몸으로 표출된 구체적 미래들은 일종의 '체화된 인지(embodied cognition)'로 변환되어 실현될 가능성이 높아지게 된다(Zhong & Leonardelli, 2008). 마리아수녀회의 AI에서는 각 그룹이 함께 그려낸 꿈이 여러 가지 방식으로 연출되었는데, 2015년 로마 교황청 선정 세계 최고 사회봉사상을 받게 되었다는 소식을 접한 언론사 기자들이 수녀회를 방문해 인터뷰하는 장면을 TV 뉴스로 보도하는 집단연기가 그중 하나였다.

---

30) AI에서 사용하는 용어로, 참가자들이 창의적으로 고안한 수상식, 드라마, TV 뉴스보도, 가사와 곡을 고쳐 합창하기 등의 창의적 방법들이 이에 해당된다(Whitney & Trosten-Bloom, 2010).

31) 미래의 가능한 사건(예로, 특정 대통령 후보가 당선됨)을 마치 지금 일어난 것처럼 상상하고 그 사건이 실제 일어나게 하는 데 이바지하는 것들에 대해 생각해보라고 하면, 그냥 그 미래사건이 일어나는 데 이바지하는 요인들에 대해 생각해보라고 했을 때에 비해 도출된 아이디어들이 질과 양에 있어서 우수했다(Mitchell, Russo, & Pennington, 1989).

지속가능한 발전을 위한 정책을 수립할 때 대부분 설정하는 목표는 너무 비현실적이거나 과거에 비해 약간의 개선을 이루어내겠다는 수준이다. 그러하기에 수립된 정책은 액자 속의 먹을 수 없는 떡이 되거나 먹고 싶지 않은 떡덩어리가 된다. 그 결과 지속성장이 아닌 지속적 정체가 다반사가 된다. 하지만 AI의 첫 두 단계를 거친 후 만들어지는 정책목표는 실현하기 만만치 않은 도전적인 목표이면서도 정성을 기울여 실현하고 싶게 만드는 목표가 된다.

④ 디자인하기(Design)

디자인하기 단계에서는 이전 단계에서 만들어진 이상적 미래의 이미지를 조직 전반을 재설계한다는 생각을 가지며 더 명료하게 기술하는 활동을 한다. 이상적 미래를 실현하기 위해서는 조직이 어떻게 달라져야 하는지, 새롭게 설계되거나 수정되어야 할 중요 영역들은 어떤 것들이 있는지 토의한다. 이 단계의 최종 결과물들은 전략, 구조, 의사결정방식, 일하는 방식 등 다양한 설계영역에 대한 '도전적 설계제안문(provocative proposition)'들이다.

윈스턴 처칠 수상이 말했듯이, 조직설계는 사람들이 하지만 사람들은 설계된 조직에 의해 영향을 받는다는 점에서 좋은 설계안을 만든다는 것은 지속적 발전을 위한 긴요한 도면이다. 지속발전에 대한 구성원의 열정과 몰입은 문제 발생 후 뒤처리만을 효율적으로 하기 위해 설계된 조직에서는 기대할 수 없다. 이미 구현된 바 있는 강점과 성취를 바탕으로 그려진 이상적 꿈을 토대로 재설계된 조직에서만이 가능하다. 마리아수녀회가 도출한 도전적 설계안 중 하나는 '어떠한 난국에 봉착하더라도 창설 신부님의 정신을 철저히 계승해서 최상의 양육과 교육을 온힘을 다해 지속 실현한다'였다.

⑤ 실현하기(Destiny)

Destiny는 말 그대로 새로운 운명을 만들어내는 일을 자발적이고 지속적으로 행한다는 의미가 녹아 있다.[32] 여기서 새로운 운명은 의미 있고 즐거운 마음으로 몰입하고 싶은 운명을 의미한다. 아울러 앞의 단계들을 지속적으로 반복한다는 의미도 있다.

구체적으로는, 앞서 도출한 도전적 설계안을 현실화하기 위해서 구현할 구체적 혁신은 무엇인지를 토의해보는 단계이다. 토의를 통해 모두가 공감한 혁신 프로젝트가 도출된 후, 참가자들은 자유 선택의 원칙에 따라 자발적으로 참가하고 싶은 프로젝트에 지원한다. 혁신 프로젝트팀이 구성되면, 추진기간, 역할별 담당자, 결과 측정방법, 필요지원 조달 계획수립 등을 토의하고 혁신의 여정을 시작한다. 마리아수녀회는 앞서 소개한 '도전적 설계안'을 현실화하기 위한 한 가지 방안으로 '알로이시오 정신연구소 건립'을 프로젝트로 설정하였다. AI 모임 종료 후 꾸준히 추진되어 1개월 만에 연구소가 설립되었으며, 창설 신부님 어록과 저서 옮겨 쓰기운동, 신부님과 함께 나눈 최상의 경험 수집하기, 전파자를 위한 인터넷 카페 활동, 신부님의 정신을 외부에 홍보하기 등 다양한 활동이 활발하게 전개되었다.

이 마지막 단계에서 지속적이고 장기적으로 추진되는 목표는, 조직을 긍정중심적, 참여적, 가치탐구적으로 변모시키는 것이다. 전략을 수립하는 일, 회의, 일하는 방식, 조직제도 등 조직 전반에 걸쳐 새로운 긍정조직문화를 뿌리내리는 노력이 지속적으로 이루어진다. 그

32) 처음에는 변화계획을 수립하여 실행에 옮기는 것에 초점을 두어 'Delivery'라고 명명하였다가, 조직구성원들 스스로 근본적인 변화를 이루어내며 더 나은 조직문화를 지속해서 만들어간다는 것을 강조하기 위해 'Destiny'로 변경했다. Delivery란 이름으로 인해 이 단계의 변화활동을 단기간에 마무리 짓고 종결하는 것으로 오해하는 경향을 발견했기 때문이다.

〈표 4-4〉 AI 모델의 진행 과정

	문제중심의 변화	긍정중심의 변화
관심의 초점	드러나거나 잠재된 문제점들	긍정적 주제들
참여 형태	참여자를 선별함	모든 이해관련자를 참여시킴
변화 과정	문제 진단 원인 및 결과 규명 정량적 분석 개선 필요성 도식화함 외부 전문가들이 주가 되어 진행됨	핵심적 긍정요소의 탐구 최상의 상태에 있는 조직과 개인 탐구 대화와 이야기 분석 핵심적 긍정요소의 지도를 그림 구성원들이 주가 되어 진행됨
전달체계	최상위 의사 결정자들에게 피드백함	최상의 경험과 스토리들이 조직 내외에 광범위하고 창조적으로 공유됨
창조적 잠재력	브레인스토밍을 통해 얻어진 대안들	내재적 긍정강점들과 더 나은 세상을 이루려는 열정
결과	문제 해결을 위한 최선의 해결책	꿈과 염원을 실현하기 위한 설계도와 변화 프로젝트의 지속적 실현
획득되는 역량	계획을 이행하고 평가하는 역량	긍정적 변화를 추진하는 역량

자료: Whitney & Trosten-Bloom(2010) 참조.

렇게 함으로써 문제중심적, 부정중심적, 결함중심적 조직문화를 가질 때에 경험할 수 없는 양질의 지속발전을 이루어내게 된다. 한 예로, 조직구성원들 간의 대화를 긍정-부정의 비율이 1:3인 부정편향에서 5:1의 긍정편향으로 바꾸는 것이다.

21세기 감성의 시대에서는 산업화시대의 기계론적 사고의 틀에서 해방되어야 한다. 조직을 문제를 일으킬 수 있는 시스템으로 간주하며 취약점을 진단하고 해결방안을 처방하는 '의학적 모델(medical model)'을 폐기하고, 관계적 역량을 증진시켜주는 긍정중심의 변화모델로 대치되어야 한다. 그래야만 아직 사용되지 않고 있는 조직의 잠재적 역량들을 발굴하여 기존의 틀을 벗어나 창조적 설계가 이루어지고, 구성원들의 자발적 실현참여가 열정적으로 일어나 꿈꾸는 미래가 실현될 수 있기 때문이다. 지금까지 기술한 AI 모델의 진행과정과 기존의 문제중심적 변화모델과 대비해보면 〈표 4-4〉와 같다

(3) 대표적 적용사례

지난 20여 년간 AI를 적용해 다양한 조직의 변화 어젠다를 성공적으로 달성한 사례는 수천 개에 달한다. 그리고 지금도 전 세계 여러 곳에서 다양한 목적으로 AI를 적용해 놀라운 변화를 만들어내고 있다.

① 미 해군

엄격한 명령과 복종의 조직문화를 가진 군대조직에 AI가 성공적으로 적용되었다. 미 해군은 '조기 전역자의 증대'라는 문제를 고민하면서 리더십에서 근본 방안을 찾았다(Cooperrider, 2012). 해군작전사령관은 근본적인 해군의 변화를 생각하며 AI를 적용했다. 2001년 12월 '모든 계급에서의 리더십 발휘하기'라는 변화 어젠다를 설정하고 20명의 해군 제독을 포함해 260명의 해군 장병이 모여 AI를 실시했다. 개방적인 분위기 속에 동등한 자격으로 토의하게 하려고 모든 장병은 군복이 아닌 일반인 복장으로 참가했다. 4일간의 AI 서밋 워크숍을 통해 30개의 프로젝트가 도출되어 추진되었다. 조기 전역 감소는 물론 나이 어린 수병들까지도 작전계획에 대한 논의에 자신의 의견을 제안하는 해군으로 변신했다. 이 변화를 지속 · 확산시키기 위해 해군대학원에 긍정변화 센터(Center for Positive Change)를 설립하여 전 세계에 산재한 미 해군기지들에 AI 진행을 지원하고 웹사이트를 통해 최상의 경험을 공유해오고 있다(Sugarman, 2012).

② 세계종교협의회(URI)

상호협력이 쉽지 않은 종교계의 협력체 설립에도 AI가 성공적으로 적용됐다(Cooperrider, 2012). 1995년 이후 활발한 활동을 전개해오고 있는 세계종교협의회(United Religion Initiative, URI)는 스윙 신부와 깁스 목사에 의해서 시작되었다. 그들은 UN 창립 50주년 기념행사에 참석했을 때, 종교가 세계 평화를 만들어내는 힘이 되기는커녕 분쟁[33]과 상처를 만드는 근원이 되어온 역사적 사실에 대해 심각하게 자성하며, 세계 종교인들의 협력을 이끌 수 있는 UN과 같은 기구를 세계 종교계에 설립하자는 비전을 공유했다. 그같은 비전을 품은 것은 그들이 처음이 아니었다. 그때까지 여러 종교계 지도자들이 평화공존의 비전을 가지고 100년 동안 20번 이상 시도했으나 모두 실패로 끝났었다. 그들은 이같은 사실을 직시하며, AI 창시자인 쿠퍼라이더 교수에게 도움을 요청했다. 1995년 시작하여 2000년까지 매년 AI 서밋을 개최하였고, 1998년에는 Visa 회사 전 회장이었던 디 혹(Dee Hock)을 자문위원장으로 초빙해서 조직을 설계하는 일을 이끌게 했다. 전 세계 5만 개가 넘는 경쟁 은행들 간의 협력을 성공적으로 만들어냈던 그의 역량을 활용하기 위해서였다. 2000년 URI 헌장이 공표되었고, 현재 600개가 넘는 URI 센터가 세계 곳곳에 설립되어 종교분쟁의 종식과 평화와 정의 실현을 위해 종교 간 협력을 주도하고 있다.

③ UN

2004년 유엔 사무총장이던 코피 아난(Kofi Annan)은 500명이 넘는 기업계와 국제시민단체(Oxfam, World Wildlife Fund 등) 및 정부기관의

33) 하버드대학 연구결과에 따르면, 전 세계 무장분쟁의 87%가 종교와 인종 간 분쟁인 것으로 분석됐다(Cooperrider, 2012).

최고경영자들을 초청해 일종의 세계지도자회의를 개최했다. 이 'UN Global Compact Leaders' 회의는 UN에서 열린 회의로는 역사상 가장 큰 규모의 회의였고, 범세계적인 빈곤퇴치, 경제동력 강화, 친환경적 혁신 촉진을 목적으로 개최되었다. 놀랍게도 아난 총장은 전통적으로 해오던 워크숍 방식을 과감히 버리고 대부분 참가자에겐 생소했던 AI라는 기법을 도입해서 진행하기로 했다. 물론 이 회의에 참석했던 HP, BP, Nokia, Phillips 등의 기업계 회장들에게는 결코 낯선 기법이 아니었다. 그간 자신들의 조직을 변화하는 데 AI를 적용해서 성공적인 성과를 이루어냈기 때문이었다. 이 회의 개최 당시 1,000여 개였던 기업체 회원 수가 몇 년이 지나서는 6,000개로 급증했다. 기업주도의 이 회의에 회의적이어서 유엔건물 앞에서 반대시위를 했던 시민단체들도 회의가 종료된 후 호응과 지지를 천명했다(Cooperrider, 2012). 앞서 기술한 AI의 '전체 포용의 원칙'을 철저히 준수하여 진행되었기에 극심한 대립각을 세워온 이해관련자마저도 호의적인 우군이 된 것이다.

이 외에도 IDEO, British Airway, GTE, Hunter Douglas와 같은 다양한 업종의 기업들은 물론 시카고시, 잠비아 경찰대, 네팔 등 규모와 종류에 있어서 다양한 조직이 AI를 적용하여 성공적인 변화를 이루어냈다. 현안에서도 조직혁신, 전략수립, 조직문화 변화, 노사관계 증진, 세대간 협력증진, 고과평가, 지역사회 개선 등 광범위한 영역에 적용되어왔다. 그중 전 세계의 지역사회 변화의 전형이 된 (일명 'Imagine Chicago'라고 불린) 미국의 시카고시 적용 사례를 상세히 소개해 보기로 하자.

④ Imagine Chicago

'Imagine Chicago'라는 혁신 프로젝트는 그 이름에서 알 수 있듯이 상상할 수 있는 최대한의 높고 광범위한 수준으로 지역사회를 변화시키겠다는 야심찬 목적을 가지고 출범하였다. 이 사례는 AI가 다양한 이해관계자로 구성된 대규모 공동체조직에서도 탁월한 효과를 만들어 낼 수 있음을 보여준 대도시 변화의 전범일 뿐만 아니라 세대간 통합과 협력을 성공적으로 이루어낸 대표적 사례이기도 하다.

퍼스트 시카고 은행(First Chicago Bank)의 임원이던 브리스 브라운(Bliss Brown)은 1992년 좋은 직장을 그만두고 'Imagine Chicago'라는 변화 프로그램을 만들었다. 이 프로그램은 최초의 대단위 변화운동이었고 가장 성공적인 변화활동이었다. 세계적 대도시인 시카고 시민의 혁신을 촉진하는 프로세스로 AI를 적용하면서 그녀는 다음과 같은 야심찬 질문을 던졌다.

각계각층의 모든 시민이 함께 시카고 시의 건강한 미래에 대한 자신들의 꿈과 이상향을 공개적으로 천명한다면 어떠한 일이 일어날까? 모든 시민이 이 미래비전을 달성하는 데 있어 자신들의 역할을 찾아 천명한다면 무슨 일이 일어날까? 300만 시민 모두 함께 비전을 만들고 이를 실천하는 일에 참여하는 것은 과연 가능한 일인가?(Browne & Jain, 2002; Cooperrider, 2001).

그녀는 1991년 10월에 65명의 다양한 분야의 지역사회 지도자들을 모아 이틀 동안 컨퍼런스를 가졌다. 이들은 시카고 시의 모든 자원을 활용하여 시민의 삶의 질 향상을 이루어낼 수 있는 방안을 모색했다. 이 모임은 시카고 시 발전을 위한 비전을 품게 했다. 직장을 그만둔 그녀는 이후 9개월 동안 다양한 분야의 지도자들을 만났고, 혁신을 추구해온 여러 시를 방문했다. 1992년 9월, 드디어 20명의 다양한 계층의 지도자들로 구성된 Imagine Chicago 프로젝트를 설계하고 추진할 디자인팀을 만들었다. 그리고 이 프로젝트에 대한 후원을 맥아더 재단으로부터 약속받았다.

이 디자인팀은 두 가지 아이디어를 도출했다. 첫째, 시에 생명력을 주는 것이 무엇인지에 대해 심층적인 탐구를 한다는 것이었고, 둘째, 미래를 이끌어갈 젊은이들에게 중요한 추진 리더의 역할을 제공한다는 것이었다. 처음부터 강조된 세대간 긍정중심의 대화가 어른들의 지혜와 젊은이들의 열정을 연결하는 가교 역할을 해 시의 미래에 대한 집단적 통찰이 효과적으로 이루어지기를 기대했다. 세대간 인터뷰가 계획되었고, 50명의 젊은이가 각 분야의 저명인사 140명을 인터뷰했다. 한 번도 함께 모여 무언가를 해보지 않았던 사람들 간에 놀라운 일, 즉 활기찬 세대간 교류가 점화되었다. 이 교류는 지역사회에 변화를 향한 에너지를 창출해냈고, 세대간 상호존경과 하나 됨을 만들어냈다. 그 결과, 연령, 인종, 종교, 사회계층, 문화의 상이성을 극복하는 가교가 놓였다.

1994년 말에는 2년간의 Imagine Chicago 변화활동에 대한 공식적인 평가가 이루어졌다. 주목할 만한 결과들로는, 시카고 시 시민으로서의 정체성의 공유, 세대간 상호 존중을 바탕으로 한 파트너십과 젊은 세대의 책임감 고양, 시민 간 대화를 증진하는 새로운 방법(즉 AI적 긍정 인터뷰를 통한 긍정질문을 묻고 답하기와 경청하기) 터득, 더욱 높은 수준의 비전 추구 및 이의 실현에 대한 자신감, 시 발전에 대한 주인의식 고취, 시의 미래를 위한 헌신의지, 위대한 시카고 시 창출에 사용될 에너지와 활력의 증진, 젊은 세대에 대한 긍정적 인식, 시카고의 미래에 대한 강한 낙관적 전망, 협업에 대한 자신감 등이다. 한마디로 말해, 단절되고 나누어졌던 시민이 연결되고 상호 존중하고 협력하는 계기와 토대를 만든 성공적 혁신 프로젝트였다. 이 프로젝트에 참가했던 사람들은 이같은 놀라운 결실을 맛보았기에 자신들이 속한 조직에도 AI 기법을 적용했다.

이 사례를 통해 관통하고 있는 변화과정은 '긍정질문 → 긍정 이미지 → 긍정행동'의 연쇄적인 생성이다. 이와 병행해서 문제가 있는 지역의 주민을 추천받아 변화 프로젝트 리더로 양성하는 'The Citizen Leaders' 프로그램을 1996년부터 지속해오고 있고 많은 평범한 주민이 능동적으로 자신이 속한 지역사회를 이상적인 곳으로 변모시키는 활동에 주도적 역할을 하고 있다. 이 프로그램은 미국은 물론 전 세계적으로 확산 적용되어 20개 국에서 70개 이상의 프로젝트(global imagine projects)가 진행되었으며, 성공적인 지역사회 변화를 이끌어냈다(Browne & Jain, 2002).[34)]

(4) AI가 지속적 변화를 만들어낼 수 있었던 이유

AI를 적용해 나타난 변화가 지속적으로 확산되는 이유는 여러 가지가 있으나 그중 중요한 다섯 가지를 살펴보면 다음과 같다.

첫째, 당면문제를 그대로 변화주제로 가져오지 않고 긍정적 주제로 뒤집기를 하여 하고 싶은 주제로 변환하고 시작하기 때문이다. AI는 시작단계부터 문제가 누구 탓인지, 왜 발생했는지에 대해서 따져보는 게 아니라, 변환된 긍정주제에 관련되어 과거에 경험한 최상의 경험은 어떤 것이었고 무엇이 그같은 경험을 가능하게 했는지에 대해 탐구하는 작업을 한다. 그 결과, 초기부터 참가자들이 방어적이거나 수동적인 태도가 아닌 개방적이고 능동적으로 참가하게 된다. 특히 상황이 안 좋을 때 AI는 더 유용하다. 불안과 두려움은 경직된 반응을 가져오는데, 상황에 대한 틀을 문제탈출이 아닌 긍정주제로 틀을 바꿈으로써 하고 싶은 마음을 싹트게 하기 때문이다. 위기가 기회가 되고, 환란이 축복이 되는 것이다.

둘째, 전통적으로 적용해온 문제중심적 변화모델은 전체 변화활동의 80%를 문제점이나 결함에 대한 논의에 할애했으나, AI는 정반

34) 더욱 상세한 정보 및 자료는 http://www.imaginechicago.org에서 얻을 수 있다

대로 강점, 성취한 것, 최상의 경험 등 긍정적인 것들에 80% 이상을 할애한다. 그 때문에 변화에 대한 방어적, 수동적, 형식적 또는 냉소적 태도가 불식되고, 개방적, 능동적, 열정적인 태도를 보이게 된다. 이 긍정성 편향은 더 넓게 보고, 생각하고, 행동하게 만들 뿐 아니라, 참가자들 간 양질의 관계를 구축하고 자신감을 가지고 창의적으로 변화방안들을 모색하게 한다. 긍정성의 확장과 구축의 효과가 일어나는 것이다.

셋째, 모든 이해관련자들이 참여해서 전개되기 때문이다. 전체 포용의 원칙이 의미하듯, AI는 직접 또는 간접적으로 모든 이해관련자들이 시작단계부터 참석한다. 이를 위해 이해관련자가 누구인지에 대한 철저한 분석 및 규명 작업을 변화활동을 시작하기 전에 한다. 그렇게 함으로써 모든 이해관련자 집단으로부터 변화에 대한 주인의식과 지속적 실현과 지원을 이끌어낼 수 있게 된다. Imagine Chicago에서 미래리더인 젊은 세대를 주인공으로 참여시킨 것, 미 해군 사례에서 말단 수병들을 참여하게 한 것, 마리아수녀회 AI에서 식당직원이 참여한 것 등은 기존의 문제중심적 접근에서는 좀처럼 볼 수 없는 포용적 변화추진이다.

넷째, 모든 이해관련자들이 동등한 자격으로 참여하기 때문이다. 변화활동에 참여한 사람들이 조직내 공식적 직책이나 담당역할에 따라 행동하지 않고, 동등한 권한과 책임을 가지고 참여한다. 이 결과, 여러 가지의 집단 역기능이 차단된다. 직책이 높은 사람들이 발언을 독점한다든가, 낮은 직책의 사람들은 좋은 아이디어가 있어도 아주 좋은 것이 아니면 내놓지 않는다든가 하는 현상들이 일어나지 않게 된다. 미 해군 AI에서는 이 효과를 극대화하기 위해 계급과 관계없이 전원 군복이 아닌 일반인 복장을 하고 참석하게 했다. 그 결과, 신참 수병들조차 자신의 생각과 느낌을 얘기할 기회를 가지고, 제독들까지도 경청해주는 놀라운 경험을 하게 되었다. 경청은 비용이 가장 적게 드는 효과적인 보상방식이다.

다섯째, 집단적 효능감을 구축하고 난 후에 도전적 미래상과 디자인을 하기 때문이다. AI에서는 '최상의 경험 탐구(Discovery)' 단계를 통해 조직의 강점, 최상경험, 성취 등을 발견하고 핵심 긍정강점들을 규명하는데 이때 집단적 효능감이 생성된다. 그리고 난 후에 달성하기 만만치 않은 미래상과 혁신 프로젝트를 함께 만든다. 그 결과로 생성된 효능감과 도전적 목표의 결합은 몰입경험을 하게 만든다.[35] 다양한 분야의 장인들은 바로 이 두 가지의 결합을 통해 시간 가는 줄 모르고 자신의 일에 푹 빠지게 되는 것이다. 몰입경험은 행복감을 가져다주기에 지속하고 싶은 강한 욕구를 갖게 만든다. 따라서 몰입경험의 창출은 AI가 지속적 변화를 만들어내는 근간이다.

4. 결론

이 장에서는 한국의 지속가능한 발전전략의 바람직한 틀로 긍정성 중심의 접근을 제안했다. 이 제안은 기존의 국가발전 전략수립에서 취해왔던 접근의 틀이 문제점이나 취약점에 초점을 둔 부정성 중심이었고, 이로 인해 국가발전이 정체되는 결과를 가져왔다는 전제에서 출발했다. 그리고 긍정성 중심의 전략적 접근을 개인, 개인간, 조직 수준별로 나누어 살펴보았고, 수준별로 그 효과가 검증된 변화 프로그램이나 모델을 소개했다. 앞의 논의를 바탕으로 효과적 지속성장

35) 칙첸트미하이(Csikszentmihalyi, 2003)는 이 경험을 몰입경험(flow)이라고 명명했다.

의 전략적 접근을 위해 몇 가지 제언을 하려 한다.[36)]

첫째, 지속가능한 발전을 위한 전략과 방안 수립을 함에 있어서 틀짜기(framing)[37)]의 중요성을 인식해야 한다. 틀은 현안을 보는 시각이나 관점이다. 의사결정에 있어서 당면 현안에 대한 틀짜기는 첫번째 거쳐야 할 단계일 뿐만 아니라, 의사결정의 성패를 가름하는 가장 중요한 단계이다(Russo & Schoemaker, 2001). 틀에 따라 어떠한 정보를 수집하여 어떤 정책과 실천방안을 수립하느냐가 달라지기 때문이다. 따라서 정책과 방안 수립의 첫 단계는 올바른 틀을 설정하는 것이어야 한다.

한 가지 예를 들어보자. 2010년 정부가 발표한 2차 저출산 대책은 보육료 지원 및 유급 육아휴직 등이었다. 저출산의 문제를 양육비 부족의 문제로 틀을 짰기에 나온 대책이다. 일견 타당해 보이기에 어느 정도는 위로가 되는 대책이다. 하지만 이와 대동소이한 1차 대책방안 발표 이후 7년이 지난 후에도 출산율은 여전히 세계 최저라는 사실은 이 방안의 실효성에 문제가 있음을 확인시켜준다. 더 근본적으로는,

36) 엄밀히 말하면 이 장에서 제안된 긍정성 중심의 발전전략은 상위수준의 전략이라 볼 수 있다. 왜냐하면 발전전략이나 정책대안을 부정성이 아닌 긍정성의 틀을 가지고 만들 것을 제안했기 때문이다. 다시 말해, 이 장에서는 전략이나 방안의 구체적 내용을 제시하는 것에 초점을 두기보다는, 그 같은 전략과 대안을 효과적으로 만드는 전략에 대해 논의했다고 볼 수 있다. 올바른 상위 전략을 수립하는 것은 그것에 의거해 수립된 실천전략과 방안에 의해 나타나는 결과의 유용성과 지속성을 확보해준다는 점에서 중요하다. 상위인지(metacognition), 상위지식(metaknowledge), 상위정서(metaemotion)가 중요한 이유는 이들 상위개념이 인지, 지식, 정서의 지속성을 만들어내기 때문이다.

37) 틀짜기의 중요성을 실험연구를 통해 처음 보여준 트버스키와 카네먼(Tversky & Kahneman, 1981)은 동일한 기댓값을 가지는 선택안임에도 이득의 틀을 가지게 하면 위험회피 성향을, 손실의 틀을 가지게 하면 위험감수 성향을 보이는 것을 '틀효과(frame effect)'라고 불렀다.

저출산에서 차지하는 돈의 문제는 일부에 지나지 않는다는 추론을 하게 한다. 즉 저출산은 양육비의 틀이 아닌 다른 틀로 봐야 함을 시사해주고 있다. 그 다른 틀 중 가장 유력한 후보는 관계의 틀이다. 급증하는 이혼율 수치를 접하며 결혼해도 원만한 부부관계를 유지해 나가지 못할 가능성이 농후하다는 생각에, 주위에서 일어나는 불효자식들의 급증을 목격하면서 자식이란 잘 키워봤자 애물단지가 될 수 있다는 생각에 예비부모들의 불안감은 고조되었다. 양육비 조달 여력이 나아져도 출산율이 증가하지 않는 것을 봐도 이같은 가족관계에 대한 불안심리가 결정적인 역할을 했다고 볼 수 있다. 그렇다면, '양육비 부족'이란 틀을 '가족관계에 대한 불안감'이라는 틀로 변환해야만 좀 더 실효성 있는 정책기조와 대책방안이 마련될 것이다. 따라서 양육비 지원에 더해 가족관계에 대한 불안감 해소에 초점을 맞춘 정책과 방안이 마련될 필요가 있다.

틀짜기의 중요성을 인식하는 것만으로는 충분하지 않다. 지속가능한 발전전략의 틀짜기는 긍정성 중심의 틀짜기를 할 필요가 있다. 기존의 틀은 대부분이 문제중심의 틀을 가지고 수립되어왔다고 볼 수 있다. 즉, 무엇이 문제인지, 그 문제를 일으킨 원인은 무엇인지, 어떤 해결방안들이 있는지, 해결방안들이 가지는 장단점은 무엇인지 등을 순차적으로 파악한 후 실행방안을 수립하는 과정을 거쳤다. 합리적 존재로 보이기를 원하는 사람들의 보편적 성향으로 인해 합리적 과정을 거치는 것으로 보이는 이 문제중심적 틀에 대해 별다른 이의제기는 없었다. 하지만 그 결과, 책임소재 파악과 갑론을박에 필요 이상의 시간이 소모되곤 했다. 원인과 책임에 대한 합의를 이룬 경우에도 문제해결방안에 대한 주인의식이 결여되어 추진력이나 협조가 미흡하기 일쑤였다. 잘해야 단기적으로 반짝 효과가 나타나거나 변화의 질이 낮은 수준에서 머물렀다. 따라서 문제중심적 틀을 가지고 수립된 전략과 방안은 단기처방적 효과를 이루어내는 것이 목적일 경우에는 적합할 수 있으나 지속적 발전을 이루어내기에는 부적절할 수밖에 없다.

이에 반해 긍정성 중심의 틀을 가지고 수립된 정책은 사고와 행동의 확산과 구축을 가져와 지속성을 가지는 변화를 만들어내게 된다. AI의 5-D 모델이 첫 시작단계를 문제현안을 긍정주제로 변환하는 단계로 설정하고 있는 이유도 현안의 틀 설정하기가 변화의 방향과 결과를 가름하기 때문이다(Watkins, Mohr, & Kelly, 2011). 앞에 논의된 저출산이란 국가적 현안도 '미래의 가족관계에 대한 불안감 해소'가 아닌 '미래의 가족관계에 대한 현실적 낙관 증진'이란 긍정주제로 뒤집기를 해야 할 필요가 있다. 따라서 국가적 현안에 대해 대책수립을 함에 있어서 가장 먼저 해야 할 것은 주제를 문제점 해소가 아닌 가장 이루어내기를 바라는 긍정적 주제로 뒤집어 설정하는 작업이다. 문제점을 뒤집어서 진정으로 국민이 원하는 것이 무엇인지를 반영한 주제설정은 그 이후의 모든 작업의 추진 열의를 지속시켜주기 때문이다.

둘째, 앞으로는 '프로그램 기반의 지속가능한 성장 전략과 방안'을 추진할 필요가 있다. 지속가능한 발전전략은 지속적 변화를 이루어내는 전략이어야 한다. 지금까지의 단기 발전전략과는 다른 목적과 시간대를 가진다는 점에서 지속가능한 발전전략은 더욱 근본적인 것에 대한 변화모델을 토대로 프로그램을 만들어 추진되어야 한다. 좋은 예가, 앞서 소개한 과학적 모델에 기반을 둔 변화 프로그램들이다. AI의 5-D 모델을 기반으로 만들어진 다양한 변화 프로그램들이 조직의 특성[38)]과 당면 과제[39)]에 따라 적합하게 변형되어 성공적으로 적용

38) 기업, 군조직, 종교단체, 학교, 병원, 지역사회, 시민단체, 국제협력기구 등.

39) 전략수립, 노사관계, 조직문화 변화, 팀빌딩, 지도력 개발, 고객만족 증진, 조직간 협력구축, 친환경 운동 등

되어왔다(Whitney & Trosten-Bloom, 2010).[40] 과학적 모델에 기반을 둔 변화 프로그램의 변형은 마치 클래식 재즈 음악가들이 동일한 곡을 청중과 분위기에 따라 기본은 지키면서 적절히 임기응변적 연주를 하여 청중의 공감과 호평을 이끌어내는 과정과 흡사하다. 감정코칭 모델에 기반을 둔 부모와 자식 간 관계의 질 향상 프로그램이나, 가트만(Gottman)의 사랑의 집 짓기 모델에 기반을 둔 부부관계 증진 프로그램도 마찬가지다.

프로그램 제작 및 활용에 더해 필요한 것은 훈련된 프로그램 진행 전문가를 양성하는 일이다. 아무리 잘 만들어진 프로그램이라 할지라도 프로그램을 진행하는 사람의 역량이 모자라면 그 유용성은 추락하게 된다. IMF 직후 실업자들의 성공적인 취업을 돕기 위해 만들어진 '성취 프로그램'이 좋은 사례이다(김명언·장재윤·조성호·노연희, 2003). 1998년 대량실업 사태에 대한 대책 마련의 시급성을 절감했던 노동부는 심리학자들에게 실직자들의 구직역량 증진에 도움을 주는 프로젝트를 수행해줄 것을 의뢰했다. 조직, 상담, 임상심리학 전문가들로 구성된 연구팀은 관련 이론과 연구결과들을 기반으로 하고 외국 프로그램들을 참고하여 한국인에게 적합한 '성취'(성공적인 취업을 돕는) 프로그램을 만들었다.[41] 연구개발팀은 본격적인 프로그램 적용에 앞서 면접을 통해 프로그램 진행자를 선발하여 2개월간의 진행전문가 교육을 실시하였다. 전국 지방노동청별로 프로그램을 출범시킨 후 처음 3년

40) AI 모델의 창시자인 쿠퍼라이더는 AI의 기본적인 윤곽은 마련되어 제시되었지만, 지금까지 만들어진 것은 5%밖에 안 된다고 말하며 얼마든지 적절한 변형이 가능하다는 점을 분명히 하고 있다(Cooperrider & Whitney, 2005: 15).

41) 실제 실업자들을 대상으로 실시해본 결과, 실직으로 인한 정신적 문제를 치유해줄 뿐만 아니라 효과적 구직활동을 촉진시켜주어 구직 성공률을 높여주는 것을 확인하였다(김명언 등, 2003).

동안은 체계적으로 선발되어 훈련받은 전문가들에 의해 프로그램이 진행되어 괄목할만한 성과를 거두었다. 5년 후 실시된 프로그램의 효과에 대한 종단적 검증연구 결과가 이를 입증해준다(노연희·김명언·장재윤·김민수, 2003). 하지만 노동부 내부 사정에 의해 진행자 교육이 부실해지면서 이 '성취 프로그램'의 효력은 급감했다. 프로그램 개발 못지않게 진행전문가의 체계적 육성과 관리 또한 변화 프로그램에 기반을 둔 발전전략의 성공을 가늠하는 중요요소임을 숙지할 필요가 있다.

셋째, 지속가능한 전략과 방안을 수립하는 전 과정에 걸쳐 지속적으로 긍정질문을 해야 한다. 어떤 질문을 하느냐에 따라 판이한 반응과 결과가 도출되기 때문이다. 반만 차있는 물컵을 보고, 어째서 '컵의 반이 비어 있게 되었나?'라는 부정질문은 책임소재가 누구에게 있는가에 관심이 집중되어 변화의 강도나 속도가 떨어진다. 반면에, 어떻게 해서 '반이 차있게 되었는가?'란 긍정질문은 부정질문에 비해 나머지 반을 채우려는 노력을 더 강하게 불러일으킨다. 반을 채우게 한 원동력이 무언지를 파악하는 것에 관심이 집중되기 때문이다. 그 결과, 반만 찬 상태에서 멈추지 않고 지속적으로 채워가는 방안을 모색하고 실현해나간다.

성공적이고 지속적인 변화를 이끌어내는 좋은 질문이란, 질문을 받은 사람이 즐거운 마음으로 더 높은 수준으로 변화하고자 하는 열의를 갖게 해주는 질문이다. 그러기 위해선 긍정경험을 묻는, 질문받는 사람이 자신의 존재가치를 인정받는다고 느끼게 하는, 개방적인 질문을 해야 한다. 그리고 긍정적인 상상력을 발휘하게 하고, 자신의 경험이나 생각을 말하게 하는 질문을 해야 한다. 긍정질문은 무엇을 어떻게 하면 최상의 결과를 만들어내는지 알게 해주어, 최상경험의 재창출에 대한 학습을 촉진해준다. 그 결과, 좋은 질문의 연속은 개인에게, 소속해 있는 조직과 지역사회에, 그리고 국가 전체에 지속적으로 더 나은 수준으로의 발전이 이루어지게 한다. 앞에서 논의된 인간의 본질적 성향인 굴광성을 작동하여, 강점과 최상의 경험을 탐구하고 꿈을 설계함으로써 원하는 방향으로 원하는 결과가 더 지속적이고 효과적으로 만들어지기 때문이다.

넷째, 관계에 초점을 맞춘 전략과 방안 수립이 강화되어야 한다. 최근 한국의 지속발전을 지속적으로 저해하는 (그리고 저해할) 요인은 최고의 자살률, 최고의 이혼율, 최저의 출산율, 초고속의 고령화이다. 이 네 가지 암울한 세계기록을 관통하고 있는 것은 무엇인가? 경제적 자원의 문제라는 주장은 일면 타당한 점도 있다. 경제적 자원이 확보될수록 이 문제들의 심각성은 감소할 수 있기 때문이다. 하지만, 이들 현안의 중심에 자리잡고 있는 것은 인간관계이다. 별 도움이 안 되는, 아니 해악만을 가져다준 다른 사람과의 관계를 영원히 중단하는 행위가 자살이다. 평생 동고동락을 약속하며 맺은 부부라는 관계를 무효로 선언하는 것이 이혼이다. 부모와 자식이라는 관계를 갖지 않으려는 몸부림의 결과가 저출산이다. 누가 어떻게 지원해줄 것인가의 문제를 야기하는 것이 초고속 고령화이다. 모두가 인관관계에 대한 두려움이 그 근저의 한복판에 자리잡고 있다. 그러하기에 처음 본 사람이 행복한지 아닌지를 맞추는 데 한 가지 정보만 얻을 수 있다면, 어떤 인간관계를 보유하고 있는지 물어보는 것이 가장 현명한 방법이다 (Gilbert, 2012).

앞에서 소개한 변화 프로그램들을 관통하고 있는 핵심요소는 관계의 질 향상과 회복이다. 그러하기에 앞의 네 가지 현안들에 대한 예방책과 처방전을 제공해주고 있다. 감정코칭은 부모와 자식, 교사와 학생 간, 상하 간 관계 증진에 대한 모델이자 프로그램이다. 가트만의 사랑의 집짓기 모델은 부부간 관계 증진에 초점을 맞추고 있다. 긍정리더십 이론들은 리더와 구성원들 간의 관계의 질 증진에 관심을 두고 있다. AI는 조직구성원들 간의 관계역량 증진에 대한 변화 모델이다. 따라서 이들 프로그램은 우리나라의 심대한 현안들에 대해 근원적인 예방과 대처를 가능하게 해주는 처방전이라고 할 수 있다.

다섯째, 행복도 등의 비경제적 지표가 정부 및 기타 주요기관이 발표하는 지표에 포함할 필요가 있다. 정부나 주요기관에서 어떤 지표를 조사해 발표하느냐는 것은 국민과 각 계층의 지도자들이 가지는 관심의 향방을 결정하기 때문이다(Diener et al., 2009). 정부에서 정기적으로 발표하는 지표 대부분은 경제관련 지표들이다. 경제성장률, 실업률, 소비자 물가, 무역지수 등은 물론이고 최근 들어서는 행복지수마저도 경제적 행복지수라는 이름으로 발표되기도 한다. 지속가능한 발전을 위해선 경제적 지표 공유도 중요하지만 그 외의 지표들도 고려할 필요가 있다. 그중 하나가 행복지표이다. 국민의 행복도 증가는 사회, 경제, 환경 등 여러 면에서 긍정적 결과를 가져오기 때문이다(Diener et al., 2009).

다행히도 최근 들어 개인의 행복에 대한 관심이 증대하면서, 국민행복이 심심치 않게 정부나 정치권에서 주요 어젠다로 거론되고 있다. 하지만 사용되고 있는 '국민행복'이란 개념을 들여다보면 경제적 측면으로의 편향을 확인할 수 있다. 복지확대, 일자리 창출, 경제민주화를 골격으로 파격적 정책을 추진하겠다는 것이 국민행복 증진의 핵심내용이다.[42] 행복을 경제적 틀을 가지고 보기에 경제적 정책이 주가 되는 것은 당연하고 일견 일리가 있다. 일정 수준의 경제적 자원이 확보되지 못하면 사람들은 행복에 대해 생각조차 할 수 없기 때문이다. 특히 빈곤층에게는 경제적 측면을 제외하고 행 · 불행을 논하는 것은 어불성설이다. 하지만 경제적 자원은 일정수준에 도달하면 그 영향력

42) 정부는 약 75조에서 165조가 필요하다고 추산하고 있다(중앙일보, 2012. 9. 5).

은 미미해지고, 다른 요인들에 의해 행복이 좌지우지된다는 사실을 여러 연구결과들이 일관적으로 확인해주고 있다(Diener et al., 2009). 그럼에도 어떤 연유로 경제적 지표를 가지고 행복을 논하는 것일까?

커(Kerr, 1975)가 지적한 일종의 'A를 바라면서 B를 보상하는(rewarding A, while hoping for B)' 현상이 일어난 것이라 볼 수 있다. 보상 대상이 뒤바뀌는 현상이다. 이 현상은 '바라는 B'에 대한 객관적인 평가가 어렵거나, A를 가지고 논하는 것이 논자에게 이득을 가져올 경우 나타나는 현상이다. 한 예로, 홍익인간 육성이 대학의 궁극적 목표라고 천명하면서, 졸업식 총장상은 가장 좋은 학점을 획득한 학생에게 수여된다. 이 현상이 가져오는 심각한 결과는, B를 원하면서 그 B의 실현은 형식적이고 표방하는 목표일 뿐이고 B를 추구하는 것에 대한 지원과 보상은 소홀히 한다는 점이다. 국민이 경험하는 행복감 증대가 국민이 진정으로 원하는 것이라는 사실에 이의를 달 사람은 없다. 하지만 여기서 '국민이 진정 원하는 행복'이라는 것이 어떤 것인지에 대해선 더 과학적이고 체계적인 들여다봄이 필요하다.

긍정심리학의 태동 이후 지난 10여 년 동안 행복에 대한 연구는 이론적으로뿐만 아니라 실증적으로도 활발히 진척되어왔다(Diener et al., 2009; Seligman et al., 2005). 행복은 어떠한 속성을 지니는 것인지, 어떤 요인들에 의해 만들어지는 것인지, 어떻게 하면 국민이 느끼는 행복도를 증대할 수 있는지에 대해서도 과학적인 틀을 가지고 대책을 마련할 수 있게 되었다. 아울러 체감된 행복수준을 측정하는 도구들도 타당도와 신뢰도 검증을 거쳐 소개되었다(Deiner et al., 2009; 서은국 등, 2010). 따라서 앞으로는 경제적 행복지표가 아닌 한층 더 포괄적인 행복지표를 사용하여 국민행복의 수준을 점검하고 과학적 연구결과들을 토대로 지속적 증진 방안을 마련할 필요가 있다. '바라는 B'인 국민의 체감행복을 과학적으로 측정할 수 있을 뿐만 아니라 그 증진 방안도 구체적으로 수립할 수 있게 되었기에 '국민행복 = 경제적으로 행복해지는 것'이라는 공식은 수정되어야 한다.

이와 관련해서, 민주화의 새로운 차원으로 거론되고 있는 경제민주화는 두 가지 측면에서 재조명해봐야 한다. 그 하나는, '경제민주화 = 국민행복 증진'이라는 도식을 전제로 하고 있다면, 이 등식은 수정되어야 한다. 앞서 논의에서 언급되었듯이, 경제적 자원의 증대는 행복과 일정수준까지는 높은 상관을 보이나, 그 수준을 넘어서는 영향력이 약화되거나 미미하게 된다. 따라서 경제적 민주화는 국민 불행을 줄여주는 요인이며, 국민행복의 증대를 위한 필요조건이지 충분조건이 아님을 인식할 필요가 있다. 불만을 감소시켜주는 요인이 곧 만족을 증진시켜주는 요인이 되는 것이 아닌 것처럼(Herzberg et al., 1959), 궁극적 목표가 국민이 보다 행복하다고 느끼는 삶을 영위하게 지원해주는 것이 국가의 의무라면 경제민주화는 그 목표에 도달하기 위한 징검다리의 한 중간돌이지 그 이상은 아니다.

다른 하나는, 분배와 창출 그리고 과정 모두를 고려한 경제민주화여야 한다는 점이다. 경제민주화는 재화를 '나누는 것' 못지않게 '만드는 것' 또한 병행해서 추구되어야 한다는 것에 이의를 제기할 사람은 없을 것이다. 하지만 국가발전을 위한 정부 정책들 중 실제 실행에 옮겨진 것들은 대부분이 예산을 어떻게 나눌 것인가에 치중해 추진되어왔다. 창출이 배분보다 어려운 과업이기에 이해할 수도 있는 현상이다. 하지만 분배에 있어 공정성은 본연적으로 갈등과 대립을 가져올 수밖에 없다. 분배되는 것들(예산, 임금, 일자리, 승진 등)의 공통 특징은 배분될 양이 한정되어 있고 양적 증대가 무척이나 어렵다는 사실이다. 따라서 상대적 비교를 하면서 자신에게 배분된 할당량이 적음에 대해, 또는 상대방에게 할당된 양이 많다는 것을 지적하며 불만을 가지고 자신은 불행하다고 단정한다.

분배공정성에 비해 분배 전 거치는 과정에서의 공정성은 만들어내기가 상대적으로 쉽다. 분배자원이 본질적으로 지닌 한정성이란 것이 없기 때문이다. 이 장에서 논의한 감정코칭, 심리적 자본의 증진, AI 등의 긍정성 중심의 프로그램들은 과정공정성을 증대시켜주는 효과가 있다. 이들 프로그램은 분배 당사자들 간의 관계의 질을 향상시켜 공정한 과정을 거칠 수 있게 한다. 상호존중, 공동체 의식, 상위가치 추구 등을 증대시켜주기 때문이다. 더 나아가서는 분배할 수 있는 것들의 양과 질도 향상된다. 더욱 도전적인 목표를 열정을 가지고 추진함으로써 더욱 많은 결실(수익과 생산성 향상, 일자리 증대, 예산 창출 등)을 수확할 수 있게 하기 때문이다. 따라서 긍정성 중심의 프로그램적 접근은 '분배적' 경제민주화뿐만 아니라 '창출적' 경제민주화에도 효과적으로 이바지할 수 있다.

무엇보다 분명한 사실은, 국민행복을 증진하기 위해선 경제적 여건 향상 이상의 것을 국가정책에 반영해야 한다는 것이다. 한국심리학회 2010년도 전국 행복조사에서 확인되었듯이, 다른 집단에 비해 학생이나 직장인들이 상대적으로 낮은 행복감을 경험하는 가장 큰 이유 중 하나는 소속 조직에서 하는 일이 의미 있는 일이 아니기 때문이다. 조직생활에서 의미를 느끼는 것은 행복의 중요한 생성요인이다(Wrzesniewski, 2003). 맡은 일이, 구성원들과의 인간관계가, 조직 전체가 추구하는 비전과 사명이 의미 있을수록 그 조직의 구성원들은 더 많은 행복감을 경험하게 된다. 더욱 정확히 말하면, 국민이 의미를 부여하는 것이 무엇인지를 파악해서 국가정책적으로 그 무엇을 더 할 수 있게 해주어야 한다. 의미가 있는 일임에도 발견하지 못할 경우에는 의미를 찾을 수 있게 해주는 정책과 방안을 마련해야 한다. 일자리 증대, 복지예산 증액, 사회경제적 양극화 해소는 지속해서 추진해야 할 중대한 어젠다이지만 이같은 경제적 측면에 치우친 발전정책은, 마치 코끼리 사육사가 신체 일부만 청결하게 씻겨준 후 코끼리에게 전신 목욕을 해주었다고 생각하는 꼴이다. 행복의 생성요소들에 대한 포괄적이고 균형적 이해 및 파악을 한 후, 이를 적극 정책에 반영할 필요가 있다. 경제적으로는 세계 10위권 안에 진입했으면서도 행복지수는 지속해서 한참 낮은 수준에 머물러온 이유가 편향된 경제적 행복 생성론일 가능성이 높다.

여섯째, 긍정에너지 경영이 구현되는 발전 정책과 방안을 수립하여 실행할 필요가 있다. 긍정에너지 경영이란 긍정성에 주목하고, 그것이 어떤 것인지 파악하고, 그 긍정성을 강화하고 확산하며 뿌리내리도록 하는 것을 의미한다. 지금까지의 정책과 방안들은 주로 불안, 분노, 비판, 비협조, 갈등 등의 부정성에 의해서 생겨나는 부정에너지를 사전 방지하거나 사후관리하는 것이 관행이었다. 그러했기에 국민의 긍정에너지는 과소 개발되어 활용되는 반면, 부정에너지는 억눌려 있다가 급작스레 폭발하여 걷잡을 수 없게 분출되는 현상을 자주 목격해왔다. 국민적 관심을 받은 대부분의 사태는 부정에너지 관리에 치우친 결과라 해도 과언이 아니다. 망치를 든 사람에겐 모든 것이 박거나 빼야 할 튀어나온 못으로만 보인다. 물론 긴급사태인 경우에는 부정에너지 관리가 급선무이고 효율적이다. 긍정에너지 경영은 부정에너지를 무시하는 것이 아니라 적시에 적정량을 활용하는 것도 포함한다.

주목할 점은, 최고경영진에 대한 비교분석을 토대로 제시된 로사다(Losada) 비율이나 부부관계에 대한 종단적 연구에서 얻어진 긍정과 부정의 비율은 5:0이 아닌 5:1이다.[43)] 부정성은 실제 존재할 뿐만 아

43) 로사다(Losada, 1999)는 60여 개 회사를 다양한 성과지표를 기준으로 상중하 세 집단으로 나누어 고성과 기업과 저성과 기업군의 최고경영진들이 가진 회의내용을 분

니라 적정수준의 부정성은 순기능을 가지기 때문이다. 따라서 여기서 제안한 긍정에너지 경영이란 '긍정성 유일'이 아닌 '긍정성 우선'의 경영이라 바꾸어 불러야 더욱 정확하다 할 수 있다. 예를 들면, 정책회의에서 전체 회의시간의 안배를 80%는 긍정적인 측면에 대해 토의하고 20%는 문제점이나 취약점 등 부정적인 측면에 대해서 토의하는 것이 회의를 긍정에너지 경영의 방식으로 하는 것이다.

일곱째, 긍정적 사건이나 사례에 대한 언론보도의 위치와 비중을 재고할 필요가 있다. 언론이 국민에게 주는 영향력은 지대하다는 사실은 입증자료가 필요 없다. 모두가 자신의 경우를 생각하면 쉽게 확인되는 사실이기 때문이다. 1면에 긍정적인 기사가 실리는 경우는 극히 드물어 국가대표 선수들이 올림픽에서 금메달을 딴 다음 날이나 가능한 일이다. 더군다나 1면에서 긍정적 기사가 부정적 기사보다 더 많은 지면을 할애받는 경우는 거의 없다고 해도 틀린 얘기가 아니다. 전체 지면을 놓고 봐도 부정적 사건이 압도적 점유율을 보인다. 안 좋은 사건 못지않게 좋은 사건이 발생하고 적지 않은 선행이 행해졌음에도 한 개 지면 이상을 차지하는 경우는 드물고 실리는 위치도 주로 뒤쪽이다. 이 같은 현상은 모든 신문에서 동일하게 확인된다. 마치 모든 신문사 기자들이 절대준수의 협약이나 한듯이 말이다.

그러하기에 자신의 도덕적 기준의 하향평준화를 우려하는 국민은 각자가 알아서 미디어 다이어트(media diet)를 해야 한다. 미디어가 매일 우리에게 제공하는 과도한 부정성이란 지방을 빼는 다이어트가 필요

석비교했다. 그 결과 고성과 기업의 최고경영진들은 긍정과 부정의 비율이 약 5:1로 긍정적 대화를 더 많이 나눈 반면, 저성과 기업의 최고경영진들은 1:3으로 부정적 대화가 3배 더 많았다. 부부심리학 분야의 석학인 가트만이 10년 기간을 두고 수집된 일종의 패널 자료의 분석결과도 행복한 부부의 긍정-부정의 대화비율이 약 5:1이었다(Gottman, 1994).

하기 때문이다(Fredrickson, 2009). 뒤부터 숙독해 읽고, 앞쪽에 실린 기사들은 시간이 허락하는 만큼만 머리기사 위주로 읽을 필요가 있다. 그래야만 세상이 어둠의 자식들이 대다수란 오판을 갖지 않게 되고, 자신보다 부도덕한 사람들의 행태를 읽으며 부도덕의 판단기준을 낮추며 자신의 잘못을 망각하지 않게 된다.

애독자가 급증하는 인터넷 신문판에서는 이것조차 만만치 않은 작업이다. 부정적인 사건들 순으로 배열된 헤드라인들을 검색하며 긍정적 기사라 여겨지는 곳에 클릭해 읽는 수고가 요구되기 때문이다. 하지만 방법은 있다. 지면 신문이건 인터넷판 신문이건 모두 편집원칙을 긍정성 우선원칙으로 개편하여 긍정사건이 먼저 읽히고 많이 읽히게 하는 운동에 언론이 동참한다면 우리 사회는 더욱 양심적 사회, 반성하는 사회가 될 것이다. 그리고 타인의 긍정성에 자극받아 자신의 품성을 높이는 노력을 하는 국민이 많아지면 국가의 지속적 성장은 더욱 높은 확률과 빠른 속도로 실현될 것이다.

지속성장을 이루어내기 위해선 앞에서 제안한 일곱 가지 말고도, 긍정 중심의 리더십 모델들이 강조하는 리더십의 패러다임 변화가 요구된다. 우선, 취약점 발견과 지적에 능숙한 관리자가 아닌 강점을 강화해주는 리더십으로의 철저한 전환이 필요하다. 더군다나 강점집중이 가져오는 취약점 무력화의 효과를 감할 때 긴급하게 요망되는 전환이다. 지속성장은 상대적으로 많은 권한을 가진 최상위 계층의 변화가 선행되거나 최소한 병행될 때 가능하다는 점에서 긍정 리더십으로의 패러다임 전환은 지속성장의 필요조건이라고 볼 수 있다.

또한 재능을 보유하고 있는 개개인을 발굴하고 활용하는 것 못지않게 모든 구성원이 가지고 있는 개별적 장점을 발견하고 이들을 서로 연결시켜주는 조직경영도 필요하다. Imagine Chicago, URI, UN Global Impact Summit 등 AI에 기반을 둔 조직변화 사례에서 확인할 수 있듯이, 개인의 강점발견에서 더 나아가 강점들의 연결과 통합은 놀라운 시너지 효과를 창출해낸다(Cooperrider, 2012).

그리고 긍정심리 자본론자들이 주장하듯이, 국민의 긍정적 특질 증대에 초점을 맞춘 발전정책과 방안도 강조될 필요가 있다. 바이오 강국의 비전을 실현하기 위해 2012년에 정부는 전년 대비 12% 증액된 총 1조 6,814억 원의 예산을 책정하였다. 21세기에 한국을 먹여 살릴 분야는 생명공학, 의학, 생명과학 등을 총칭하는 바이오(Bio)라는 것에 이의를 제기할 사람은 없을 것이다. 하지만 바이오와 관련된 정부정책에서 인력양성에 할당된 투자는 고작 3.6%에 불과하다(김광수, 조선일보 2012. 8. 27). 심리적 자본에 대한 등한시의 한 표본이다. 긍정심리 자본에 대한 실증연구 결과들이 보여주듯이, 바이오 산업의 지속성장을 위해선 긍정심리 자본(강점, 자신감, 강인성, 희망, 현실적 낙관주의 등)의 증대 또한 필요하다.

어떻게 하는 것이 더 효과적인 친환경적 행동인지에 대한 올바른 이해 또한 필요하다. 왜냐하면 친환경적 행동에 대한 일반인들의 이해도는 생각보다 단순하고 비과학적이기 때문이다(Kazdin, 2009). 일례로, 사람들은 재활용(recycling)이 환경친화적 행동의 요체라고 생각하는 경향이 있다. 하지만 재활용보다 재사용(reusing)이 더 친환경적인 행동이다. 그리고 재사용보다 사용량 줄이기(reducing)가 더 효과적인 친환경 행동이다. 예로, 비닐쇼핑백을 재활용하는 것은 재활용을 위해 에너지를 소비해야 하기에 다시 사용하는 것보다 덜 친환경적이고, 다시 사용하는 것보다는 적게 사용하는 것이 에너지 사용을 줄이기에 더 친환경적인 행동이다. 친환경적 행동의 상대적 효과성에 대한 정확한 지식을 가지고 환경보전 운동에 임할 때 더 좋은 결실을 거둘 수 있다.

같은 맥락에서, 지속성장의 다양한 발전 전략과 방안에 대한 상대적 효과성과 근본적 가치를 아는 것도 중요하다. 문제중심적인 발전 방안(즉, 문제점을 발견하고, 문제의 원인을 규명하고, 대안을 모색한 후 효율적 방안을 선정하여 실행에 옮기는 것)도 나름대로 효과가 있다. 문제의식을 가지게 하고, 문제로 인한 원하지 않는 결과를 줄일 수 있다는 점에서 가치가 있다. 하지만 이보다도 더 효과적이고 지속적인 결과를 가져오는 전략과 방안이 무엇이 있는지에 대한 탐색은 중요하다. 자신이 무엇을 알고 무엇을 모르는지를 아는 것이 상위지식(meta-knowledge)이다. 기존의 발전전략이 부정성 중심의 전략이었다는 사실을 아는 것과 동시에 더욱 효과적인 전략인 긍정중심의 접근틀에 기초한 발전 모델이나 프로그램이 과학적 근거를 토대로 하여 개발되고 적용되어오고 있다는 사실을 아는 것은 중요한 상위지식 쌓기라 볼 수 있다. 이 장에서 소개한 긍정중심의 변화(AI), 긍정리더십, 심리적 자본 증진, 감정코칭, 행복교실, 강점 강화 등의 변화 프로그램들은 이같은 상위지식 쌓기의 중요성과 필요성 그리고 방향을 구체적이고 과학적으로 알게 해주는 데 일조했기를 바란다. 그 결과, 앞으로 지속가능한 국가발전을 위한 전략과 방안 수립이 내실을 거둘 수 있기를 소망한다.

▶▶▶ 참고문헌

김광수, 2012, "3.6%만 인력양성에 투입되는 바이오 투자," 조선일보, 2012년 8월 27일자.

김명언, 2011, 『왜 긍정성인가?』 '조직에서의 긍정성' 심포지엄 논문집. 한국산업 및 조직심리학회.

김명언·신좌섭, 2011, 『비상하는 AI』, 마리아수녀회 AI 자료집.

김명언 역, 2009, 『긍정에너지 경영』, 지식노마드.

김명언·장재윤·조성호·노연희, 2003, 「성취 프로그램의 효과: 구직효능감 변화를 중심으로」, 『한국심리학회지: 산업 및 조직』, 16.

노연희·김명언·장재윤·김민수, 2004, 「고용상태에 따른 심리적 안녕의 변화에 관한 종단 연구: 성취 프로그램 수료자들을 대상으로」, 『한국심리학회지: 산업 및 조직』, 17(1): 19-41.

서은국·구재선·이동귀·정태연·최인철, 2010, 『한국인의 행복지수와 그 의미』, 2010년 행복으로의 심리학 국제심포지엄 논문집. 한국심리학회.

이지영·김명언, 2008, 「긍정조직학: 현주소와 지향점」, 『한국심리학회지: 산업 및 조직』, 21(4): 677-703.

존 가트맨, 최성애, 조벽, 2011, 『감정코칭』, 한국경제신문사.

최성애, 2011, 『가트맨 부부치료 매뉴얼』, HD뇌·마음 과학연구소.

_____, 2010, 『감정코칭 매뉴얼』, HD뇌·마음 과학연구소.

최성애·김명언, 2011, EBS 모성탐구프로그램 참가자 자료집.

최성애·김명언·김영선·홍효진, 2011, 『행복씨앗 프로젝트 중간분석결과 보고서』, 서울대학교 조직심리연구실.

Adams, W. M., 2006, "The Future of Sustainability: Re-thinking Environment and Development in the Twenty-first Century," Report of the IUCN Renowned Thinkers Meeting, 29–31 January 2006.

Avey, J. B., Reichard, R. J., Luthans, F., & Mhatre, K. H., 2011, "Meta-analysis of the impact of positive psychological capital on employee attitudes, behaviors, and performance," *Human Resource Development Quarterly*, 20(2): 127–152.

Avolio, B. J. & Gardner, W. L., 2005, "Authentic leadership development: Getting to the root of positive forms of leadership," *Leadership Quarterly*, 16: 315–338.

Barbuto, J. E., Jr., & Wheeler, D. W., 2006, "Scale development and construct clarification of servant leadership," *Group & Organization Management*, 31: 300–326.

Baumeister, R. F., Bratslavsky, E., Finkenauer, C., & Vohs, K. D., 2001, "Bad is stronger than good," *Review of General Psychology*, 5: 323–370.

Browne, W. B., & Jain, S., 2002, *Ten Years of Imagination in Action*, Chicago, IL: Imagine Chicago.

Brundtland, H., 1987, *Our Common Future*, Oxford: Oxford University Press,

Cameron, K. S., 2008, *Positive Leadership: Strategies for Extraordinary Performance*, San Francisco: Berrett-Koehler. (김명언 역, 『긍정에너지 경영』, 지식노마드, 2010)

Cameron, K. S. & Levine, M., 2006, *Making the Impossible Possible*, San Francisco: Berrett Koehler.

Cameron, K. S., Dutton, J. E., & Quinn, R. E., 2003, *Positive Organizational Scholarship: Foundations of a new discipline*, San Francisco: Berrett-Koehler.

Choi, S. A., 2010, A comparison between the Grant study and Gottman research, Proceedings of The 2nd International Conference on Psychology toward Happy Society, Korean Psychological Association.

Cohen, M. D., March, J. B., & Olson, J. P., 1972, "A garbage can model of organizational choice," *Administrative Science Quarterly*, 17(1): 1–25.

Cooperrider, D. L., 2012, "The concentration effect of strengths: How the whole system "AI"summit brings out the best in human enterprise," *Organizational Dynamics*, 41: 106–117.

Cooperrider, D. L., & Whitney, D., 2005, *Appreciative Inquiry: A positive revolutionary change*. San Francisco: Berrett-Koehler. (김명언 외 역, 『조직변화의 긍정혁명』, 도서출판 쟁이, 2009)

Csikszentmihalyi, M., 2003, *Good Business: Leadership, flow, and the making of meaning*, New York: Viking.

Diener, E., 2010, Unhappiness in South Korea: Why it is high and what might be done about it, Proceedings of The 2nd International Conference on Psychology toward Happy Society, Korean Psychological Association.

Diener, E., Lucas, R., Schimmack, U., & Helliwell, J., 2009, *Well-being for Public Policy*, New York: Oxford, University Press.

Diener, E., & Seligman, M., 2004, "Beyond money: Toward an economy of well-being," *Psychological Science in the Public Interest*, 5: 1–31.

Dutton, J. E., & Heaphy, E. D., 2003, "The power of high-quality connections," In K. S. Cameron, J. E. Dutton, & R. E. Quinn (eds.), *Positive Organizational Scholarship: Foundations of a new discipline*: 263–278, San Francisco: Berrett-Koehler.

Dutton, J. E., & Ragins, B. R., 2007, *Exploring Positive Relationships at Work*. New York: Lawrence and Erlbaum Associates.

Fredrickson, B. L., 2009, *Positivity*, New York: Crown.

________, 1998, "What good are positive emotions?" *Review of General Psychology*, 2, 300–319.

________, 2001, "The role of positive emotions in positive psychology: The broaden-and-build theory," *American Psychologist*, 56, 218–226.

Fredrickson, B. l., & Branigan, C., 2005, "Positive emotions broaden the scope of attention and thought-action repertories," *Cognition and Emotion*, 19, 313–332.

George, B., 2003, *Authentic leadership: Rediscovering the secrets to creating lasting value*, San Francisco: Jossey-Bass.

Gilbert, D., 2012, "The science behind the smile," *Harvard Business Review*, Jan-Feb., 85–90.

Gottman, J., 1994, *What Predicts Divorce: The relationships between marital processes and marital outcomes*, Northampton, MA: Earlbaum.

Gottman, J. M., & Levenson, R. W., 1992, "Marital processes predictive of later dissolution: behavior, physiology and health," *Journal of Personality and Social Psychology*, 63: 221–233.

Grant, A., 2013, *Give and Take: A revolutionary approach to success*, Weidenfeld & Nicolson: London.

Helliwell, J. F., 2003, "How's life? Combining individual and national variables to explaining subjective well-being," *Economic Modelling*, 20: 815–835.

Herzberg, F., Mausner, B., & Snyderman, B. B., 1959, *The Motivation to Work*, New York: John Wiley & Sons.

Kazdin, A. E., 2009, "Psychological science's contribution to a sustainable environment," *American Psychologist*, 64(5): 339–356.

Kerr, S., 1975, "On the folly of rewarding A, while hoping for B," *Academy of Management Journal*, 18: 769–783.

Lewis, S., Passomore, J., & Cantore, S., 2008, *Appreciative Inquiry for Change Management*, Philadelphia, PA: Kogan Page.

Liden, R. C., Wayne, S. J., Zhao, H., & Henderson, D., 2008, "Servant leadership: Development of a multidimensional measurement and multi-level assessment," *Leadership Quarterly*, 19: 161–177.

Losada, M., 1999, "The complex dynamics of high performance teams," *Mathematical and Computer Modeling*, 30: 179–192.

Luthans, F., Luthans, K., & Luthans, B., 2004, "Positive psychological capital: Going beyond human and social capital," *Business Horizons*, 47(1): 45–50.

Luthans, F., Youssef, C. M., & Avolio, B. J., 2007, *Psychological Capital:*

Developing the human competitive edge, Oxford University Press.

Luthans, F., Norman, S. M., Avolio, B. J., & Avey, J. B., 2008, "The mediating role of psychological capital in the supportive organizational climate-employee performance relationship," *Journal of Organizational Behavior*, 29: 219–238.

Luthans, F., Avey, J. B., & Patera, J. L., 2008, "Experimental analysis of a web-based training intervention to develop psychological capital," *Academy of Management Learning and Education*, 7(2): 209–221.

Lyubomirsky, S., Sheldon, K. M., & Schkade, D., 2005, "Pursuing happiness: The architecture of sustainable change," *Review of General Psychology*, 9: 111–131.

Masten, A. S., 2001, "Ordinary magic: Resilience process in development," *American Psychologist*, 56: 227–239.

Mitchell, D. J., Russo, J. E., & Pennington, N., 1989, "Back to the future: Temporal perspective in the explanation of events," *Journal of Behavioral Decision Making*, 2: 25–39.

Peterson, C. M., & Seligman, M. E. P., 2003, *The VIA Classification of Strengths and Virtues*, Washington, D.C.: American Psychological Association.

Pfeffer, J., & O'Reilly, C. A., 2000, *Hidden Value: How great companies achieve extraordinary results with ordinary people*, Harvard Business School Press.

Rath, T., & Conchie, B., 2008, *Strengths-Based Leadership: Great leaders, teams, and why people follow*, New York: Gallup Press.

Roberts, L. M., 2005, "How to play to your strengths," *Harvard Business Review*, 75–80.

Sawyer, K., 2007, *Group Genius: The creative power of collaboration*, Basic Books.

Seligman, M., Rashid, T., & Parks, A. C., 2006, "Positive psychotherapy," *American Psychologist*, 61, 774–788.

Seligman, M., Steen, T. A., Park, N., & Peterson, C., 2005, "Positive psychology progress: Empirical validation of intervention," *American Psychologist*, 60(5):

410–421.

Seligman, M., 2002, *Authentic Happiness: Using the new positive psychology to realize your potential for lasting fulfillment*, New York: Free Press.

Seligman, M. E. P., & Csikzentmihalyi, M., 2000, "Positive psychology: An Introduction," *American Psychologist*, 55: 5–14.

Spears, L. C., 1995, *Reflections on Leadership: How Robert K. Greenleaf's theory of servant leadership influenced today's top management thinkers*, John Wiley: New York.

Spreitzer, G. M., 2006, "Leadership development lessons from positive organizational studies," *Organizational Dynamics*, 35(4): 305–315.

Stavros, J., & Hinrichs, G., 2009, *The Thin Book of SOAR: Building strength-based strategy*, Bend, OR: Thin Book Publishing.

Sugarman, H., 2012, The United States Navy: A case study in leadership development. From http://ai.cwru.com, Case Western Reserve University website.

Tversky, A., & Kahneman, D., 1981, "The framing of decisions and the psychology of choice," *Science*, 211: 453–458.

Tov, W., & Diener, E., 2008, "The well-being of nations: Linking together trust, cooperation, and democracy," In B. A. Sullivan, M. Snyder, & J. L. Sullivan (eds.), *Cooperation: The political psychology of effective human interaction* (pp. 323–342), Malden, MA: Blackwell Publishing.

Vaillant, G. E., 2002, *Aging Well*, Boston: Little Brown.

Walumbwa, F. O., Avolio, B. J., Gardner, W. L., Wernsing, T. S., & Peterson, S. J., 2008, "Authentic leadership: development and validation of a theory-based measure," *Journal of Management*, 34(1): 89–126.

Watkins, J. M., Mohr, B., & Kelly, R., 2011, *Appreciative inquiry: Change at the speed of imagination*, Pfeiffer: San Francisco.

Whitney, D., Trosten-Bloom, A., & Rader, K., 2010, *Appreciative Leadership*, McGraw Hill.

Wrzesniewski, A., 2003, "Finding positive meaning in work," In K. Cameron, J. Dutton, and R. Quinn (eds.), *Positive Organizational Scholarship: Foundations of a new discipline* (pp. 296–308), San Francisco: Berrett-Kohler.

Zhong, C. B., & Leonardelli, G. J., 2008, "Cold and lonely: Does social exclusion literally feel cold?" *Psychological Science*, 19: 838–842.

제5장

지속가능한 복지발전을 위한 전략과 대안

조흥식

1. 서론: 지속가능한 복지발전의 필요성

20세기는 복지국가가 형성되고 발전해나간 시대라 할 수 있다. 이미 19세기 후반부터 서구 선진국들은 식민자본의 축적을 바탕으로 국가복지 체제를 형성해가기 시작하였다. 1890년대에 두 차례의 세계 전쟁과 이후 새로운 독립국가의 출현, 그리고 노동자, 자본가 간 계급갈등, 민주주의와 인권의 발달, 활발한 여성운동에 의한 여권의 신장 등을 겪으면서 복지체제의 위상은 더욱 다져져왔다. 이후 20세기 후반 들어 세계화(globalization)와 정보화를 기반으로 한 지식기반사회가 등장하면서 서구 복지국가의 재편이 일어나고, 동시에 '제3의 길'과 같은 복지국가 내의 체제 변화가 지속해서 시도되고 있다. 21세기 들어와서는 1970년대 후반부터 등장한 신자유주의 물결은 산업자본주의를 금융자본주의로 급속히 변화시켜 급기야 2008년 가을에 미국 월가에서 휘몰아친 금융위기에 의한 세계경제위기 시대를 맞고 있다. 이제는 새로운 자본주의의 등장이 아니고선 이러한 세계경제위기를 도저히 헤쳐나갈 수 없는 시대가 전개되고 있다.

우리나라의 경우를 보면, 세계사에서 지금까지 식민 지배를 경험한 국가 중 가장 빠른 속도로 경제성장과 함께 어느 정도 기본적인 민주화를 이뤄왔고, 아직은 엉성하지만 복지체제도 선진국을 모방하여 어느 정도 갖추려고 노력해왔다. 1960년대 이후 1997년 12월 외환위기 때까지 한국은 40년 가까이 "잘 살아보자"는 성장 일변도의 압축경제성장을 해온 덕에 그 성장의 결과로 무엇보다 절대적인 빈곤을 해결하는 등 경제성장의 낙수(social trickle-down) 효과가 있었다. 그 과정에서 당연히 사회복지정책은 경제성장에 부차적이고 잔여적인 기능을 할 수밖에 없었고, 절대빈곤을 해결하기 위한 임기응변적이며 소극적인 성격을 가질 수밖에 없었다. 그러나 외환위기 이후 시장을 가장 중시하는 시장자유주의 개혁에 따라 신자유주의 물결에 휩쓸려 소득불평등과 빈부격차가 심화되면서 이제 임기응변적이며 경제성장에 잔여적인 사회복지정책으로는 소득불평등과 빈부격차에 의해 야기된 사회양극화 문제와 이에 의한 갈등과 분열 문제에 적절히 대응할 수 없게 되었다. 그래서 결국 국가가 나서서 국민의 복지문제에 적극 관여할 수밖에 없는 처지가 되었다.

이러한 상황은 사회복지 문제를 매우 중요한 정치·사회 이슈의 하나로 만들었으며, 한국 복지국가 체제에 대한 국민의 관심과 어떤 복지체제를 만들어나갈 것인가에 대한 논쟁을 뜨겁게 제기할 수밖에 없었다. 이를 반영하듯 2012년 총선과 18대 대선 과정에서는 복지체제 담론뿐만 아니라 정치권의 공약에도 복지논쟁이 어느 때보다도 가열되었다. 이러한 현상은 한국 사회에서 국민의 삶의 질을 보장하는 바람직한 국가 체제를 만들기 위해서는 사회복지의 역할이 무엇보다도 중요함을 단적으로 보여주는 것이라 하겠다.

그러나 아직도 한국 복지 수준은 경제 수준에 비해 낮은 편이다. 앞으로 발전된 복지국가가 되려면 적어도 두 가지 전제가 달성되어야 한다. 첫째, 지속적이고 안정적인 경제발전과 그로 인한 복지재원 조달의 용이성이다. 둘째, 국가의 개입과 함께 사회구성원 스스로의 자립과 연대에 대한 공동체 의욕을 고취하는 일이다. 따라서 핵심은 '지속가능한 복지발전'에 있다. 재원 조달 과정에서 국가채무가 늘어간다면, 그리고 국민 사이에서 공동체 의식이 약화된다면 그것은 미래세대들에게 짐만 남기게 될 것이기 때문이다.

이미 서구 복지국가들에서도 변화가 일어나고 있다. 소위 복지개혁으로 불리는 복지체제의 재편이 그것이다. 즉, 정치·경제·사회·문화 등 그 사회가 처한 여건에서 가장 적절한 복지의 수준과 질을 선택하는 일이 지속적으로 이루어지고 있는 것이다. 그래서 사회복지에서도 '지속가능한 발전'의 의미가 다른 무엇보다 중요하게 다가오는 것은 당연하다. 다시 말하여, 사회, 경제적 환경이 어떻게 바뀐다 하더라도 변화에 견딜 수 있는 복지제도를 구축하는 것은 무엇보다 중요하다.

그러나 그동안 한국의 복지는 이러한 '지속가능성'을 고려하기보다는 발생한 복지문제에 대한 임시방편적인 해결이나 미봉책의 성격이 강했다. 즉, 복지대상자의 수나 욕구, 재정 규모 등에 대한 정확한 진단 혹은 예측을 기반으로 하지 않고 정치적이거나 여론의 움직임 등에 따라 복지제도를 만들거나 시혜적 복지사업을 많이 추진하였다. 그러다 보니 당연히 과학적 근거에 따라 계획적으로 재정을 준비하여 사용하는 일을 제대로 하지 못하였을 뿐만 아니라, 인기영합적인 복지제도나 프로그램은 재정에 큰 부담으로 작용하기도 했다.

그렇다면, 어떻게 지속가능한 복지발전을 만들 수 있을 것인가? 이에 대한 전략과 대안을 제시하는 게 이 글의 목적이다.

따라서 이 글에서는 우선, 한국 복지국가의 특수성, 즉 한국 복지체제의 특성은 구체적으로 어떠한 것인지 고찰하며, 둘째, 한국에서 지속가능한 복지발전의 요건은 무엇인지를 살펴보며, 마지막으로, 지속가능한 복지발전을 위한 구체적인 전략과 정책 대안을 제시하고자 한다.

2. 한국 복지체제의 성격[1)]

한국은 식민지를 경험한 국가 중 가장 빠른 압축경제성장과 함께

1) 이 부분은 조흥식(2010)과 조흥식(2012)의 글 일부를 보완한 것임.

민주주의 제도를 어느 정도 빠르게 정착한 국가이다. 사회복지를 보더라도 내실은 비록 빈약하지만, 제도적 장치는 그런대로 견실하게 갖추려고 노력해왔다. 역설적이지만, 법적 장치를 통한 사회복지제도 구축의 출발은 1960년대 초반 박정희 군사정권에 의해 이루어졌다. 절대빈곤 타파라는 목표로 경제성장에 몰입하기 위하여 비스마르크식의 채찍과 제한된 복지라는 당근을 내세웠던 것이다. 이후 1980년대 전두환 신군부 정권하에서도 '복지사회의 구현'이란 국정기조를 내세워 복지제도를 제법 그럴싸하게 만들었다. 하지만 이는 독재정권의 치명적인 약점인 정권의 정당성을 갖추기 위한 수단에 불과했다. 즉 가난하고 불우한 계층들에게 군사정권이 베풀어주는 자선과 시혜 성격이 강했고, 경제성장의 시녀로서 사회복지제도를 활용한 것이다.

그후 군사정권이 무너진 '1987년 체제' 이후에는 특히 민주화의 급진전에 따라 국민의 복지욕구는 여러 방면에서 분출되기 시작하였다. 노태우 마지막 군사정권 5년과 김영삼 문민정부 5년 동안 전 국민 의료보장 실시, 국민연금제도 시행, 영유아보육법 제정, 장애인, 노인 등을 위한 사회복지서비스 급여의 확대 등 제법 가시적인 성과가 있었다. 그러나 여전히 복지정책은 경제정책에 밀려 국가정책의 주변부에 있었다.

그러다 한국사회에서 사회복지에 대한 국가의 관심이 극대화된 것은 줄곧 성장이 이루어질 것으로 믿고 있다가 압축경제성장이 갑작스레 무너져 외환위기가 시작된 1997년 12월부터였다. 다수의 실직자와 취약계층의 생존과 생계를 보장하는 사회안전망 장치를 구축하라는 IMF의 강한 권고는 제쳐놓고서도, 김대중 정부로서는 빈곤의 덫에 갑자기 빠진 취약계층들을 위한 국민기초생활보장제도의 시행, 의료보험, 산재보험, 국민연금, 고용보험 등 4대 사회보험의 정비, 아동, 여성, 노인, 장애인 등을 위한 사회복지서비스의 강화 등 제도 확장을 하였다. 이에 따른 복지예산의 증대는 당연한 귀결이었다. 이어 노무현 정부에서도 김대중 정부의 복지정책을 계승하여 '경제와 복지의 선순환과 동반성장'이란 정책기조에 따라 사회 양극화와 저출산 · 고령사회에 대비한 복지대책을 마련하고, 복지재정 확보를 위한 세제와 재정 구조의 개혁 등을 전개하였다. 이후 이명박 정부가 들어서면서부터 감세정책과 4대강 사업 등 토건사업의 확대로 인해 복지는 다시 약화되었지만 국가부담 사회보험료의 인상, 공무원 임금 인상 등 여러 요인으로 복지예산은 그다지 줄어들지는 않았다.

이러한 변화 과정에서 사회복지서비스에서 노인 장기요양보험제도의 도입은 획기적인 사회복지서비스 제도화의 전기를 마련하였다고 할 수 있다. 2008년 7월부터 제도 시행을 한 이 법은 2007년 4월 제정되었으며 노인요양보호 인프라 확충계획에 따라 시설 확충을 추진해왔다. 장애인복지서비스도 살펴보면, 장애인에 대한 이동편의시설 설치를 확대하였고 2007년 중증장애인에 대한 활동보조인제도를 도입하였다. 이로 인해 2만 2천 명의 중증장애인이 활동보조인의 생활지원서비스를 받게 되었다. 또한 2004년 아동복지법 개정을 통해 지역아동센터를 아동복지시설로 규정하고 500여 개소에 운영비를 지원하기 시작했는데 이러한 지역아동센터를 통해 많은 아동이 서비스를 받게 되었다. 이러한 점들은 한국 복지체제에서 공공부조와 사회보험 중심에서 사회복지서비스 체제로 무게중심이 조금씩 이동하고 있음을 보여주고 있다고 할 수 있다.

이러한 변화와 함께 앞으로 한국 복지체제의 지속가능한 발전을 그려보기 위해서는 우선 한국 복지체제가 갖고 있는 성격이 무엇인지에 대해 살펴보아야 한다. 간략하나마 한국 복지체제가 갖는 성격을 다음과 같이 정리해볼 수 있다.

1) 성장담론에 비한 복지담론의 열세

성장담론의 우세에 비한 복지담론의 열세를 들 수 있다. 박정희 정부의 국가주도형 경제성장전략은 신자유주의와 맞물려 지금까지도 한국사회에서 강한 성장담론으로 지속되고 있다. 더구나 남북 대치 상황에서 안보 이념은 복지정책을 좌파정책으로 몰아 국가정책의 중심부보다는 주변부에 머물게 했고, 지금까지 지속적으로 경제정책에 집중하는 국가재정 운용을 해왔다. 김영삼 문민정부 이후 한국의 경제사회체제가 신자유주의체제로 바뀌면서부터는 '경로의존'적 관행에 덧붙여 '작은 정부'와 감세의 논리가 지배하게 되면서 복지담론은 더욱 열세에 몰렸다. 그러다 1997년 외환위기 이후 복지담론이 김대중 정부, 노무현 정부 10년 동안 어느 정도 탄력을 받다가 계속된 자본주의 경제위기는 이명박 정부를 탄생시켜 토건을 토대로 한 성장담론을 강화시킴으로써 복지담론은 더욱 열세에 빠지게 되었다.

그러나 역설적이지만 2009년부터 불붙기 시작한 무상급식 논쟁은 복지담론에 본격적인 불을 댕겼다. 무상급식 문제는 2009년에 경기도 교육청의 추진과정에서 좌파사회주의 정책이니 포퓰리즘(대중영합 · 인기주의) 정책이니 하는 논란에 이어 2010년 6월 지방자치제 선거의 큰 이슈로 부각했다. 그만큼 아이들의 밥 문제는 우리가 함께 고민하고 풀어야 할 대단히 중요한 사회문제의 하나로 여겨졌던 것이다. 되돌아보면, 그 당시 보수와 진보라는 진부한 이념적 잣대나, 급식의 당사자인 아이들은 제쳐놓고 예산 타령 논란을 벌인 것은 답답하기 짝이 없는 일이었다.

이러한 무상급식의 핵심 쟁점은 이념 측면에서는 과연 이러한 무상급식정책이 좌파사회주의 포퓰리즘 정책의 하나인지, 아니면 이제 대한민국도 선진복지국가의 길로 가는 중요한 복지정책의 하나로서 당연히 해야 할 정책인지에 관한 국민 대다수의 관심과, 그리고 사회복지정책 측면에서는 보편주의 대 선별주의 복지논쟁의 불을 당김으로써 복지의 중요성을 한국 사회에 각인시킨 중대한 사회 이슈였다. 구체적으로 살펴보면 우선, 무상급식은 좌파사회주의 포퓰리즘 정책이라는 주장에서 비롯된 논쟁이었다. 이 당시 무상급식을 부유한 집 아이들에게까지 똑같이 무상으로 제공해야 한다는 점에서 좌파정책, 심지어 공산주의 '빨갱이' 정책으로 말하는 사람들도 있었다. 또한 무상급식을 포퓰리즘 정책으로 보기도 했는데, 이는 한정된 예산문제를 생각하지 않고 단순히 대중에게 인기를 얻기 위한 대중 영합적인 무책임한 정책으로 보는 데서 출발하고 있었다. 그러나 무상급식을 자라나는 세대를 잘 먹여 튼튼하게 키워가자는 것에서 출발한다는 아동인권 차원에서 볼 때 이러한 담론은 대중의 설득력을 잃었다. 또한, 급식은 단순히 밥 한 끼를 제공한다는 차원을 넘어서, 국가 성장 동력으로서 미래의 인적자본에 대한 국가의 투자라는 측면에서 봐야 한다는 논리에 더 많은 힘이 실리게 되었기 때문이다.

이러한 논리는 인권 차원에서 더욱 설득력이 있게 되었다. 유엔은 이미 1989년에 유엔아동권리협약을 만들어 각 국가가 아동들로 하여금 생존, 보호, 발달, 참여에 대한 4가지 기본 권리를 갖도록 강조하였고, 협약의 내용을 각국 국내법과 동일한 효력을 갖도록 한 것이다. 우리나라도 1991년에 이 협약을 비준하였기 때문에 당연히 이 협약의 내용에 응해야 함은 지극히 당연하다. 협약 제6조를 보면, "모든 아동은 생존과 발달을 위한 기본권리를 갖고 있으며, 가능한 최대로 아동의 생존과 발전을 보장하여야 한다"고 명시함으로써 학교급식은 아동의 기본권리를 보장해주는 사회안전망, 즉 복지의 역할을 담당해야 함을 강조한 것이다. 그리고 한정된 예산문제라면 그것은 정책의 우선순위 문제로서 급식문제가 더 중요하냐, 아니면 4대강 사업이 더 중요하냐 하는 정책 결정의 문제이지 단순히 포퓰리즘으로 치부하는 것은 가당치 않다는 것이었다.

다음으로, 사회복지정책 측면에서 보편주의 복지 대 선별주의 복지 논쟁을 일으킴으로써 복지대상자 선정 문제에 대한 대중의 정책적 관심을 불러일으켰다. 선별주의와 보편주의의 원리는 사회복지서비스 제공 기준에 관한 매우 중요한 가치들이다. 이 둘은 사회복지정책의 일환으로서 사회복지서비스를 받을 수 있는 사람들의 자격과 범위와 밀접히 관련되어 있다. 일반적으로 선별주의는 사회복지서비스의 원천을 개인욕구(individual need)에 근거를 두고 제공되며 근로능력, 자산조사 등 소득수준에 의하여 결정하는 원리다. 반면에, 보편주의는 하나의 사회권리로서 전 국민이 복지를 누릴 수 있어야 한다는 원리다.

다시 말하여, 선별주의는 도움을 가장 필요로 하는 사람에게 집중적으로 사회복지를 제공해줌으로써, 자금과 자원의 낭비가 적어 경비가 적게 들고 불필요한 의존심을 키워주지 않는다는 장점이 있는 반면에, 보편주의는 기본소득을 보장함으로써 궁핍을 미연에 방지해주며, 인권에 침해를 받지 않고, 행정과 시행 절차가 간단하여 사회복지의 균일성(공정성)을 보장할 수 있고, 뭇 시민의 구매력을 일정한 수준에서 유지해줌으로써 경제적 안정과 성장에 이바지할 수 있다는 장점이 있다. 즉, 선별주의는 불필요한 사람에게까지 사회복지를 제공해주지는 않는다는 점에서 비용효과성(cost-effectiveness)을 강조하며, 보편주의는 주는 자와 받는 자라고 하는 두 개의 집단으로 국민을 나누지 않음으로써 달성할 수 있는 적극적인 사회통합과 인간 존엄성의 보존이라는 사회효과성(social-effectiveness)을 강조하게 된다.

물론 선별주의를 할 것인가, 아니면 보편주의를 할 것인가는 그 나라 국민의 의식과 해결하고자 하는 의지에 따라 비용효과성과 사회효과성을 비교하여 구체적으로 결정할 문제이긴 하다. 하지만, 일반적으로 선별주의 원리로부터 보편주의 원리로 변화되어가고 있는 것이 세계적인 추세이다. 이렇게 볼 때, 무상급식은 보편주의 복지정책이 돼야 하는 게 당연하다. 대부분 국가는 계층이나 지위와 관계없이 누구나 취약계층에 노출될 수 있고 돌봄이 필요한 사람들, 즉 성인이 아닌 아동이나 노인, 그리고 장애인들은 보편주의 복지정책을 펴는 게 당연한 것으로 받아들여지고 있으며, 이들에게 수당이라는 보편주의 복지제도를 만들어 적용한다. 노인교통비나 장애인 활동보조, 출산비 보조, 의무교육비 등은 모든 사회의 돌봄 대상이며, 그들의 인권 차원에서 소득별, 지역별, 연령별, 성별 등 차등에 의한 선별주의 정책을 펴지 않는 게 상식이다. 부자 노인들이라고, 부잣집 딸이 아기를 더 낳았다고, 부잣집 1급 장애인이 집에서 나와 목적지에 갈 때 이들이 부자라고 선별주의 원칙에 따라 국가가 비용을 한푼도 내지 않는 것은 아니기 때문이다. 한국도 현재 부자에게도 보편적인 측면에서 국가가 꽤 많이 지원하고 있다.

그런 점에서, 유엔 아동권리협약에는 아동의 기본권리가 잘 성취되기 위한 원칙으로 '아동 연령범위 '0~18세 미만의 원칙', 계층, 성별, 인종, 종교 등에 관계없이 무차별적으로 대우하는 '무차별의 원칙', 그리고 아동의 입장에서 아동이 최선의 이익을 갖도록 하는 '아동 최선의 이익 원칙' 등 세 가지 원칙이 제시되어 있다. 이러한 원칙에 비추어볼 때 학교급식은 아동에게 최선의 이익이 되는 무차별적인 보편주의 복지를 지향하고 있어 결국 무상급식 논쟁은 보편주의가 이길 수밖에 없었던 것이다.

무상급식 논쟁을 통해 살펴본 바와 같이, 현재 한국에서 제기되고 있는 복지(국가) 논쟁의 핵심 쟁점은 크게 세 가지라 할 수 있다. 첫째, 복지와 경제성장 간의 케케묵은 담론이다. 복지를 많이 하게 되면 경제성장에 악영향을 주어 궁극적으로 국가발전을 후퇴시킨다는 선성장-후복지 논리와 성장과 복지의 선순환을 강조하는 동반성장 논리, 혹은 성장친화형 복지 논리 간의 논쟁이다. 한국사회에서 21세기 이전에는 세칭, 파이를 더 크게 만든 후 나중에 나눠 먹자는 파이 이론이 대세였다. 지금도 여전히 남미나 남유럽국가의 퇴조과정을 과도한 복지지출 때문이라고 억지 주장을 편다든가, 복지병에 대한 논거를 드는 것은 이러한 논리에 대한 단골 메뉴이다. 둘째, 재정문제와 관련된다. 복지에 드는 비용을 조달하기 위해서는 세금을 과다하게 거둘 수밖에 없다는 세칭 세금 폭탄론과 관련된 논쟁이다. 셋째, 보편적 복지냐, 선별적 복지냐 하는 복지 선택을 두고 벌이는 논쟁이다. 이 셋째 논쟁은 앞의 두 논쟁보다는 발전된 생산적인 논쟁이라 할 수 있다.

2) 선별적 복지제도의 우세

위에서도 언급했듯이, 보편적 복지제도의 열세에 비해 선별적 복지제도의 우세를 들 수 있다. 한국은 국민기초생활보장제도와 기초노령연금이 도입되고 산재보험, 국민건강보험, 고용보험, 연금, 노인장기요양보험 등 5대 사회보험이 법제화되었지만, 실제 내용을 보면 선별적 복지제도가 중심으로 되어 있어, 질적으로 보면 취약하다고 할 수 있다. 국민기초생활보장제도는 자격요건이 엄격하여 절대빈곤층을 모두 포괄하지 못하고, 기초노령연금은 보장성이 낮아 보편적 연금의 위상을 지니지 못하며, 건강보험과 국민연금, 고용보험 등도 사각지대 문제를 안고 있다. 그리고 노동력 재생산에 큰 영향을 미치는 주거복지는 매우 열악하며, 사회복지서비스 수준도 극히 미흡하다. 더구나 한국형 근로장려세제(earned income tax credit, EITC) 도입, 장기요양보험 도입에 따른 노인복지서비스 시장 형성과 퇴직연금 전환에 따른 국민연금 축소 시도, 시장화된 민간 서비스 제공 강화, 개인연금

등 사적보험의 활성화 등은 비정규직, 노인, 여성, 실업자, 장애인 등에 대한 일정 정도의 사회배제와 소외의 문제를 드러내고 있다.

이러한 선별적 복지가 적용되는 사회구조는 사회낙인 때문에 사회통합에 저해됨에도 복지정책이 경제성장의 동력이 되는 보편적 복지 논리를 사상시킴으로써, '복지가 향상의 발목을 잡는다'는 소위 선별적 복지의 한계로 나타나는 '반복지의 덫'을 견고하게 하였다. 그 결과 성장담론은 더욱 공고화되고, 저소득층은 성장담론에 의존하게 하였다.

3) 자가복지의 편중화

국가복지의 왜소화에 따른 자가(自家)복지의 편중성을 들 수 있다. 자가복지는 말 그대로 자신인 개인과 가족이 복지 부담의 주요 주체가 됨을 의미한다. 복지에 대한 국가 개입의 왜소화로 인해 형성된 사회구조를 복지라는 측면에서 살펴본다면 국가복지 이외의 다른 복지 형태가 강한 것으로 파악할 수 있다. 국가복지 이외의 복지는 자가복지라 할 수 있는데, 이는 민간보험이나 비공식적 이전 등으로 구성되는 것을 말한다(남찬섭, 2008). 이러한 의미의 자가복지는 가족, 친지 등 비공식집단이 중심이 되는 연복지(relation-based welfare; 홍경준, 1999)나, 연고복지 혹은 각개약진복지(강준만, 2007) 등으로 불리기도 한다.

이러한 현상은 1970년대 이래 자본주의의 심화와 그로 인한 빈부의 급격한 차이, 과도한 경쟁사회로의 변화, 신빈곤의 등장 등 여러 가지 사회위험의 증가에도 국가는 최소 수준으로 개입해왔음을 반영한다. 그리고 이로 인한 공백을 민간보험이 채워왔다고 할 수 있다. 민간보험 중 대부분을 차지하는 생명보험의 보험료 수입액은 한국 국민이 정부에 낸 직접세 납부 총액보다 월등히 많다(〈표 5-1〉 참조). 내국

〈표 5-1〉 연도별·세목별 국세징수 실적 및 생명보험 보험료 수입 (단위: 억 원)

	국 세	내국세/직접세	생명보험 보험료 수입
1993	363,747	341,746/164,138	240,534
1997	636,459	521,531/256,201	489,559
2002	966,166	822,259/392,617	490,670
2006	1,302,609	1,138,795/627,943	664,549
2010	1,660,149	1,390,605/775,944	830,074
2012	1,920,926	1,640,033/828,821	839,859

자료: 국세청(1998, 2007, 2013); 생명보험협회(2013).

세와 비교하더라도 2012년 내국세는 164조 33억 원, 생명보험회사의 보험료 수입액은 83조 9,859억 원이었다. 생명보험 보험료 수입액은 경제위기 전에는 내국세 총액의 90%를 초과하였고, 경제위기 후 세원 확대 등으로 조세수입이 증가한 뒤에도 여전히 내국세 총액의 50%를 넘었다.

따라서 한국은 남찬섭 교수(2008)의 지적대로 "복지개혁으로 인해 민간보험 천국이 된 것이 아니라 민간보험 천국인 가운데 복지개혁이 추진됨"으로써 대기업 중심의 민간보험의 활성화는 국가복지의 확대를 어렵게 하고 있다.

4) 국가 복지재정의 왜소성

국가 복지재정의 왜소함을 들 수 있다. 각국의 복지수준을 비교하기 위해 흔히 사용하는 잣대는 국내총생산(GDP)에서 복지지출비용이 차지하는 비율을 보는 것이다. 이러한 최근 비율을 보면, 경제개발협력기구(OECD) 국가들의 평균치는 2009년 현재 19.3%이고 한국은 8.3%이다. 그리고 세칭 복지국가의 전형이라는 스웨덴, 핀란드, 덴마

〈표 5-2〉 주요 OECD 국가들의 연도별 조세부담률 추이 (단위: %)

	2005	2006	2007	2008	2009	2010
덴마크	49.7	48.6	47.9	47.1	47.1	47.2
핀란드	31.9	31.6	31.1	30.9	29.9	29.6
프랑스	27.8	28.0	27.5	27.3	25.7	26.3
독일	21.0	21.9	22.8	23.1	22.9	22.1
그리스	20.6	20.6	20.9	20.5	19.8	20.2
이탈리아	28.3	29.8	30.4	29.8	29.7	29.4
일본	17.3	17.7	18.0	17.4	15.9	-
한국	18.9	19.7	21.0	20.7	19.7	19.3
네덜란드	25.4	25.1	25.3	24.7	24.4	-
노르웨이	34.6	35.2	34.5	33.9	32.8	33.1
포르투갈	22.7	23.4	24.0	23.8	21.6	22.3
스페인	23.7	24.6	25.2	21.2	18.6	19.7
스웨덴	35.8	36.0	35.0	34.9	35.3	34.3
영국	29.0	29.7	29.4	28.9	27.6	28.4
미국	20.5	21.3	21.4	19.8	17.6	18.3
OECD 평균	26.1	26.3	26.4	25.7	24.6	-

자료: OECD, Revenue Statistics 2009~2010, 2012.

크와 같은 북구 유럽국가나 독일, 프랑스 등은 28~30%이며, 오스트리아, 영국, 스페인, 이탈리아 등은 25% 수준이다.

이와 비교해보면 한국은 선발복지국가들에 비해 1/3 수준밖에 복지지출을 하지 않는 셈이다. 미국이나 일본은 유럽의 국가들과는 달리 복지지출 수준이 상대적으로 낮아 10% 후반대에 있다. 미국은 강력한 선별적 복지와 기부금으로, 그리고 일본은 기업복지의 발달이 국가의 복지지출을 어느 정도 보완해주고 있는 것으로 평가된다. 그리고 역사적으로 볼 때, 일인당 2만 달러 시대 대부분 유럽복지국가가

〈표 5-3〉 주요 OECD 국가들의 연도별 국민부담률 추이 (단위: %)

	2005	2006	2007	2008	2009	2010
덴마크	50.8	49.6	48.9	48.1	48.1	48.2
핀란드	43.9	43.8	43.0	42.9	42.6	42.1
프랑스	44.1	44.4	43.7	43.5	42.4	42.9
독일	35.0	35.6	36.0	36.4	37.3	36.3
그리스	31.9	31.2	31.8	31.5	30.0	30.9
이탈리아	40.8	42.3	43.4	43.3	43.4	43.0
일본	27.4	28.0	28.3	28.3	26.9	–
한국	24.0	25.0	26.5	26.5	25.5	25.1
네덜란드	38.4	39.1	38.7	39.1	38.2	–
노르웨이	43.5	43.9	43.6	42.9	42.9	42.8
포르투갈	31.2	31.9	32.5	32.5	30.6	31.3
스페인	35.7	36.6	37.2	33.3	30.6	31.7
스웨덴	48.9	48.3	47.4	46.4	46.7	45.8
영국	35.7	36.4	36.0	35.7	34.3	35.0
미국	27.1	27.9	27.9	26.3	24.1	24.8
OECD 평균	35.0	35.1	35.2	34.6	33.8	–

자료: OECD, Revenue Statistics 2009~2010, 2012.

GDP 대비 20% 수준을 넘어서고 있었다는 점에서 한국의 복지수준이 얼마나 낮은지를 알 수 있다.

이와 함께, 복지재원과 관련하여 한국의 조세부담률, 국민부담률 수준을 살펴보면 OECD 평균 이하 수준에 머물러 있다. 주요 OECD 국가들의 연도별 조세부담률(〈표 5-2〉), 국민부담률(〈표 5-3〉)을 보면 OECD 평균 조세부담률(2009)은 24.6%, OECD 평균 국민부담률(2009)은 33.8%이다. 반면에, 한국 조세부담률(2010)은 19.3%, 국민부담률(2010)은 25.1%이다. 이는 주요 복지국가라고 할 수 있는 북유럽

국가, 독일 등 서구 선진국과 비교할 때 상대적으로 낮은 국민부담 수준임을 알 수 있다. 독일 국민부담률은 36.3%, 특히, 핀란드 42.1%, 스웨덴 45.8%, 노르웨이 42.8%(각각 2010년 기준) 등 북유럽 국가들은 40%를 웃도는 높은 국민부담률을 유지하고 있다.

한국에서 복지재정을 총량적으로 볼 때 계속 증가하고 있는 것은 사실이다. 그러나 양극화 문제해결과 저출산·고령화 사회에 대응하는데 필요한 재정을 획기적으로 확충되지 못한 상황에서 여전히 빈곤층을 대상으로 사후적으로 사회안전망을 짜다 보니, 노동시장의 유연화 등으로 발생하는 근로빈곤과 비정규직 양산 등의 문제를 제대로 대처하지 못하고 있는 실정이다.

5) 사회보장제도의 재분배 기능의 빈약

사회보장제도의 재분배 기능의 빈약함을 들 수 있다. 한국 노동시장은 적정수준의 임금과 고용안정, 사회보험 혜택을 누리는 1차 시장과 이 모든 것을 결여한 취약계층으로 형성된 2차 시장으로 이중구조화되어 있다. 더구나 1차 시장에서 지급되는 기업복지 비용은 상당히 많다. 그러나 노동세력이 상대적으로 약화되었음에도 기업들이 국가복지를 적극 반대하지 않거나, 기업복지가 그대로 유지되는 것은 기업이 필요로 하는 고숙련 노동의 필요성 때문이라는 것이다(Iversen, 2005). 1차 시장에서 배제된 대표적인 집단은 영세사업장 종사자와 비정규직 노동자이다. 이러한 노동시장 이중구조는 사회보장시스템의 여과기제가 적절히 작동하지 않는 상태에서 소득분배의 악화와 빈곤 확대로 귀결되고 있다.

분배악화는 지니계수나 빈곤율과 같은 지표의 변화로 포착되며, 국가의 소득재분배 효과는 공적이전소득과 조세 및 사회보장기여금의

〈표 5-4〉 소득단계별 지니계수와 개선효과 추이 (2인 이상 전국 가구)

	소득단계별 지니계수			소득단계별 개선 효과(%)	
	경상소득	시장소득	가처분소득	공적이전 효과	조세 등 효과
2003	0.281	0.292	0.277	0.011	0.005
2004	0.289	0.301	0.283	0.013	0.005
2005	0.292	0.306	0.287	0.014	0.005
2006	0.296	0.312	0.291	0.016	0.006
2007	0.302	0.321	0.295	0.019	0.007
2008	0.303	0.323	0.296	0.020	0.007
2009	0.297	0.320	0.294	0.023	0.003
2010	0.291	0.314	0.288	0.024	0.003
2011	0.290	0.313	0.288	0.024	0.002

주: 경상소득 = 근로 + 사업 + 재산 + 공·사 이전소득
시장소득 = 경상소득 - 공적 이전소득
가처분소득 = 경상소득 - 공적 비소비지출(경상조세, 연금, 사회보험 등)
자료: 반정호(2013: 64, 69 재구성).

효과를 통해서 살펴볼 수 있다. 흔히 공적이전소득의 재분배 효과는 시장소득과 경상소득의 불평등도 차이를 통해 측정되며, 조세 및 사회보장기여금의 효과는 경상소득과 가처분소득의 불평등도 차이로 계산된다. 지니계수 개선 효과를 보면 〈표 5-4〉에 있듯이, 조세 및 사회보장기여금의 효과가 공적이전소득의 효과보다 2009년부터는 점점 낮아져 조세와 사회보장이 주는 재분배의 효과는 오히려 감소하고 있음을 알 수 있다.

이와 같이 실제로 빈곤에 빠진 사람이 빈곤에서 탈출하기 위해서 거의 전적으로 근로소득액의 증가에 기대고 있다는 사실은 사회보장제도의 재분배 기능이 제대로 작동되지 않음을 반증하고 있다.

또한, 한국 사회보장제도는 일자리에 연계된 사회보험에 절대적

으로 의존하고 있음에 주목해야 한다. 대부분의 인구가 노동시장에 안정적으로 편입되어 있고 일자리를 통해서 사회보험에 가입할 수 있다면, 사회보험 중심의 사회보장제도가 크게 문제될 이유가 없을 것이다. 반대로 사회보장제도가 시민권에 근거한 보편적 제도를 근간으로 설계되어 있다면 노동시장 이중구조가 삶의 질에 미치는 직접적인 영향은 일단 사회보장제도를 통하여 여과될 수 있을 것이다. 그러나 우리나라는 사회보험 기여금을 내고 이 제도에 편입된 사람들끼리 소득단절을 비롯한 사회위험에 대비하는 시스템인데, 2차 노동시장에 속하고 소득단절의 위험이 높은 사람들은 사회보험제도의 수혜 영역 밖에 놓여있다는 것이다(장지연, 2009). 즉, 사회보험의 사각지대가 상당하다는 것이다. 김종건(2007)의 지적대로 "사회보험의 광범위한 사각지대는 우리나라 사회보장의 기반을 침식시킬 뿐만 아니라 복지제도를 새로운 불평등 기제로 재생산시킬 위험"마저 존재한다. 복지지출은 확대되나 이것이 최하위 계층을 오히려 배제하는 방식으로 사용된다면 사회양극화를 심화하는 결과를 가져올 수 있다.

이러한 내용을 종합하자면 남찬섭(2008)의 지적대로, "한국 시민의 복지는 한마디로 시장에 맡겨져 있는 것이라고 할 수 있다. 민간보험과 비공식적 이전소득은 그 배분원리가 다르겠지만 그 원천은 결국 가구원들의 근로소득이다. 한국의 시민은 시장에서의 취업을 통해 소득을 획득하여 생활상의 필요에 충당하며 그 외 남는 소득 중 직접세보다 더 많은 금액을 보험회사에 내고 정부의 사회보장제도를 통해 얻는 공적이전소득보다 더 많은 소득을 가족 간의 비공식적 이전을 통해 획득하여 삶의 위험에 대처하고 있는 것이다."

6) 계층화된 남성생계부양자형 가족중심 복지구조

계층화된 남성생계부양자형 가족중심 복지구조를 들 수 있다. 이러한 계층화된 남성생계부양자형 가족중심 복지구조 형태는 기존의 복지국가론에 대하여 성별, 특히 여성을 함께 고려하는 대안적 복지국가 유형론에서 나온 개념으로서 '젠더 레짐(gender regime)'으로 불린다. 특히 세인즈버리(Sainsbury, 1994, 1996, 1999)는 ① 남성생계부양자 레짐(male-breadwinner regime), ② 성역할분리 레짐(seperate gender roles regime), ③ 성역할 공유체제(individual earner-carer regime)를 구분하였다. 복지국가 유형론이 자본주의적 시장과 국가의 관계를 '탈상품화' 개념을 기준으로 구별한 것이라면, 젠더레짐은 가부장제적 가족과 국가의 관계를 '성별분업양식'을 중심 개념으로 하여 '탈가족화'를 기준으로 유형화한 것이다.

압축경제성장 속에서 한국 노동운동은 오랫동안 대기업 남성노동자 중심으로 이루어져온 탓에 노동운동은 국가 수준의 사회보장체계를 마련하는 것이나 노동시장의 이중구조화를 억제하는 데 그다지 능력을 발휘하지 못한 게 사실이다. 고용안정과 비정규직 문제가 노사갈등의 전면에 등장하기 시작한 것은 1998년 외환위기 이후, 즉 외환위기로 인한 정리해고와 구조조정이 대기업 정규직 남성노동자에게까지 그 영향력을 미치게 된 때부터이다. 김대중 정부에 들어와서 실업자에 대한 고용보험 지원을 확대하고 기타 사회보장제도를 확대하는 사회안전망 정비를 추진하는 등 의미있는 변화가 나타났다. 그럼에도 그 형태는 남성생계부양자를 보호함으로써 그 가족을 지원하는 방식을 넘어서지는 못하는 한계를 가지고 있었다. 따라서 한국의 복지체제는 중규모 이상 기업의 정규직 노동자의 생활안정을 보장하는 방식으로 구축되었는데, 이들은 대개 남성이다. 비정규직 노동자, 영세

사업장 종사자, 자영업자는 배제되었고, 여성은 정규직 남성노동자의 가족에 한해서 포함되었을 뿐이다. 이러한 예는 또 있다. 현행 국민연금제도 자체가 여성을 직접 차별하지 않음에도 불구하고 여성의 평균 임금이 낮고 기여기간이 짧다는 사실로 인하여 노후의 급여수준이 낮아지고 있다는 점이다. 이런 점에서 한국은 남성생계부양자형 가족중심 복지구조라 할 수 있다.

그러나 이와 함께 한국에서 가구주(또는 주생계부양자)의 근로소득이 낮은 가구에서는 이차소득자의 경제활동참여가 활발하다. 달리 말하면, 국가에 의한 소득보장이나 재분배정책이 거의 작동하지 않는 환경조건에서 저소득 가구는 가구주가 아닌 여성가구원의 노동공급을 최대한 늘리는 방식으로 대응하면서 살아갈 수밖에 없는 구조적 문제를 안고 있다. 즉, 저소득층 여성은 취업하지 않고 생계를 유지하기 매우 어려워 취업은 선택이 아니며 필수이기 때문에 이런 여성들의 비율이 상대적으로 높다는 점에서 '계층화된' 남성생계부양자형 가족중심 복지구조라 할 수 있다(장지연, 2009).

이와 같이 계층화된 남성생계부양자형에 기초하여 사회보험형 소득보장체계의 복지레짐을 구축하는 경우 사회위험은 커질 수밖에 없다. 빈번하게 발생하는 가족해체로 인하여 이전에는 가족 기능에 의존하던 각종 돌봄 서비스에 대한 사회적 수요 증가에 의한 국가부담이 증가할 수밖에 없기 때문이며, 또한 가족주의적 사회보험 방식이 부과하는 부담을 최소화하기 위하여 기업이 사내 노동자의 규모를 줄여나갈 수 있기 때문이다.

3. 지속가능한 복지발전의 요건

복지가 후퇴하지 않고 계속 발전하려면 지속가능성을 가져야 한다. 이러한 '지속가능한 발전(Sustainable Development)'이라는 개념은 1987년 세계환경개발위원회(WCED)가 발표한 브룬트란트보고서(The Brundtland Report)의 '우리 공동의 미래'에서 처음 제시됐다. 애초 이 보고서에서 지속가능한 발전은 주로 무분별한 개발에 초점을 맞춘 것이었다. 현 세대의 개발욕구를 충족시키면서도 미래세대의 개발능력을 저해하지 않는 '환경친화적 개발'을 의미하는 것이었다. 즉, 사회 전 분야에서 각종 개발을 할 때 환경친화성을 먼저 평가해 정책에 반영함으로써 미래세대가 제대로 보존된 환경 속에서 적절한 개발을 할 수 있도록 하는 것을 의미했다. 대규모 자본을 동원한 무절제한 개발이나 자원공급은 자연환경의 수용능력을 범하기 때문에 지속가능한 발전의 이념에 어긋난다는 것이다. 요컨대 지속 가능한 발전의 이념은 자연자원의 공급보다는 자연자원에 대한 수요의 철저한 관리를 요구하는 이념이라 할 수 있다. 이러한 지속가능한 발전 개념은 1992년 6월 브라질에서 열린 '리우회담(유엔환경개발회의 UNCED)'에서 다시 등장하였다. 지속가능한 발전 개념의 구체적인 행동강령으로 '의제(Agenda) 21'을 채택했으며, 이행 상황 점검을 위해 유엔경제사회이사회 산하에 '유엔지속가능발전위원회(UNCSD)'를 설치하였다. 2010년 현재 133개 국에서 국가지속가능발전위원회(NCSD)를 구성해 각종 정책을 조절하고 있다.

한국은 1996년 의제 21을 국가실천계획으로 수립하여 UN에 제출하였고, 관계부처 간 협의와 조정을 수행할 범정부, 범국가적 기구로 2000년 9월 대통령 직속 지속가능발전위원회(PCSD)를 설치하여 의제 21의 국가실천계획의 이행 상황을 평가하고 보완하는 작업을 지속해서 수행해야만 했다. 이후 2002년 '요하네스버그 공동이행계획(JPOI)'을 통해 지속가능한 발전을 당면과제로 제시한 바 있으며, 2005년 2월에는 온실가스 감축을 위한 교토의정서 발효 등 세계적인 추세에 맞추어 한국은 요하네스버그 공동이행계획에 따라 2005년 6월 5일 세계환경의 날 기념식에서 '국가지속가능발전 비전(경제와 사회, 환경이 균형있게 발전하는 선진국가)'을 선포하고, 이를 토대로 2006년 10월 국내 최초의 경제·사회·환경분야 통합관리 전략 및 실천계획인 「제1차 국가 지속가능발전 전략 및 이행계획('06~'10)」을 확정·발표하고, 2007년 UNCSD(유엔지속가능발전위원회)에 제출하였다. 2011년 8월에는 제1차 기본계획 기간의 종료에 따라 사회적 형평성과 환경자원의 지속성을 대폭 강화한 「제2차 지속가능발전 기본계획('11~'15)」을 수립하여 추진해오고 있다(대한민국, 2012).

1) 지속가능한 복지발전의 개념과 전제조건

지속가능한 발전 개념은 환경에만 집중하는 것이 아니며, 일반적인 정책의 영역인 경제, 환경, 사회까지 포함하는 개념이다. 이를 확실히 뒷받침하는 것으로 가장 최근에는 2005년 세계 정상회의 결과문서(World Summit Outcome Document)에서 "상호의존적이고 상호증진적인 지속가능한 발전의 기둥"으로서 경제적 발전, 사회적 발전, 환경보호 등 세 가지를 언급하였다. 이보다 더 나아가서, 유네스코 세계문화 다양성 선언(The Universal Declaration on Cultural Diversity, 2001)에서는 추가적인 개념으로서 "자연에게 생물 다양성이 중요하듯이, 인간에게는 문화 다양성이 필요하다"고 언급하였다. 문화 다양성은 단순한 경제적인 성장이 아닌, 더욱 만족스러운 지적, 정서적, 윤리적, 정신적인 삶을 달성하기 위한 방법의 근원이 된다는 것이다.

이러한 견해에 따르면, '문화다양성'은 지속가능한 발전의 네 번째 영역이 된다. 이에 따라 현재 UN은 지속가능한 발전의 영역으로 농업, 대기, 생물다양성(biodiversity), 생물학 기술, 능력 배양, 기후 변화, 소비와 생산의 양상, 인구통계, 사막화와 가뭄, 재해 감소 및 관리, 교육과 자각(awareness), 에너지, 재정(finance), 숲, 깨끗한 물, 건강, 인간의 정주(human settlements), 지표(indicators), 산업, 결론 도출과 참여를 위한 정보, 통합된 결정, 국제법, 환경의 권리부여를 위한 국제협력, 제도적인 협정, 토지 관리, 주요 집단(major groups), 산악(mountains), 국제적 지속가능한 발전전략, 해양과 바다, 빈곤, 위생, 과학, 소규모 군도, 지속가능한 관광, 기술, 유해 화학물질, 무역과 환경, 운송, 쓰레기 폐기물, 방사성 폐기물, 고체 폐기물, 용수 등을 제시하였는데, 여기에는 경제적 발전, 사회적 발전, 환경 보호, 문화 다양성 등 네 가지 개념이 통합되어 있다(이용우 외, 2004).

이렇게 볼 때, 지속가능한 발전의 개념에는 인간의 기본욕구 충족을 위해 경제개발을 할 때 생태계의 수용능력인 환경용량을 초과해서는 안 되며, 생활 수준만이 아닌 삶의 질에도 관심을 기울이며, 환경과 경제를 통합적 차원에서 다루어야 한다는 것이 내포돼 있다고 할 수 있다.

따라서 이러한 지속가능한 발전의 개념을 복지에 적용하게 되면 '지속가능한 복지발전(sustainable developmental welfare)'의 개념을 도출할 수 있다. '지속가능한 복지발전'이란 한 마디로 생태계의 수용능력 내에서 현 세대 인간의 생활 수준만이 아닌 삶의 질 향상을 목표로 하여 더불어 잘사는 공동체를 후세대에까지 지속적으로 만들어가는 것이라 할 수 있다. 그리고 이러한 지속가능한 복지발전의 전제조건으로 다음과 같은 다섯 가지를 들 수 있다.

첫째, 사회정책과 경제정책 간 제도적 보완성이 있어야 한다. 제도적 보완성이란 한 제도의 존재가 다른 제도의 효율성을 증가시키는 것을 말한다.

둘째, 복지는 성장과 분배의 선순환을 확립하는 데 이바지해야 한다. 즉, 성장친화적 복지, 혹은 복지친화적 성장이 돼야 한다.

셋째, 복지재정이 지속가능해야 한다. 재정 건전성을 유지하고 성장잠재력이 훼손되지 않은 범위 내에서 복지지출을 확대해나가야 한다.

넷째, 복지주체자로서의 시민성을 활성화해야 한다. 복지발전의 주축은 국가가 되어야 하지만 자주적 공동체 형성으로서 시민성과 풀뿌리 민주화가 중시돼야 한다.

다섯째, 국민의 신뢰를 바탕으로 하여 장기적으로 지속가능한 복지 시스템과 제도를 구축하여야 한다.

따라서 제대로 된 지속가능한 복지발전을 위해서는 정확한 복지수요를 파악하고, 이에 대응하는 복지 자원을 명확히 예측해내는 일이 매우 중요하다. 그리고 이를 기반으로 하여 중장기 복지 확충 계획을 반드시 수립하여 집행해야 한다. 다시 말해 그러한 복지 확충 계획에 따라 국민에게 최적의 복지수준을 유지해주며, 복지 확충 속도를 정확하게 예측하고 조절함으로써 후세대에 부담을 주거나 재정 투입의 중단 없이 지속해서 복지를 발전해가도록 해야 한다.

그런데 여기서 주의해야 할 것은 이러한 지속가능한 복지발전의 개념을 재정 건전성이라는 명분하에 예산을 삭감하거나 복지재정을 점진적으로 소규모로 증대시키며, 경제성장에 치우쳐 불충분한 복지재정을 편성하는 핑곗거리나 합리화의 도구나 수단으로 잘못 활용되어서는 안 된다는 점이다.

2) 지속가능한 복지발전의 저해요건

지속가능한 복지발전의 요건이 무엇인지를 파악하기 위해서는 먼저 선진복지국가의 복지발전 요건들과 저해요건들을 참고로 할 필요가 있다. 복지국가(welfare state)의 개념은 오늘날 사회복지의 중심개념으로 자리 잡았지만, 어원적으로 볼 때는 어렵고 힘든 세계 대공황이나 2차 세계대전을 치르고 있던 서구의 자유시민이 꿈꾸었던 이상국가의 여러 가지 철학과 실천요강들이 함축돼 만들어졌던 것이다. 다시 말하여 복지국가가 이상으로 품던 사회복지정책과 제도는 19세기 말에서 20세기 초 사이에 독일 비스마르크에 의한 사회보험제도의 확립을 계기로 태동하여 출발한 것이 사실이다.

일반적으로 복지국가에는 공통적인 세 가지 기능이 존재한다. 첫째, 복지국가의 본질은 우선 절대빈곤층에 대한 급여 확대, 자조능력이 없는 개인에 대한 국가가 도덕적 의무를 진다는 것이다. 둘째, 복지국가의 성립은 본질적으로 노동자 문제에 기인한 것으로 노동법과 사회보장의 확대가 복지국가 발전의 결정적 동인이라는 점이다. 셋째, 복지국가는 모든 국민에 대한 국가의 사회책임성을 강조하고 복지국가 발전에서 이미 오랫동안 존재해온 개인의 자유권에 병행하여 사회권의 확대를 강조한다(Titmuss, 1974; Esping-Andersen, 1990).

이러한 복지국가의 세 가지 기능을 활성화하는 데 전통적인 복지국가가 가졌던 몇 가지 공통적인 요건을 찾아보면 다음과 같다(조흥식, 2012).

첫째, 평화의 보장이다. 템플(Temple)이 복지국가라는 단어를 처음 사용하게 된 배경에는 무력국가(warfare state)가 있었다. 국가 간의 무력충돌 가능성을 극소화해야 하며 더욱 바람직한 상태는 전쟁에 대한 대비가 불필요하게 하는 것이 복지국가의 성립요소로 포함했다.

둘째, 중도적 성격으로서의 복지국가를 가장 잘 반영하고 있는 경제제도로서 수정자본주의 또는 혼합경제체제의 운용이다. 복지국가를 복지자본주의(welfare capitalism)로 부르는 점에서 볼 때 더욱 그러하다. 이는 복지국가와 공산국가 간에는 집합주의(collectivism)의 정도에 차이가 있음을 명백히 보여주고 있다고 할 수 있다.

한편, 복지국가로 일컬어지는 나라들의 경제 수준을 보면 '성숙단계(maturity stage)'를 넘어섰다는 점이다. 성숙단계란 도약단계와 고도성장단계를 넘어 대량소비가 조성되는 단계로서 오늘날에는 1인당 GNP(국민 총생산)가 2만 달러 정도는 돼야 한다는 것이다. 그래야 복지국가는 자본과 노동 사이의 균형을 모색하거나 빈부의 격차를 감소시키며, 고용 확대를 촉진하고, 저임금도 해결하는 등 여러 가지 경제정책의 실시를 통해 민간부문과 시장경제의 운용에 개입할 수 있다는 것이다. 그리고 고용의 안정도가 경제적인 성숙에 못지않은 것이 복지국가의 조건이다. 임시직·계약직 고용의 정도가 높을수록 반복지국가(anti-welfare state)의 성격이 강하다.

셋째, 복지국가 성립의 주요 요건으로서 정치제도로서의 민주주의이다. 정치적 민주주의를 강조하는 이유는 개인의 복지향상을 위해 필수적인 국가의 국민 개인생활에 대한 개입 증대가 자칫 남용되거나 오용됨으로 인해 발생되는 개인의 자유 침해가 우려되기 때문이다. 이런 점에서 복지국가의 정치적 특성으로서 '의회민주주의(parliamentary democracy)'가 이뤄지고 있고 '국민에 의한(by the people) 정치'가 행해지고 있다는 점이다.

넷째, 국민 개인의 복지에 대한 국가의 막중한 책임의 수행이다. 각종 사회문제로부터 피해를 입고 있는 국민 개개인의 복지를 향상시키는 일에 관심을 표명하는 이상으로 이에 상응하는 책임을 국가가 직접 질 때 비로소 복지국가가 될 수 있다는 것이다. 사회안전망의 구축이 잘 돼 있어야 함을 의미하며, 국가 예산 중 복지지출비의 비중이 상대적으로 큼을 의미한다.

다섯째, 사회·문화적인 면에서 복지국가는 '반전체주의(anti-totalitarianism)' 속성이 있다. 복지국가는 독재적·독선적·흑백논리적인 문화는 철저히 배격하고 '한 사람의 권리도 다수가 보호해주는 다수결의 원리'가 통하는 국가를 말한다.

그렇다면, 이 당시 복지국가가 발전하게 된 요건들은 무엇일까? 복지는 일반적으로 자원의 배분을 통해 구체화되기 때문에 그 과정에서 관련 당사자 간 사회 갈등이 표출되는 게 당연하다. 그런 점에서 마셜(Marshall)은 일찍부터 복지국가가 사회갈등의 역사적 전개에 의해 이루어졌음을 간파했다. 마샬은 특히 복지는 사회통합 및 사회연대의 수단으로서 인권이나 투표권과 아울러 사회적 시민권으로서 수백 년의 투쟁을 통해 쟁취된 것임을 강조하였다(Turner, 1990).

사실 복지국가라는 국가 유형은 국가의 성격이나 시대적 상황에 따라 다양한 차이를 보이면서 발전되어왔으며, 자본주의의 다양한 단계와 국면상의 조응에 따라 결정되는 국가 형태 중의 하나라 할 수 있다. 즉, 그러한 발달 과정에는 국가마다 다르지만, 발달을 가능하게 했던 문화적 맥락과 경제적 기반이 구축되어 있었음은 분명하다. 그럼에도 케인즈주의를 바탕으로 한 국가개입주의의 성격을 가진 대다수 전통적인 선발복지국가는 자본주의 국가 중에서 국가의 적극적인 개입으로서 계획과 통제를 가장 많이 활용한 국가체제 유형이었다고 할 수 있다. 그러나 이러한 복지국가의 성립과 발전을 가능하게 했던 여러 토대는 1970년대 중반 이후 흔들리기 시작했다. 이제부터 지속가능한 복지발전의 저해요건들을 살펴보자.

(1) 세계화의 영향

1970년대 중반에 금본위의 '브레튼우즈 체제'가 붕괴되고, 금융, 자본, 노동의 국제적 이동이 가속하면서 복지발전은 경제적 세계화로 시작된 세계화의 물결 속에 전 지구적 수준에서 흔들리고 있다. 새로운 글로벌 경제는 자본의 상대적 힘을 강화시키고, 역으로 국민국가의 재량권과 노동의 대응력을 약화시키는 결과를 가져왔다. 즉, 재정, 통화 정책에서 주권국가의 재량권을 감소시키는 대신에 고용과 임금에서 유연성을 증가시키고 있다.

이러한 세계화의 영향은 21세기에 들어와서 여성들이 종사할 수 있는 직업의 수를 증가시켰고, 직업의 속성을 상당히 많이 바꾸었다. 남성 중심의 전통적 제조업과 중공업의 비중을 감소시켰으며, 여성과 남성이 효과적으로 경쟁할 수 있는 서비스 영역의 직업을 증가시켰다. 그러나 다른 한편으로는, 노동의 유연성이 강화됨으로써 여성들의 일자리로 시간제 직업, 단기 계약직, 저임금 직업의 수를 증가시켰다. 이러한 현상의 직접적인 원인으로는 그것이 그들의 가족환경에 적합했기 때문이기도 하였지만, 한편으로는 접근 가능한 일자리가 없기 때문이기도 했다. 문제는 이와 같은 시간제 고용(part-time)이 시간당 평균임금, 직업보유, 훈련기회, 사회보장급여 등 많은 측면에서 전일제(full-time) 고용보다 그 수준이 낮다는 데 있다. 특히 미숙련노동자의 경우 임금과 복지급여가 축소되거나 실직을 당할 가능성이 점점 높아지고 있다. 이와 같이 산업자본주의는 사라지고 금융자본주의 시대가 확대됨으로써 급기야 2008년 가을에 세계금융위기가 초래되어 아직도 경제발전의 징후는 그다지 뚜렷이 나타나지 않고 있다.

이러한 세계화가 복지국가에 미치고 있는 부정적인 영향을 스트리커(Stryker, 1998)는 다음과 같이 다섯 가지를 들고 있다. 첫째, 금융의 세계화는 모든 형태의 자본(국내자본과 해외자본)에 대한 국가의 구조적 의존성을 심화시킨다. 둘째, 세계화된 금융 및 생산 자본은 자본이동의 위협과 위험을 증가시킨다. 셋째, 금융통합은 국민국가가 실업을 완충하기 위해 팽창적인 경제정책을 전개할 가능성을 감소시키고, 긴축재정을 추구하도록 유도한다. 넷째, 전 지구적 경제는 제1세계 국가들 — 선진 자본주의 국가들 — 에서 국내 경제성장과 완전고용 간의 관계를 부정적으로 만든다. 마지막으로, 세계화는 이데올로기적으로 신자유주의의 초국적 확산을 가속한다. 즉, 국가 수준에서의 경제정책과 사회정책 형성의 완전한 불능성 혹은 완고성을 강조하고, 정부로 하여금 지구경제의 구조, 작동, 혹은 결과를 변화시킬 수 없게 하며, 따라서 국제경쟁력의 요구(무역장벽의 감소 혹은 제거, 국가 · 세금 · 복지의 규모 혹은 비용 감소 등)에 순응해야만 할 것을 믿도록 한다는 것이다.

이와 같이 세계금융자본주의의 확산, 제3세계로의 제조업 이전 등 일련의 세계화의 과정은 노동의 양극화를 가져옴으로써 전통적인 선발복지국가의 약화를 일으키는 데 결정적인 영향을 미쳤다.

(2) 탈산업화와 저출산, 고령화

1980년대 이후 과학기술의 급속한 발전과 다품종 소량생산과 3차 산업으로의 중심점 이동이라는 탈산업화가 본격적으로 진행되고, 이른바 포스트-포디즘적 축적체제로의 전환이 이루어짐으로써 전통적인 선발복지국가의 기반은 휘청거리게 되었다. 특히 OECD 국가에서 탈산업화 과정은 노동의 공간적 이동, 즉 저임금 일자리의 제3세계로의 이전으로 가속화되었다. 이 과정에서 저소득 노동자의 임금경쟁력은 더욱 약화되었고 급기야 이들의 실업률을 증가시킴으로써 저소득층은 더욱 빈곤의 길로 가게 되었다. 그리고 제조업 일자리가 줄어드는 만큼 서비스업 일자리는 양적·질적으로 이를 흡수하지 못하는 등 서비스업 팽창과 저소득 일자리의 경쟁력 약화 결과로 최상층과 최하층 모두 상대적으로 증가한 반면에 이른바 '중산층 위축(shrinking middle)'에 대한 우려가 현실화되었다. 이러한 전통적인 선발복지국가의 위기의 원인에 대해 에스핑 앤더슨(Esping-Andersen, 1999)은 크게 세 가지를 지적하였다. 첫째, 3차 산업 노동시장이 확대되면 될수록 저숙련 서비스의 비율이 더 커지기 때문이다. 둘째는 서비스업에서의 '바우몰 비용압박(Baumol cost-disease)'[2] 때문이다. 셋째 이유는 가구의 경제적 선택, 특히 지불노동에 대한 여성의 선택 때문이라는 것이다.

또한, 저출산, 고령화 등 예상을 뒤엎고 지나치게 빨리 도래한 인구학적 변화에 따라 전통적인 선발복지국가에서조차 복지체제에 대한 위협이 현실화되고 있다. 그리하여 포디즘 축적 구조의 위기로 인하여 적극적인 국가개입주의는 위기에 봉착했고, 그 결과 '국가냐, 시장이냐'와 같이 시장을 품고 있는 국가를 마치 시장과 반대되는 대상으로 간주하기도 했다. 물론 이러한 전통적인 선발복지국가의 위기는 복지국가 내부 제도상의 실패라기보다는 외부 충격에 기인하는 것이다. 하지만 에스핑 앤더슨(Esping-Andersen, 1998)은 복지국가의 지속가능성에 대한 논의를 하면서, 복지국가가 위기를 맞을 수 있다는 점은 복지국가가 태동하던 시기부터 이미 예견되었던 것이라고 지적한 바 있다.

최근 복지국가의 연구는 자본주의 경제가 고용과 관련된 제조업 경제에서 서비스 경제로 이행한 것에 착안하여 그것이 복지체제에 미치는 영향에 주목한다. 이들은 선진복지국가가 직면한 삼중의 딜레마(dilemma)를 강조하는데, 건전재정(균형예산), 고용증대, 그리고 소득

2) 윌리엄 바우몰(Baumol, 1967)이 제기한 비용압박(cost-disease) 문제란 서비스업이 제조업에 비해 생산성은 낮으면서도 그와 무관하게 제조업의 임금수준을 따라감에 따라, 생산성이 낮은 서비스업에 높은 수준의 임금이 지급되면서 인건비를 보전하기 위해 서비스의 소비가격도 함께 높아지고, 결국 높은 가격으로 그 서비스가 시장에서 퇴출당하는 현상을 의미한다.

평등의 세 마리 토끼를 동시에 잡는 것은 불가능하다는 것이다. 다시 말해서, 세계화와 탈산업화된 현대사회에서 국가는 건전재정, 고용증대, 소득평등을 동시에 달성할 수 없고, 최대 두 가지만을 달성할 수 있으며, 그 대가로 나머지 하나는 희생될 수밖에 없다고 주장한다(Iversen and Wren, 1998). 북구 복지국가에서처럼 공공부문의 고용증대와 소득평등의 조합을 추구하게 되면 재정적자가 악화될 수 있다. 그리고 독일, 프랑스 등 대륙형 복지국가에서처럼 균형재정과 소득평등을 추구하게 되면 실업문제를 안게 된다. 영국과 미국에서처럼 균형예산과 민간부문의 고용증대, 즉 민영화를 확대 실시하게 되면 소득불평등이 발생하게 돼 사회적 양극화가 생겨난다는 것이다.

(3) 지나친 제도 의존성

복지국가는 태생상 일정 부분 한계를 가질 수밖에 없는데, 이러한 복지국가의 지속가능성에 대한 한계를 예리하게 비판한 학자들의 견해는 다음과 같다. 첫째, 복지국가의 물적 토대를 이룬 경제개발과 성장은 국가와 기업의 지배를 받지 않고 스스로 자립할 수 있는 능력을 지역경제와 공동체, 가족에게서 빼앗아가는 과정이었다(Goldsmith, 1994)는 것이다. 둘째, 복지국가의 사회복지서비스 제도들이 가족과 같은 비공식영역을 지나치게 합리화하고 공식화함으로써 결과적으로 개인과 가족의 사적이고 비공식적인 관계를 해체시켰다(Gorz, 1999)는 것이다. 셋째, 어떤 국가든 그 국가가 갖고 있는 사회문화적 상이성과 다양성을 고려하지 않고 일정한 제도나 프로그램을 중심으로 하여 국가별 단순비교를 통한 이른바 '복지국가모형(welfare state models)' 혹은 '복지국가체제(welfare state regimes)'라는 개념을 사용하여 고착적이고 정태적인 제도 중심의 유형론을 절대화하고 유포까지 한다는 것이다.

이러한 비판의 밑바닥에는 국가가 복지책임의 중심이라는 국가

복지에서 이루어지는 제도화의 속성과 그 한계에 대한 성찰이 자리 잡고 있다. 물론 사회문제를 해결하는 방식으로서 제도화가 갖는 장점은 일반적이고 보편적인 인간의 욕구와 문제의 해결을 위해 체계화된 공식적인 조직과 재정을 통해 대응함으로써 복지발전에 상당히 이바지해왔음은 부정할 수 없다. 그러나 문제는 그 제도화가 갖는 자체의 완결성으로 말미암아 제도 실패(institution failure)를 낳을 개연성이 크다는 점에 있다. 이러한 제도 실패는 궁극적으로 정부 실패(government failure)로 나타나게 된다. 제도 실패의 대표적인 것으로 관료제의 병폐를 들 수 있다. 정부는 본질적으로 정치적 속성과 관료주의 속성을 가진다. 정치적 속성은 정부는 주로 투표인구가 가장 두터운 중산층의 문제와 욕구에 먼저 반응함으로써 역설적으로 복지가 가장 필요한 취약집단의 욕구에 대한 반응은 뒤처지는 현상이 나타난다. 그리고 관료주의 속성은 정부는 조직 자체의 이익을 수호하려고 조직의 구성원인 사람보다는 조직 자체를 우선함으로써 조직 간의 갈등을 조정하는 과정에서 실패를 경험하게 된다.

물론 정부 실패의 하나인 제도 실패는 사회문제 자체를 해결하는 데 꼭 실패하는 것은 아니다. 오히려 사회문제를 해결하기는 하지만 문제 해결을 위해 비용을 과도하게 사용하게 되며, 이는 결국 정부의 비효율로 귀결된다는 점이다. 즉 하나의 제도를 수립하고 유지하는 데 드는 매몰비용(sunk cost)이 워낙 많이 들기 때문에 그러한 비용을 상쇄하고도 남을 만큼의 효용이 드러나지 않는 한, 한번 만들어진 제도는 유지해가기 마련이라는 점이다. 그리고 새로운 제도는 끊임없이 만들어지고, 또한 조직은 계속 팽창해감으로써 그 유지에 더 큰 비용을 투자할 수밖에 없는 악순환을 밟게 된다는 것이다.

이처럼 제도는 인간과 인간의 관계, 그리고 인간과 사회의 관계를 관료화된 조직을 통해 매개한다. 이는 근대 국가가 형성될 때, 그리고 자본주의가 발달함에 따라 더욱 극대화되었다. 이러한 관점에서 볼 때, 복지국가는 사회문제에 대한 관료제적 해결방식의 전형적인 형태라 할 수 있다. 사실상 제도를 만들고자 끊임없이 움직이는 제도화는 사적 영역을 축소하거나 해체한다. 이것은 개인과 개인이 생태체계 내의 다른 생명체들과 마찬가지로 상호연결된 그물망을 구성하고 있다는 사실(Capra, 1980)과 가족의 중요성 및 가족과 가족 사이에 존재하는 공동체적 호혜성에 대해 과소평가하거나 심지어 의도적은 아닐지라도 부정하는 경향이 있다. 복지국가는 정치적 연대와 조직화, 완전고용과 평등의 가치를 실현하기 위한 국가의 역할 강조, 노동, 자본, 정부 등 노사정 합의 등을 기초로 형성돼왔다. 그리고 복지국가는 태생적으로 자본주의 경제체제와 밀접한 관련이 있으며, 자본주의와 복지국가는 상호간의 도움 없이는 경영될 수 없도록 돼 있다.

한동우(2008)는 복지국가를 설명하는 관점들이 모두 국가주도의 제도를 강조하고 있어 그 결과 개인은 자신의 문제와 욕망이 해결되었는지 확인도 하지 못한 채 제도에 의존하며 타자화되고 있는 현실을 비판하고 있다. 다시 말하여 복지국가에서는 시장과 국가의 힘을 등에 업은 엘리트들이 만든 제도에 함몰되어 관리되는 경향을 가지게 되는데, 바로 제도 의존성(institution dependence)이 강화된다는 것이다. 물론 제도 의존성에 의해 사회의 구조적 문제는 어느 정도 해결되지만 개인은 이제는 사회의 문제나 정치현상에는 관심을 두지 않게 되고 개인화되고, 탈정치화된다(Giddens, 1998). 그리고 사회정책에서의 공공이익(public interest)은 민주주의 – 관료주의 – 전문가주의(technocracy)의 변증법적 순환고리에 의해 변화(Gilbert & Terrell, 2010)됨으로써 결국 개인은 더욱 제도에 의존하게 되고 전문가주의 엘리트가 만든 복지체제에 깊숙이 의존하게 되는 것이다. 이러한 인간이 갖는 사적 영역의 과도한 제도화는 결국 인간이 본래부터 갖고 있는 타인에 대한 이타주의에 의한 돌봄의 능력과 공동체를 지향하는 의지와 열정을 무너뜨리게 된다.

(4) 젠더 불평등

전통적인 선발복지국가에서조차 젠더에 따른 직업분리는 노동시장의 한 특징이 되어왔다. 사무직, 비서직뿐만 아니라, 교사, 간호사, 사회복지사 등과 같은 돌봄 전문직은 여성화되어, 여성이 지배적이지 않은 직업에서조차 여성들을 더 낮은 직업적 계층 내에 집중시켜 그 영역을 여성화하였다. 이러한 직업적 성 분리는 노동조건을 악화시키고, 임금을 낮게 하며, 열등한 경력의 기회를 갖게 한다는 문제점을 가지고 있다. 더욱이 여성노동자를 고용하는 데 순종, 기민한 손놀림, 저임금과 불리한 노동조건 등의 감수 등과 같은 여성노동자에 대한 성차별적 고정관념이 여성노동자의 저임금을 정당화하는 데 이용되었다(Beneria, 2003).

따라서 과거에 비해 여성의 경제활동 참가율과 여성의 경제활동 능력이 증가하였음에도 불구하고, 노동시장 내 여성에 대한 저임금 및 고용불안정 요인과 맞물려 남성가구주에 비해 여성가구주의 빈곤화 현상이 두드러지게 나타나게 되었다. 이러한 지속적인 여성빈민의 증가 추세를 피어스(D. Pierce)는 1978년에 처음으로 '빈곤의 여성화(Feminization of Poverty)'라고 명명하였으며, 가족구조의 변화가 빈곤화에 많은 영향을 미치고, 이로 인해 남성과 여성 간의 빈곤 차가 커지고 있다고 보았다.

이와 같은 남성과 여성 간의 빈곤 차가 커지고 있는 현상이 나타나는 원인을 설명한 이론으로는 인적자본론과 이중노동시장론, 성별분업론, 남성부양자 복지모형론 등이 있다(Pearce, 1990; Millar, 1996; 김영란, 1997; 박영란 외, 2003; 여지영, 2003; 석재은, 2012; 장지연, 2012). 먼저 인적자본론은 분석의 수준을 개인으로 보고, 노동의 공급자인 여성이 남성에 비해 인적자본 투자에 소극적이기 때문에 노동시장 내 직업의 지위와 임금 등이 낮을 수밖에 없다고 본다. 즉, 노동시장 내 임금은 인적자본 수준을 요구하는 수요의 축과 인적자본량을 갖춘 공급의 축이 만나는 곳에서 임금이 형성되는데, 여성은 가사노동과 육아 등의 자발적 선택으로 인해 노동자의 가치를 결정하는 교육, 직업훈련 등의 인적자본을 덜 획득한다는 것이다. 따라서 여성은 남성에 비해 노동시장 내에서 낮은 수준의 지위를 점하고, 임금과 대우를 덜 받는다고 본다.

반면에, 이중노동시장론은 인적자본론의 개인적 접근을 넘어서 좀 더 거시적으로 현상을 이해하고자 한다. 이중노동시장론을 통해 보면, 노동시장은 성별, 교육, 인종, 산업 등에 의하여 1차 시장과 2차 시장으로 구분되어 있다. 1차 시장은 거대자본, 체계적인 채용을 통한 노동력 충원, 고임금, 고용안정, 좋은 작업환경과 보장되어 있는 직업훈련의 특성이 있으며, 2차 시장은 영세자본, 저임금, 미숙련, 불안정 고용, 높은 이동률의 특성을 지닌다. 그리고 이렇게 분할되어 있는 시장의 주요 구성원으로 1차 시장에는 남성이, 2차 시장에는 여성이 있다고 본다. 따라서 구조적으로 2차 시장에 주로 종사하고 있는 여성은 1차 산업에 종사하고 있는 남성에 비해 낮은 수준의 처우를 받는다고 설명한다.

그리고 성별분업론은 노동시장의 구조적 특성이 젠더 불평등을 가져왔다는 데에 동의하며, 그 원인을 우리 사회가 처한 자본주의와 가부장제라는 사회적 권력을 연관시켜 성별분업 현상을 설명한다. 즉, 전통적으로 자연스럽게 형성되어온 성별분업 이데올로기에 의하여 노동시장에서의 성별에 따른 직종분리와 젠더 불평등에 따른 저임금 및 고용불안정, 그리고 가정 내 여성의 가사전담 등의 문제를 가져왔다고 보는 것이다. 이처럼 개인적 수준과 구조적 측면, 그리고 외부 환경적 요인으로 인해 생겨난 노동시장 내 젠더 불평등과 노동유연화는 여성참여의 양적 성장과 질적 성장의 불균형을 가져왔다. 그리고 이로 인해 현재 한국 여성경제활동 참가자의 상당수도 비정규직으로 고용불안을 겪고 있으며, 저임금 직종에 종사하는 등 고통을 겪고 있다는 것이다.

한편, 남성부양자 복지모형론에 의하면, 여성의 역할은 가정에 있고, 남성은 사회적 역할을 담당한다는 가부장적 성별분업 이데올로기를 기반으로 한다. 남성은 생계 부양자이며, 여성은 가정에서 노인, 자녀양육, 질병인, 장애인을 보호하는 것을 주된 책임으로 부여하는 전통적인 가족주의를 바탕으로 남성부양자 중심의 사회보장제도가 설계됨으로써 성별 빈곤격차가 줄어들지 않는다는 것이다. 아울러 생계보장에는 여성대상자가 상대적으로 많지만, 급여수준이 낮고 조건이 열악한 취로사업에는 여성이, 융자사업에는 남성이 주 대상이 되는 등 급여의 성차가 발생한다는 것이다.

이러한 성별 빈곤격차 현상을 설명하는 이와 같은 이론적 관점들은 젠더 불평등 문제의 해결을 위해 다각적이고 통합적인 접근이 필요함을 보여주고 있으며, 빈곤과 젠더의 구조적이고 체계적인 관계에 대한 개입의 중요성을 강조하고 있다. '여성빈곤'이란 소득과 소비로 측정되는 경제적 측면뿐만 아니라 사회심리적 취약성과 기회에 대한 제한된 접근성 등 총체적인 삶의 모습을 포괄하는 개념이며 따라서 전통적인 선발복지국가의 사회제도 속에 남아있는 성차별적 속성들이 여성의 삶을 규제 또는 억압하는 결과로 나타난다고 할 수 있다.

3) 일반적인 지속가능 복지발전의 요건

세계화, 탈산업화와 저출산, 고령화 문제 등 사회경제적 요인들은 모든 국가에 공통으로 적용되는 일반적인 경향성을 설명하는 상수(常數)에 가깝다면, 젠더 불평등, 제도 의존성 문제는 각 국가가 가지고 있는 고유한 역사적인 정치적·이념적 스펙트럼과 복지국가의 제도화 수준을 고려하는 이상적인 복지국가의 구축에 대한 '국민 의지'에 달린 변수(變數)에 가깝다고 할 수 있다. 에스핑 앤더슨(Esping-Andersen, 1990)이 제시한 '복지레짐(welfare regime)'으로 기술되는 사민주의, 보수(조합)주의, 자유주의 등 세 가지 복지국가 유형화는 앞에서 말한 지속적인 복지발전의 저해요건인 세계화, 탈산업화와 저출산, 고령화 문제, 지나친 제도 의존성, 젠더 불평등 문제를 어떻게 헤쳐나갈 수 있을까?

이와 관련하여 1990년대에 조절이론가인 제솝(Jessop, 1993)은 경제, 특히 자본 축적체제의 변화에 따른 조절양식의 조응이라는 조절이론의 관점에서, 포디즘에서 포스트포디즘으로의 서구경제의 축적체제 변화로 인해 서구 복지국가는 케인지언 복지국가(Keynesian Welfare State)에서 슘페테리언 워크페어 국가(Shumpeterian Workfare State)로 전환하고 있으며, 국민국가가 점차 잠식되어가는 경향이 있다고 주장했다. 나아가서 그는 슘페테리언 워크페어 국가의 조절양식에도 이념형(ideal type)으로 신국가주의, 신조합주의, 신자유주의 등 세 가지 유형화가 가능하리라 예측했다. 이는 에스핑 앤더슨(Esping-Andersen)의 고전적인 사민주의, 보수(조합)주의, 자유주의에 대응하는 것이다. 그렇다고 이러한 변화가 복지레짐의 근본적인 수렴을 의미하지는 않는다고 강조하였다. 즉, 신국가주의는 국제경쟁의 성격을 잘 의식하면서 국가 축적전략에 지지하는 다양한 자원을 재배치해야 하는데, 특히 탈상품화, 국가지원적 노동유연성, 그리고 핵심 생산부문의 역동적 효율성을 보장하는 국가지원적 접근을 견지할 것으로 보았다. 신조합주의는 경제전략, 결정 및 경제 대행에 대한 지속적이고 협상적, 합의적인 접근의 제도화에 의존하며, 경쟁과 협동의 균형을 이루기 위해 노력하면서도 그 중심은 예전의 중앙집중적이고 거시경제적 영역에서 점차 미시적 수준의 기업과 지역으로 이동할 것으로 보았다. 마지막으로, 신자유주의는 새로운 경제체제를 향한 시장주도적인 변화를 증진시키는 데 초점을 두며, 공공부문의 민영화, 자유화 그리고 잔여적 접근을 취할 것으로 보았다.

이러한 세 가지 접근방식은 결국 '분배 – 고용 – 재정안정'이라는 복지국가의 이른바 '트릴레마(삼중 딜레마)'에 맞서 이를 극복해나가는 방식에서의 차이로 나타난다. 양 극단의 두 축 중 하나인 (신)자유주의는 분배를 희생하고 고용을, 다른 한 축인 (신)조합주의는 실업을 희생하고 분배를 추구해온 것으로 보인다. 그러나 사민주의(신국가주의)적 접근은 트릴레마의 세 뿔 사이를 비켜나가는 전략으로서 '유연안전성' 모델을 비교적 성공적으로 추진해온 것으로 평가받고 있다. 이는 물론 역사적 경로의존성(path dependency)과 제도적 축적의 바탕 위에 사회적·정치적 합의주의의 전통에 바탕을 둔 것이다(여유진, 2011).

그리고 조지와 윌딩(George & Wilding, 1994)은 복지국가의 유형을 전통적 4분법, 즉 반집합주의, 소극적 집합주의, 페이비언사회주의, 맑스주의 유형에다 현대사회의 특성을 반영하여 페미니즘과 녹색주의를 추가하였다. 페미니즘 유형은 전통적인 복지국가가 남성에 의해 주도되고 여성들은 단지 복지수혜자로 머무는 가부장적 가장형국가라고 비판하였다. 그러면서도 한편으로는 복지국가에서 여성은 공식적, 비공식적 복지서비스를 공급하는 데 동원되는 복지공급자라는 복합적인 측면도 있으며, 무엇보다 노동시장에서 여성들이 평등한 지위를 보장받는 데 필요한 서비스를 복지국가가 제공하기 때문에 복지국가에 대한 지지를 변함없이 보내고 있다. 전통적인 복지국가에서의 가부장적 성격이 수정되어야 한다는 점은 앞으로 복지국가의 변화에 중요한 역할을 할 것으로 보인다. 한편, 녹색주의 유형은 경제성장이 개인의 풍요나 공공서비스의 자원을 증가시키고 복지를 강화하는 수단이 되지만 이 때문에 오히려 지구온난화, 오존층 파괴, 자원고갈 등의 심각한 환경문제를 일으키면서 인류의 지속가능성을 떨어뜨리고 있는 데 대한 비판을 가하고 있다. 다시 말해 녹색주의 유형은 경제성장을 비복지라고 보면서 복지국가에 대해 비판적인 견해가 있다. 또한 녹색주의 유형은 복지서비스가 일률적으로 국가라는 거대한 조직에 의해 제공되는 것을 비판하면서, 시민의 참여가 더 많이 보장되고 지역자치에 의한 분권화된 복지체제를 요구하고 있다.

이러한 녹색주의를 더 발전한 것 가운데 하나로 사회생태주의적 관점을 들 수 있다. 사회생태주의는 기계론적 사고와 자연과 인간에 대한 분리적 사고가 오늘날의 인간과 사회, 자연 모두의 생존을 위협하는 원인이 되었다며 통합적인 시각을 강조하는 생태주의 관점의 하나로서 생태계 문제의 원인으로 인간과 사회 내의 지배구조에 주목하고 있다. 물론 사회생태주의의 한계도 있지만, 인류사회의 비복지의 해법과 그 원인을 진단하는 데 주요한 원리를 제공해주고 있다고 할 수 있다. 무엇보다 사회생태주의에 내재한 핵심개념인 탈지배성과 다양성, 지역성과 참여, 그리고 상호부조와 연대라는 특성은 새로운 복지국가의 지향과 실현 방도에서도 매우 밀접한 관계에 있음을 알 수 있고, 무엇보다 사회복지에 대한 새로운 틀로 활용될 수 있을 것이다. 생태적 관점을 가진 복지정책의 핵심목표는 누구든지 자기를 실현하면서도 타인과 미래세대의 복지를 희생하지 않는 지속가능한 사회를 구현하는 것이라 할 수 있다. 이에 복지이론은 철저하게 전일주의(holism) 관점일 필요가 있다. 사회의 모든 구성물이 서로 연결되어 있고, 이들의 상호부조와 협동으로 생태계가 유지되고 있음을 인식할 때에만 비로소 현 세대의 욕구와 열정을 충족하기 위해서 미래세대의 가능성을 희생시키지 않게 할 수 있다는 것이다. 즉 현 세대와 다음 세대가, 그리고 인간과 자연환경이 서로 상호의존하고 있다는 인식하에 만들어진 사회복지 프로그램이야말로 지속가능한 사회를 위해 작동하게 될 것으로 본다(김형준·한동우, 2010).

기든스(Giddens, 1998)는 전통적인 복지국가의 문제를 '제3의 길' 관점으로 해결하려고 했다. 제3의 길 관점은 자유시장의 불완전성에 대비한 국가의 개입을 인정하는 동시에 경제적 자유주의의 태도를 보인다. 즉, 과세는 줄이되 자원 재분배를 강조하는 '적극적 복지'를 강조한다. 경제와 관련해서는 합리적 결정에 기초한 규제와 반규제의 균형을 강조하는 '복지혼합'을 주장하고, 정치와 관련해서는 분권화, 재정 투명성, 민주주의를 강조하고 있다. 복지국가에서 사회투자국가로의 전환을 모색한다.

쇼우(Shaw, 2008)도 '제3의 길' 관점과 '복지다원주의' 관점을 소개하면서 전통적인 국가복지 중심의 복지국가의 변화를 주장하였다. 특히 복지다원주의와 관련하여 민영화와 분권화를 강조하면서 국가의 역할은 줄이고 민간영역의 역할을 늘여나가야 함을 강조하고 있다. 사적 연결망을 통한 지역사회 내에서의 보호 등을 강조하는 복지다원주의는 4개의 다른 복지주체들, 즉 공공영역, 비공식영역, 자원영역, 시장영역 등 하나하나가 모두 중요한 공급주체로 간주하고 있다.

그리고 시민과 클라이언트의 다양하고 개별적인 맥락을 이해하는 것이 복지에서 대단히 중요하다고 보는 포스트모더니즘과 합리적 요소보다는 정치·경제·사회·이데올로기적인 요인들이 사회적 구성에 영향을 미치고 있다고 강조하면서 절대적인 진리를 갖고 있는 사람은 없고 모든 진리는 사회적인 구성체에 불과하다고 보는 사회구성주의가 있다(김성천 외, 2009).

이러한 여러 학자의 의견을 정리해보면 일반적인 지속가능 복지발전의 요건으로 다음 몇 가지를 제시할 수 있다.

(1) 탈지배와 다양성

사회에서 인간에게 가해지는 지배문제는 사회복지의 가치에 전적으로 어긋난다. 인간의 존엄성 보장이라는 사회복지의 핵심 가치는 전통적인 복지국가에서조차 인간에 의한 인간의 지배로 이루어지고 있다. 사회구성원 사이의 지배와 피지배의 관계는 상호의존의 관계를 왜곡하여 상호 위계관계로 만들어버림으로써 인간 간의 상호의존 관계를 끊어지게 하며, 나아가 사회의 존립 자체를 위협하게 된다.

현대 사회에서 합리적 지배 형태로 용인하였던 관료주의는 현대 복지국가의 발전에 큰 역할을 해온 것은 사실이다. 대부분 복지정책이 관료주의를 통해 형성되고 전달되었으며, 집행과 평가도 이를 통해 이루어졌다. 그러나 관료주의는 복지 전문가와 과학기술, 그리고 거대한 조직과 제도의 지배를 필요로 하고, 반대로 개인이나 지역사회의 참여와 연대, 즉 분권화와 지역성을 가로막는다. 개인은 사회서비스 공급 결정과정에서 소외되어, 그 메커니즘을 알 수 없기 때문이다(George & Wilding, 1994).

이와 같이 국가주도 방식에서는 효과성보다는 효율성을 중시한다. 즉, 적은 투자로 많은 결과를 만들어내는 구조로 전환되어 획일적이고 대량으로 생산하게 된다. 이것이 소수 품목에 비해 우위를 차지하면서 이것을 지배하게 되고 이는 결국 다양성을 가로막게 된다. 다양성은 자신의 자율성을 인정하는 만큼 타인의 자율성을 인정하는 것을 의미한다. 즉, 개별존재의 창조성과 공평성을 존중하는 것이라 할 수 있다. 따라서 다양성은 획일적이고 집중된 권력과 제도를 비판하며 새로운 생활방식으로서 독자적인 특성을 존중한다(이준상 · 김만호 2004). 그러나 전통적인 복지국가에서의 비복지 해결방법은 이러한 관점에서 다양성을 위협하고 있다. 지나칠 정도의 획일적이고 대량 공급방식의 개입으로는 다양한 욕구를 충족시키기에 어려움이 있다. 사회복지의 공급주체가 다양화될 필요가 있으며 인간의 욕구뿐 아니라 사회환경과 자연환경을 아우르는 생태계의 욕구도 파악해야 할 것이다(김형준·한동우, 2010).

이렇게 볼 때, 복지 제공 차원에서 국가의 지배적 역할과 관료주의적 운영 방식, 그리고 복지 지출에 필요한 재원을 전적으로 산업사회에 의존하는 복지국가, 즉 산업사회에 지배받는 전통적인 복지국가는 이제 새로운 사회변화에 적절히 대응하는 데 한계가 있다. 따라서 한 국가 내에서나 국제적으로 탈지배, 다양성이야말로 지속가능 복지 발전의 기본 요건이라 할 수 있다.

(2) 상호부조와 연대

국가가 복지제공의 중심 주체로 등장하기 이전부터 인간의 삶의 질을 높이기 위한 노력은 많이 있었다. 바로 가족과 이웃, 친구들을 중심으로 한 비공식적 복지, 즉 상호부조(mutual aids)가 그것인데, 이 상호부조가 공공과 민간 영역에서 제도화된 것이 사회복지다(Gilbert & Terrell, 2007).

그리고 연대(solidarity)는 이러한 상호부조가 확대된 개념이라 할 수 있다. 상호부조가 공동체 구성원 간의 비공식적인 협력관계라 한다면 연대는 공동체 간의 공식적인 협력관계, 즉 조직 간의 협력관계까지도 포함한다. 협력관계는 새로운 생활방식과 공동체 의식을 함양시키고 나아가 공동체 경제까지도 활성화시킬 수 있다(Morrison, 2005).

전통적인 협동조합 방식뿐 아니라 최근에 지역 자원과 네트워크를 활용하여 지역 주민이 협력하여 함께 운영하고 있는 마을기업 등이 공동체 경제의 좋은 사례들이다. 구성원들이 서로 협력체제를 구축하여 조직이나 지역 및 사회 문제를 연대를 통해 해결하는 것이다. 연대가 잘 이루어진 사회에서는 구성원의 욕구가 잘 충족될 수 있는데 이것은 연대가 연결망 혹은 관계망의 역할을 하기 때문이다. 관계망은 위험에 대한 일차적 안전망의 기능도 하는데, 이러한 경험이 개인이 서로 개별화되어 있는 것이 아니라 많은 수준에서 연결되어 있음을, 즉 상호의존되어 있음을 알게 된다. 시민사회 조직이나 구성원들의 연대가 강할수록, 그리고 그 수준이 복잡할수록 상대적으로 우위에 있는 정부와 기업의 힘은 약화되고 산업주의의 병폐현상으로부터 생태적 공공성을 보장할 수 있게 된다. 따라서 상호부조와 연대를 통해 공동체를 복원하는 일이 매우 중요하다(김형준·한동우, 2012).

전통적인 복지국가하에서 국민 개개인의 권리에 상응하는 의무감에 대한 의문도 제기되고 있다. 일찍이 롭슨(Robson, 1976)은 많은 사람이 집단으로 이기적인 권리만을 주장하다 보니 복지국가는 오히려 역설적으로 자유방임적으로 점점 변질되고 있으며 이타주의적 색채는 퇴색하고 있음을 지적하였다. 소수의 과격한 사람들이 집단의 조직력을 이용하여 과도한 요구를 하게 된 결과 침묵을 지키고 있는 다수의 사람은 소외되거나 개인적 자유를 침해당한다는 것이다. 따라서 롭슨은 복지국가보다는 복지사회를 선호했는데, 복지사회는 국가가 창출해내는 복지만이 아니라 개인, 집단 그리고 제도들에 의해서도 생산되는 복지가 공존하는 사회라고 규정하였다. 롭슨은 특정 시점에서의 복지국가의 성취도는 그 사회의 이타주의와 같은 도덕성의 정도에 따라 결정된다는 결론을 내렸다. 그렇다면 복지국가를 만들기 위해 필수적으로 요구되는 복지사회는 누가 어떻게 만들 수 있겠느냐는 의문이 제기된다.

(3) 풀뿌리 시민사회와 참여

오늘날 지속가능한 복지발전을 위해서는 자본주의체제 변화를 고려해야 한다. 2008년 서브프라임 모기지론 사태로 시작된 세계 금융위기와 그에 이은 유럽 재정위기는 이제 '자본주의 위기'로 진단하기까지 한다. 위기의 원인은 자본주의체제를 지탱하는 두 개의 큰 축인 국가와 시장에서 찾아볼 수 있다. 그런데 해법이 좌파와 우파가 다르다. 좌파는 국가로, 우파는 시장으로 되돌아가자고 외친다는 데서 다르다. 좌파는 국가 영역을 확대하고 적극적인 개입을 통해 시장의 탐욕을 제어해야 한다고 하며, 우파는 공정한 경쟁의 규칙을 도입해 신뢰받는 자본주의를 만들면 탐욕에 의한 부패와 비효율을 끊어 자본주의 위기를 타파할 것으로 본다. 물론 둘 다 틀린 이야기는 아니지만 자본주의 위기를 완전히 해소할 수 있는 해법은 아니다. 국가와 시장 중심의 세상은 이제 너무나 바뀌었기 때문이다. 과학기술과 무역체제의 변화로 국경의 벽은 낮아졌고, 소셜 미디어의 발달은 이제 국가와 대기업 같은 거대조직조차 무너뜨릴 수 있으며, 여기에 지구온난화, 지진, 핵발전 등 생태계 위험도 도사리고 있다. 세계금융위기도 따지고 보면 과잉생산과 과잉소비의 결과라 할 수 있다. 21세기 자본주의는 종전과는 전혀 다른 도전에 직면해 있는 것이다. 따라서 국가와 시장을 견제하는 시민사회 영역의 역할이 중요해지고 있다. 물론 시민사회 영역에는 노동영역과 비영리영역이 포함된다(조흥식, 2012).

자본주의체제에서 경제 행위는 재분배 원리로 움직이는 국가 중심의 공공경제와 이윤 동기로 움직이는 시장경제만 있는 것은 아니다. 인류 역사상 오히려 상호성이나 호혜성을 원리로 움직이는 비영리적이거나 비자본적 성격의 풀뿌리 사회경제가 더 오래 존재해왔다.

협동조합, 품앗이 등 사회경제는 사익 극대화가 아니라 공동체의 이익을 추구한다. 이윤을 극대화하며 생산을 키우는 자본주의적 영리기업이 가져온 금융위기를 국가 중심의 공공경제만으로 해결할 수는 없다. 다시 풀뿌리 사회경제에 눈을 돌려야 한다. 따라서 지속가능한 복지발전을 위해서는 오스트롬(Ostrom, 2010)이 지적했듯이, 정부나 시장보다는 시민사회의 자발적 조직과 규범이 훌륭한 해결책이 될 수 있으며, 시민사회의 축적된 역량을 중심으로 갈등을 해결하는 방식이 국가나 시장의 역사보다도 훨씬 더 오래 지속될 수 있음을 명심해야 할 것이다. 즉 지속가능한 복지는 인간 개인과 가족과 사회를 형성하는 공동체 원리에 충실하여야 한다.

피어슨(Pierson, 2001)은 후기산업사회로 전환하는 심대한 이행과정이 복지국가의 진로를 결정할 것이라고 단언했다. 첫째 현상은 제조업 중심에서 서비스 중심으로 전환하는 데 따른 생산성 및 경제성장의 둔화이다. 둘째 현상은 사회복지의 점진적 팽창이며, 셋째는 노령화 사회로의 전환이다. 넷째는 공공부문에 참여하는 여성노동력의 증가이다. 이러한 네 가지 경로는 사회정책의 여력을 가늠하는 정부의 재정적 능력을 심각하게 제한하였다. 이 밖에 정부의 재정에 단기적으로 막대한 영향을 주는 요인은 노동시장, 즉 실업의 정도에 달려 있다고 할 수 있다. 대량실업은 정부재정을 즉각 크게 압박할 수밖에 없다는 것이다.

이러한 여러 가지 점을 생각하면, 공공성과 보편성을 토대로 풀뿌리 지역시민이 주체가 되어 새로운 경제를 일궈가는 지속가능한 복지발전을 꿈꿀 수 있다. 정교하지는 못하지만, 풀뿌리 지역시민이 복지대상자이면서 복지주체자로서 위상이 바뀌는 점에서 이러한 복지국가의 이름을 시민복지국가로 부르고자 한다. 이러한 시민복지국가는 국가와 시민이 함께 힘을 합쳐 사회구성원 모두에게 '태아에서 무덤까지' 인간다운 생활을 보장하고, 빈곤과 불평등, 사회배제로부터 해방시키는 것을 미션으로 할 수 있다. 그리고 이러한 미션을 기반으로 사회의 빈곤과 불평등, 양극화 문제를 해결하기 위해 성장과 분배를 골고루 반영하는 국가 건설을 비전으로 만들 수 있다(조흥식, 2012). 이러한 시민복지국가야말로 지속가능한 복지발전의 참된 모습을 담고 있다고 하겠다.

4) 한국의 지속가능 복지발전의 요건

이제부터는 한국에서 지속가능한 복지발전을 이루어가기 위한 몇 가지 요건을 살펴보기로 한다. 물론 지속가능한 복지발전의 요건을 살펴보기 전에 그러한 요건에 직접 영향을 줄 수 있는 다음과 같은 주요 변인들을 반드시 검토하는 것이 필요하다. 첫째, 한국의 정치, 경제, 사회적인 민주화의 발전 정도이다. 둘째, 시민복지국가의 주체와 관련하여 시민사회, 사회복지 활동을 중심으로 하는 제3섹터의 성장에 관한 것이다. 셋째, 탈핵 등 생태환경주의에 관한 관심이다. 넷째, 페미니즘에 입각한 여성친화적 복지제도의 구축 정도이다. 다섯째, 남북통일 이슈이다. 남북통일 이슈는 반공이데올로기에 의해 억눌려왔던 진보 이념의 확장을 가능케 할 수 있으며, 한반도 평화를 담보할 수 있기 때문이다. 마지막으로, 복지재정 증대 추이다.

따라서 한국에서 지속가능한 복지발전을 이루어가기 위해서는 전통적 선발복지국가의 요건을 기반으로 하여 자본의 세계화, 노동시장과 가족구조의 변화, 젠더의 중요성, 생태계의 문제 등 변화된 사회경제조건을 가능한 한 모두 충족해야 할 것이다. 물론 이것만 가지고는 부족하다. 이와 함께 반드시 한국사회의 문화적 측면을 고려하면서 앞서 제시한 지속가능한 복지발전의 다섯 가지 전제조건인 사회정책과 경제정책 간 제도적 보완성, 성장친화적 복지, 지속가능한 복지재정, 복지주체자로서의 시민성, 국민의 신뢰 구축 등을 기반으로 하여 시민복지국가를 구축하는 데 필요한 상호의존성 기반의 공동체 원리를 강화하는 것이 되어야 할 것이다.

한국에서 지속가능한 복지발전을 이루어가기 위한 몇 가지 요건을 제시해보면 다음과 같다.

첫째, 생태복지(ecowelfare) 패러다임으로의 전환이다. 지속가능한 복지발전의 요건 가운데 최우선은 생태계의 지속가능성을 담보할 수 있고, 세계화의 물결 속에서 전개되고 있는 세계단일시장, 세계단일문화의 제국주의적 영향력으로부터 지역의 경제와 문화, 공동체의 가치를 지켜낼 수 있는 지역사회를 토대로 한 생태공동체 패러다임을 확고히 하는 것이다. 다시 말하여 복지패러다임을 국가복지(state welfare)에서 생태복지로 전환하는 것이다. 생태복지의 패러다임은 국가복지의 사후처리적, 성장지상주의적, 제도중심적 가치를 탈피하여, 전체성(holism), 지속가능성(sustainability), 다양성(diversity), 균형(equilibrium)의 원칙(Ife, 2002) 하에 사전예방적, 성숙지상주의적, 생태중심적인 가치를 지향하는 것이라 할 수 있다.

둘째, 복지친화적 성장을 만드는 것이다. 국가 중심의 공공경제와 이윤 동기로 움직이는 시장경제보다는 상호성이나 호혜성을 원리로 움직이는 비영리적이거나 비자본적 성격의 풀뿌리 사회경제를 활성화하는 것이다.

셋째, 시민사회를 활성화하는 일이다. 시민과 시민사회 출현의 필연성은 시장에 의한 공공 영역의 파괴와 국가가 가지고 있는 문제해결 능력의 한계에서 도출된다. 시장은 시장이 제공하는 물질적인 부에 상응하는 문제를 양산하고 있고 또한 국가는 시장이 양산하고 있는 문제들을 해결할 능력을 갖고 있지 못하기 때문이다. 따라서 시민사회의 자발성과 역동성을 기반으로 시장과 국가의 제도 의존성을 탈피한 공공성 확대를 강화해나가야 한다.

넷째, 국민의 신뢰이다. 이를 바탕으로 하여 지속가능한 복지 시스템과 제도를 구축하여야 한다.

다섯째, 복지재정의 지속적인 확대이다. 재정 건전성을 유지하고 성장잠재력이 훼손되지 않은 범위 내에서 복지지출을 확대해나간다.

여섯째, 여성의 괜찮은(decent) 일자리를 보장하는 것이다. 여성 일자리 보장은 가족 소득 증대는 물론이고 아동양육에 필요한 복지시스템 강화의 근원이 된다.

일곱째, 저출산, 노령화의 문제를 선제적으로 대응하는 일이다. 가장 저출산율이 높고, 노령화의 속도가 빠른 한국에서는 선제적으로 이 문제에 대해 대처해야 한다.

마지막으로, 남북 간의 평화체제를 구축하는 일이다. 군비의 확충은 그만큼 지속가능한 복지발전의 걸림돌이 되기 때문이다.

4. 지속가능한 복지발전을 위한 전략과 대안

지속가능한 복지발전을 위한 전략과 대안은 앞서 제시한 지속가능한 복지발전의 요건들을 잘 활용하여 사회구성원 전체의 피부에 닿는 실질적인 것이 되어야 한다. 이에 대한 10대 전략과 대안을 제시해 보면 다음과 같다.

1) 생태복지의 실천

생태복지를 위한 전략과 대안은 생태공동체 수준에서 활용 가능한 것으로서 대안경제적 접근을 들 수 있다. 첫째, 사회적 기업을 활성화한다. 사회적 기업은 필요(needs)를 토대로 한 사회적 목적을 기업 비즈니스 방식으로 달성하는 조직이다. 전통적으로 사회적 목적 수행은 공공조직과 비영리 민간조직의 몫이었다. 기존 정책과 제도로는 해결이 어려운 새로운 사회문제, 특히 대량 실업에 따른 취약계층의 생활문제와 이로 인한 가족해체 등 사회적 해체현상이 심각해짐에 따라 사회적 기업과 같은 새로운 사회활동에 대한 기대가 확대되고 있다.

사회적 기업은 사회적 목적과 비즈니스 목적을 동시에 추구하는 복합조직의 특성이 있다. 이에 대해서는 두 가지 관점이 있다. 첫째, 사회적 기업에서 '사회적' 의미를 더 강조하는 관점이다. 사회적 기업은 사회적 목적 수행을 위해 만들어진 조직인 만큼 사회적 목적이 비즈니스 목적보다 우선된다고 보는 견해이다. 유럽, 아시아 개발도상국 등의 다수 사회적 기업의 관점이 여기에 속한다. 둘째, 사회적 기업에서 '기업' 의미를 사회적 목적만큼 동등하게 강조하는 입장이다. 사회적 목적 달성은 비즈니스적 혁신활동의 성공 없이는 불가능하다고 보고, 비즈니스 혁신을 강조한다. 미국의 사회적 기업에 대한 주류적 관점이며, 사회적 기업을 비영리 민간조직의 비즈니스 방식의 사회적 목적수행 활동으로 이해한다. 이 경우 이윤은 사적 차원이 아니라 사회적 차원에서 사용된다. 한국은 전자에 가깝지만, 일부 후자의 입장도 존재한다. 어떤 입장이든, 사회적 기업을 전통적인 조직 유형, 즉 공공조직, 영리기업, 비영리 민간조직 등과는 다른 독특한 조직 형태로 바라보고 있다.

둘째, 협동조합을 활성화한다. 사실 한국에서 협동조합을 설립하기가 까다로웠으나 2012년 12월부터는 누구나 5명 이상 모이면 협동조합을 설립하고 운영할 수 있게 되었다. 협동조합은 주식회사의 대안이 아니라 기업을 포함한 여러 경제활동을 위한 수단 가운데 하나다. 지금까지 선택할 수 있는 권리가 제한되었지만, 지금 그 규제가 풀린 것뿐이다. 경쟁단위인 조직·기업·단체·공동체 내에서는 당연히 화합과 단결·협력이 필요하다. 이러한 복잡한 사회원리를 협동이라는 기준과 자립이라는 본질을 갖고 있는 게 협동조합이다. 따라서 협동조합은 사회를 더욱 윤택하게 만드는 역할을 수행해야 하며, 조합원들끼리 상호 신뢰를 지켜야 한다. 협동조합은 본질에서 영리행위를 하는 사업체이며, 주식회사와는 달리 1인 1표의 원리에 의해 운영되는 법인으로서 모든 사업체는 자립할 수 있어야 존재의 의미가 있기 때문이다.

셋째, 지역통화를 상용화해야 한다. 지역통화는 지역에서 통용되는 유형 또는 무형의 교환매개체를 통하여 지역주민끼리 상품과 노동을 거래할 수 있도록 하는 교환제도의 형식을 말한다. 이것은 지역사회의 공동체 기능을 향상시키는 전략이다. 또한 화폐경제 중심의 차가운 경제를 대체하면서, 상호연대와 의존, 자발성을 증진시키는 대안이 될 수 있다. 아울러 지역 내에서의 거래를 활성화한다는 점에서 생산물의 무분별한 이동을 막을 수 있어 생태복지적이라 할 수 있다.

넷째, 지대에 세금을 매기는 일이다. 지대조세제는 토지가치 환수제의 하나로서 지대세를 모든 세금에 우선하여 토지소유자로부터 징수하는 것이다. 이는 생태공동체 형성의 기본틀이 될 수 있다, 지대조세제는 사회경제 정의를 실현하는 데 필수적이고, 복지재원에 대한 조세저항을 최소화할 수 있으며, 무분별한 개발을 막을 수 있는 효율적인 토대가 된다.

다섯째, 적정기술(intermediate technology)을 발달시키는 일이다. 적정

기술은 생태주의의 이상을 현실화하는 과학적 도구이다. 이는 자원고갈이나 자연파괴를 동반하지 않으며, 기술 사용자의 관점에서 볼 때, 단순하고 이해 가능한 것이지만 기술적인 측면에선 여전히 정교한 기술을 말한다. 이는 자급자족적인 소규모 지역경제를 지켜내며 활성화하고, 생태계의 자원을 분별력 있게 활용할 수 있도록 도와주며, 완전고용과 여가를 증진하는 효과를 낼 수 있다.

2) 시민성을 기반으로 하는 새로운 복지 시스템의 설계

지속적인 복지발전을 위해서는 공공서비스의 확대를 요구하는 수요적 측면, 재분배를 지향하는 정치적 측면, 예산의 확대를 추구하는 정부조직의 제도적 측면 등에서 국가 역할의 확대가 필요하다. 그러나 여기에는 제도의존을 중심으로 삼기보다는 시민성을 토대로 한 새로운 복지시스템을 구축할 필요가 있다. 즉, 복지 공급주체로서 국가와 시장, 시민사회의 역할 수행에서 상호의존성을 가져야 하고, 이를 위하여 사회복지 예산의 증대와 효과적인 사회복지 전달체계 구축이 전제되어야 한다.

여기서 시민성이란 사회적 관계에서 요구되는 행위의 표준으로 정의할 수 있다. 이러한 정의에서 쓰인 첫째, 사회적 관계의 의미는 사회와 분리된 개인을 상정하는 것이 아니라, 사회 속에서 간주관적인 행위를 주고받는 행위의 주체를 상정한다. 둘째, 시민성은 궁극적으로 행위로 나타나야 함을 전제한다. 셋째, 표준이라는 의미는 사회 속에 속한 구성원의 행위를 시민성에 비추어 평가할 수 있음을 전제한다. 이 말은 그들에게 적용되는 행위의 표준이 같아야 함을 의미한다.

따라서 그동안 거대담론에 가려져 일상생활에서의 약자들의 이야기를 담아낼 수 없었던 일들을 이제는 시민성을 토대로 하는 지역자치 연대운동을 통해 지속가능한 복지발전을 힘 있게 추진해나가야 한다. 지역주민의 현실과 생활에 근거한 지속적이고 구체적인 연대운동이야말로 성공적인 시민사회운동의 새로운 모습을 보여줄 수 있다. 이해관계의 일치성, 하향식이 아닌 상향식 조직 방식의 풀뿌리 시민정치성, 연대범위의 포괄성 등 연대의 특성을 잘 활용한다면 분명 새로운 사회개혁을 이루어낼 수 있을 것이다. 이제 중앙조직 중심의 엘리트 운동이나 거대담론 성격의 운동은 사회구성원들에게 영향력을 주지 못한다. 풀뿌리조직 중심의 운동, 작지만 의미 있는 실생활 중심의 연대운동이야말로 감동을 주고 힘을 발휘하고 있는 것에 주목해야 한다. 즉, 지역주민을 직접 조직하여 그들이 활동의 주체로 나서도록 하는 주민주체형 전략을 세워 실천에 옮겨야 한다.

그런 점에서 지역공동체의 주민자치 연대운동은 다음과 같은 장점이 있다(조흥식, 2011a). 첫째, 지역공동체의 주민자치 연대운동은 처음에 주민의 이해관계 성격으로 시작하더라도 내부의 숙고와 토론, 외부와의 열린 소통과 대화, 운동에의 실질적인 참여와 실천을 거치면서 공공성을 획득해나갈 수 있다. 둘째, 중앙의 정치가 해결하지 못하는 문제를 주민 스스로 해결하는 풀뿌리 시민정치로 발전해나갈 수 있다. 주민이 실질적인 활동의 주체가 되어 '우리'만을 위한 공동체 운동이 아니라 이를 넘어서서 '나'와 '우리'의 이해관계를 공공의 이해와 일치시키는 방향으로 나아감으로써 조직된 주민의 정치적 영향력을 키워나가게 한다(이호, 2002). 셋째, 지역공동체의 주민자치 연대운동은 민주주의를 일상의 삶 속에서 찾아내고, 스스로 구현해가도록 한다. 주민의 삶의 현장인 주거지, 일터, 학교, 그리고 기초단체의 행정집행 과정에서 민주주의를 구현하고, 여성, 아동과 청소년, 노인, 장애인, 이주노동자, 교육, 주거, 의료, 먹거리, 교통, 환경 등 일상적인 삶의 구석구석에서 주민의 직접 참여에 의한 자치를 통해 민주주의를 확대해나간다.

이렇게 볼 때, 지역공동체의 주민자치 연대운동은 사실상 자족적이거나 폐쇄적인 모임이 아니라 자신들의 욕구와 지역사회의 욕구를, 그리고 지역의 욕구만이 아니라 전체의 욕구를 고려하려고 노력할 때 '사회운동'으로서의 주민자치운동, 즉 '시민운동'(하승우, 2002)이 될 수 있으며, 지역성을 기반으로 하는 풀뿌리 시민정치의 높은 가능성을 보여줄 수 있다. 따라서 진정한 지속적인 복지발전이 이루어지려면 풀뿌리 지역담론이 활발히 이루어져야 한다.

그리고 이러한 시민성을 토대로 한 새로운 복지시스템을 구축하기 위해서는 장기적으로 자본주의 생산체제의 변화전략과 긴밀한 상호보완관계를 맺을 수 있도록 하는 새로운 복지시스템 설계가 필요하다. 지나친 이념적 논쟁보다는 생산과 복지의 상호관계를 이해하는 가운데 구체적인 대안을 만드는 작업이 필요하다. 전통적인 선발 복지국가의 토대를 바탕으로 지속적인 복지발전을 이루기 위한 새로운 복지시스템 설계를 만드는 요소로서 (1) 포괄적 복지급여 범위, (2) 관대한 복지급여의 양과 질, (3) 적극적 노동시장정책에 의한 고용 활성화, (4) 책임있는 국가의 돌봄 등에 따라서 정책의 현실성과 비교하고, 사회복지의 실천 원칙인 사회성, 다양성, 종합성, 적절성, 평등성, 보편성 등의 6대 원칙을 상호 모순 없이 적절하게 조화시켜 한국 사회문화에 맞게 적용해야 한다.

그러나 복지를 위한 국가 역할의 확대가 반드시 공익에 부합한다고 보기는 어렵다. 예를 들어, 사회복지 관련 부처 공무원이 자신과 조직의 영향력을 확대하기 위하여 예산극대화 전략을 추구할 수도 있기 때문이다. 최근 서구 복지국가에서는 저출산 · 고령사회를 맞이하여 사회보장제도의 개혁을 통하여 복지를 위한 정부의 역할을 조금씩 축소하며, 개인과 사회의 책임을 강조하고 있음을 타산지석으로 봐야 한다(조흥식, 2011b).

3) 성장과 복지의 선순환

한국에서는 흔히 최근 그리스 등 남부 유럽의 경제위기 원인을 고복지와 복지의 비효율성에 있다고 주장한다. 이는 복지와 성장 혹은 복지와 효율성은 상호 배치되는 제로섬 관계에 있는 것으로 오해하기 때문이다. 그렇다면 복지와 성장, 복지와 효율성이 상호보완적으로 밀어주고 끌어주는 선순환 관계를 잘 활용한 사례는 없는가? 스웨덴 복지모델은 바로 이러한 선순환 관계를 보여주는 대표적인 성공사례라고 할 수 있다. 스웨덴도 20세기 후반기에 여타 선진국과 같이 1970년대의 오일쇼크, 1990년대 경제위기, 2008년의 세계금융위기를 심각하게 겪었다. 이러한 위기는 자원문제, 세계화, 유럽통합 등 격변하는 외부환경이 가져온 사태지만, 스웨덴은 이러한 외부의 도전에 성공적으로 적응하였다고 평가받는다. 주요한 요인으로 기존의 스웨덴 복지모델을 들고 있다. 안정적 노사관계, 투명하고 효율적 공공행정, 우수한 인적자원 양성, 잘 갖춰진 사회복지기반은 스웨덴 기업의 경쟁력 제고와 이를 통한 고성장을 가능하게 한 것이다. 특히 세계적으로 우수한 스웨덴의 노동력과 인적자원은 교육 분야의 공공화와 사회서비스에 대한 지속적인 사회투자에 의해 이루어졌다. 또한 양성평등적 가족정책으로 인하여 잘 교육된 여성노동력을 남성노동력과 거의 같은 비율로 활용할 수 있었던 것도 스웨덴 경쟁력의 주요한 원천이다.

따라서 스웨덴 고성장의 비결이라고 할 수 있는 노동시장정책, 교육정책, 양성평등적 가족정책과 같은 모든 사회구성원이 정상적으로 생활할 수 있는 조건을 마련하려고 노력하는 사회정책의 구축이 필요하다. 이러한 노동시장정책, 교육정책, 양성평등적 가족정책이라는 세 기둥을 중심으로 소득보전정책과 사회서비스 정책이 촘촘히 잘 엮여있는 사회안전망 모델 하에서만 복지친화적 성장이 가능하여 경제사회적 격차를 축소할 수 있으며, 지속가능한 복지발전이 가능하게 될 것이다.

아울러 정치, 경제, 사회, 문화, 환경, 복지 등 사회 전체가 시장논리에 복속되는 '시장사회'가 아니라 시장이 모든 인간의 삶의 질 증진에 기여하는 '사회적 시장'을 구축하는 게 필요하다. 이러한 사회적 시장은 시장의 두 축인 공급과 수요의 상호관계를 공급 중심에서 수요 중심으로, 그리고 자본 중심에서 인간 중심으로 재설정하는 것이다. 앞에서 제시한 사회적 기업, 협동조합 방식이 이에 속한다.

4) 여성친화적 복지 시스템 구축

오늘날 노동시장 내 여성의 문제는 구조적 측면에서 수반된 사회적 문제인 만큼 개인 수준이나 가족 수준을 뛰어넘어 국가 수준에서 보다 거시적으로 접근하여 해결책을 모색할 필요가 있다. 또한, 빈곤의 여성화 문제를 사회문제로 인식하고, 정책적 접근을 통한 해결책을 마련하기 위해 국가 수준의 사회복지 측면에서 논의되어야 함은 당연하다. 부양의무자를 확인하는 방식을 지양하고 가족의 책임을 축소해나가야 한다.

전통적 복지국가의 핵심 프로그램은 사회보험제도이며, 사회보험 수급권이 노동시장에서의 유급노동을 통해 획득됨에 따라 복지수급권의 주 대상은 남성노동자로 구성되었다. 반면 대부분 복지국가에서 여성의 복지권은 여성들의 유급노동 참여 제한으로 남성생계부양자(male breadwinner)에 대한 의존을 통해 획득되는 경우가 많았다. 이러한 복지국가에 대한 비판은 남성중심적인 사회적 시민권을 비판함으로써 성평등성의 논의를 복지국가 영역으로 확대시켰다는 점에서 의의가 있었을 뿐 아니라, 이러한 여성친화적 관점은 최근 성통합적 복지국가 재편 논의로 확장되어 미래지향적 복지국가 논의에 이바지해왔다.

따라서 서구의 미래지향적 복지국가는 복지국가 위기 재편의 계기를 여성을 노동자로 인식하는 데서 찾았다. 한국도 이제 단순히 '여성인력활용'의 담론이나 '저출산 해소를 위한 보육지원' 담론을 넘어서서 '남성생계부양자모델'의 적극적 해체를 추구할 필요가 있다. 정책대상의 단위를 가구(가족)로 삼는 시각이 유지되는 한, 여성은 영원히 불완전한 노동자의 지위를 벗어날 수 없다. 그 결과는 여성이 이중구조화된 노동시장에서는 하위를 차지하고, 사회보장체계에서는 독립적인 시민권이 아니라 피부양자로서의 파생적인 권리만을 가지며, 따라서 혼인관계를 벗어나면 경제적으로 생존하기 어려운 지금의 현실이 지속적으로 유지될 것이기 때문이다. 따라서 젠더레짐을 남성생계부양자형에서 이인소득자-이인양육자 모델로 전환해나가는 것이야말로 복지국가 발전의 전제조건이다(장지연, 2009, 2013).

그리고 아동보육, 노인수발, 여성에 대한 투자는 중산층 여성을 복지동맹에 끌어들이는 방안이 될 수 있다. 복지정치에는 계급이라는 단일한 균열만이 존재하는 것이 아니며, 특히 여성은 복지수혜자로서의 지위, 복지제공자로서의 지위로 인하여 복지동맹을 가능하게 하는 하나의 균열구조일 수 있기(안상훈, 2000) 때문이다. 따라서 지속가능한 복지발전이 제대로 되려면 여성친화적 복지 시스템 구축이 이루어져야 한다.

5) 사회서비스 보장의 강화

지속가능한 복지발전을 이루기 위해서는 사회복지정책에서 소득보장체계와 사회서비스 부분이 밀접한 연계 속에서 조화롭게 운영되어야 한다. 따라서 현재 소득보장에 비해 상당히 뒤처진 사회서비스 보장 부문을 강화하는 일이 시급하다. 사회서비스를 강화하기 위한 실천 전략을 다음과 같이 제시할 수 있다.

첫째, 인적자본 활용을 강화하는 것이다. 인적자본 활용을 강화하기 위해서는 (1) 저출산 대책의 하나로 여성의 일과 가정의 양립 문제 해결을 위한 공보육, 모성보호정책이 필요하고, 고령화 대책의 하나로 노인의 고용률 제고를 위한 적극적 노동시장정책, 내실있는 장기요양제도를 실시해야 한다. (2) 인적자본 활용을 제대로 하려면 우선 인적자본의 고도화가 필요하다. 이를 위해서는 평생학습서비스와 사회적 숙련형성 체제를 확립해야 한다. (3) 예방적 건강서비스를 강화해야 한다.

둘째, 개인 욕구별 보장체계를 강화하는 것이다. 개인 욕구별 보장의 체계화 목표를 달성하기 위해서는 먼저, 개개인의 생애주기별 욕구를 파악해야 한다. 이를 기반으로 하여 개인 욕구별 보장의 체계화 목표를 달성하는 데 가장 중요한 단계는 아동/청소년을 중심으로 한 생애주기의 시작 단계이다. 그런데 학습능력은 가정의 소득수준과 문화적 수준에 크게 영향을 받기 때문에 빈곤의 대물림과 사회이동성의 고착을 막기 위해서는 저소득가정의 아동에 대해 취학 전 적정 수준의 보육과 교육을 사회적으로 제공할 필요가 있다(Esping-Andersen, 2002). 따라서 사회적 보육은 중장기적으로 보편주의적 사회서비스를 구축할 때 다른 정책영역보다 가장 높은 우선순위를 두어야 한다. 생애주기의 두 번째 단계인 청년을 대상으로는 유연안정성을 확보하는 정책들이 먼저 시행되어야 할 것이고, 생애주기의 마지막 단계인 노인층을 위하여 고령자의 고용촉진과 재정효율성이 높은 기초보장제도의 구축에 강조점을 두어야 할 것임을 양재진 교수(2006)는 주장하였다.

한편, 안상훈 교수(2006)는 생애주기적 일반 욕구(global needs)에 대한 '기본생활보장'과 특수한 욕구(specific needs)에 대한 '범주적 생활보장'을 동시에 고려한 다층 안전망으로의 패러다임 전환적 구조조정 안을 제시하였다. 안상훈 교수가 제안한 안전망은 다음과 같이 4가지로 구성된다. 1차 안전망은 생애주기적 기본생활 욕구에 대한 사회서비스를 통해 보편적인 방식으로 추진하는 것이다. 2차 안전망은 생애주기적 기본생활 욕구에 대한 소득보장으로서, 사회보험형 공적 현금급여로 구성한다. 하지만, 기본욕구를 1차 안전망이 상당 부분 소화할 것이므로, 사각지대를 줄이면서도 재정부담은 크게 늘지 않는 묘수가 가능할 것으로 전망한다. 3차 안전망은 생애주기적 기본생활 욕구에 대해 민영화 혹은 시장화된 소득보장, 예를 들면 퇴직연금과 민간연금보험으로 구성한다. 이는 공평성의 견지에서 중산층 이상의 욕구를 수용하고, 시장활성화를 도모하는 데 필요한 부문이다. 4차 안전망은 3차 안전망까지의 다층 기제를 통해서도 끝까지 해결되지 못한 채 남겨질 가능성이 높은 취약계층의 잔여 욕구에 대한 범주형 사회부조로 구성한다. 범주형 사회부조는 현금이전형 공공부조와 5대 사회적 취약그룹(socially disadvantaged big 5)인 저소득층의 아동, 노인, 장애인, 여성, 실업자에 대한 특수한 사회서비스로 구성한다. 특히 자격 없는 빈자(undeserving poor) 논쟁에 적나라하게 노출된 근로빈곤층에 대한 분야는 적극적 노동시장정책 등 고용서비스와 결합된 '실업부조' 등의 형태로 분리하는 것을 고려해야 한다는 것이다.

이상으로 볼 때 사회서비스정책의 방향은 적어도 생애주기 관점에서 개개 시민이 유아기에서 노년에 이르기까지 시장에서 더욱 성공적으로 경쟁할 수 있도록 능력을 배양해주는 교육과 직업훈련 등 인적자본 개발과 관련된 사회서비스정책을 무엇보다 중시해야 할 것으로 생각한다. 그러기 위해서는 (1) 취학 전 아동기 학습능력은 가정의 소득수준과 문화적 수준에 크게 영향을 받기 때문에 빈곤의 대물림을 막기 위해서라도 저소득가정의 아동에 대한 보육과 교육에서 보편주의적인 사회복지서비스를 구축하는 데 정책의 우선순위를 두어야 할 것이다. (2) 근로 가능인구에 대해서는 전통적인 소득보장정책 차원을 넘어서 세계화의 영향과 지식기반사회에 걸맞은 직업능력과 인적자본 개발에 필요한 능력고취에 초점을 두는 사회서비스 시스템을 구축해야 할 것이다. 특히 여성의 사회적 역할과 기능이 중시되며, 여성관련 사회서비스 영역을 확대해나가야 함은 당연하다. (3) 생애주기의 마지막 단계에 처해 있는 고령자에게는 앞으로 고령사회에서의 고용을 촉진하는 방안으로서 사회서비스 기능을 확산해야 한다.

셋째, 사회서비스정책 인프라를 구축해야 한다. 사회서비스정책 인프라의 구축 목표를 달성하기 위해서는 (1) 사회지출구조의 합리화가 우선 요구된다. 특히 사회복지서비스 분야 지출을 확대해야 한다. (2) 사회복지서비스 전달체계와 거버넌스(governance)를 개선해야 한다. 특히 중앙부처와 지방정부 간 정책 협조의 거버넌스가 구축되어야 한다. 이와 관련하여 상당히 여러 국가가 최근에 실시하고 있듯이 보건복지부와 노동부를 통합하여 고용복지부를 만들고, 사회보험 업무의 경우 사회보험청을 고용복지부 산하에 두어 4대 사회보험의 체계를 높여나갈 필요가 있다. (3) 사회서비스정책 대부분은 인적자본 향상과 고용가능성을 높이는 전략이기 때문에 섬세하고 세밀한 행정체계가 요구된다. 가령 노동능력이 있는 빈민의 기술능력을 향상시켜 노동시장 안으로 통합시키기 위해서는 개별 상담 인력, 교육훈련 시설, 직업안전망 등의 인프라가 필수적이다. 즉 인프라가 정비되어 있지 않은 상황에서 사회복지서비스정책은 시행되기가 극히 어렵다. (4) 지역단위에서의 효율적인 사회서비스정책의 인프라 구축이 필요하다. 지역단위에서 보건정책, 복지정책, 교육정책, 고용정책 등의 인프라가 상호유기적으로 결합되어야 정책의 효과성이 발휘될 수 있다. 따라서 지자체와 중앙정부 간의 협력은 필수적이다. (5) 중앙부처 간 정보공유를 통해 서비스의 선택권을 확대할 수 있는 체계를 구축할 필요가 있다. 일선 행정기관 차원의 업무조정 및 정보공유를 통해 지역의 실정에 맞는 서비스의 종류와 공급량을 조절해야 한다. 그리고 정부는 보건, 복지, 고용, 주거, 교육, 문화, 관광, 생활체육 등과 관련된 통합정보시스템을 시급히 구축해야 한다.

넷째, 서비스의 질이 보장돼야 한다. 이를 적절히 충족시키기 위해서는 국가가 양질의 서비스를 누구에게 어떻게 공급할 것인가에 관한 양질의 서비스 공급 및 관리계획을 반드시 수립하여 실행에 옮겨야 한다. 즉, 양질의 사회서비스 기본수준을 어느 정도로 할 것인가 하는 국가 기준을 설정하여 서비스 욕구를 표적화해야 하며, 서비스 질 제고를 위한 신뢰성 있는 품질관리 체계를 구축해야 한다. 더불어 적정 전문 인력을 양성하고 관리하며 서비스 관련 정보의 생산과 공유가 반드시 필요하다(조흥식, 2013).

6) 공공성을 바탕으로 하는 사회권의 신장

공공성을 담보로 하는 사회권을 신장해야 한다. 오늘날 사익이 지배하는 자본주의 시장사회에서 아무래도 공공성의 문제는 일차적으로 국가가 주도할 수밖에 없다. 국가는 시장이 공급하지 않는 공공복지를 전 국민에게 직접 제공하거나, 시장에 위탁할 때도 시장에서의 사익 추구를 적절하게 억제하여 공익이 창출되도록 하기 때문이다. 또한, 민간영리기관, 가족, 친척, 이웃 등이 제공하는 서비스는 공공성을 담보하기란 쉽지 않다. 왜냐하면 공공성의 중요한 특성은 대상의 보편적 포괄성이라는 점에 있지만, 가족원이 가족원에게 제공하는 서비스나 친척, 이웃이 제공하는 서비스는 배타적 특성이 있고, 민간영리기관이 제공하는 서비스도 일정수준의 비용을 분담해야 서비스 이용이 가능해 배타적이기 때문이다.

일반적으로 국가가 돌봄수급자에게 현금지원을 통해 민간서비스를 구매하는 경우는 다음과 같은 세 가지 조건을 충족시켜야 공공성을 담보했다고 할 수 있다. 첫째는 현금지원 대상의 보편성을 담보해야 하고, 둘째는 소득계층과 관계없이 누구나 재정적 부담 없이 서비스를 이용할 수 있어야 하며, 마지막으로 제공되는 서비스의 질이 돌봄수급자의 욕구를 충족시킬 수 있는 수준까지 담보되어야 한다. 정부로부터 현금지원을 받는 돌봄수급자는 비가족원이 제공하는 비공식 민간서비스를 구매할 수도 있는데 이 경우도 민간영리기관과 같은 3가지 원칙이 충족되어야만 공공성을 담보했다고 할 수 있다. 그러나 이러한 3가지 원칙이 충족되는 민간영리서비스와 비공식 돌봄서비스를 현재 한국에서 찾는 것은 불가능하다.

이런 점에서 우리나라 건국이념인 모든 사람을 이롭게 하는 '홍익인간' 이념을 상고할 필요가 있다. 단군은 국정운영에서 늘 전체 백성의 삶을 생각했다. 백성이 굶주리면 자신의 잘못으로 돌리고 해결책을 찾기 위해 공익을 우선하는 충신들의 말을 들었으며, 사익을 추구하는 아부꾼들은 멀리했던 것이다(조홍식, 2011b).

실질적인 공공성을 확보한다는 것은 복지국가의 역할 즉, 복지정책과 프로그램을 통해 전 사회구성원의 자유와 평등을 실질적으로 확대하는 것, 즉 사회권의 확대를 의미한다고 할 수 있다. 그런데 이러한 사회권의 범위와 실질적 내용은 사회합의 또는 사회집단 간의 갈등과 대립 속에서 늘어나거나 줄어들 가능성이 있다. 사회권의 세부 내용은 고정된 것이 아니라 사회권의 실질적 구현과정에 영향을 미치는 사회가치를 반영하여 설정되기 때문이다(신동면, 2009).

사회권은 호혜, 포용(inclusion), 신뢰의 세 가지 사회가치에 기반을 둔다고 영국 사회복지학자 테일러-구비(Taylor-Gooby, 2009)는 주장한 바 있다. 호혜는 일반 국민 사이에서 집단 간 수평적 재분배를 기꺼이 지원하는 것을 말한다. 호혜는 사회보험체계를 유지하는 데 기반이 되는 가치이다. 포용은 일반 국민과 소수 취약집단 간의 수직적 재분배를 수용하는 것이다. 이는 조세를 재원으로 지급하는 자산조사 급여와 서비스 등을 제공하는 가치 기반이 된다. 신뢰는 특정 유형의 재분배를 지지하기보다는 복지서비스와 이를 제공하는 사람을 지지하고 믿는 것이다. 또한 신뢰는 복지국가에서 제공하는 급여와 서비스는 내가 이를 필요로 할 때 제공될 것이라는 믿음이다. 따라서 사회권을 구성하는 가치 중에서 신뢰는 그 중요성이 더해가는 반면, 신뢰를 유지하는 것은 점점 어려워지고 있다.

이렇게 볼 때, 복지의 실질적인 공공성 문제는 사회권의 기반이 되는 호혜, 포용, 신뢰 등 세 가지 사회가치를 확산하여 국민의 합의를 끌어내는 게 중요하다. 특히 사회양극화와 민생고가 커질수록 그 가능성이 높아질 것은 지극히 당연하다.

7) 지속가능한 복지재정의 확대

복지재정의 지속가능성은 재정 건전성을 유지하고 성장잠재력이 훼손되지 않은 범위 내에서 복지지출을 확대해나가는 것이다. 원론적으로는 맞는 말이다. 그러나 한국에서 복지재정의 수준은 OECD 국가 중 최하위 그룹에 속한다. 이는 우리의 경제 규모와 비교해볼 때

전혀 어울리지 않은 수준이다. 현재 한국은 복지지출과 국민부담률이 모두 낮은 저부담-저복지 국가 형태를 띠고 있다. 따라서 복지지출과 국민부담률 모두 높은 고부담-고복지형인 북유럽 복지국가와 독일 등에 당장 따라가기는 어려울 것이다. 더구나 복지지출은 많지만 국민부담률이 낮은 그리스, 스페인, 영국, 포르투갈 등 저부담-고복지 국가가 돼서는 더욱 안 될 것이다.

따라서 적어도 5년 또는 10년 이내에 '저부담-저복지' 복지에서 '중부담-중복지' 정도까지는 복지재정 수준을 높여야 할 것은 당연하다. 그러기 위해서는 인구구조 변화, 성장률 등을 고려한 장기적 관점의 재정운용이 필요하다. 특히 고령사회 진입(2017년 예상) 이전에 복지재정의 지속가능성을 고려한 재정·조세정책을 시행해야 할 것이다.

일반적으로 복지재정 확보 방안으로는 첫째, 세입기반을 확충하는 일이다. 세원의 투명성을 강화하고, 비과세·감면을 정비하며, 과표 양성화와 금융소득 과세 등 신규세원 발굴에 힘써야 한다. 직접세와 간접세, 누진세와 역진세를 함께 확대해 총 조세규모를 늘릴 필요가 있다. 증세의 대상인 고소득층에게는 누진성을 강화하고, 저소득층에게는 면세기준의 폭을 넓히며, 개인소득세, 고용주의 사회보장기여금, 일반소비세를 확대해나가야 한다.

그러나 이러한 증세 이전에 중요한 전제는 세금은 정부에 대한 국민의 신뢰에 기반을 둔다는 점을 반드시 고려해야 한다는 것이다. 다시 말해 세금이 복지급여로 내게 되돌아온다는 사회적 신뢰감을 국민에게 반드시 심어줘야 한다는 것이다. 아직 이러한 정부에 대한 신뢰가 부족하고 보편적 복지에 대한 국민의 경험이 짧은 한국사회에서 증세를 주장하는 것은 적절하지 않을 수 있다. 실제로 국가에 대한 신뢰 없이 증세를 도모한 대부분의 국가가 실패를 경험하고 조세에 대한 불신만 키웠던 사실(Akaishi and Steinmo, 2006)을 염두에 둬야 한다. 그러므로 먼저 세출구조조정, 효율화, 감세원상복귀, 조세감면축소 등을 통해 재원으로 마련하여, 이 재원으로 시민이 충분하지 않더라도, 보편적 복지를 경험한 이후에 복지확대를 위한 증세 여부와 방법에 대한 사회적 합의를 이루는 것이 필요하다(윤홍식, 2012).

둘째, 세출구조를 조정하는 일이다. 우선은 국가 재정을 아껴 쓰는 것이다. 이러기 위해서는 재정위험 모니터링 시스템을 구축하여 성과가 미흡하거나 유사·중복사업을 조정하여 폐지하는 일을 과감히 해야 한다. 그리고 남북관계를 개선하여 평화체제를 구축함으로써 국방비의 과다한 지출을 억제해야 하며, 낭비성 개발비용의 증대를 막아야 한다. 아울러 권력남용이나 뇌물 관행에 따른 부패와 부정에 의한 행정비용(transaction cost)을 절감해나가야 한다.

셋째, 복지시스템을 재설계함으로써 비용을 줄여야 한다. 국민연금, 기초노령연금, 공무원 및 군인연금, 건강보험 등 대규모 복지지출 프로그램의 지속가능성 확보를 위한 구조개혁을 힘들지만 강하게 추진해야 한다.

핀란드 정부가 2012년에 지속가능한 복지발전을 위해 다양한 조세정책을 시행한 사례를 참고할 필요가 있다. 우선, 개인소득세와 법인소득세는 인하한 반면에, 건강과 환경에 영향을 주는 간접세(sin tax)를 과감하게 인상했다. 술, 담배, 초콜릿, 탄산음료, 아이스크림, 수송연료, 자동차에 부과하는 세금을 인상한 것이다. 더불어 저소득 근로자에 대한 세 부담을 완화하기 위해 기본공제와 세액공제를 확대하고, 개인소득세 과표 구간을 물가상승률(3.3%) 상승에 따라 상향 조정했다. 또한 법인소득세는 해마다 인하하여 2011년 26%에서 2012년 24.5%로, 2014년 20.0%로 인하했다. 이와 함께 조세부담의 형평성을 높이기 위해 지방자치정부의 개인소득세와 사회보험료는 인상했다.

8) 정치적 복지동맹의 확대

한국에서 불평등과 사회양극화가 심화되고, 노인, 청소년 자살률이 세계 1위이고 저출산율과 고령화 속도가 세계 1위이며, 가족해체와 무한경쟁 때문에 공동체가 파괴되는 것은 경제성장 자체가 문제되는 것은 아니다. 경제성장은 지속적으로 이루어져야 한다. 문제는 경제성장의 과실을 조세와 사회복지정책을 통해 어느 정도 재분배 기능을 하지 못함으로써 사회통합에 실패하기 때문이다. 핵심 문제는 정치이지 경제가 아니다.

그러므로 한국에서 지속가능한 복지발전을 결정하는 중요한 요소 중 하나는 새로운 복지정치 구성과 관련된다. 아직 한국에서 지속가능한 복지발전 문제는 충분히 정치와 연계되어 있지 못하다. 오랫동안 주요 복지제도 도입과 확대는 국가에 의해 일방적으로 부과된 것이었고, 관료들만의 일이었기 때문이다. 국민, 특히 서민들은 수동적으로 임했고, 소위 엘리트인 경제관료의 입장과 국가의 정세적 필요에 따라 온정주의나 군부독재의 정당성 확보를 위한 수단으로서 복지확대 등 개입주의를 통해 한국 복지제도가 형성되어온 것이다. 따라서 우리나라 지배세력들이 유포한 신자유주의(시장만능주의) 이념과 담론을 사회에서 후퇴시키지 못하는 한, 한국에서 지속가능한 복지발전의 미래는 어둡다고 할 수 있다.

복지국가 정치에 매우 중요한 요소로 테일러-구비(Taylor-Gooby, 2001)는 두 가지를 지적했다. 첫째, 다양한 행위자들(즉 유권자, 정치가, 집권정당과 야당, 행정부, 공무조직과 사법부)이 자신의 목표를 추구할 수 있는 기회를 결정하는 헌정 구조, 둘째, 의회 밖의 조직화된 이익들, 즉 다양한 분파의 자본, 고용주, 노동, 종교 조직들, 그리고 자발적 시민사회 조직들 등 의회 밖의 조직화된 이익구조 등이 그것이다. 따라서 복지체계는 이 두 가지 요소로 구성된 광의의 정책결정의 틀 속에서 발전하고 개혁된다고 할 수 있다.

그러나 유감스럽게도 한국에서는 이념과 정책을 기반으로 한 정당정치가 제대로 작동하지 않는 가운데 있다. 그리고 노동운동이나 노동문제가 복지와 관련하여 중심적 위치를 차지하지 못한 상황에 있다. 한국은 노동조합이 대기업 중심이고 조직률도 낮다. 대기업 정규직은 기업복지의 혜택을 받아 보편적 복지에 관심이 덜하며, 오히려 복지국가를 더 필요로 하는 저임금 비정규직, 중소 영세자영업자들과는 분절된 상황이다. 이러한 상황에서는 지속가능한 복지발전의 실현이나 복지동맹 형성은 어렵다.

따라서 지속가능한 복지발전 모델은 무엇이 되었건, 정치적 효과를 감안하여 설정해야 한다. 즉, 사회복지 재정구조와 제도 도입 등의 작동 과정에서 민주주의적 참여를 가능하게 하는 대안설계가 필요하다. 민주주의의 깊이와 폭을 확장시키는 복지 시스템에 대한 고민이 필요하다. 주민참여를 작동 요소로 하는 시스템 구축 등이 필요하다. 특히 저임금 비정규직, 중소 영세자영업자 등의 광범위한 복지수요를 복지동맹으로 바꾸어낼 기반을 마련하는 게 우선 필요할 것이다.

나아가서는 사회세력들이 정책적 영향력을 행사하는 통로이자, 타협과 조율의 틀로서 코포라티즘적 협의체를 구축하는 게 필요하다. 이러한 협의체는 당연히 노동조합이든 시민단체이든 대화 창구에 참여하되 투쟁과 비판의 긴장을 갖고 있어야 한다. 프랑스 연금개혁 사례는 이를 잘 보여준다. 더 구체적으로 말하면, 노동연대뿐만 아니라 노동자와 중간층을 포괄하는 광범위한 '노동시민연대'를 만들어야 한다는 것이다. 이후에는 이를 활용하여 그래도 상대적으로 복지친화적인 정당 간의 역동적인 연합정치체제를 구상해볼 수 있을 것이다. 따라서 앞으로 복지동맹과 관련된 정치담론이 활발히 이루어져야 한다.

9) 부정, 부패의 단절

정치경제적 구조나 시장에서의 배분구조가 너무 왜곡되어 있거나 부패고리로 엮여 있다면, 그리고 특권집단과 비특권집단 간의 괴리가 있다면 이 문제는 복지의 문제가 아닌 정의의 문제로 풀어야 한다. 일반적으로 1차 분배는 시장에서, 2차 분배는 복지정책을 통한 재분배를 하는 것이기 때문에 복지는 재분배 기능을 하게 된다. 그러므로 1차 분배 기능을 하는 시장구조나 정치경제적 구조가 잘못되어 발생하는 문제를 2차 분배, 즉 복지를 통해 감당할 수는 없다. 1차 분배 기능을 하는 정치경제적 구조나 시장에서의 배분구조에서 부패나 부정의가 없어야만 순차적으로 복지 문제도 해결할 수 있다. 앞서 사회권의 세 가지 사회가치 중 신뢰의 문제는 결국 정부의 정책기능에 대한 정의의 문제로 귀결된다(조흥식, 2012).

국제적인 부패감시 민간단체인 국제투명성기구(Transparency International, TI)가 1995년부터 매년 1회씩 발표하는 국가별 부패인식지수(CPI; 100점을 만점으로 하여 점수가 높을수록 부패 정도가 낮은 것으로 간주)를 보면, 2013년의 경우 조사 대상인 177개국 가운데 뉴질랜드 · 덴마크 2개국이 91점으로 공동 1위를 차지하여 세계에서 가장 청렴하고 정직한 나라로 선정되었다. 10위권 내로는 스웨덴 · 핀란드가 3위, 노르웨이 5위, 스위스, 네덜란드, 캐나다 · 오스트레일리아가 그 뒤를 이었다. 반면에 북한과 아프가니스탄, 소말리아는 175위로 공동 '꼴찌'를 기록했다. 이들 국가의 점수는 100점 만점에 8점에 불과했다(한국투명성기구, 2013). 이를 볼 때, 복지국가의 정도와 정부의 부패는 반비례함을 알 수 있다.

한국은 1995년 42.9점에서 출발하여 2000년 40점(48위), 2001년 42점(42위), 2002년 45점(40위), 2005년 50점, 2006년 51점, 2007년 51

점, 2008년 56점(36위)으로 가장 높아졌다가 2009년 54점(39위), 2010년 54점(39위), 2011년 54점(43위), 2012년 56점(45위), 2013년 55점(46위)으로 이명박 정부가 출범한 후 계속 정체 내지 하강하고 있다. 그 이유는 최근 다시 나타난 한국사회의 부패 현실에 기인한 것으로 여겨진다. 즉, 교육비리, 특권층 비리, 고위 공직자 자녀 채용비리, 사정기관의 부패 스캔들, 대통령의 사면권 남용 등 각종 부패사건의 증대와 이명박 정부의 친기업 정책으로 인한 윤리의식 약화가 관행적 부패와 지능형 부패의 상존 등에 의한 것으로 짐작된다(조흥식, 2012). 아울러 박근혜 정부가 들어선 후 전 정부와 다른 모습을 기대했지만 별로 차이가 없는 이유는 권력부패 현상과 관련이 있는 것으로 보인다. 전 국정원장의 비리혐의 기소, 국무총리 후보자와 헌법재판소장 후보자의 낙마, 법무부차관 성접대 동영상 문제 등이 그 예라 할 수 있다.

따라서 부패를 방지하기 위해서는 첫째, 대통령이 이끄는 정부의 의지와 결단, 그리고 사회지도층의 도덕적 수범이 무엇보다도 중요하다. 다시 말하여 반부패가 분명한 국정과제가 되고 독립된 반부패기관이 복원되는 등 부패의 소지를 차단하는 각종 제도 개선과 함께 공직윤리의 철저한 준수와 사회지도층의 노블레스 오블리주 실천이 뒤따르지 않으면 안 된다.

둘째, 범정부 부처 간의 협력체제가 매우 중요하다. 자본주의의 부패를 방지하기 위한 역할을 흔히 검찰 특별수사가 하는 주 업무라고 하지만 공정거래위원회나 금융감독원 등도 일부 그러한 기능을 수행하고 있다. 그리고 국세청이나 경찰의 조사 또는 수사 기능에도 유사한 일을 하므로 이들 기능이 유기적으로 협력, 연계된다면 정부의 반부패 노력은 훨씬 더 실효성 있는 결과를 얻을 수 있다. 물론 이러한 협력체제는 당연히 대통령실이나 관련 위원회의 총괄, 조정 아래 부패 유발 요인의 제거에 중점을 두고 각 기관의 고유기능을 훼손하지 않는 범위에서 이뤄져야 할 것이다. 또한 공직자의 부패행위는 공직윤리와 직결되는 문제인데 공직자 행동강령이나 비리 공직자의 퇴직 후 취업제한 업무는 국민권익위원회에서, 공직자 재산등록 업무는 행정자치부에서 관장하고 있으므로 두 기관 사이의 협조나 조정이 반드시 필요하다. 이뿐만 아니다. 정치권에서 자주 거론되는 이른바 고위공직자 비리수사처나 특별감찰관제가 제도화된다면 검찰 등 현재의 수사체계와 업무관할 조정이나 협조는 더욱 긴요한 과제가 될 것이다.

셋째, 정부는 민간부문의 부패방지 노력과도 연계해야 한다, 사회가 부패 없이 맑고 깨끗한지 아닌지는 기업을 포함한 민간부문에 대한 인식까지를 포함하고 있다. 그런데 우리나라의 '부패방지 및 국민권익위원회의 설치와 운영에 관한 법률'은 민간부문에 대한 반부패 대책을 포함하고 있지 않은 문제가 있다. 그리고 시민이나 민간단체의 자발적인 반부패운동은 정부 시책 못지않게 청렴사회 만들기에 이바지할 수 있기 때문에 민간의 자발적인 반부패운동을 정부는 적극 지원하여야 한다. 그리고 요즘 자주 논의되는 기업의 사회책임(CSR) 수준을 높이기 위해서라도 정부와 민간 간의 협력은 반드시 필요하다.

10) 평화로운 남북한 사회통합

남북한 분단으로 인해 나타난 한국 사회에서의 취약한 노동계급의 권력자원과 안보 이데올로기의 작동은 지속가능한 복지발전의 걸림돌이 되고 있음은 분명하다. 평화복지국가를 구상하고 있는 윤홍식(2013:107) 교수의 다음과 같은 지적은 상당히 수긍되는 바다. "분단체제론에서 주장하듯 분단의 해체 없이 한국사회의 지속가능한 발전이 어려울 것이라는 사실에는 동의한다. 그렇지만 분단체제론의 주장처럼 분단으로 인해 한국사회의 독자적인 발전이 불가능하다는 주장에는 동의할 수 없다. 복지국가를 위한 노동과 시민의 연대를 만들어가는 길이 분단을 허무는 길이며, 분단을 허무는 과정이 복지국가를 위한 노동과 시민의 연대를 만들어가는 길이 될 것이다." 이러한 분단을 허무는 과정으로서 복지국가를 위한 노동과 시민의 연대는 당연히 남한에서 우선 이루어져야겠지만, 순차적으로 평화로운 남북한 사회통합을 위한 방안을 모색하는 길이야말로 전쟁이 아닌 평화를 기본으로 하는 지속가능한 복지발전을 이룰 수 있을 것이다.

평화로운 남북한 사회통합에의 접근은 다음과 같은 방향을 취하는 것이 필요하다고 본다. 첫째, 남북한 간의 이질적인 문제를 찾아내기보다는 문제해결을 위한 동질적인 사실(facts)을 먼저 찾아내려고 하는 시각을 갖는 것이 무엇보다도 중요하다. 사회보장을 기반으로 하는 사회복지야말로 남북한 사회통합에 이바지할 수 있는 여러 차원에서 그래도 가장 동질적인 요소를 많이 끄집어낼 수 있으며, 따라서 보다 쉽게 사회통합의 문제에 접근할 수 있는 실마리를 제공할 수 있다. 이는 국가정책 차원에서 사회통합의 문제를 남북한이 가장 쉽게 상호 접근하여 모색할 수 있는 토대를 형성할 수 있다는 의미를 지닌다. 이런 점에서 개성공단에 있는 노동자들의 복지문제 해결방안 모색은 하나의 시금석이 될 수 있다.

둘째, 사회통합을 위하여 또한 중요한 것은 복지권 의식을 발전시키는 것이다. 남한과 북한이 사회통합을 시도한다면, 결국 '한 민족'으로서의 정체감에 근거한 공동체의식의 회복에 기대야 할 것이라고 보는데, 남북한이 이러한 '한 민족'으로서 공통으로 지니고 있는 하나의 의식적·정서적 토대를 복지권 의식의 개발이 충분히 담당할 수 있을 것으로 본다. 개인 이기주의든, 가족 이기주의든 편협한 '자기이익 챙기기'에서 벗어나 더불어 잘살기 위한 기반으로서 남북한 주민 모두의 복지권 의식의 함양이야말로 평화통일로 가는 사회통합의 첫걸음이 될 수 있다. 현재 남북한은 모두, 극단적으로 표현한다면 복지권 차원의 국가적 위기를 겪고 있다고 할 수 있다. 북한은 식량문제, 남한은 빈부 양극화 현상이 그것이다. 따라서 평화로운 남북한 사회통합을 이루어가기 위해서는 복지권을 기반으로 하는 사회공동체 의식을 남북한 공히 확장하는 것이 필요하다고 본다.

마지막으로, 평화로운 남북한 사회통합을 이루어나가는 구체적인 실천방안을 남북한이 함께 개발해야 한다. 즉, 국제적 기준에 적합한 사회복지정책 프로그램을 남북한이 함께 개발해나가야 한다. 경제개발도 중요하지만, 함께 잘 살아가는 사회복지정책 프로그램을 함께 활용하기 위한 시범적 사업을 공유하는 것도 필요할 것이다. 특히 남북한 간의 경제협력 길을 확대해나가고, 동시에 복지권을 기반으로 하는 사회복지를 어떻게 발전시켜 사회통합으로 나아가야 할 것인가 하는 구체적이고 실천적 방안에 대해서 지금부터 진지한 탐색작업을 해야 할 것으로 생각한다. 북한이주자(새터민)를 위한 적절한 복지프로그램 개발과 시행은 평화로운 남북한 사회통합의 실마리가 될 수 있다.

5. 결론

지속가능한 복지 발전을 이루어가려면 적어도 재정과 제도화에 대한 깊은 성찰과 논의를 거쳐야 한다. 재정문제는 대중적인 합의와 지지를 얻어내야 할 문제이며, 제도화 문제는 중앙정부와 지방자치단체의 행정체계 구축 문제와 직접 관련되는 것으로 국가의 통치(government)가 아닌 지역협치(local governance)의 활성화가 필요하며, 시민이 몸을 담고 있는 풀뿌리 공동체 구축이 필요하다.

그러려면 이러한 문제들에 대한 범사회적 협의가 필요하다. 범사회적 협의는 국가적 수준에서만 진행될 것은 아니고, 가능한 지역별, 산업별 또는 업종별 수준에서 동시에 진행되어야 한다. 왜냐하면, 지역별, 산업별 또는 업종별 수준에서 사회협약이 체결·집행되면서 합의과정에 참여한 당사자들은 사회협약의 필요성을 확신하는 정책학습의 기회를 갖게 되며 사회협약의 토대가 되는 사회신뢰성을 확보해 갈 수 있기 때문이다. 따라서 국가 기능에 대한 시민의 신뢰 강화, 그리고 NGO의 주체적 시민행동이 동시에 확대되어야만 국가와 시민사회가 서로 균형을 이루며 지속가능한 복지발전을 기할 수 있을 것이다.

그런 점에서 복지동맹을 구축하는 것은 하나의 대안이 될 수 있다. 아직 한국사회에 본격적인 복지동맹이 형성되어 복지국가를 향한 동력으로 역할하고 있지는 않지만 지속가능한 복지발전을 위한 복지정치의 주체로서 복지동맹의 형성 가능성은 크다고 본다. 이러한 복지동맹은 과거 사민당과 노동운동이 복지에 부여했던 가치지향과 함께, 보편적 수혜구조 형성을 통한 중산층까지 복지국가에 동의하게 하는 이해관계의 포괄성이 모두 필요하며, 또한 사안마다 중심 주체가 달라지는 다중심성이 필요하다. 다시 말해 기존 노동운동과 정당 중심의 운동, 그리고 복지운동에서 핵심 역할을 수행하고 있는 시민사회운동뿐만 아니라 청년 유니온, 학교비정규직 노조 등 신생 노조, 다양한 부문별 운동, 지역운동이 복지동맹으로 결합하여 사안별로 중심을 형성할 수 있도록 개방성을 갖는 게 중요하다(주은선, 2013).

요컨대, 지속가능한 복지발전을 이루기 위해서는 구호나 상상이 아닌 구체성과 실현성을 일상생활에서 활성화하는 일이 급선무이다.

▶▶▶ 참고문헌

강신욱 외, 2006, 『우리나라의 빈곤 및 불평등 관련 지표변화 추이: 주요 OECD 국가들과의 비교』, 한국보건사회연구원.

강준만, 2007, 「한국 보험의 역사: '연고 복지'와 '각개약진 복지'가 만든 세계 6위」, 『인물과 사상』 112(8월호): 146-196.

김상균 외, 2011, 『사회복지개론』(개정3판), 나남.

김성천 외, 2009, 『사회복지학의 원리와 실제』, 학지사.

김영란, 1997, 「빈곤의 여성화와 사회복지정책」, 『한국사회복지학』, 제31집: 7-13.

김종건, 2007, 「복지성장주의를 넘어 복지동맹을 위한 연대운동으로」, 『참여연대 사회복지위원회 대안복지패러다임 세미나 자료집』.

김태완 외, 2007, 『2007년 빈곤통계연보』, 한국보건사회연구원.

김형준·한동우, 2012, 「사회생태주의적 관점에서의 한국 복지국가담론 비판과 대안」, 『비판사회정책』, 비판과 대안을 위한 사회복지학회, 제36호: 39-74.

김형준·한동우, 2010, 「사회복지의 대안적 이론체계로서의 사회생태주의」, 『비판사회정책』, 비판과 대안을 위한 사회복지학회, 제29호: 91-123.

남찬섭, 2008, 「한국 복지국가의 성격과 전망」, 『한국사회포럼 기획워크숍 발표자료집』(2008 한국사회포럼 기획워크숍). 참여연대 사회복지위원회·복지국가소사이어티.

대한민국, 2012, 『국가 지속가능발전 평가보고서』.

반정호, 2013, 「우리나라 소득불평등 실태와 재분배 정책의 효과」, 『월간 노동리뷰』, 한국노동연구원, 2013년 1월호: 62-75.

석재은, 2012, 「한국의 연금과 젠더레짐」, 조흥식 엮음, 『대한민국, 복지국가의 길을 묻다』, 이매진.

신윤정, 2007, 「참여정부 저출산·고령화정책의 성과와 과제」, 『보건복지포럼』, 2007년 11월호: 42-57.

생명보험협회, 2013, 『생명보험 FACT BOOK 2013』.

박영란 외, 2003, 『여성빈곤 퇴치를 위한 정책개발 연구』, 한국여성개발원.

안상훈, 2006, 「사회서비스 투자국가로의 전환논리: 하나의 비교사회정책학적 서설」, 『2006년 추계학술대회자료집』. 한국사회복지학회.

_____, 2000, 「복지정치의 사회적 균열구조에 관한 연구: 계급론의 한계와 새로운 분석틀」, 『한국사회복지학』, 43: 193-221.

양재진, 2006, 「사회투자국가론과 한국에의 적용가능성 검토」, 『2006년 동계학술대회자료집』, 한국행정학회, 1-18.

여유진, 2011, 「복지국가의 구조적 제약과 경로의존성: 근로연령층의 빈곤과 복지국가의 재분배효과를 중심으로」, 비판과 대안을 위한 사회복지학회, 『비판사회정책』, 제32호: 7-44.

여지영, 2003, 「여성가구주와 남성가구주의 빈곤 차이에 관한 연구: 도시지역을 중심으로」, 서울대학교 대학원 박사학위논문.

윤홍식, 2013, 「분단과 복지국가: 주체형성의 문제와 평화복지국가의 전망」, 『평화복지국가: 분단과 전쟁을 넘어 새로운 복지국가를 상상하다』, 이매진.

_____, 2012, 「문제는 세금이다: 보편적 복지국가의 바람직한 조세체제를 찾아」, 조흥식 엮음, 『대한민국, 복지국가의 길을 묻다』, 이매진.

이용우 외, 2004, 「해외 지속가능발전지표의 사례와 시사점」, 『도시정보』, 대한국토도시계획학회, 2004-03: 3-19.

이준상 · 김만호, 2004, 「생태주의 관점에서 사회복지 이념의 분석적 고찰」, 『사회복지정책』, 제20호: 323-350.

장지연, 2009, 「한국사회 젠더레짐과 복지국가의 성격」, 정무권 편, 『한국복지국가 성격논쟁 II』, 인간과복지.

_____, 2013, 「젠더레짐과 복지국가의 설계」, 이종오 · 조흥식 외 지음, 『어떤 복지국가인가?: 한국형 복지국가의 모색』, 한울.

조흥식, 2010, 「한국 복지국가의 현실과 과제」, 김윤태 엮음. 『한국 복지국가의 전망』, 한울.
_____ , 2011a, 「무상급식이라고 쓰고 인권으로 읽는다」, 김상곤 외, 『경제학자, 교육혁신을 말하다』, 창비.
_____ , 2011b, 「복지와 공공성」, 공공정책연구원, 『공공정책』, 통권70호: 12-13.
_____ , 2013, 「돌봄과 사회서비스 정책」, 이종오 · 조흥식 외 지음, 『어떤 복지국가인가?: 한국형 복지국가의 모색』, 한울.
_____ , 2012, 「한국 복지체제의 변천과 복지국가의 요건: 바람직하고 지속가능한 시민복지국가를 지향하며」, 조흥식 엮음, 『대한민국, 복지국가의 길을 묻다』, 이매진.
주은선, 2013, 「한국의 복지정치: 복지동맹 구축 전망과 과제」, 이종오 · 조흥식 외 지음, 『어떤 복지국가인가?: 한국형 복지국가의 모색』, 한울.
통계청, 각년도, 『국세통계연보』.
한국투명성기구, 2013, 『'2013년 국가별 부패인식지수' 기자회견자료집』.
한동우, 2008, 「사회복지 패러다임 비판: 제도 의존으로부터 상호의존으로」, 『강남대학교한국사회복지연구소 Colloquium 자료집』.
홍경준, 1999, 『한국의 사회복지체제 연구』, 나남.
Turner, B. S., 1990, "Outline of a Theory of Citizenship," *Sociology*, May, 1990, 24: 189-217.
Akaishi, T. and Steinmo, S., 2006, "Consumption Taxes and the Welfare State in Sweden and Japan," *The Embivalent Consumer: Questioning Consumption in East Asia and the West*, edited by G. Sheldon and P. Maclachlan, US: Cornell University Press.
Baumol, W. J., 1967, "Macroeconomics of Unbalanced Growth: The Anatomy of Urban Crisis," *The American Economic Review*, 57(3): 415-426.
Beneria, L., 2003, *Gender, Development, and Globalization: Economics as If All People Mattered*, New York: Routledge.
Capra, F., 1980, 구윤서·이성범 역, 2007, 『새로운 과학과 문명의 전환』, 범양사.
Esping-Andersen, G. et al., 2002, *Why We Need a New Welfare State*, Oxford University Press.

Esping-Andersen, G., 1999, *Social Foundations of Postindustrial Economies*. Oxford: Oxford University Press.

_________ , 1998, "The Sustainability of Welfare State into the 21st Century," paper presented at the Fundacion Campalans, Barcelona, Feb. 1998.

_________ , 1990, *The Three Worlds of Welfare Capitalism*, Cambridge: Polity Press.

George, V. & Wilding, P., 1994, 『이데올로기와 사회복지』, 남찬섭 역, 한울아카데미.

_________ , 1999, 『복지와 이데올로기』, 김영화·이옥희 역, 한울아카데미.

Giddens, A., 1998, *The Third Way: The Renewal of Social Democracy*, 한상진·박찬욱 역, 『제3의 길』, 생각의나무.

Gilbert, N. and Terrell, P., 2010, *Dimensions of Social Welfare Policy*, Allyn and Bacon.

Goldsmith, J., 1994, *The Trap*, New York: Carrol and Graf.

Gorz, A., 1999, *Reclaiming Work: Beyond the Wage-Based Society*, Polity Press.

Ife, J., 2002, *Community Development*, 류혜정 역, 2005, 『지역사회개발』, 인간과복지.

Iversen, T., 2005, *Capitalism, Democracy, and Welfare*, Cambridge: Cambridge University Press.

Iversen, T. & Wren, A. 1998, "Equality, Employment, and Budgetary Restraint: the Trilemma of the Service Economy," *World Politics*, 50: 507-546.

Millar, J., 1996, "Women, poverty and social security," in C. Hallett, *Women and Social Policy*, London: Prentice Hall.

Morrison, R., 2005, 『생태민주주의』, 노상우·오성근 역, 교육과학사.

OECD, 2012, *Revenue Statistics 2009~2010*.

Ostrom, E., 2010, *Governing the Commons*, 윤홍근·안도경 역, 2010, 『공유의 비극을 넘어』, 랜덤하우스.

Pearce, D., 1990, "Welfare is not for women: Why the War on Poverty cannot conquer the feminization of poverty," *Women, the State and Welfare. Madison*, WI: The University of Wisconsin Press.

________, 1978, "The Feminization of Poverty: Women, Work and Welfare," *Urban and Social Change Review* 11: 28–36.

Pierson, P., ed., 2001, *The New Politics of the Welfare State*, Oxford: Oxford University Press.

Robson, W. A., 1976, *Welfare State and Welfare Society*, London: George Allen & Unwin Ltd.

Shaw, T. V., 2008, "An Ecological Contribution to Social Welfare Theory," *Social Development Issues*, 30(3): 13–26.

Stryker, Robin(1998), "Globalization and the welfare state," *International Journal of Sociology and Social Policy*, Vol. 18. lss 2/3/4 pp. 1–49.

Taylor-Gooby, P., 2009, *Reframing Social Citizenship*, Oxford: Oxford University Press.

________, 2001, "The Politics of Welfare in Europe," Peter Taylor-Gooby, ed., *Welfare State under Pressure*, London: Sage.

Titmuss, R., 1974, *Social Policy*, London: George Allen & Unwin.

UNESCO, 2001, *The Universal Declaration on Cultural Diversity*.

찾아보기

[ㄱ]

[ㅇ]

[ㅍ]

[ㅎ]

The Strategy and Policy Alternatives for Sustainable Development in Korea

Heung Seek Cho, Honglim Ryu,
Jisoon Lee, Ho Keun Song, Myung Un Kim

The purpose of this book is to propose a strategy and policy alternatives for sustainable development in Korea. Interdisciplinary research of social sciences is needed in order to systematically diagnose the symptoms from a sustainable perspective and come up with appropriate alternatives. This book is divided into five different social science topics of politics, economics, sociology, psychology, and social welfare, and lastly, sustainable development strategies and policy alternatives are presented.

Chapter 1 Deliberative Politics for Sustainable Democracy (By Prof. Honglim Ryu, Politics, Seoul National University)

Despite the global wave of democratization and rising expectations, contemporary democracies are still beleaguered with many problems and challenges: legitimation crisis, political alienation, intricate politics of experts, ever increasing economic inequalities, social disintegration, and so on. In the efforts to cope with these problems deliberative democratic forums are a powerful political resource for combating civic privatism, demobilization, individual withdrawal, and institutional exclusion that are taking place in our social and political lives today.

Sustainable democracy requires deliberative politics; it should encourage citizens to participate in formal and informal forums and it should institutionalize 'deliberation as participation'. Deliberative politics which seeks to sustain the authenticity of democracy is a civic endeavor and a political proposal to maximize 'deliberative mediation' in the democratic political processes that include moments of conflict, deliberation, and aggregation. The key to sustainable democracy is to transform 'antagonism' (enemies) into 'agonism' (adversaries) through a process of deliberative mediation. Sustainable democracy cannot do without a clash of legitimate political claims; consensus is no doubt necessary in the working of democracy, but it must be accompanied by dissent. Deliberative politics promises only provisionally justified decisions, but they should be justifiable to all citizens who are bound by such prceesses. Making democracy more deliberative thus allows citizens to stand a better chance of resolving some of their disagreements, and living with those tensions that will inevitably persist on terms that all can accept.

Political life is not merely adversarial but inherently conflictual. Deliberation for reasonable agreement surely is the most important moment of democratic decision-making. But conflicts continue even in the process of deliberation, and what is most expected by ways of this process is to open up a possibility of transforming antagonism into agonism. The task of democracy in this regard is to transform 'politics of passions and antagonism' into 'politics of compassion' by institutionalizing the practice and procedure of deliberative mediation.

Chapter 2 To Build Green and Prosperous Korea Where Everyone Can Live Happily (By Prof. Jisoon Lee, Economics, Seoul National University)

Korea has achieved in a relatively short period of time full democratization as well as remarkable economic prosperity. These are by no means a small achievement. Yet, Korea is burdened with serious problems such as weakening growth capacity, excessive reliance on fossil fuels, growing social disparity, and inadequate preparation for future generations. These problems, if not corrected, could make Korea an unsustainable society. If we are to make Korea into a place where all people of all generations can maintain decent lifestyles, we should tackle these problems.

The first step should be strengthening the growth capacity of the country: Protecting property rights, conferring economic freedom, and promoting fierce but fair competition can be very effective means. Equality in opportunity and proper distribution of outcome are essential, as well. The aim is not to achieve material prosperity for a few, but to achieve true happiness for all: environmental protection and resource conservation could be means for attaining this. Social inclusiveness should also be an essential component. In all these, it is worthwhile to bring North Korea along the new development path that South Korea opens up.

Chapter 3 Economic Growth and Social Development: In Search of Reciprocal Relationship between Economic Democratization and Welfare (By Prof. Ho Keun Song, Sociology, Seoul National University)

South Korea entered a heated debate on economic democratization and welfare as part of an urgent task to curb the increasing social inequality and polarization, in the last presidential election in 2012. Those policy agendas mobilized wide public attention since Korean economy and society had been seriously hit by government's neoliberal turn to overcome the foreign debt crisis of 1998. Industrial concentration rapidly increased which marginalized small and medium size firms in the market with deepening segmentation in the labor markets. Most wage earners in the secondary labor market including contingent workers have suffered from job instability and unemployment. In this situation, economic democratization and welfare received a focal attention as a prescription to cure the negative effects of neoliberal policies.

This chapter aims to critically review the logic of the government policy agenda, economic democratization, and welfare, in terms of the underlying assumptions of a welfare state that was created between 1950s and 1970s in western Europe and reshaped thereafter. South Korean discourse on the policy agenda lacks a focal point that links economic democratization and social welfare by defining them as separate issues. The basic assumption of social welfare is to resolve the dilemma of inflation and unemployment in a capitalist market economy. The utmost aim of social welfare is the protection of employment as a precondition for improving the quality of life. Employment and good working conditions are also the destination of economic democratization. The two policy agenda is a common instrument to improve employment and job protection. In this regard, this chapter argues that 'politics of jobs' is an essential concept that combines the two policy agenda and eventually enhances the efficiency of policy implementation.

Chapter 4 Exploring Positivity-focused Strategy for Sustainable Development in Korea (By Prof. Myung Un Kim, Psychology, Seoul National University)

'Sustainable development' means a form of development which takes the economic, environmental and social dimensions into consideration. However, discussions of sustainable development have been weighted toward economic and environmental aspects. Even in dealing with the social dimensions of sustainable development, which has been recently discussed, more emphasis has been put on its economic aspects. Moreover, continuing growth of individual members of society has stayed away from the center of the debate, sometimes getting public attention through international news and research institutes' survey data. Compared to collective sustainable prosperity, both sustainable growth and flourishing of individuals seem to be implicitly regarded as either an inferior or an anti-community concept.

In this chapter, sustainable development strategy is suggested, which focuses on people as the active implementer of the three axes of sustainable development. Focusing on people means to take human nature and its characteristics as the starting point and main focus. It also means that even in seeking strategies for environmental and economic aspects of sustainable development, people need to be at the core. As a desirable people-centered sustainable development model, a positivity-focused (rather than problem-focused) strategy is proposed.

Practical programs for a positivity-focused strategy are explored at four levels. At the individual level, several strength-reinforcing programs are examined. Gottman's SRH and emotion coaching are reviewed at the interpersonal level. At the group level, four positive leadership models are compared. At the organizational level, a positive change model (Appreciative Inquiry) and its applications are discussed.

Finally, effective measures for a strategic approach to sustainable growth in Korea are proposed, including recognition of the importance of appropriately framing current issues, the propelling of program-based strategies for sustainable growth, and the strengthening of relationship-focused plans.

Chapter 5 Strategy and Policy Alternatives for Sustainable Welfare Development (By Prof. Heung Seek Cho, Social Welfare, Seoul National University)

In this chapter, the author emphasizes the importance of social welfare as a 21st century Korea's sustainable future development and growth engines. The author makes a diagnosis that Korea's social welfare has been just a stopgap measure and that the measures have either been temporary or unbinding against many arising social problems rather than "sustainable" until now. After the diagnosis, 10 strategies and alternatives for sustainable welfare development in Korea have been presented as follows.

First, ecological welfare is needed. As an alternative economic approach, especially a social market system should be formed. Second, a new welfare system based on citizenship should be set up. The expansion of government's role is important, however, a new welfare system should be established based on citizenship rather than institutional dependency. Third, virtuous cycle of growth and welfare is needed. To do this, joint corporate growth is important. In short, joint growth is beneficial not just for smaller firms and the society as a whole but for large enterprise companies as well. Fourth, gender-friendly welfare system should be established. It should seek the dissolution of the 'male breadwinner model' and the development of a discourse that goes beyond 'utilization of women resources' or 'childcare support for low birthrate solution'. Fifth, social service system should be strengthened as a new welfare system. It is urgently needed to strengthen the social services sector that is considerably behind in comparison to guaranteed income. Sixth, social rights based on publicity should be increased. Seventh, the expansion of sustainable welfare budget is needed. Long-term financial operation needs to consider demographic changes including population growth rate and so on. In particular, prior to entering the category of an aged society (2017), finance and taxation policy should be conducted while also considering financial sustainability of the welfare budget. Eighth, welfare alliance needs to continue to expand which includes welfare-friendly political parties, labor unions and NGOs, etc. Ninth, a system that disconnects fraud and corruption should be more established. Lastly, the social integration of a peaceful South and North Korea is needed in a short period of time.

저자 소개

조흥식

서울대학교 사회과학대학 사회복지학과 교수로 재직하고 있으며, 서울대학교 사회복지학과 및 대학원을 거쳐 문학(사회복지 전공) 박사 학위를 받았다. 미국 시카고 로욜라대학원 교환교수, 영국 헐대학교, 버밍엄대학교 객원교수, 참여사회연구소 소장, 서울대학교 사회과학연구원 원장, 한국사회복지학회 회장, 한국사회정책학회 회장 등을 역임했으며, 현재 국제장애인재활협회(RI) 한국 의장, 농어촌복지포럼 공동대표, (사)관악사회복지이사장 등을 맡고 있다. 『인간생활과 사회복지』, 함께 쓴 책으로 『한국 사회복지실천의 고유성』, 『우리는 한배를 타고 있다』, 『대한민국, 복지국가의 길을 묻다』, 『한국 복지국가의 전망』, 『사회복지실천론』, 『비교빈곤정책론』, *Job Supports for Japanese and Korean Underclass Single Mothers in a Risk Society* 외 다수의 논저가 있다.

유홍림

서울대학교 사회과학대학 정치외교학부 교수로 재직하고 있으며, 서울대학교 정치학과 및 대학원을 거쳐 미국 럿거스대학교에서 정치학 박사 학위를 받았다. 미국 하버드-옌칭연구소 및 럿거스대학교 방문교수, 한국정치학회 및 한국정치사상학회 이사 등을 역임했으며, 서울대학교 대학신문사 주간 및 기록관장을 맡고 있다. 『현대 정치사상 연구』, 『정치학의 이해』(공저), 『현대 정치와 사상』(역서) 외 다수의 논저가 있다.

이지순

서울대학교 사회과학대학 경제학부 교수로 재직하고 있으며, 미국 시카고대학교에서 경제학 박사 학위를 받았다. 미국 브라운대학교 교수, 세계은행의 장기자문

역, 아시아개발은행연구소 객원연구원을 역임하였다. 한국계량경제학회장 및 한국금융학회장을 맡은 바 있으며 현재는 서울대학교 금융경제연구원 원장을 겸하고 있다. 거시경제학을 전공하고 있으며 최근에는 성장과 자원 및 환경 그리고 복지 사이의 선순환을 보장하는 발전메커니즘을 찾고자 노력 중이다. *Green Growth: Korean Initiatives for Green Civilization*, 『남북한 경제의 이질성: 경제통합에 대한 함의』, 「경제발전이론의 연구동향과 쟁점」 외 다수의 논저가 있다.

송호근

서울대학교 사회과학대학 사회학과 교수로 재직하고 있으며, 서울대학교 사회학 학사와 석사, 미국 하버드대학교에서 사회학 박사학위를 받았다. 서울대 대외협력처장, 미국 스탠포드대 후버연구소 방문교수, 미국 샌디에고대 '국제관계 및 태평양지역연구대학원' 초빙교수, 대통령 직속 사회통합위원회 위원을 역임하였다. 현재 헌법재판소 정책자문위원, 중앙일보 칼럼니스트로 활동하고 있다. 『이분법 사회를 넘어서』, 『인민의 탄생: 공론장의 구조변동』, 『위기의 청년세대』, 『독안에서 별을 헤다』, 『복지국가의 태동: 민주화, 세계화, 그리고 한국의 복지정치』, 『한국의 평등주의, 그 마음의 습관』, 『한국 어떤 미래를 선택할 것인가?』, 『한국사회 무슨 일이 일어나고 있나?』, 『의사들도 할 말 있었다』, 『세계화와 복지정치』, 『인민의 진화와 국문담론』, 『거주지의 공간성과 노동계급의 형성』 외 다수의 논저가 있다.

김명언

서울대학교 사회과학대학 심리학과 교수로 재직하고 있으며, 미국 미시간대학에서 석사와 박사 학위를 받았다. 미시간대학 경영대학 조교수와 한국심리학회 회장을 역임했다. 『한국기업문화의 이해』(공저), 『긍정에너지 경영』(역저), 『이기는 결정』(공역) 등의 저서와 조직신뢰, 조직 긍정성, 조직 공정성, 조직 감량, 실업, 심리적 계약 등에 관한 연구논문들이 있다.

〈21세기 한국의 미래 발전과 성장 동력 연구 총서〉

1 지속 가능한 한국발전 모델과 성장동력
박삼옥 양승목 윤영관 이근 임현진

2 자유기업경제하에서의 한국사회의 통합
곽금주 김대일 이봉주 임혜란 장덕진

3 한국 기업과 사회의 경쟁력
김광억 김병연 이재열 전재성 홍기현

4 국제환경의 변화와 한국의 미래
백창재 신욱희 유근배 윤석민 전경수

5 한국의 지속가능한 발전전략과 정책 대안
조흥식 유홍림 이지순 송호근 김명언